€18.50   €10,-

REMI HESS

Der Walzer
Geschichte eines Skandals

Aus dem Französischen übersetzt
von Antoinette Gittinger

Europäische Verlagsanstalt

Für Charlotte Hess, die – obwohl erst zehn Jahre alt – bereits eine begeisterte Walzertänzerin ist.

Die Abbildungen erscheinen mit freundlicher Genehmigung der Rechteinhaber. Wo diese nicht ermittelt werden konnte, werden berechtigte Ansprüche im Rahmen des Üblichen abgegolten. Der Verlag dankt Remi Hess für die freundliche Überlassung der Abbildungen aus seinem Privatarchiv.

Die Deutsche Bibliothek – CIP-Einheitsaufnahme

Hess, Rémi:
Der Walzer : Geschichte eines Skandals / Rémi Hess. Aus dem Franz. von Antoinette Gittinger. – Hamburg : Europäische Verlagsanstalt, 1996
Einheitssacht.: La valse <dt.>
ISBN 3-434-50087-1

© 1996 der deutschen Ausgabe Europäische Verlagsanstalt, Hamburg.
Zuerst erschienen 1989 bei Editions A. M. Métailié, Paris, unter dem Titel »La Valse. Révolution du couple en Europe«.
Übersetzung des Vorworts zur deutschen Ausgabe und Lektorat: Frauke Hamann
Umschlaggestaltung: MetaDesign, Berlin, unter Verwendung eines Film Stills aus »The Night is young« (1935)
Signet: Dorothee Wallner nach Caspar Neher »Europa« (1945)
Herstellung: DIE HERSTELLUNG, Stuttgart
Satz: Utesch Satztechnik GmbH, Hamburg
Druck und Bindung: Graphischer Großbetrieb Friedrich Pustet, Regensburg
Printed in Germany 1996

Inhalt

Vorwort zur deutschen Ausgabe *9*

Der Tanz beginnt
Den Walzer beherrschen *15* Eine Frage des Gewichts *16* Sich finden *17* Und das Vergnügen? *18* Die Logik des Paars *20* Ein wiederkehrendes Ritual *21* Bürgerlich oder teuflisch? *22* Buch contra Walzer? *23*

Die Ursprünge
Eine schwer rekonstruierbare Geschichte *27* Der deutschfranzösische Streit um den Ursprung *30* Übersetzungsprobleme *33* Eine umstrittene These *35* Die Nazis machen sich den Walzer zunutze *37* Vom Nutzen des Zweifels *42*

ERSTER TEIL
DIE ENTWICKLUNG DES GESCHLOSSENEN PAARTANZES

Die Volte
Ein sportlicher Tanz *50* Der italienische Manierismus *52* Der Erfolg der Volte *54* Wirkungen der Volte *55* Pléiade und Volte *59* Die Volte in der Tanzfolge *62* Der Beitrag von Thoinot Arbeau *63* Die Musik der Volte *66* Ein Hexentanz *67* Soll man die Voltetänzer verbrennen? *72* Trotzdem – die Volte setzt sich durch *74* Die Provençale macht Furore *76*

Die Entstehungsgeschichte des Walzers in Deutschland
Im 16. Jahrhundert: ein Tanz unter staatlicher Aufsicht *89* Im 17. Jahrhundert: die Gewalt des Mannes über die Frau *92* Eine ungewisse Zeit *96* Der liebe Augustin liefert die Melodie *97* Die Allemande *99* Der Ländler *101* Der Siegeszug des Walzers *102*

ZWEITER TEIL
DIE WALZOMANIE

Die Revolution der Walzers
 Das Ende des Menuetts *110* Die Anfänge des Walzers *112*
 Ein revolutionärer Tanz *114* »Hier wird getanzt« *116*
 Der egalitäre Walzer *118*

Das Reich des Walzers
 Die Tanzwut *122* Ein langsamer Walzer *124* Das Empire im
 Walzerrausch *126* Unglück zeitigt Vergnügen *129* Jedem
 seinen Walzer *130* Die Ballordnungen *131*

Der Wiener Kongreß
 Klingendes Wien *136* Glänzendes Parkett *138* Romantische
 Melodien *140* Der Kongreß tanzt *141* Strauß gegen Lanner *143*
 König Strauß *147* Der Wiener Walzer erobert Europa *151*

Die unmögliche Restauration
 Die Bälle der alten Aristokratie *153* Die Botschaftsbälle *156*
 Die öffentlichen Bälle *157* Die Zeit Musards *159* Die
 Dorffeste *161*

Der Walzer in der Romantik
 Romantische Schwärmerei *164* Mussets Begeisterung *167* Die
 Leiden des Victor Hugo *169* Ein göttlicher Tanz *170* Strauß in
 Paris *172* Berlioz' Kritik *174*

Walzer auf englische Art
 Die Gesellschaftsbälle *178* Die Ablehnung des Walzers *180*
 Victoria liebt den Walzer *183* Strauß in England *185* Der
 Walzer im Zweivierteltakt *186*

DRITTER TEIL
DIE ETABLIERUNG DES WALZERS

Die neuen Tanzlehrer
 Der Widerstand der Tanzlehrer *194* Die Abwehr *196* Die
 Polkamanie *197* Die Ära Cellarius *201* Salontanz versus Bühnen-
 tanz *203* Eine neue Pädagogik *205* Die Tanzschulen *207*

Die Adelung des Walzers durch die Musik: die Familie Strauß
 Sohn gegen Vater *212* Die Revolution von 1848 *214* Johann

Strauß Sohn *217* Joseph und Eduard Strauß *220* Der Walzer
wird klassisch *222* »An der schönen blauen Donau« *224*

Der Walzer – ein universeller Tanz
Jacques Offenbach *227* »König« Emile *228* Das Internationale
Walzerfest in Paris *231*

Strauß' Triumph
Strauß in den Vereinigten Staaten *238* Das Abenteuer
Operette *242* Die letzten Jahre von Johann Strauß *244*

Die Jahrhundertwende: Revolutionen
Die Bälle florieren *247* Cotillon und Cotillontänzer *249*
Walzer- und Bostontänzer *252* Tanz-»Erzieher« *253* Der
Walzer in der Schule *254* Die Tanzlehrer verbünden sich *255*
89 060 000 Runden *256* Walzer und Strategie *257*

VIERTER TEIL
DIE WECHSELVOLLE GESCHICHTE DER ETABLIERUNG
DER PAARGESELLIGKEIT

Der Beginn der theologischen Kritik des Paartanzes
Die Kirche ist gegen den Paartanz *265* Das Tanzen ist gar nicht
so schlecht *267* Theologie des Tanzes *269*

Ist der Walzer unmoralisch?
Das Problem der Klassifizierung *273* Die *amplexus* des
Walzers *276* Durch die Technik wird die Sünde gebannt *279*
Dessous und Dekolleté *280* Eine Frage von Ort und Zeit *285*

Der Walzertänzer und sein Priester
Eine relative Gefahr *288* Es muß nicht immer Sünde sein *290*
Die Macht des Klerus *293*

Der Musette-Walzer
Die Erfindung des Pariser Musette-Walzers *299* Eine städtische
Musik *301* Eine alternative Kultur *302* Die Musik des
Musette-Walzers *304* Die Autorenrechte *306* Der Niedergang
der Musette *308* Die Krise der Städte *309* Die italienische
Musette *310*

Der Walzer in der Krise
Die Diagnose von McLuhan *314* Einfühlung versus

Universalität *316* Der sowjetische Walzer *317* Goebbels und Strauß *321* Der umstrittene Opernball *323*

Neue Horizonte
Tanz und Philosophie *328* Eine interkulturelle Erfahrung *329* Europa im Taumel *331* Die Überwindung des Nationalismus *331* Der Reiz der Vermischung *336*

Anhang
Anmerkung zum Ursprung der Begriffe »valse« und »walzer« *342*
Biographische Anmerkungen zu den erwähnten Autoren, Komponisten und Tänzern *344*
Bibliographie *349*
Danksagung *361*

Vorwort zur deutschen Ausgabe

Tanzen ist eine der ältesten Formen menschlicher Geselligkeit. Dazu schreibt Marion Koch: »Der Tanz ist eine kulturanthropologische Konstante. Er begleitet die Menschen in ihrer gesamten Geschichte. Wenn von irgendeinem Beginn spezifisch menschlichen Seins gesprochen werden kann, so steht am Anfang nicht nur das Wort, sondern auch der Tanz.«[1] Und doch scheint seit hundert Jahren der soziologische Aspekt des Tanzes weder bei Anthropologen noch bei Historikern großes Interesse gefunden zu haben.[2]

Dieses Buch versucht, den Anfängen des Paartanzes in Europa nachzuspüren. Daß ein Mann und eine Frau einander in den Armen halten, um öffentlich zu tanzen, wurde lange Zeit als skandalös empfunden. Es bedurfte mehrerer Jahrhunderte des Kampfes, bis Volte und Walzer sich durchsetzen konnten. Dieser Sieg wurde unter Umständen politischen und sozialen Umsturzes errungen. Technisch gelang die »Erfindung« des Walzers erst nach mancherlei Versuchen und Entwürfen. In verschiedenen Gegenden Europas entwickelte sich der Walzer und mit ihm der Paartanz während des 16. und 17. Jahrhunderts.

Die deutsche Ausgabe dieses Buches, das bereits in Frankreich und Italien wohlwollend aufgenommen wurde[3], freut mich besonders, hat doch Deutschland bei der Etablierung des Paartanzes eine bedeutende Rolle gespielt. Nach Erscheinen von *La*

valse in Frankreich baten mich Tänzer wie Tanzlehrer, ich möge meine Forschungen fortsetzen. Ich habe damals die Zeitschrift *Dansons*[4] ins Leben gerufen, um den Forschungsergebnissen von Historikern, Anthropologen, Tänzern, Musikern, Psychologen etc. über den Gesellschaftstanz ein Forum zu geben. Zwanzig Hefte sind bislang erschienen, Gerald Prein (Dortmund) und Gaby Weigand (Würzburg) arbeiten unterdessen mit. Den Interessierten seien außerdem zwei jüngst veröffentlichte bedeutende Studien in deutscher Sprache empfohlen, die auch den Walzer behandeln.

Gerade während die deutsche Ausgabe von *La valse* erscheint, schließe ich die Arbeit an einem Buch über eine weitere Facette meiner Studien ab: Es ist dem Tango gewidmet.

Dieser zweite Teil meiner Arbeit beruht auf anthropologischen Studien über den Tanz aus dem von mir gegründeten »Laboratoire des danses sociales« an der Universität Paris VIII, in dem Forscher und Tänzer aus zahlreichen Ländern zusammenkommen. Es gibt in der Tat eine Verbindung zwischen Walzer und Tango. In Deutschland wie in Frankreich haben die zahlreichen Anhänger des argentinischen Tangos den Walzer in neuer Form wiederentdeckt: den argentinischen Walzer. Im *Walzer* lasse ich diese Form unerwähnt, weil meine Untersuchung auf Europa beschränkt war. Angesichts des Erfolges dieser neuen Form des Walzers, besonders in den deutschsprachigen Ländern in den letzten fünf Jahren, erlaube ich mir an dieser Stelle einige Anmerkungen.[6]

Die Besonderheit des argentinischen Walzers

Es ist das Paradoxe am argentinischen Walzer, daß heute (aber seit wann?) zur Walzermusik die Schritte des argentinischen Tangos vollführt werden. Der Walzer verliert seine uns vertraute Eigenart: das sich ständig Wiederholende. Er nimmt die kulturelle Revolu-

tion in sich auf, die der Tango gebracht hatte, er schafft also eine neue Dynamik des tanzenden Paares, die der Walzerdrehung des 19. Jahrhunderts fremd war. Damals tanzte man Figuren in der Quadrille. Wenn der Mann und die Frau sich dabei begegneten, drehten sie sich lediglich um sich selbst. Die Erfindung der Milonga, aber vor allem des Tango hatte darin bestanden, in die Bewegung des Paares Figuren einzuführen, die in unendlicher Variation seine Geschichte darzustellen vermochten.

Der argentinische Walzer, ausgehend von einer Anfangsschrittfolge des Tango, die wiederum auf der Salida beruht, reduziert aber die Tangoschritte. Er läßt alle jene Schritte unberücksichtigt, die vom Marsch herkommen oder langes Anhalten erfordern. Es verschwindet auch, was die Europäer unpassend als Sandwich bezeichneten, mit seinen Gaucho-Variationen. Hingegen betont der argentinische Walzer alle Drehfiguren, die dem Tango entstammen: Halbdrehungen, Drehungen auf der Stelle und Gegendrehungen, Bolero etc. Der argentinische Walzer hat sogar besondere Drehvarianten geschaffen – so für den Mann einen rhythmischen Schritt, der den Dreivierteltakt des Walzers reizvoll unterstreicht, während die Dame sich um ihn herum dreht wie beim Tango: Drehungen, die mit den Wiener-Walzer-Drehungen nichts zu tun haben.

Sowohl im schnellen Marsch (Milonga) als auch in Tango und Walzer findet der Rio-de-la-Plata-Stil nun seinen Niederschlag. Dieser Walzer ist derart lebendig und vielfältig, daß es, wenn man ihn einmal kennengelernt hat, schwerfällt, zum Walzer des 19. Jahrhunderts zurückzukehren. Auf einem kleinen Ball in Limousin, bei einem Musette-Walzer, ertappte ich mich kürzlich beim argentinischen Walzer. Ich bin ganz ergriffen von diesem Walzer, der den uns bekannten Walzer auf geniale Weise erneuert. Der argentinische Walzer hat neben seinem »semantischen« Reichtum, den er dem Tango verdankt, eine durchaus fröhliche Seite. Das traurige Tango-Paar gewinnt in diesem schönen Tanz, der guten Tänzern jede Entfaltungsmöglichkeit bietet, ganz neue Kraft.

Man tanzt diesen Walzer in Basel, Berlin, Bern, Bremen, Brüg-

ge, Darmstadt, Dortmund, Frankfurt, Freiburg, Fürth, Graz, Groningen, Hamburg, Hannover, Karlsruhe, Kassel, Kiel, Köln, Lübeck, Marburg, München, Münster, Regensburg, Wien, Wiesbaden, Wuppertal, Zürich und vielen anderen europäischen Städten. Die neuen deutschen Bundesländer schließen sich erst allmählich an. Aber gerade habe ich die Einladung erhalten, an der Universität Cottbus einen Kurs in argentinischem Walzer zu halten. Schließlich wird ganz Europa diesen neuen Walzer tanzen.

In Frankreich sind an vielen Universitäten Kurse in Gesellschaftstänzen wie Walzer, argentinischem Tango und Rock entstanden. Tausende Studenten haben diese Tänze wiederentdeckt, besonders in Toulouse und Paris VIII.

Von Sokrates bis Nietzsche haben die Philosophen den Tanz für unverzichtbar gehalten. Im 20. Jahrhundert berührten sich Gesellschaftstanz und Humanwissenschaften überhaupt nicht. Dieses Buch will zeigen, daß eine Wiederbegegnung möglich ist. Meine Arbeit ist ein Anfang, und ich bin sicher, daß sie viele Reaktionen meiner deutschen Leser hervorrufen wird. Ich bin gespannt darauf – sie werden mir helfen, meine Arbeit fortzusetzen.

ANMERKUNGEN

1 M. Koch, *Salomes Schleier. Eine andere Kulturgeschichte des Tanzes*, Hamburg 1995, S. 11.

2 Ausgenommen L. Grove, *Dancing*, London 1895, und C. Sachs, *Eine Weltgeschichte des Tanzes*, Hildesheim, New York 1976.

3 Das Buch hat in Frankreich zwei Auflagen erlebt, die italienische Übersetzung mit Abbildungen ist 1993 bei Einaudi erschienen.

4 *Dansons*, 6 bis impasse Marestan, F-31100 Toulouse.

5 R. Braun, D. Gugerli, *Macht des Tanzes, Tanz der Mächtigen. Hoffeste und Herrschaftszeremoniell 1550–1914*, München 1993, S. 202–274, und M. Koch, *op. cit.*, S. 243–247.

6 Darüber informiert *Tango argentino Info*, hrsg. von der Tango-Werkstatt Regensburg.

Der Tanz beginnt

>»*Die drei schönsten Dinge auf der Welt
sind: das galoppierenden Pferd, das Segel-
schiff und die Frau, die Walzer tanzt.*«
>
> E. GIRAUDET, Aphorisme sur la danse, in:
> ders., *La danse, la tenue, le maintien, l'hygiène
> et l'éducation*, Paris 1900, S. 19.

Eins, zwei, drei. Eins, zwei, drei. Eins, zwei... Im gemessenen Dreivierteltakt drehen sich tanzende Paare immer schneller. Vom Rand der Tanzfläche aus beobachten alte Frauen, die auf Bänken sitzen, neidisch oder kritisch die Paare, die sich im Kreis drehen. Auch kleine und große Kinder betrachten die Tanzenden mit weit aufgerissenen Augen. Alle sind wie verzaubert von der Musik und der Bewegung, die sie erzeugt. Dann befreien die Tanzenden sich aus dem Wirbel und fliehen zum Rand der Tanzfläche. Das Paar taumelt, versucht, wieder zu Atem zu kommen, das Gleichgewicht wiederzuerlangen. Es klammert sich aneinander, trägt einander, stützt sich gegenseitig, um sich von den Drehungen zu erholen, die es gerade vollführt hat, kann jedoch die heftige Unruhe nicht abschütteln, die den Rhythmus und den Ballsaal beherrscht. Die Musik wird wilder, die Paare, die sich noch auf der Tanzfläche befinden, drehen sich wie Kreisel. Man kann die Tanzenden nicht mehr unterscheiden. Männer und Frauen scheinen zu einer neuen Einheit zu werden – dem Paar. Die Musik wird noch schneller. Die Paare verschmelzen, indem sie sich drehen, bis sie zu schweben scheinen. Der Dreiertakt ist nicht mehr erkennbar. Die Drehung der Tanzenden wird nur noch durch das hämmernde eins, zwei, eins, zwei rhythmisch gegliedert – und dieser Zweierrhythmus steigert sich zu einer rasenden Bewegung.

Plötzlich verstummt die Musik. Die Gruppe ist wie erstarrt. Ein Herr hat seine Dame hochgehoben. Die Tanzenden lächeln. Einen Augenblick lang scheint es, als befänden sie sich in einem Zustand der Entrückung oder der Euphorie. Ihre Blicke verraten tiefe Zufriedenheit und Dankbarkeit gegenüber dem Partner. Einige deuten einen Gruß an. Andere umarmen sich. Das Orchester ist verstummt. Schließlich löst sich die Gruppe auf. Jeder kehrt zu seinem Platz zurück, zu seinem Partner. Nachdem sich die Tanzfläche geleert hat, gehört sie nur noch der Beleuchtung, die sie sichtbar macht. Dann setzt die Musik wieder ein, das Orchester beginnt erneut zu spielen, der Walzer wird fortgesetzt. Die Jungen fordern die Mädchen auf. Einige lehnen ab, weil sich ihnen noch alles dreht und sie außer Atem sind. Doch die Jungen drängen, und die Mädchen lassen sich schließlich überreden. Einige Mädchen fordern sich gegenseitig auf. Das Orchester untermalt leise die Melodie, immer noch im Zweivierteltakt. Das läßt den Paaren Zeit, sich zu formieren, erlaubt es dem Herrn, mit der Partnerin die Schritte zu üben, und dem Paar, sich zu finden und den Tanz zu beginnen. Man berührt sich leicht, die Gruppe sucht sich, findet ihren eigenen Rhythmus: Der Walzer beginnt.

Den Walzer soziologisch zu untersuchen bedeutet auch, sich um ein Verständnis der kosmischen Ordnung zu bemühen, die hier vorliegt. Denn im Walzer verschmelzen eine soziale Gruppe und die Bewegung der Planeten. Wohl mag diese Analyse einem Sinnverlust gleichen. Doch dem unendlichen Vergnügen nachzuspüren, das dieser bewußtseinsverändernde Tanz bereitet, verpflichtet gerade den praktizierenden Tänzer, alle Fragen zu diesem »Ereignis« wieder neu zu stellen.

Den Walzer beherrschen

Manche Walzertänzer, die dieses Buch lesen, werden die Stirn runzeln, wenn ich den Walzer phänomenologisch beschreibe. Viele haben sich nämlich die Tanzbewegungen vollständig zu eigen gemacht, so daß daraus Routine wurde. Sie halten ihre Reflexe für instinktiv. Dieses Beherrschen des Walzers ist das kulturelle Ergebnis einer langen Lehrzeit, eines langen Weges, dem mehr oder weniger gelungene Versuche vorausgehen. Da dieser Lernprozeß in einer Gemeinschaft stattfindet, gestaltet er sich relativ einfach und angenehm. Zu diesem Lernen gehört auch, die Autorität eines anderen zu akzeptieren, der einen initiiert, in die Bewegung einführt und einem auf besondere Art sein Wissen vermittelt. Das Mädchen, dessen Vater ein begnadeter Walzertänzer war, erlebt die Begegnung mit diesem Tanz oft als Teil ihres Ödipuskomplexes. Der Junge kann bei seiner Mutter oder bei weiblichen Zufallsbekanntschaften lernen. Frauen, die allein beim Tanz sind, fordern den pickeligen jungen Mann auf, der die tanzenden Paare sehnsüchtig beobachtet. Für ihn hat der erste Walzer den Stellenwert einer Verführung, denn er bietet ihm erstmals Gelegenheit, eine Frau in den Armen zu halten. Dann lernt er, sich im Walzertakt zu drehen, wobei ihm schwindlig wird oder sich die Angst mit dem Vergnügen mischt.

Doch zuvor muß er den Sprung wagen und sich durchringen, mit dem Tanz zu beginnen. Bei jedem Tanzfest begegnet man einem jungen Mann, der erklärt, er tanze deswegen nicht, weil es ihm mehr Spaß bereite, den anderen zuzusehen, als selbst zu tanzen. Diesen Widerstand gilt es zu überwinden. Die Weigerung zu tanzen wird oft mit hanebüchensten Argumenten verbrämt. Hinter diesen Vorwänden verbirgt sich Angst. Entstammt der junge Mann einem Milieu, in dem man der Sexualität eher ablehnend gegenübersteht, bedient er sich noch ausgefeilterer Abwehrmechanismen. Wortreich erläutert er seine Weigerung, an diesem Erwachsenenvergnügen teilzunehmen, das ihn gleichwohl reizt. Fasziniert

beobachtet er die tanzenden Paare und verläßt dann zutiefst enttäuscht das Fest, weil er nicht daran teilgenommen hat.

Eine Frage des Gewichts

Welche Haltung soll man beim Tanz einnehmen? Entsprechend ihrer Größe und ihrem Gewicht finden die Tanzenden allmählich die richtige Tanzhaltung. Der Walzer ist, physisch gesehen, ein Paartanz. Aufgrund des Gewichts jedes einzelnen der Tänzer, das den Partner nach hinten zieht, und der Drehgeschwindigkeit wird die Bedeutung des Paarelements erhöht. Das Paar verschmilzt zu einer Masse, deren Kraft und Leistung von der Geschwindigkeit abhängen. Je »schwerer« bei dieser Paarzusammensetzung der eine Partner im Verhältnis zum anderen ist, desto näher kommt er dem Schwerpunkt des Paares. Er verstärkt dadurch seine Standfestigkeit. Dagegen kann der leichtere Partner aufgrund seiner größeren Entfernung zum Schwerpunkt dem Paar den Schwung verleihen. Zu Anfang ermöglicht die langsame Ausbalancierung den Tanzenden, ihr Gewicht aufeinander abzustimmen und ein stillschweigendes Einverständnis zu finden, eine beherrschte Körper-an-Körper-Haltung einzunehmen.

Anders als ein Nichttänzer annehmen mag, bestimmt beim Walzer nicht vorrangig der Mann. Selbst wenn die Partnerin den Eindruck erwecken möchte, daß ihr Partner sie führt, ist beim tanzenden Paar stets das tatsächliche Austarieren der Dynamik des Paares gefragt. Und wenn die Dame einige Kilo mehr wiegt als ihr Partner und außerdem über eine gute Technik verfügt, weiß sie, daß sie die Hauptstütze, den Halt des Paares ausmacht. Während dieser ersten Takte schätzen die Tanzenden nämlich auch die Technik des Partners ab. Damit die Drehbewegung zu zweit gelingt, muß man schnell erkennen, ob sich der andere gut oder schlecht dreht. Aufgrund der vorangegangenen Tänze kann man sich bereits ein Bild machen. Es kommt nämlich nur selten vor, daß

ein guter Walzertänzer schlechter tanzt, wenn er die Partnerin wechselt. Aber eine Garantie gibt es nie. Jede neue Paarbildung bedeutet ein Abenteuer, denn man muß sich aufeinander abstimmen. Diese Abstimmung kann zwischen zwei durchschnittlichen Tänzern vollkommen sein, zwischen zwei ausgezeichneten Tänzern aber nur mittelmäßig. Das Mysterium des Walzers kann sogar Wunder bewirken, denn auch sehr schlechte Tänzer können ein gutes Paar bilden. Während der ersten Takte versucht man herauszufinden, wie man vorgehen soll, um zu zweit eine gemeinsame Dynamik zu erzeugen, die beider Stil berücksichtigt. Manchmal kann die Kunst eines guten Tänzers darin bestehen, sich den falschen Schritten des Partners anzupassen, um besser mit ihm zu harmonieren. Zur entscheidenden Frage des Gewichts kommt also noch die richtige Einschätzung der Technik. Es gibt so viele Tanzarten, wie es Walzertänzer gibt.

Sich finden

Jedes neue Paar stellt eine Erfindung dar, ein neues Miteinander, das bei den ersten Takten entsteht. Was jedes dieser Paare erlebt, hat nichts mit dem zu tun, was die Zuschauer sehen. Die kompensierenden Wirkungen dieser ersten Begegnung bleiben Außenstehenden verborgen. Um den Tanz zu beginnen, muß man die richtige Haltung gefunden haben, die richtige Weise, sich an den anderen zu »klammern«. Ist einer der beiden Partner unsicher, spielen die Arme eine besondere Rolle. Außerdem ist die Kopfhaltung zu beachten. Wenn die Paare feststellen, daß sie gut miteinander zurechtkommen, können sie beschließen, sich schneller zu drehen. Deshalb drehen sie ihren Kopf entsprechend ihrer Bewegung, um die Drehung mit den Schultern zu begleiten. Wenn dagegen das Paar bestrebt ist, die »Schäden« aufzufangen, und es die Harmonie nur vorspielt, wird sich die Dame oder der Herr bemühen, die Drehgeschwindigkeit zu drosseln. Ihre Köpfe und

Schultern bleiben aufrecht, senkrecht zur Bewegungsrichtung, nämlich in der Gegenbewegung.

Das Finden des Stützpunktes ist von immenser Bedeutung. Wo soll man mit seinem Einsatzfuß den Stützpunkt suchen? Beim Walzer erfordert es die Sicherheit des Paares, daß der Einsatzfuß zwischen die Füße des Partners gesetzt wird. Würde man seinen Stützpunkt außerhalb der Beine der Dame suchen, hätte dies fatale Wirkung: Der Schwerpunkt des Paares verlagerte sich schnell nach außen, was unweigerlich zum Fall führen müßte. Wo also den Stützpunkt suchen? Muß ich meinen rechten Fuß so weit wie möglich zwischen die Füße meiner Partnerin drängen? Hier vollzieht sich ein stillschweigendes Arrangement, das stark von der Größe der Füße beider Partner abhängt. Wenn sie stark voneinander abweichen, muß der Partner mit den größeren Füßen sich bemühen, keine großen Schritte zu machen. Er muß den guten »Gang« finden, die Schrittfolge so wählen, daß sie den anderen daran hindert, unangemessene, also ungraziöse Schritte zu machen. Auch der angemessene Abstand zum Partner muß richtig eingeschätzt werden. Bei Hof oder in den bürgerlichen Salons wurde immer ein vorgeschriebener Abstand eingehalten. Aber auf dem Land? Die Tanzenden schaffen gemeinsam Nähe. Dabei werden sowohl technische Elemente berücksichtigt als auch der Eindruck, den das Paar auf dem Tanzparkett vermitteln möchte.[1]

Und das Vergnügen?

Um Vergnügen am Walzertanz zu finden, müssen alle diese Elemente umgesetzt werden. Um mit Vergnügen zu tanzen, ist es nötig, sich gegenseitig zu verstehen, gemeinsam eine Art Autorität zu schaffen, die sich durch gutes Einvernehmen beim Einsatz von Schwerkraft und Gleichgewicht zeigt. Beim Tanzen Spaß zu haben bedeutet auch, daß es gelingt, aus dem Paar eine neue Einheit zu formen, die in den Augen Dritter als eigenständig erscheint, sie

übersteigt die Identität und die individuelle Kunst jedes der beiden Tänzer. Man muß also den Zusammenhang berücksichtigen: die Tanzfläche, die stummen und kommentierenden Zuschauer. Schließlich ist der Walzer eine Zurschaustellung vor Publikum! Manche Walzertänzer zeigen schon bei den ersten Schritten, den ersten Takten ihre Inkompetenz oder ihre Angst. Diese Demut spürt der andere, sie ist besser als übermäßige Selbstsicherheit. Es gibt nichts Unangenehmeres, als mit jemandem zu tanzen, der sich von vornherein selbstsicher wähnt. Man weiß nie genau, wie es wird, wenn man noch nie miteinander getanzt hat. Denn, um es zu wiederholen: Jedes neue Walzerpaar ist eine Neuschöpfung, eine Verschmelzung, die durch Zusammenwirken erreicht werden soll – beide Protagonisten versuchen dabei, aus dem gemeinsamen Potential das beste zu machen. Es gibt wenige gesellschaftliche Situationen, in denen das »Ich« so sehr dem anderen obliegt, was diesem erlaubt, stärker er selbst zu sein und umgekehrt. Es sind Situationen, in denen der andere ein Gegenstand ist, den »ich« leiten, bestimmen, überwachen und in seinem Schwung bremsen muß, wenn er ein anderes Paar anzurempeln droht. Beim Walzer ist jeder zugleich vollkommen Subjekt wie Objekt des anderen. Aus dieser Dialektik entsteht eine Paar-Subjekt-Identität.

Der Walzer erfordert eine doppelte Bewegung. Das Paar dreht sich nicht nur um sich selbst, sondern auch in der Gruppe. Jede Gruppe muß in einem größeren Ganzen ihren Platz finden. Im Gegensatz zu anderen Tänzen, bei denen die »Stellung« wichtiger ist als die Bewegung, erzeugt der Walzer eine eigene Gruppendynamik. Darin besteht seine kosmische Dimension. Das Paar dreht sich wie ein Planet um sich selbst, doch auch die Planeten drehen sich in einer Kreisbewegung um einen fiktiven Punkt, der sich aufgrund der Logik der von den Planeten selbst erzeugten Kräfte ständig weiterentwickeln kann.

Wenn das Orchester die ersten Dreivierteltakte anstimmt, hat das Paar das erreicht, was man in der Soziologie »Selbsteinschätzung« nennt. Es wendet sich dann der Gruppe zu. Entsprechend

der Anzahl der Paare auf der Tanzfläche, dem verfügbaren Platz, der Musikart – mehr oder weniger schnell – muß das Paar in der größeren Dynamik der Gruppe seine eigene Dynamik finden. Gute Tänzer werden sich wohl schneller drehen als Anfänger. Sie müssen diese erkennen, um Kollisionen zu vermeiden. Jedes Paar muß sich ständig des Raumes bewußt sein. Es muß versuchen, die freien Bereiche der Tanzfläche anzupeilen. Gute Walzertänzer werden von der Leere angezogen. Manchmal können sich mehrere Paare an einer Stelle der Tanzfläche zusammendrängen. In dieser Situation sucht man mittels einer Bewegung, welche die Drehgeschwindigkeit aller Paare berücksichtigt, die Freiräume.

Die Logik des Paares

Die Logik des Walzer tanzenden Paares besteht darin, seine kleine Bewegung auf die größere Bewegung der Gruppe der Tanzenden abzustimmen. Diese Harmonie wird einen neutralen Beobachter immer wieder überraschen und verblüffen. Der Mensch benötigte Hunderte von Jahren, um diese Art von kollektiver Kontrolle über die Dynamik eines Balls zu erlangen. Lange Zeit glichen die Bälle, auf denen allmählich die Paartänze entstanden, wilden Tanzveranstaltungen. Die Paare stießen heftig gegeneinander. Manchmal gab es Schlägereien und Verletzte. Viele protestierten gegen diese Rempeleien, und der Ball verwandelte sich in Getümmel. In Gerichtsakten vergangener Jahrhunderte werden derartige Feste aus der Zeit vor der Entstehung des Walzers beschrieben.

Wenn man heutzutage die Schönheit eines Walzers, der auf einem vornehmen oder volkstümlichen Ball von einer Gruppe von Paaren getanzt wird, bewundern kann, staunt man über die großartigen Arrangements der einzelnen Tänzer, der Paare und der Gruppe. In einem Umfeld, das sich stets erneuert, scheinen sie ein Beziehungsgeflecht zu erfinden und zu schaffen, das spontan, andererseits aber auch völlig beherrscht und zivilisiert ist. Häufig kla-

gen politisch Verantwortliche darüber, es gebe zu viele Verkehrsunfälle. Niemand aber hält dagegen, daß es doch eigentlich nur relativ wenige sind, angesichts der Abertausende von Fahrzeugen, die durch die Städte fahren, einander überholen und in alle möglichen Richtungen streben. Um die Autogesellschaft hat sich eine gewaltige Gruppenkultur entwickelt. Diese Kultur verlangt von jedem Beteiligten, zahlreiche Variablen abzuschätzen, die von allen Verkehrsteilnehmern permanent berücksichtigt werden müssen. Das gleiche gilt für den Walzer. Der Ball ist im Gegensatz zum Ballett, das reiflich durchdacht und vorbereitet wird, ein Phänomen, das unvorbereitet in Erscheinung tritt, das hier und jetzt von ganz unterschiedlichen Darstellern erfunden wird.

Ein wiederkehrendes Ritual

Soziologisch gesehen, stellt die Schönheit des Walzers in erster Linie die Inszenierung einer Gesellschaft dar, die fähig ist, ein Ritual, das jedes Mal gänzlich neu erfunden scheint, immer und immer wieder vorzuführen. Der Autofahrer, der jeden Morgen mit seinem Wagen zur Arbeit fährt, legt immer die gleiche Strecke zurück, aber trotzdem ist sie jeden Tag verändert. Niemals begegnet er an der Umgehungsstraße denselben Autos. Jeden Tag ist es das gleiche, und doch ist alles anders. Auf einem Ball ist es ganz ähnlich. Aber außerdem geht es hier darum, einen potentiellen neuen Partner zu entdecken, mit dem man sich bei jedem Tanz neu arrangieren muß. So wie man sich an seinen Wagen gewöhnt, gibt es auch eingespielte Paare, die ausschließlich miteinander tanzen. Doch die eigentliche Schönheit des Balls besteht in der Eröffnung einer Vielfalt von Möglichkeiten, der Notwendigkeit, jedes Mal alles neu erfinden zu müssen. Ein Paar, das sich neu findet, teilt alle seine früheren Erfahrungen, all seine Gefühle, die es anderswo und andersartig empfunden hat. Tanzen bedeutet, alle seine früheren Gefühle wieder aufleben zu lassen.

Vielleicht besitzt der Walzer die spezifische Eigenschaft, daß der Tänzer durch sein Tanzen die kulturelle Dimension des Ereignisses intuitiv erfaßt. Der Walzer wird durch Kultur geformt: durch Körperkultur, Paarkultur und eine Kultur, die auf der Dialektik zwischen Verbot und Zuwiderhandlung, zwischen Gesetz und Sünde, Ordnung und Unordnung, Organisation und Desorganisation beruht. Der Walzer besitzt auch eine beträchtliche symbolische Dimension, auch wenn er heutzutage nicht mehr denselben Sinngehalt hat wie einst. Der Code (Rhythmus, Musik) wurde bereinigt, doch die kulturelle Bedeutung hat sich verdichtet. Auch wenn sich der Walzer längst durchgesetzt hat, entwickelt er sich aufgrund seiner symbolischen Bedeutung weiter. Das Walzertanzen im modernen Paris ist nicht mit dem des Jahres 1789 vergleichbar. Heute besitzt der Walzer unabweisbar eine aktive, aber auch eine passive Symbolik. 1789 spiegelte dieser Tanz eine neue Gesellschaft. Er symbolisierte das Ende des Menuetts und damit den Untergang der gesellschaftlichen Moral- und Wertvorstellungen eines dekadenten Adels.

Bürgerlich oder teuflisch?

Der Walzer besitzt heute für viele Zeitgenossen wohl die gleiche Bedeutung wie das Menuett vor zwei Jahrhunderten. Der revolutionäre Tanz, den die Sanskulotten in den Klöstern tanzten, wurde vom Bürgerstand des 19. Jahrhunderts domestiziert und schließlich übernommen. Die herrschende Klasse in Europa hat den Dreivierteltakt der keineswegs volkstümlichen Musik von Strauß entlehnt. Der Walzer ist unterdessen beim Ballett, beim Film und in der großen Musik anzutreffen. Nichts erinnert mehr daran, daß er einst von Kirche und Staat verboten war. Dieser Wandel reicht so weit, daß der Jugend in Wien heutzutage der jährliche Opernball als Symbol der Zurschaustellung des Reichtums der Großkapitalisten gilt, gegen den man militant vorgehen müsse. Seit 1987 erlebt Wien fast jedes Jahr Auseinandersetzungen zwischen Polizei und »linken« De-

monstranten, die die Huldigung des Walzers verhindern möchten. Daß der Walzer ein Symbol des bürgerlichen Tanzes geworden ist, erklärt die Ablehnung von seiten einer Jugend, die in ihm nur das Zeichen der Dekadenz einer Gesellschaft sieht.
Und doch ist der Walzer nicht bloß »bürgerlich«, denn auch das Volk tanzt weiterhin im Dreivierteltakt. Die Schalmei, auch wenn sie vielleicht der Rock-Generation überholt erscheinen mag, weist auf die Volksverwurzelung des Walzers in Europa hin und zeigt, daß er weit mehr ist als ein Symbol der Klassenzugehörigkeit, als das ihn das Bürgertum darzustellen versuchte. In jedem Walzer verbirgt sich die Volte, jener ursprüngliche Walzer, den Thoinot Arbeau[2] 1589 vortrefflich beschrieb und den einige Theologen als teuflisch verurteilten. Hinter dem Walzer steht gleichsam die Geschichte Europas und seiner Völker, eine Geschichte der Glaubensrichtungen, der Sünde und der Revolte. Ist sich das Paar, das einen Walzer tanzt, all dessen bewußt? Wenn dieser Tanz trotz der Bürde seiner Vergangenheit weiterhin dem Zweivierteltakt standhielt, dann vermutlich deshalb, weil er tief in unserer europäischen Kultur verwurzelt ist.

Diese Darstellung der Geschichte des Walzers ist also nicht unparteiisch. Wir leben in einer Zeit, die durch die Erinnerung an die Französische Revolution und die mehr oder weniger hoffnungsvolle Erwartung einer zukünftigen europäischen Integration geprägt ist. Der Versuch, einige der großen Werke zu untersuchen, die den Walzer als körperliche Bewegung betrachten, bedeutet auch, sich mit einer rigide verdrängten Dimension der europäischen Kultur zu befassen.

Buch contra Walzer?

Nichtsdestotrotz mögen manche Kritiker es widersinnig finden, daß sich ein Lehrer und Erziehungswissenschaftler heute über ein körperliches und soziales Phänomen Gedanken macht, das vielen

Zeitgenossen veraltet erscheint. Im modernen Frankreich gilt es als viel wichtiger, sich mit dem Lesen und Schreiben und der Vermittlung dieser Fertigkeiten durch die Schule zu befassen, statt mit dem Paartanz und seinem Erlernen. Aber wie Lesen und Schreiben erlernt sich auch der Paartanz nicht von selbst. Der Walzer erfordert »wahres« Können und spaltet die Gesellschaft in zwei Lager. Es gibt Männer und Frauen, die Walzer tanzen, und Männer und Frauen, die nicht Walzer tanzen, ebenso wie es Leute gibt, die schreiben können und welche, die es nicht können. Seit einem Jahrhundert stellt Schreiben- und Lesenlernen einen der Grundpfeiler im Bildungswesen aller Gesellschaften dar, aber Tanzenlernen gehört meist nicht zum Bildungsprogramm. In einigen Ländern hat man zwar begriffen, wie sinnvoll es sein kann, dieses Wissen weiterzugeben, allgemein aber hat sich diese Einschätzung noch nicht durchgesetzt.

In Europa differieren die Meinungen darüber. In einigen Ländern hält man diese Körperkultur für wesentlich, in anderen nicht. In Polen wird der Walzer, wie auch andere »Nationaltänze«, von den Sportlehrern in der Schule gelehrt. Dort ist es undenkbar, Sportlehrer zu werden, ohne eine Prüfung im Fach »Nationaltänze« abgelegt zu haben. Frankreich stellt dagegen das andere Extrem dar: Die Lehrer können im allgemeinen kaum tanzen, legen jedoch größten Wert auf die Lesekultur. Da ihre Körperbeherrschung oft ziemlich ungelenk ist, haben sie auch wenig Verständnis für die Bedeutung der Vermittlung alter sozialer und kultureller Techniken, bei denen der Körper eine dominante Rolle spielt. Wie Jean-Marie Brohm[3] gezeigt hat, besitzt die körperliche Ertüchtigung in diesem Fall ausschließlich sportlichen Charakter. Die weltweite Verbreitung vereinheitlichter sportlicher Praktiken drängt die lokalen und regionalen Körperkulturen an den Rand, selbst wenn sie die Geschichte einer ganzen Kultur oder Zivilisation in sich tragen.

Enthielten wir der jungen Generation den Walzer und den Paartanz vor, hieße das, eine individuelle, interindividuelle Erfah-

rung, eine Gruppen- und Gesellschaftserfahrung zu verdrängen, die tief in der europäischen Geschichte wurzelt und die hier aufgezeigt werden soll. Die Jugend bewegt sich heute gerne im Zweivierteltakt und zumeist vereinzelt. Es läßt sich eine Tendenz zur Auflösung des Paartanzes beobachten. Auf den Bällen vergangener Jahrhunderte und Jahrzehnte fand man Menschen beiderlei Geschlechts, unterschiedlicher Gesellschaftsschichten und verschiedener Generationen. Der Ball ist im Verschwinden begriffen. Er stellte eine der wichtigsten Institutionen dar, in denen sich das soziale Gefüge bildete, das sich jetzt allmählich auflöst. Doch anläßlich des 14. Juli 1989 wiegte sich Frankreich wieder im Reigen. Tausende von Bällen haben diesen Jahrestag der Französischen Revolution geprägt. Ob in Großstädten oder Dörfern, auf diesen Bällen wechselten Disko-Sound und Musette ab. Bei dieser Gelegenheit stellte sich dann auch heraus, daß immer noch Hunderttausende von Franzosen Walzer tanzen.

Das vorliegende Werk untersucht unsere Gegenwart anhand einer gesellschaftlichen Erfahrung, die noch sehr präsent ist, wenngleich sie zum Teil zurückgedrängt wurde. Dieses Buch, das sich der Erforschung der historischen Grundlage des Walzers widmet, könnte man auch als ein europäisches Kulturdokument betrachten. Es ist ein Appell an die Europäer, auf ihre Geschichte und die Musik- und Tanzrichtungen zurückzublicken, welche die Grundlage für den Aufbau einer europäischen kulturellen Identität bilden.

ANMERKUNGEN

1 Technisch hindert die Walzertänzer nichts, wie beim Slow, aneinandergepreßt zu sein. Es reicht ihnen also, die Schritte nur anzudeuten.
2 T. Arbeau, *Orchésographie*, Langres 1589, dt. Übersetzung 1978.
3 J.-M. Brohm, *Sociologie politique du sport*, Paris 1976.

Die Ursprünge

> *»Der Walzer, den wir 1795 von den Deutschen übernommen haben, war bereits seit vierhundert Jahren ein französischer Tanz.«*
> CASTIL BLAZE, L'académie de musique, Nr. XVIII, Bd. 2, S. 71

Beschäftigt sich der Anthropologe mit den Werken über den Volkstanz, überrascht ihn stets ihre »nationalistische« Färbung. Für die meisten Autoren versteht es sich von selbst, daß der Tanz »national« ist. Friedrich Zorn zum Beispiel erklärt in seiner *Grammatik der Tanzkunst*, daß man, wenn man von »Walzer« spreche, immer an den »Tanz der deutschen Nation[1]« denke. Viele Tanzhistoriker scheinen ihre Hauptaufgabe darin zu sehen, die nationale Zugehörigkeit eines Tanzes aufzuzeigen. Diese Einstellung befremdet denjenigen, der sowohl über die Unterschiede der Kulturen als auch über die Geschichte des Tanzes Bescheid weiß. Denn der Tanz gelangt, denn genau wie die Musik kommt er ohne das Wort aus, viel leichter über die Grenzen als andere Kulturgüter. Andrerseits macht selten allein ein Tanz das Zusammengehörigkeitsgefühl einer Nation aus. Der Tanz ist ein Ereignis, das sich zu einem bestimmten Zeitpunkt in bestimmten Gegenden abspielt und bei dem bestimmte soziale Schichten mitwirken. Er breitet sich nur dann in einem Land aus, wenn er bereits vor langer Zeit dessen Grenzen überschritten hat. Viele Autoren haben eher versucht, das nationale Wesen eines Tanzes als seine Zugehörigkeit zu einer bestimmten Schicht oder sozialen Gruppe zu beweisen. Seit dem letzten Jahrhundert sind die gründlichsten und fundiertesten historischen Darstellungen des Tanzes immer dann entstanden,

wenn der Nationalismus in der Geschichte eines Landes eine dominierende Rolle spielte, wie etwa in Frankreich nach der Niederlage von 1870 oder in Deutschland zwischen 1930 und 1940.

Eine schwer rekonstruierbare Geschichte

Das Problem bei der Untersuchung des Tanzes, das vielleicht die Reduzierung auf seine nationalistische Bedeutung in der Geschichte erklärt, besteht darin, daß es in bezug auf die Volkskultur praktisch keine weit zurückreichenden historischen Spuren gibt. Vor sechs oder acht Jahrhunderten richteten die Historiker ihre Aufmerksamkeit auf das Leben der Fürsten. Anhand der uns zur Verfügung stehenden Angaben ist es schwierig, die Geschichte des Tanzes zu erkunden. Auch wenn es in bestimmten Geschichtsperioden eine Verschmelzung von Volkstanz und höfischem Tanz gegeben haben mag, so bleiben doch sehr häufig der Tanz des Volkes und der Tanz des Adels im Widerstreit.

Die Betonung der nationalen Bezüge des Tanzes in den einschlägigen Werken illustriert beispielhaft die Rekonstruktion des Ursprungs des geschlossenen Paartanzes im Dreivierteltakt. Dieser Tanz, der heute als »Walzer« bekannt ist, scheint eine wichtige nationale Komponente besessen zu haben. Die geschichtlichen Darstellungen der Volte und des Walzers erweisen diese nationalistische Orientierung der Tanzhistoriker.

Auch neuere Werke beschäftigen sich mit der Frage des nationalen Ursprungs der Volte. In einem 1983 erschienenen Werk schreibt Luciana Porte-Marrou, daß »die Provence die Heimat der Volte oder Vouta ist. Diese Behauptung wird jetzt nach langen Streitigkeiten über die These des provenzalischen oder italienischen Ursprungs akzeptiert«.[2]

In den *Handbooks of European National Dances* heißt es in einem Artikel über die »Tänze in Frankreich«: »Die Italiener behaupten, die Volte gehöre, genau wie die Gaillarde oder Romanesca, die Sis-

sone, Forlana etc. zu den von ihnen erfundenen Tänzen[3], aber dieses tanzbesessene Volk liebte es auch, ›dansar a la provenzalesçale‹«. Die gängigste Meinung jedoch besagt, daß die Volte aus der Provence stammt, wie Marcelle Mourgues anführt.[4] Als Beleg zitiert sie den *Dictionnaire* von Desrat und die *Encyclopaedia* von Chas d'Albert.[5] Dann beschäftigt sie sich mit der Frage nach der Herkunft des Walzers, und auch sie siedelt ihn in der Provence an: »Wird in Deutschland der provenzalische Ursprung der Volte anerkannt (sie beruft sich auf Curt Sachs), so wird zugleich auch betont, daß der Walzer nicht von der Volte abstammt, sondern von einem sehr alten ländlichen Tanz, der Allemande. Die vergleichende Analyse des Volteschritts, die von Thoinot Arbeau vorgenommen wurde, zeigt eine vollkommene Analogie zwischen dem Schritt des Walzers und der Allemande, wie er sie beschrieb, und läßt diesbezüglich keinen Zweifel.«[6]

Thoinot Arbeau schreibt nämlich über die Allemande: »Ihr könnt sie in Gesellschaft tanzen: Wenn Ihr ein Fräulein bei der Hand haltet, können sich mehrere andere hinter Euch aufstellen, wobei jeder der Herren seine Dame bei der Hand hält. Ihr tanzt alle zusammen nach vorn, und wenn Ihr wollt, auch rückwärts, im Zweivierteltakt, dreieinhalb Schritte, oder den Fuß leicht angehoben, ohne einen Sprung zu machen. Und wenn Ihr bis ans Ende des Saals gegangen seid, könnt Ihr Euch im Tanze drehen, ohne Eure Dame loszulassen. Die anderen stimmen im Takt ein, und wenn das Orchester diesen ersten Teil beendet hat, bleiben alle stehen, erholen sich und beginnen dann, wie vorher, den zweiten Teil. Den dritten Teil tanzt Ihr im Zweivierteltakt, leichtfüßiger und unter Hinzufügung kleiner Sprünge, wie bei der Courante.«[7]

Marcelle Mourgues, die sich auf dieses Zitat stützt, fährt fort: »1565 wurde die Allemande von einem Mann und zwei Frauen getanzt: Der Herr ließ die eine Dame unter seinem Arm durchschlüpfen und vollführte seinerseits die gleiche Bewegung bei der Dame. Sie machten Tanzschritte nach vorn und nach hinten, und dann wiederholte der Herr diese Drehbewegungen mit der Hand

mit der anderen Dame. Die Figuren dieses Reigens verwandelten sich. Die Darstellungen, die es in Deutschland und in der Schweiz davon gibt, zeigen Paare, die einen Reigen vollführen, indem sie sich erst nach rechts und dann nach links drehen. Sie lockern die Hände; die Männer bleiben stehen, und die Damen drehen sich unter dem hochgestreckten Arm der Männer. Bei der modernen Allemande wirbeln nur die Damen herum, und die Herren lassen die Damen unter dem rechten und dem linken Arm durchschlüpfen.«

Am Schluß ihrer Beschreibung stellt sie fest: »In Anbetracht der Allemande, eines einfachen gemeinschaftlichen Drehtanzes, bei dem der Paartanz noch offenbleibt, scheint es die Volte zu sein, die zum ersten Mal das Paar in einem anmutigen Dreivierteltakt wiegt und in einen rauschenden Wirbel zieht, der typisch für den Walzer ist.«[8]

Klingenbeck beharrt in seinem Werk auf der deutschen Herkunft der Volte. »Die Geschichte der choreographischen Entwicklung des Walzers hat sehr verschiedene Auslegungen erfahren«, schreibt er. »So bestehen bereits Meinungsverschiedenheiten, ob die Volte als der erste geschlossene Paartanz die unterste Stufe des Walzers oder aber die letzte Folgerung aus der Gaillarde darstellt. Unbestrittene Tatsache bleibt aber, daß in der Volte zum ersten Male die Neigung zur ›Umkehr‹, also zur Drehung, auftauchte. Es geschah dies in einer recht plumpen und etwas rohen Weise [...]. Die Urheberschaft [...] wird den verschiedensten Ländern zugeschrieben: Frankreich, Italien wird genannt, wiederholt aber auch Deutschland. Obwohl von manchen Seiten ein Zusammenhang zwischen Volte und Walzer heftig verneint wird, gibt es doch auch andere Stimmen, die eine Ähnlichkeit bemerken wollen [...].«[9]

Marcelle Mourgues, die sich in der Geschichte der Volte gut auskennt, ist der Anspruch Deutschlands ganz fremd, als Ursprungsland dieses Tanzes zu gelten. Ihrer Ansicht nach ist der Ursprung des Walzers in der Provence anzusiedeln: »Es gereicht der provenzalischen Choreographie zur Ehre, diesen schmachten-

den und einschmeichelnden Rhythmus des Walzers erfunden zu haben, der Generationen begeistert hat und weiterhin seine treuen Anhänger entzückt.«[10]

Der deutsch-französische Streit um den Ursprung

Den Aussagen der französischen Autoren des 19. Jahrhunderts und der ersten Hälfte des 20. Jahrhunderts zufolge stammt der Walzer aus Frankreich. So schreibt Desrat in seinem *Dictionnaire de la danse* unter »Volta«: »Der *Dictionnaire de Trévoux* und *l'Orchésographie* haben uns interessante Unterlagen über die Volte übermittelt, die wir zu unserem Nationaltanz erklärt haben. Sie zeigen eindeutig, daß die weit verbreitete Annahme eines deutschen Ursprungs falsch ist.« Unter dem Begriff »Walzer« ist zu lesen: »Ich gehe nicht mehr vom französischen Ursprung des Walzers aus. Ich ignoriere die Artikel des *Dictionnaire de la conversation* von Bouillet und Larousse, die voneinander abgeschrieben zu haben scheinen und einen Irrtum verbreiten, der der historischen Wahrheit widerspricht; diese Werke behandeln die Fragen des Tanzes recht oberflächlich, und die Artikel darüber stammen nicht von Experten. Ich könnte die Verfasser dieser Artikel auf die Zeitung *La Patrie* vom 17. Januar 1882 verweisen, wo sie lesen können, daß die Volte oder der Walzer seit 1178 getanzt wurden.«[11]

Desrat gibt ein falsches Datum an. Es handelte sich um die *La-Patrie*-Ausgabe vom 11. Januar 1882, in der es heißt: »Ein Gelehrter hat soeben die Legende, die den Deutschen die Erfindung des Walzers zusprach, zerstört. Der Ursprung dieses Tanzes [...] dürfte in Frankreich zu finden sein. Der Walzer gelangte von der Provence nach Paris, war das ganze 16. Jahrhundert über in Mode und setzte den Hof in Valois in Entzücken. Dann übernahmen ihn die Deutschen, und die Volte wurde zum deutschen Walzer.« Desrat bemerkt dazu: »Wenn also die Provence in Deutschland liegt, teile ich die Ansicht meiner Widersacher.«[12]

1900 sprechen sich die französischen Autoren für eine Verbindung mit der Volte aus. Für Félicien de Ménil »ist der Walzer nicht deutschen Ursprungs«.[13] Für Eugène Giraudet, der ebenfalls die Version von Desrat darlegt, scheint das Problem gleichwohl differenzierter zu sein: »Der Gedanke, daß der Walzer, der König der Tänze, französischen Ursprungs sein könnte, gefällt mir durchaus. Aber um der Wahrheit die Ehre zu lassen, muß man eingestehen, daß Deutschland berühmte Walzerkomponisten hervorgebracht hat. Die derzeitigen Walzerkönige sind: Strauß, Gungl, Labitzky und Métra.«[14]

Die Liste der französischen Autoren, die sich Desrats Meinung anschließen, ist lang. Hier sei nur einer zitiert: »Was die Volte betrifft, so ist es ganz einfach und ohne jegliche Veränderung der Walzer. Es ist der gute alte Walzer im Dreivierteltakt, den unsere Großmütter tanzten, den wir lange Deutschland zugeschrieben haben, der aber aus der Provence kam und am Hof der Valois höchste Begeisterung hervorgerufen hat, nachdem Heinrich III. ihn getanzt hatte.«[15]

Für die deutschen Autoren stammt der Walzer zweifelsfrei aus Deutschland, für die Österreicher aus Wien, für die Polen ist der Walzer natürlich ein polnischer Nationaltanz. Besteht die Lösung vielleicht darin, sich bei Autoren kundig zu machen, die aus »neutralen« Ländern kommen?

Der mexikanische Tanzhistoriker Adolfo Salazar nennt die Volte, den Dreher und den Ländler als Quellen des Walzers.[16]

1816 bezeichnet der Engländer Thomas Wilson den Walzer als einen »deutschen und französischen« Tanz. Aber gleichzeitig behauptet er, der Walzer sei eine Tanzart, die ihren Ursprung in Deutschland habe, nachdem sie in Schwaben, einer der neun Regionen Deutschlands, eingeführt worden sei.[17] 1830 erwähnt Charles Blasis den »Walzer« in seinem *Manuel de danse*. Für ihn stammt er aus der Schweiz. »Er wurde durch Figuren und Gruppen abgeändert und ausgeschmückt, um ihn abwechslungsreich zu gestalten und die Monotonie zu vermeiden.«[18] Philippe Richardson be-

schreibt den Walzer in »seiner deutschen Form«, die sich durch die umarmende, feste Haltung der Partner auszeichne.[19] Er erinnert daran, daß vor mehr als hundert Jahren viele französische Autoren, darunter auch Castil-Blaze, behaupteten, er stamme wohl von der Gaillarde und eher noch von der Volte ab. Er weist auf den provenzalischen Ursprung der Volte hin und erwähnt Thoinot Arbeau. Er ruft in Erinnerung, daß Königin Elisabeth I. und Maria, die Königin von Schottland, diesen Tanz begeistert getanzt hätten. Trotz des französischen Anspruchs, sagt Richardson, (sei) »jetzt allgemein anerkannt, daß der unmittelbare Vorläufer unseres modernen Walzers unter jenen Tänzen zu suchen ist, die damals in Deutschland dominierten (der Dreher, der aus Bayern kam, der Ländler aus einer Region zwischen dem Westen Österreichs, der Schweiz und dem Elsaß)«.

Richardson führt Edwin Evans an, der in seinem Buch *Music and the Dance* schreibt, daß der Walzer in Wien anfangs nur vom Volk getanzt wurde, daß die Gebildeten sich ausdrücklich davon distanzierten, und daß er vor allem in Prag getanzt wurde, bis 1785 durch kaiserlichen Erlaß sein Verbot erging. Für Evans ist Wien der eigentliche Geburtsort des Walzers als städtischer Tanz. Aber er erläutert, daß er damals als Allemande getanzt wurde: »Wien entwickelte als erste Stadt die Walzermusik und brachte ein Jahrhundert lang ihre besten Beispiele hervor.« Er schreibt, daß Mozart, der 1787 in die Dienste des Kaisers trat, keinen Walzer komponiert habe, was jedoch nicht stimmt. Mozart hat fünfzig Allemandes und sechs Ländler komponiert. Auch wenn diese Tänze nicht unter dem Namen Walzer bekannt wurden, hatten sie doch bereits dessen Rhythmus. 1795 komponierte Beethoven dreizehn Allemandes für den Redoutensaal.[20]

Richardson vertritt die Meinung, der Walzer sei 1787 das erste Mal in der Oper von Vincent Martin in Wien auf die Bühne gekommen und 1800 von Gardel (»La dansomanie«) erstmals in ein Ballett integriert worden. Er beschließt seine Ausführung über den Ursprung des Walzers mit dem Hinweis, daß anfangs nur die »klei-

nen Leute« diesen Tanz praktiziert hätten, und zwar so unfein und grob, daß er in vielen Ländern verboten worden sei. Das ist allerdings nicht eindeutig belegt.

Übersetzungsprobleme

Aber befassen wir uns nun mit den Überlegungen des deutschen Musikwissenschaftlers Curt Sachs über den Paartanz. In seinem Werk bestritt er, daß die Volte eine Vorläuferin des Walzers sei: »Aber noch seltsamer ist ihr frühes Vorkommen in Deutschland«, schreibt er. »Als Thomas Platters älterer Bruder Felix 1553 ebenfalls in Montpellier Medizin studierte, erzählte er denen daheim in Basel von der Volte als etwas durchaus Bekanntem, ja 1538 bildete der westfälische Stecher Heinrich Aldegrever in seiner Kupferfolge der Hochzeitstänzer mindestens das bezeichnende Anfassen unter dem Blankscheit unmißverständlich ab. Immer wieder erheben französische Schriftsteller den Anspruch auf den französischen Ursprung des Walzers; die Volte sei seine Mutter. Das Hochheben der Tänzerin kann aber schon früher in Deutschland nachgewiesen werden, das geschlossene Drehen fällt [...] dem Franzosen Montaigne in Deutschland als etwas Ungewohntes auf, und das Anfassen unter dem Blankscheit, das nicht einmal zum Walzer oder zum Ländler gehört, wird schon Jahrzehnte, bevor die Volte auch nur den Weg von der Provence nach Paris fand, in Westfalen abgebildet, und niemand wird gerade diesem Land eine besondere Neigung zu provenzalischer Sitte nachsagen wollen. Was bleibt da übrig? Wir werden nicht als Antwort unsererseits in die deutsche Lärmtrompete stoßen: die Wurzeln aller Drehtänze verlieren sich in der Dämmerung neolithischer Vegetationskulte. Die Volte existierte nicht lange genug, um jene Herkunft zu erhellen, die man ihr zuschreibt. Mersenne erwähnt sie 1636 zum letzten Mal. Kurz danach ist sie wohl von der Bildfläche verschwunden.«[21]

Dieser Abschnitt von Curt Sachs, der damit seine Darstellung »Volte« beendet und zu den »geschlossenen Paartänzen« überleitet, ist aus mehreren Gründen faszinierend. Vor allem, weil er in der französischen Übersetzung von L. Kerr fehlt, die dieser von dem 1938 bei Gallimard erschienenen Buch des deutschen Autors angefertigt hatte. Wenn man die deutsche, englische und französische Ausgabe vergleicht, stellt man zunächst fest, daß der französische Übersetzer alle Passagen über Musik ohne Begründung ausgelassen hat. Warum? Vielleicht war er kein Musiker und verstand das Original nicht? Viel überraschender und problematischer aus ideologischer Sicht jedoch ist seine Entscheidung, alle Passagen von C. Sachs mit »nationalistischem« Anklang auszulassen. L. Kerr vermittelt dem französischen Leser eine Version des deutschen Autors, die den Eindruck erweckt, Curt Sachs akzeptiere den provenzalischen Ursprung der Volte, obwohl dieser dies eher bestreitet. Außerdem übergeht Kerr jegliche Diskussion über den Ursprung des Walzers. Die Auslassung dieses Abschnitts bedeutet also eine Verfälschung des Originals seitens des Übersetzers (hat er mit dem Autor darüber geredet?).

Diese verfälschte Übersetzung hat beträchtliche Folgen für die Zukunft der Forschung in Frankreich. Wenn nämlich diese von Curt Sachs, einer seit mehr als fünfzig Jahren[22] anerkannten Autorität unter den Musik- und Tanzhistorikern, ganz bewußt abgefaßten Passagen auf der ganzen Welt bekannt sind (die englische Version dieses Werks wurde mehrmals aufgelegt), sind sie es in Frankreich keineswegs. Der französische Historiker, der glaubt, anhand der verfälschten Übersetzung von L. Kerr über Curt Sachs Bescheid zu wissen, wird seit einem halben Jahrhundert an der Nase herumgeführt (siehe Mourgues, oben). Er hat keine Ahnung, welche Diskussionen sich seit Desrat um die französische These rankten. Zwischen 1938 und 1989 ist es keinem Franzosen in den Sinn gekommen, diese Thematik näher zu untersuchen und das Problem des »Ursprungs« des Walzers, das Curt Sachs als endgültig bereinigt betrachtet hatte, neu aufzugreifen.

Eine umstrittene These

Viele Punkte, die C. Sachs bei seiner Argumentation anführt, geben Anlaß zum Nachdenken. Zuerst schreibt er, daß »die Franzosen behaupten, die Volte sei vor dem Walzer dagewesen«. Darauf gibt es drei Antworten:

Einerseits datiert er die Volte 1553 (und führt dafür als Zeugen Platter an, einen »Germanen«, dem dieser Tanz vertraut war, während Montaigne ihn 1580 noch nicht kannte) und beharrt darauf, daß die Volte erst 1556 bei Hof eingeführt wurde. Er scheint dabei zu übersehen, daß sich die »französische« Hypothese Ende des 19. Jahrhunderts auf schriftliche Belege der Volte stützt, die bis ins Jahr 1178 zurückgehen. Er ignoriert diesen Verweis und verkündet unter Bezugnahme auf den Stich von Aldegrever, der Drehtanz sei bereits seit 1538 in Deutschland bekannt, also mehrere Jahrzehnte, »bevor die Volte ihren Siegeszug in Paris antrat«.

Andrerseits erklärt Curt Sachs, der gemeinhin als Autorität anerkannt wird, er werde nicht in das deutsche Horn stoßen und behaupten, die Wurzeln des Drehtanzes gingen bis in die Jungsteinzeit zurück.

Schließlich verweist er darauf, daß die Volte nach Mersenne sehr schnell verschwunden ist (also nach 1650) und folgert daraus, daß eine Verbindung zwischen der Volte und dem Walzer erst in den Jahren 1750 bis 1760 erkennbar wird.

Insgesamt gesehen, kann die Erläuterung von Sachs nicht überzeugen. Zum einen, weil er die Volte akzeptiert, außerdem kann er den Text von Thoinot Arbeau, den er übrigens sehr oft zitiert, nicht im geringsten widerlegen. Dieser Text ist die Hauptquelle der Geschichte des Tanzes dieser Zeit. Daß er die Volte akzeptiert, verpflichtet ihn als Historiker, uns über ihre Entstehung mehr zu verraten. Er verschweigt die Tatsache, daß die Volte schon seit langem getanzt wird, da sie 1556 am französischen Hof eingeführt wurde.

Zum anderen beweist uns Aldegrevers Stich, den C. Sachs veröffentlicht, der sich insbesondere für die Geschichte des geschlos-

senen Paartanzes interessierte, keineswegs, daß dieser Hochzeitstanz im Dreivierteltakt getanzt wird (wie die Volte), und auch nicht, daß es sich dabei um einen Drehtanz handelt. Der Stich könnte auch einen Slow, wie man heute sagt, darstellen oder einen Marsch, warum nicht gar einen Paso doble?

Die Ausführungen über den neolithischen Ursprung des Drehtanzes bieten – aus theoretischer Sicht – eine der interessantesten »ideologischen« Dimensionen der Abhandlung von Curt Sachs. Er unterstellt, die »Wurzeln« des Walzers reichten bis in die Jungsteinzeit. Das ist reine Spekulation. Hier wird der Historiker zum Philosophen. Sachs läßt eine philosophische Fragestellung erkennen, die an seinen Zeitgenossen Heidegger erinnert. Ist diese Frage angesichts der fehlenden Quellen überhaupt von Interesse? Curt Sachs ersetzt die historische Beschreibung durch die ontologische Ausführung.

Aus der Sicht der französischen Wissenschaftler geht es bei der historischen Forschung nicht so sehr um den Ursprung als um die Entstehung des Tanzes. Für einen Franzosen ist eine Untersuchung der Vergangenheit nur im Hinblick auf die Gegenwart interessant.[23] Seit Ende des 19. Jahrhunderts befaßt sich die französische Forschung nicht mit dem Ursprungsmythos, sondern mit der Entstehung, jenem Zeitpunkt, ab dem es Spuren gibt.

Nicht alle Drehtänze sind geschlossene Paartänze im Dreivierteltakt, was jedoch auf die Volte zutrifft. Das Problem der Gemeinsamkeiten von Volte und Walzer liegt in dem Sprung, der beim Walzer weggelassen wird. Curt Sachs beharrt allerdings darauf, dieser Sprung werde in Deutschland praktiziert. Seine Ausführung basiert also auf einer zutiefst anti-französischen Logik. Er erträgt den Gedanken nicht, daß viele Elemente des Walzers bereits in der Volte zu finden sind. Dies wird jedem klar, der die Abhandlungen über diesen Tanz aufmerksam liest (siehe Arbeau, aber auch alle anderen Hinweise in diesem Buch).

Am Ende seiner Überlegungen äußert Curt Sachs die Vorstellung, die Volte sei nach Mersenne völlig verschwunden, und daher

sei der Dreivierteltakt, der zwischen dem 12. und 16. Jahrhundert in Frankreich und in Europa praktiziert wurde, ein Jahrhundert lang in Vergessenheit geraten. Der Walzer sei dann als neuer Tanz in Erscheinung getreten, wobei man versucht habe, ihn mit anderen Paartänzen in Verbindung zu bringen. Curt Sachs' These wirft manche Probleme auf. Die Volte verschwand nicht von selbst. Was die Geschichte des Tanzes betrifft, scheint es leichter zu sein festzustellen, daß ein Tanz zu einer bestimmten Zeit existierte, weil man dafür Beweise besitzt, als zu behaupten, er habe nicht existiert, nur weil man zu dem Zeitpunkt, zu dem man seine Ausführungen niederschreibt, über keine entsprechenden Belege verfügt.

Die Nazis machen sich den Walzer zunutze

In bezug auf die Logik der Geschichte des Walzers könnte man aus strukturalistischer Sicht anführen, entscheidend sei das Hervortreten der Struktur, der Logik, der Einführung des Walzers noch vor seiner Hegemonie im 19. Jahrhundert. Die Tatsache, daß die Volte verschwunden ist, stellt wohl kein Argument dar, ihre Bedeutung für die Entstehung des Tanzes zu schmälern. Nach dem derzeitigen Forschungsstand gibt es für die Zeit zwischen 1650 und 1750 nur wenige Belege für den Paartanz im Dreivierteltakt. Man kann jedoch die Hypothese aufstellen, daß der geschlossene Paartanz niemals wirklich verschwunden ist. Diese Hypothese ist um so einleuchtender, da dieser Tanz damals verfolgt wurde. Wer ihn tanzte, dem drohte der Scheiterhaufen. Ein Jahrhundert lang wurde dieser Tanz vermutlich nur noch im geheimen getanzt, aber er existierte weiterhin, indem er verändert wurde. Wir haben Belege dafür gefunden. Unterzieht man die Quellen, über die Curt Sachs verfügte, einer erneuten Prüfung, verliert man den Paartanz im Dreivierteltakt lediglich wenige Jahrzehnte aus den Augen.

Vermutlich ist die Volte wieder in die gesellschaftlichen Randbereiche zurückgekehrt, denen sie entstammte. Bei gründlicher

Durchforstung der Archive würde man bestimmt Beweise dafür finden. Die meisten Autoren (deutsche, englische und sogar französische) haben sich damit begnügt, die Ausführungen von Curt Sachs einfach abzuschreiben. Ich stütze mich dagegen auf einige neue Spuren und stelle die Hypothese auf, daß der geschlossene Paardrehtanz im Dreivierteltakt (Definition des Walzers) in Europa nicht verschwunden ist, sondern sich in verschiedenen Abwandlungen gehalten hat. Im übrigen taucht der Begriff »valse« schon sehr früh im Französischen auf.[24] Auch wenn ein Tanz zu einem bestimmten Zeitpunkt seine Bedeutung als »dominierenden Tanz« verloren hat, heißt dies nicht automatisch, daß er nicht mehr existiert. Hier ist es notwendig, »den Zusammenhang« zu berücksichtigen, wie Henri Lefebvre es ausdrückte.[25]

Warum muß 1933 (in dem Jahr erschien das Werk von Curt Sachs) ein deutscher Historiker »beweisen«, daß der Walzer keinerlei Verbindung zur lateinischen Tradition hat (egal ob provenzalisch, italienisch oder französisch)? Hier hat sich offenbar die Atmosphäre des Nationalsozialismus auf die Arbeit von Curt Sachs ausgewirkt, der vorher ein außerordentlich korrekter Forscher gewesen zu sein scheint. Man muß darauf hinweisen, daß Sachs' Darstellungen große Förderung durch die Nazis erfuhren und als »offizielle Kulturgeschichte« galten. Davon zeugt das Werk von Fritz Klingenbeck, das 1940 in Wien erschien und 1943 unter dem Titel: *Unsterblicher Walzer, die Geschichte des deutschen Nationaltanzes* neu aufgelegt wurde, derzeit ist es unter dem Titel *Das Walzerbuch* erhältlich. Wir werden es noch näher betrachten. Vorerst soll seine Einstellung zur Frage des Ursprungs des Walzers aufgezeigt werden.[26]

»Die Geschichte des Walzers gehört zweifellos zu den schönsten Kapiteln der Tanzkunst überhaupt«, schreibt Klingenbeck in seinem Buch. Er erklärt auch, weshalb: »Wenn auch viele Berichte über die Entstehung dieses Tanzes bloßen Vermutungen gleichzusetzen sein mögen, dienen sie doch dem Beweise, daß der Walzer mit uns gewachsen ist und nun zu uns gehört wie ein altes Volks-

lied, dessen eigentlicher Ursprung ebenso unauffindbar und schließlich auch nebensächlich ist, weil es die wesentlicheren Merkmale der Zugehörigkeit zu uns in sich trägt. In der gleichen Weise wollen wir den Walzer gelten lassen und die verwehten Spuren seines Ursprungs in unserem eigenen Empfinden neu beleben.«[27]

Diese Passage, die oft in deutschen Arbeiten zu diesem Thema zu finden ist, bereitet dem Historiker Kopfzerbrechen. Die Anhaltspunkte, die dieses starke Gefühl, daß der Walzer deutschen Ursprungs ist, untermauern könnten, sind fragwürdig. Zahlreicher sind die Elemente, die das Entstehen dieses Tanzes mit der Tradition der Volte in Zusammenhang bringen. Doch Klingenbeck stellt die Annahme des lateinischen Ursprungs dieses Tanzes keineswegs in Abrede. Er schreibt lediglich: »Es ist falsch zu behaupten, der Walzer stamme von französischen Tänzen im Dreivierteltakt ab: der echte Walzer ist erst dann nach Frankreich vorgedrungen, nachdem er sich überall in Deutschland verbreitet hatte, und die französischen Tanzmeister, die bestimmten, was getanzt wurde, bereiteten ihm keineswegs einen guten Empfang. Die Begeisterung, die dann alle ergriff, war bezeichnend für die Weigerung, à la française zu tanzen, die Ablehnung einer starren Haltung, die damals dominierte.«[28]

In der Neuausgabe bekräftigt er seinen Standpunkt: »Unrichtig ist jedenfalls eine vereinzelte Behauptung, die die Entstehung des Walzers aus französischen Dreivierteltakttänzen ableiten will. Diesem Irrtum ist vor allem gegenüberzuhalten, daß der eigentliche Walzer erst einige Zeit nach der in Deutschland bereits allgemeinen Verbreitung in Frankreich eingedrungen ist, wo ihm die damals auf der ganzen Welt tonangebenden französischen Tanzmeister einen keineswegs freundlichen Empfang bereiteten, bedeutete doch die Begeisterung, mit der sich alles dem Walzer hingab, gleichzeitig eine Absage an die bisherige französische Herrschaft des alten, steifen Tanzstils!«[29]

Im selben Tenor fährt Klingenbeck fort: »Das Volksempfinden

war aber stark genug, sich selbst aus den unlebendig gewordenen Pas und Figuren zu lösen und an ihre Stelle das befreiende, im Kreise sich schwingende Walzen treten zu lassen. So mußten schließlich auch die Herren Tanzmeister schon um ihres lieben Geschäftes willen von dem Fremden Abschied nehmen und begreifen lernen, daß dem deutschen Empfinden der Walzer am nächsten steht und daß es sich schließlich auch lohnte, ihn in ihre Obhut und Pflege zu nehmen. Nachdem sich der Walzer den Weg vom volkstümlichen und zugleich schönsten Tanzplatz unter der Dorflinde in den prunkvollen Tanzsaal selbst gebahnt hatte, behauptete er dort seinen Platz mit stürmischer Daseinsfreude. Welch breiten Raum der Walzer in den folgenden Tanzunterhaltungen einnahm, erkennen wir nicht nur aus den Tanzkarten jener Zeit, in denen jeder zweite Tanz ein Walzer war, sondern aus der uns selbst erschreckend lang erscheinenden Tanzdauer jedes einzelnen Walzers. [...] Der Walzertaumel ergriff bald auch über die Grenzen Österreichs hinaus das Ausland, wo dieser gelöste Tanz ebenfalls rasch begeisterte Freunde fand. Zwar wehrte sich das Ausland wütend gegen die Sittenlosigkeit des gefährlichen Wirbeltanzes, Frankreich protestierte in aller Welt mittels satirischer Flugblätter gegen das Umsichgreifen des Walzers und ließ kein gutes Haar an ihm. In England, wo der Walzer spät [...] aufgenommen wurde, stellte sich kein Geringerer als der englische Dichterheros Lord Byron in den Dienst der Abwehr [...] gegen den Tanz als Teufelswerk [...]. Die modisch gewesene Steifheit zerbrach überall und mußte dem natürlicheren und lebensdurchpulsten Tanzstil des modernen Walzers weichen.«[30]

Die These Klingenbecks ist simpel. Deutschland befand sich im Joch des Menuetts, dem Zeichen der Fremdherrschaft. Deutschland, das von jeher den Walzer für sich beanspruchte, machte daraus eine Waffe zur Befreiung der Völker. Die reaktionären Ausländer versuchten, dem zu widerstehen, konnten aber nichts ausrichten. Der Autor stellt das »französische Menuett« in den Mittelpunkt seiner Ausführungen. Er vergißt, daß ein großer

Teil des französischen Volkes den Tanz des Adels ablehnte, und daß zur selben Zeit Teile des deutschen Adels und die Mehrheit des deutschen Lehrerverbands weiterhin den Walzer ablehnten. Der Wiener Historiker, der den »Walzer als deutschen Nationaltanz« gewertet wissen möchte, fährt fort: »Einer leichteren Schwankung unterliegt jene Ansicht, welche den Walzerursprung im Schwabenland nachweisen will. Am allgemeinsten sind jedoch jene Hinweise, die als Gebiet der Entstehung Österreich bezeichnen. Besonders stark aber verdichten sich die Mutmaßungen, daß Wien seit jeher die innigste Verbundenheit mit dem Walzer aufzuweisen hatte. Jedenfalls legen älteste Dokumente, die für die Geschichte des Walzers eine Rolle spielen, dafür Zeugnis ab.«[31]

Wir werden noch Gelegenheit haben, diese »ältesten Dokumente« näher zu betrachten. Noch seltsamer jedoch ist, daß die englischen Autoren dies kritiklos übernahmen, ohne den speziellen Zusammenhang der Jahre 1933–1943 zu berücksichtigen. Es wurde ihnen zwar von englischen Autoren überliefert, die jedoch unter deutschem Einfluß standen – wie Mosco Carner, der Orchesterchef in Wien war, bevor er sich in London niederließ, oder Nettl, der in Deutschland publizierte, bevor er Professor in den USA wurde. Ihre Ausführungen zur Frage des Ursprungs zeigen, daß es sich im Grunde genommen nur um Übersetzungen von Sachs oder Klingenbeck ins Englische handelte. Das Buch von Sachs selbst, das 1937 auch in England herauskam, untermauerte diese Einstellung, die man bei vielen englischen Autoren findet (Richardson, bereits zitiert): »Trotz des französischen Anspruchs gilt jetzt allgemein, daß der unmittelbare Vorfahre unseres modernen Walzers unter jenen Tänzen zu suchen ist, die damals in Deutschland getanzt wurden (der Dreher in Bayern, der Ländler aus der Gegend zwischen dem Westen Österreichs, der Schweiz und dem Elsaß).«[32]

Vom Nutzen des Zweifels

Arthur Franks stellt 1963 als erster Engländer diese Selbstverständlichkeit in Frage. Nachdem er darauf hingewiesen hatte, daß die deutschen und österreichischen Bauern als erste eine Art Walzer tanzten, schreibt er: »Eine Zeitlang gab es eine heftige Auseinandersetzung zwischen den Franzosen und den Deutschen über den Ursprung des Walzers. Die Franzosen behaupteten, daß der Walzer von der Volte abstamme, während die Deutschen darauf beharrten, der Walzer sei ein Nachfahre des Drehers, eines Drehtanzes, bei dem sich die Paare anblickten und bei den Händen hielten. Seltsam mutet bei dieser Kontroverse an, daß die meisten modernen französischen Lexika, einschließlich des Larousse, sich nur auf den deutschen Ursprung dieses Tanzes beziehen.«[33]

Franks erkannte also, daß hier ein Problem vorlag. Er konnte nicht wissen, daß die Diskussion durch eine verfälschte Übersetzung beendet worden war. Außerdem mag das falsche Datum, das Desrat für den Artikel angibt, den er aus *La Patrie* zitiert, die französischen Forscher daran gehindert haben, die Diskussion weiterzuverfolgen. Nachdem ich diese Zeitung in der Pariser Nationalbibliothek eingesehen habe, war ich enttäuscht bei dem Gedanken, Desrat könnte diesen Artikel vollständig »erfunden« haben. Da ich feststellte, daß die Ausgabe dieser Zeitung vom Januar 1882 schon ein wenig ramponiert war, vermutete ich, daß nicht nur ich diesen Zweifel gehegt hatte. Es dauerte mehrere Monate, bis mir klar wurde, daß der *Dictionnaire* von Desrat einen Setzfehler enthielt und ich die Ausgaben vom Januar 1882 nochmals lesen mußte.

Nach eingehender Beschäftigung mit Franks Position sehe ich mich veranlaßt, die Elemente eines Netzes von äußerst komplexen Gegebenheiten, deren Hintergrund weniger »nationalistisch« als interkulturell und international ist, neu zu ordnen. Es ist nicht meine Absicht, die französische Herkunft des Walzers zu beweisen, vielmehr möchte ich die vielfachen Beiträge aufzeigen, die erforderlich waren, damit im Anschluß an die Französische Revolution

von 1789, aber auch durch eine in ganz Europa verbreitete Bewegung, eine neue Paargeselligkeit in Europa entstand. Der Paartanz im Dreivierteltakt entwickelte sich nämlich zu einer europäischen Bewegung, die vier Jahrhunderte anhielt. Der Rückzug Deutschlands auf sich selbst im 16. und 17. Jahrhundert ermöglichte vermutlich dieser Tanzform, die besonders in Frankreich gepflegt wurde, weiterzubestehen, indem sie sich veränderte. Meine Frage lautet daher: Ist der geschlossene Paartanz im Dreivierteltakt als eine Komponente des europäischen Erbes vorstellbar? Ich stimme Eugène Enriquez zu, der schrieb: »Wie sollen wir gleichzeitig den anderen und uns selbst erkennen, wie sollen wir unseren Standpunkt, unsere Rolle, unsere Beziehungen einordnen, unsere Feind- und Liebesbeziehungen erleben?«[34] Vom Erkennen des Andersseins handelt auch diese Arbeit. Dazu gehört aber auch die Einsicht, daß diese Arbeit nicht die letztendliche Wahrheit zutage bringen kann, da der Forscher selbst mit seinem Gegenstand verwoben ist. Daraus ergibt sich eine komplexe »situationsbedingte« Haltung, bei der »Kompetenz und Appetenz Hand in Hand gehen«.[35] »Auf schwankendem Boden gilt es, sich dementsprechend zu verhalten, und es ist nicht schändlich, auf den Wogen der Geselligkeit zu surfen.«[36]

Eine neuerliche Beschäftigung mit den Werken über den Walzer muß heute von der Voraussetzung ausgehen, daß jede Ausführung ihren »internen und externen Interpretationshorizont«[37] mit einschließt.

ANMERKUNGEN

1 F. A. Zorn, *Grammatik der Tanzkunst*, Leipzig 1888, § 779. Die These ist umstritten, da sogar noch heute viele Franzosen oder Italiener den Walzer mit der Musette gleichsetzen.
2 L. Porte-Marrou, *Dançar au Païs, danses occitanes en Provence*, Avignon 1983, S. 173.
3 *Dances of France*, Bd. 2, »Provence and Alsace«, Handbooks of European National Dances, hrsg. von V. Alford.

4 M. Mourgues, *La danse provençale, ses origines, ses symboles*, Raphèle-lès-Arles 1985, S. 160.
5 C. d'Albert, *The Encyclopaedia of Dancing*, London, S. 141.
6 M. Mourgues, *op. cit.*, S. 162.
7 T. Arbeau, *op. cit.*, S. 67.
8 M. Mourgues, *op. cit.*, S. 162.
9 F. Klingenbeck, *Unsterblicher Walzer, die Geschichte des deutschen Nationaltanzes*, Wien 1952, S. 48 f.
10 M. Mourgues, *op. cit.*, S. 167.
11 G. Desrat, *Dictionnaire de la danse*, Paris 1895, S. 370 und S. 373.
12 *Ibid.*, S. 374.
13 F. de Ménil, *Histoire de la danse à travers les âges*, Genf 1980, S. 191.
14 E. Giraudet, *La danse, la tenue, le maintien, l'hygiène et l'éducation*, Paris 1900, S. 96.
15 F. de Miomandre, *Danse*, Paris 1947, S. 28. Auch Jacques Baril vertritt in seinem *Dictionnaire de la danse*, Paris 1964, S. 48, die gleiche Meinung.
16 A. Salazar, *La danza y el ballet*, Fondo de cultura económica, Mexiko City 1949, 2. Auflage 1950, S. 95 und 96. Er zitiert in seiner Bibliografie T. Arbeau und C. Sachs.
17 T. Wilson, *A Description of the Correct Method of Waltzing*, London 1816: »Waltzing is a species of dancing that owes its origin to the Germans, having been introduced in Swabia, one of the nine circles of Germany.«
18 C. Blasis, *Manuel complet de la danse*, Paris 1980, S. 366–369.
19 P. J. S. Richardson, *The Social Dances of the Nineteenth Century*, London 1960, S. 42.
20 P. J. S. Richardson, *op. cit.*, S. 44.
21 C. Sachs, *op. cit.*, S. 253.
22 A. H. Franks schreibt zum Beispiel in der wohldurchdachten Bibliographie seines Werkes *Social Dance, a Short History*, London 1963, S. 196, über dieses Buch Buch von Sachs: »Das umfassendste und ausführlichste Buch über die Geschichte der Tänze in vielen Ländern. Einige wenige falsche Behauptungen haben manche Leser irritiert und dazu geführt, daß die unbestrittene Autorität dieses Autors in Frage gestellt wurde. Dieses Werk ist für jeden, der die Geschichte und Ethnologie des Tanzes grundlegend studieren möchte, unerläßlich.«
23 Siehe R. Hess, *Henri Lefebvre et l'aventure du siècle*, Paris 1988, S. 193 ff.
24 Genau zu dem Zeitpunkt, als es schwierig wird, den Spuren der Volte zu folgen.
25 H. Lefebvre, *La somme et le reste*, Paris 1959, Neuauflage 1989.
26 Dieses Buch unterscheidet sich deutlich von der oben angeführten Ausgabe von 1952.
27 F. Klingenbeck, *Das Walzerbuch. Historisches und Bezauberndes vom Wiener Walzer*, Wien 1952, S. 42.
28 *Ibid.*, S. 12.
29 F. Klingenbeck, 1952, *op. cit.*, S. 42.
30 F. Klingenbeck, 1952, *op. cit.*, S. 63 ff.

31 *Ibid.*, S. 12 f.
32 P. J. S. Richardson, *op. cit.*, S. 42.
33 A. H. Franks, *op. cit.*, S. 128.
34 E. Enríquez, *De la horde à l'Etat*, Paris 1983, S. 182.
35 M. Maffesoli, *Le temps des tribus*, Paris 1988, S. 16.
36 *Ibid..*, S. 17.
37 A. Schütz, *Le chercheur et le quotidien*, Paris 1988, S. 9.

ERSTER TEIL
DIE ENTWICKLUNG DES GESCHLOSSENEN PAARTANZES

Die Volte

> »*Die Urmenschen waren Zwitter; Jupiter, der
> über ihre monströsen Formen entsetzt war,
> schied sie in zwei Geschlechter. Doch Mann und
> Frau, die nun getrennt waren, siechten dahin.
> Venus erbarmte sich ihrer und lehrte sie die Volte,
> welche die beiden Wesen wieder vereinte.*«
>
> AMADIS JAMYN, La Volta, 1580

Auch wenn es keine eindeutigen Beweise dafür gibt, daß zwischen Walzer und Volte ein direkter Zusammenhang besteht oder der Walzer von der Volte abstammt, kann ich eigentlich das eine vom anderen nicht trennen, im Hinblick auf die Geschichte des geschlossenen Paartanzes muß ich es jedoch tun. Die »Volta« oder »volte« auf französisch, die in der Provence auch »vouta« genannt wird, in Deutschland »Volte«, in Italien »rivolta«, »voltatonda« oder »mezza volta« und in England »volta«, stellt, wie ich in diesem Kapitel zeigen möchte, zweifellos einen wichtigen Abschnitt in der Erfindung des geschlossenen Paartanzes dar.

In seiner *Weltgeschichte des Tanzes* bemerkt Curt Sachs, daß »die Volte unter allen Hoftänzen der romanischen Welt eine Sonderstellung [einnimmt].« Bevor die Volte bei Hof eingeführt wurde, tanzte man sie bereits auf dem Land. Curt Sachs, der sich von dem im 16. Jahrhundert erschienenen Meisterwerk von Thoinot Arbeau inspirieren ließ, schreibt: »Nicht nebeneinander oder gegenüber, sich kaum berührend in abgeblaßter, nur mehr andeutender Paarungssinnbildlichkeit, vor und zurück, hin und her – sondern eng umschlungen, fortwährend sich drehend und in der Umschlingung gemeinsam hochspringend, bringen die Voltetänzer in den feinen Ballsaal einen ganz ungewohnten Zug von Kraft und Volkstümlichkeit, von zupackender Derbheit, südfranzösischer Gaillardise und

selbstbewußter Frische.«[1] Er fährt fort: »Während der rechte Fuß hochgeworfen wurde, hüpften die Tänzer auf dem linken und drehten sich um neunzig Grad, schritten lang aus, drehten wieder um einen langen Schritt, drehten sich im Viertelkreis und sprangen unter einer dritten Vierteldrehung hoch. Während eines *tour* betrug also die Drehung nur einen Dreiviertelkreis, so daß die Tänzer erst nach vier *tours* wieder in der Ausgangsrichtung standen.«[2]

Ich werde diesen Tanz noch ausführlicher technisch beschreiben. Hier sei auf die Erfindung des geschlossenen Paartanzes hingewiesen. Die Drehbewegung »erlaubte kein Nebeneinander der Partner. Sie mußten zu einer einzigen Person verschmelzen, sollte nicht die Dame alle Bewegungen rückwärts tun«.[3] Deshalb legt die Partnerin die rechte Hand auf den Kragen ihres Partners, und mit der linken hält sie die Falten ihres Kleides, um eine Enthüllung ihrer Dessous zu vermeiden. »Für den Tänzer aber lautet die Anweisung: linker Arm um die rechte Hüfte der Dame, linker Schenkel als Drucksteuer an ihrem rechten Schenkel, rechte Hand, um ihren Sprüngen nachzuhelfen, unter (!) dem Blankscheit, der platten Vorderseite des Korsetts.«[4]

Ein sportlicher Tanz

Bedenkt man, daß man dabei nach rechts oder nach links tanzt, ist – abgesehen von dem Sprung – die Ähnlichkeit zwischen der Volte und unserem Walzer unverkennbar. »Welcher Instinkt bewog die Provenzalen zu der Annahme, diese wiegende Walzerbewegung entspreche dem Dreivierteltakt-Rhythmus? Stammt diese impulsive Bewegung vom alpinen Reigentanz, dem Tamburintanz, bei dem man mit dem Fuß von hinten nach vorn wippt und im Kreis herumschwenkt?«, überlegt Marcelle Mourgues. Sie schreibt: »Die erstaunlichen Leistungen der Drehenden beweisen zweifellos, daß die Provenzalen stets durch die zu überwindenden Hindernisse herausgefordert wurden. Bei der ohnehin schon schnellen und

durch die schwindelerregenden Drehungen der Dame angetriebenen Volte kamen noch die Luftsprünge des Herrn hinzu. Das verleitete die Italiener dazu, im Gespräch über die Volte den Titel der bekannten Gaillarde-Melodie zu zitieren: ›La traditora my fa morire!‹«[5]

Wenn Curt Sachs die Merkmale eines Tanzes anspricht, erklärt er, daß bei bestimmten Tänzen »allgemein der Anreiz gegeben [wird], sich als Augenzielpunkt – besonders des andern Geschlechtes – zu fühlen und die Leistung unabhängig von ihrem magischen Sinn zu steigern. Rein leiblich zunächst. Die körperliche Leistung heißt Kraft, Ausdauer und Geschicklichkeit. […] Sie gehören noch heute zu den Tanzidealen des europäischen Bauernburschen und durften sich in den Formen der *Volte* und der *Nizzarda* sogar im Ballsaal zeigen.« Und er fährt fort: »Mögen Krafttänze zunächst kultischen Zwecken untergeordnet sein – dem jugendkräftigen, in seiner Kraft beglückten Manne müssen sie sporthafter Selbstzweck werden.«[6]

Etymologisch besteht ein Zusammenhang zwischen »Volte« und »voltigieren«. Pansier fand heraus, daß dieser Begriff 1411 in der Provence im Ausdruck »si a prez a la volta« zu finden ist, was bedeutet, »er hat eine halbe Drehung gemacht.«[7] »Volter« bedeutet also drehen, eine Drehung machen. Doch im Provenzalischen gibt es auch den Terminus »vouta«; er hat dieselbe Wurzel wie »envoûtement« (Verzauberung).

Für Desrat reichen die ältesten Spuren der Volte bis in das Jahr 1178 zurück: »Ein von einem Gelehrten des 19. Jahrhunderts aufgefundenes Manuskript, das in *La Patrie* vom 17. Januar 1882 erwähnt wird, läßt den Schluß zu, daß die Volte am 9. November 1178 das erste Mal in Paris getanzt wurde. Die Volte war also zu diesem Zeitpunkt in der Provence bereits bekannt; der Gesang, der sie begleitete, hieß Pallada. Sie gelangte von der Provence nach Paris, war dort das gesamte 16. Jahrhundert in Mode und entzückte den Hof von Valois«, schreibt er. Es handelte sich dabei um Artikel von Bouillet und Larousse.[8] Diese Darstellung der Entstehungsge-

schichte wurde im Werk Pierre Tugals, dem Direktor des Musée de la danse und Konservator der Archives internationales de la danse, übernommen. Auch er sah das Datum von 1178 als ersten bekannten Verweis auf die Volte an.[9]

In Italien datiert das älteste einschlägige Dokument aus dem Jahr 1465. Es handelt sich um den *Traité sur l'art de la danse* (Abhandlung über die Tanzkunst) von Antonio Cornazano, der die »voltatonda« und die »meçovolte« erwähnt.[10]

Der Paar-Drehtanz (»duorum in gyrum saltatio«) ist nicht neu. Bereits die Griechen und die romanischen Völker kannten ihn. Die Volte diente damals dazu, sich dem höfischen Tanz zu widersetzen, bei dem der Herr mit Umhang und Degen und die Dame in langer Robe mit Schleppe sich an den Spitzen der behandschuhten Finger halten und in langsamen abgemessenen Schleifschritten pompös einherschreiten, unterbrochen nur durch Verbeugungen. Die Volte bildet also einen Gegenentwurf zu dieser monotonen und steifen Tanzhaltung. Die Italiener entledigen sich des Umhangs und Degens, um die Volte zu tanzen. Sie schlüpfen in leichte weiße Tanzschuhe, und die Dame zieht sogar oft ihre Schuhe aus.[11] Das Neue an der Volte besteht in der Umarmung beider Partner, die synchrone Bewegungen machen müssen, um gemeinsam eine Drehung zu vollführen; insbesondere der Sprung, der Beweglichkeit und Kraft erfordert, bereitet manchen Schwierigkeiten. Der Sprung ist eine echte Leistung; er treibt die sehr gelenkige Jugend jener Zeit zu allen möglichen Kapriolen. »Der Mann läßt die Frau mehrere Male herumwirbeln und hilft ihr dann, einen Sprung zu vollführen«, erklärt Brossard.[12]

Der italienische Manierismus

Bei der Erneuerung des Walzers spielte die Renaissance eine große Rolle. Wie in allen anderen Kulturbereichen, so erklärt Max von Boehm, brachte das 16. Jahrhundert auch große Veränderungen für

den Tanz mit sich. Der Stil der Gesellschaft veränderte sich und ließ andere Denkarten und Empfindungen entstehen. Diese Umwälzungen datiert man auf das 16. Jahrhundert, also den Beginn der Renaissance. Diese Veränderungen gingen von Italien aus. Wie die Kunst drangen auch die Kultur und die Sprache Italiens rasch über die Alpen in Richtung Norden und Westen, eine neue Körperkultur verbreitete sich. An den Höfen der kleinen Tyrannen Nord- und Mittelitaliens liebte man alles, was das Leben reizvoll und schön machte. Dazu gehörte auch die Kunst der Bewegung.[13] Die Visconti, Medici, Este, Gonzague besaßen zwar nicht viel politische Macht, doch ihr kultureller Einfluß war sehr stark. Auf den Bällen, die König René Mitte des 15. Jahrhunderts in Nancy gab, wurden zahlreiche italienische Tänze eingeführt. Auch ohne die Verehelichung Katharinas von Medici mit Heinrich II. hätte der italienische Einfluß in den Ballsälen stark zugenommen.

Die Besonderheit des italienischen Stils besteht darin, Etiketteregeln für den Tanz festzulegen, was mildernd auf die »Roheit der Sitten und die Brutalität des männlichen Umgangstones« wirke, meint Boehn. Dieser Manierismus lehrte die Damen und ihre Herren, sich untereinander gesitteter zu benehmen, insbesondere durch bessere Körperbeherrschung. Das Tanzbuch von Fabricio Carrozo, das 1581 in Venedig erschien, leistete dazu einen wesentlichen Beitrag. Carrozo erklärt dem Herrn genau, wie er seine Mütze halten muß. Er darf sie nicht die ganze Zeit auf dem Kopf tragen, sondern soll sie in der Hand halten. Dabei muß der Herr genau darauf achten, daß das Innere der Mütze nicht nach außen zeigt, sondern dem Körper zugewandt ist. Diese Gewohnheit hat sich über die Jahrhunderte bis heute gehalten.

Der Tanz der feinen Gesellschaft ist weiterhin ein »Spaziergang«, wie Oskar Bie sagt[14], der von Begrüßungen und allen möglichen Komplimenten begleitet wird. Die Herren und ihre Partnerinnen vollführen kleine Schritte; sie müssen sich ständig erneut begrüßen und Verbeugungen machen. Sie nähern sich einander, begrüßen sich, entfernen sich, gehen weiter. Die Verbeugungen neh-

men kein Ende. Der Herr setzt seine Mütze mit der linken Hand ab und macht einen Knicks mit dem linken Bein, um der Dame zu zeigen, daß er sie mit der Seite des Herzens grüßt. Das Paar berührt sich am Arm, faßt sich erst an einer Hand, dann an beiden, kreuzt die Hände, umarmt sich – alles ist sorgfältig geregelt.

Die italienischen Tänze sind zudem mit vielen Küssen gewürzt. Es gibt Tänze, bei denen die Männer alle Damen nacheinander umarmen und umgekehrt. Dieser Stil ist in Frankreich sehr erfolgreich und verbreitet sich auch jenseits des Ärmelkanals. Shakespeare läßt Heinrich VIII. zu Anna Boleyn sagen: »Unziemlich wär's, zum Tanz Euch aufzufordern und nicht zu küssen.«

Der Erfolg der Volte

Der Erfolg der Volte in der Renaissance – sie sollte sich in der Folgezeit in ganz Europa verbreiten – erweist sich als Reaktion auf die Verachtung, die Schönheit und Körperkraft während des gesamten Mittelalters erfuhren. Die Volte ersetzt die steifen Bewegungen des höfischen Tanzes durch weit ausholende Bewegungen. Die Partner sind sich außerdem viel näher. Sie geben sich die bloße Hand, die Gewänder sind leichter. Der Tanz ist lebhafter. Die Sprünge erfolgen nach rechts, dann nach links, um beide Beine sehen zu lassen. Hier zeigen sich bereits zwei Elemente, die den Walzer charakterisieren: Es ist ein Tanz im Dreivierteltakt. Wie Thoinot Arbeau schreibt, vollführt man ihn erst in der einen, dann in der anderen Richtung, nicht nur, damit die Beine der Dame enthüllt werden, sondern auch, um sein Gleichgewicht wiederfinden zu können, wenn einem zu schwindlig wird. In England wurde die Volte durch den berühmten Sprung Elisabeths I. (1533–1603) bekannt, die von 1558 bis 1603 Königin war. Diese intelligente und kultivierte Herrscherin interessierte sich für die Probleme ihres Königreichs, tanzte aber auch leidenschaftlich gern. Wie Melusine Wood feststellte, verlangte Elisabeth I. ihrer Umgebung durchweg

ebensoviel ab wie sich selbst. Wenn eine Hofdame schlecht tanzte, wurde sie vor dem ganzen Hof bloßgestellt. Laut Wedel[15] eröffnete Elisabeth den Ball durch eine Pavane, um auch den »nicht mehr ganz jungen hochgestellten Persönlichkeiten Gelegenheit zum Tanz zu geben.« Dann wurde die Gaillarde getanzt. Bestimmte Tänze tanzte Elisabeth mit Frauen, die Volte und Gaillarde aber in Anbetracht der hierzu erforderlichen Kraft nur mit männlichen Tanzpartnern.[16]

Die Volte erscheint somit als erster geschlossener Paartanz im Dreivierteltakt. Er beruht auf der Drehung des Paares um sich selbst (nach rechts und nach links). Außerdem bedeutet die Volte in bezug auf die Gruppendynamik eine Drehung verschiedener Paare auf der Tanzfläche. Aufgrund dieser Elemente muß man sie als Vorläuferin des Walzers bezeichnen.

Dieser Kupferstich von Theodore de Bry aus dem Jahr 1538 zeigt einen geschlossenen Paartanz, der jedoch kaum Ähnlichkeit mit der Volte zu haben scheint.[17]

Wirkungen der Volte

Ab 1538, einem Datum, an dem sich die Geschichte der Volte mit jener der Herrscherhäuser überschneidet, läßt sie sich mühelos verfolgen. In diesem Jahr wird sie am 20. Mai in Brignoles zu Ehren von König Franz I., der Königin von Navarra und deren zahlreichem Gefolge getanzt. Der König wird dabei mit den Rufen »Vivo Franco« empfangen. Damit die Tambourinspieler aus Bras, Six-Fours, Signes und Aups alle aufspielen können, müssen die Tambourinhersteller des Landes in aller Eile Instrumente fertigen.[18] Das ist eine erste »Legitimation«, eine erste »Anerkennung« der Volte durch die politischen Herrscher, während die kirchlichen Würdenträger diesen Tanz noch ablehnen.[19] Heinrich II., von 1547 bis 1559 König von Frankreich, läßt die Volte schließlich offiziell zu.[20]

1549 schreibt der italienische Moralist Zuccolo über die Volte:

»Bisher war es Sitte, daß sich der Herr und die Dame beim Tanzen nicht bei der Hand fassen. [...] Heutzutage bieten die Frauen den Männern nicht nur ihre bloßen Hände, sondern auch ihre bis zu den Schultern entblößten Arme, ja sogar ihre Brust und alle anderen Körperteile dar, die sonst nur die Kurtisanen enthüllen. [...] Wegen des Wirbels, den diese schamlosen Damen verursachen, werden sie immer wieder zum Tanzen aufgefordert. Man zieht, wirft, stößt und dreht sie in alle Richtungen.«[21]

Wenn man Felix Platter Glauben schenken will, einem Medizinstudenten in Montpellier, der aus Basel stammt, war die Volte damals neben den Reigentänzen, der Gaillarde und der Courante der beliebteste Tanz.[22] 1553 erwähnt Platter seiner Familie gegenüber die Volte in einer Form, die vermuten läßt, daß ihr dieser Tanz vertraut war.[23] In *A Montpellier* beschreibt Thomas Platter einen Ball in Marseille: »Der Tanz fand im Hôtel du Viguier statt. Man kann sich vorstellen, welch prächtige Abendroben und welch exquisite Musik in einer solch reichen Stadt, deren Fürst zudem noch unverehelicht war, dargeboten wurden. Nie befinden sich mehr als sechs Tänzer auf der Tanzfläche. Sie erheben sich einer nach dem anderen, umarmen ihre Damen und nehmen unter vielen Verbeugungen wieder Platz. Nachdem sie mit einer Dame im Kreis umhergehüpft sind, tanzen sie weiter, indem sie mehrere Male mit derselben Dame wieder anfangen.«[24]

Nach Meinung von Varloix, Sekretär in Vieilleville, wurde die Volte erst 1556 vom Grafen de Sault bei Hofe eingeführt. Diane de Poitiers tanzte sie bei einem Maskenball nach der Melodie von »De profundis.«[25]

Karl IX., der die Volte in Brignoles kennenlernte, machte sie schließlich hoffähig. Am 25. November 1564 nämlich wurden die Volte und die Martegale dem König auf der Place Caramy in Brignoles vorgeführt, wo er gerade residierte. Die Tänze wurden »von jungen Mädchen aus Collobrières dargeboten, die weiße und grüne Taftkleider tragen, was Seiner Majestät großes Vergnügen bereitet.« Man tanzt von zehn Uhr morgens bis fünf Uhr abends. Der

König läßt »Früchte, Konfitüren und Erfrischungen an die jungen Tänzerinnen verteilen.«[26] 1565 tanzen die Provenzalen erneut die Volte, diesmal für Katharina von Medici, die damalige Regentin, und zwar anläßlich der Versammlung der französischen Provinzen in Bayonne. Während des Mahls treten Gruppen aus den französischen Provinzen auf; jede »führt den Tanz ihres Landstrichs auf: Die Mädchen aus Poitou tanzen nach dem Dudelsack, die Provenzalinnen nach den Zimbeln, die Damen aus dem Burgund und aus der Champagne nach der Oboe, der Geige und den Trommeln aus dem Dorf; die Bretoninnen tanzen ihre Passe-pieds und Branlesgais [...].« An diesem Fest nehmen auch die Tochter der Königin von Navarra, die Gattin von König Philipp II. von Spanien, sowie der Herzog von Alba, der Gouverneur der Niederlande, teil. Laut Bonnet wurden auf diesem Fest wichtige politische Verhandlungen geführt: Hier soll auch das Blutbad der Bartholomäusnacht abgesprochen worden sein. Außerdem tauschte man hier Tänze aus, d. h., die Vertreter jeder Provinz nahmen Tänze mit nach Hause, die von den anderen Gruppen vorgeführt worden waren.[27]

Heinrich III. (1551–1589) liebte die Volte leidenschaftlich, und der berühmte Bericht über die Hochzeit am 14. August 1572 am französischen Hof zeigt, wie sehr die adeligen Damen dieser Zeit diese Leidenschaft teilten.[28]

Nettl erwähnt auch den Ball, der zu Ehren der Doppelhochzeit des Prince de Condé mit Marie de Clèves und des Königs von Navarra mit Marguerite de Valois, der künftigen Königin Margot, gegeben wurde. Marie tanzte die Volte so leidenschaftlich, daß Katharina von Medici sie in ihr Privatgemach führte, damit sie ihr Hemd wechseln konnte. Kurz danach begab sich Heinrich, damals Herzog von Anjou, völlig aufgelöst von den Bewegungen der Volte, ebenfalls in dieses Gemach, um seine Haare zu ordnen. Als er ein Hemd auf einem Stuhl entdeckte, wischte er sich damit übers Gesicht – es war das Hemd der Marie von Clèves. Da man weiß, daß die Volte ein schicksalhafter Tanz sein kann, kam es, daß der zukünftige König nach der Berührung dieses Kleidungsstücks, das

einer verheirateten Frau gehörte, die wie er die Volte liebte, nicht mehr gegen die tiefe Leidenschaft anzukämpfen vermochte, die ihn für deren Schwester erfaßte.[29]

Es handelte sich um einen Maskenball. Marie von Clèves stellt die Mildtätigkeit dar. Ihr Volte-Tanzen war so berühmt, daß man sie »als begabteste Tänzerin Europas« bezeichnete.[30] Don Juan von Österreich, der Vizekönig der Niederlande und zu jener Zeit in Brüssel, besuchte diesen Ball, um Marie tanzen zu sehen. Er wahrte sein »incognito«, d.h., er war »in einen Mantel eingehüllt« (Bonnet), ein Zeichen, daß er bloß als Zuschauer anwesend war. Marie von Clèves, die ein ungewöhnliches Tanztalent besaß, verwandelte die Volte, einen Gesellschaftstanz, in ein Schauspiel. Pierre de Ronsard sah es mit eigenen Augen:

»Sie bewegte sich nicht wie eine Frau
Berührte den Boden kaum – wie Tau
Sie gab den Rhythmus mit schwebendem Fuß,
Dem König wurde die Volte zum Genuß,
Er wirbelte die »mildtätige« Schwester herum,
Voll Anmut folgte sie stumm,
So leicht wie ein Kuß.«

Diese Verse machen deutlich, daß Marie dahinschwebt. Sie wechselt zwischen Gleitschritten (Grundschritt des Walzers) und Sprüngen (charakteristisch für die Volte). Die Berührung an »einer diskreten Stelle«, »das indiskrete Hochschwingen der Röcke«, machen den Tanz ungeheuer provozierend für diese Epoche. Brantôme, der Chronist der Sitten und Bräuche am französischen Hof um 1570, amüsiert sich darüber, äußerst aber zugleich seine Begeisterung für die Volte:

»Die Volte, die die Röcke hochwirbeln läßt, zeigt immer etwas für das Auge Erfreuliches. Ich habe erlebt, wie sich viele diesem Tanz hingaben und sich gegenseitig daran entzückten.«[31] Auf dem Kupferstich von Theodore de Bry kann man keine Drehung des Paares

erkennen, aber ein Bild von Herman van der Mast (um 1570, Eigentum des Museums von Rennes), auf dem ein Tanzpaar im Prachtgewand am Hof von Valois abgebildet ist, zeigt den großen Drehsprung, der die Volte auszeichnete. Auf zwei weiteren flämischen Gemälden, die zur Sammlung Jeanne Chasles gehören und in der Zeitschrift *Musica* abgebildet waren, sind ebenfalls die Figuren der Volte dargestellt.

Pléiade und Volte

Amadis Jamyn, ein Mitglied der Pléiade, einer 1556 von Ronsard gegründeten Dichterbewegung, nannte eine seiner Schriften *La Volte*. Jamyn, der vermutlich 1541 in Chaource in der Nähe von Troyes, Champagne, geboren wurde, kehrte, nachdem er als Ronsards Sekretär gearbeitet und eine glänzende Karriere am Hof Karls XI. und Heinrichs III. gemacht hatte, 1580 nach Chaource zurück, wo er 1593 starb.[32] Er schrieb der Volte mythischen Ursprung zu: »Die Urmenschen waren Zwitter; Jupiter, der über ihre monströsen Formen entsetzt war, schied sie in zwei Geschlechter. Doch Mann und Frau, die nun getrennt waren, siechten dahin. Venus erbarmte sich ihrer und lehrte sie die Volte, welche die beiden Wesen wieder vereinte.«[33] Desrat fügte in seinem *Dictionnaire de la danse* hinzu, der Dichter bemühe sich, »die Drehung der Walzertanzenden in ihrem Rhythmus nachzuahmen«[34]:

Zur Zeit der Rosen strich sie sich durchs Haar,
Die Volte aus der Provence verlangte ihr Herz,
Die noch immer ein trauriges Zeichen war –
Des Zwitterwesens leiser Schmerz.
Als sie Mars die Umarmung gibt,
Bleibt er ganz verzaubert, weil sie ihn liebt,
Er tanzt mit ihr den ganzen Abend nun,
Dreht und wendet sich, wie Götter tun.«

Amadis Jamyn macht in seinem Gedicht lediglich Angaben über die Form dieses Tanzes: »Bei der Volte halten sich Mann und Frau in den Armen und drehen sich wirbelnd«[35], und teilt uns mit, daß die Volte zu seiner Zeit die Bezeichnung »provencale« erhielt:

»Weil Venus an Zypern Gefallen fand,
Wollte sie es nach der Provence benennen,
Die ihrem Herzen nahestand,
Dort schien jeder die Provencale zu kennen.«

Balthasar de Beaujoyeux, den Katharina von Medici an ihrem Hof mit den Aufgaben des Zeremonienmeisters betraute, notierte 1582, daß bei ihnen »selbst ein Ballett als Ball ende«[36], Sollte das heißen, daß hier Volte getanzt wurde?

Wenn man Thomas Platter, dem jüngeren Bruder von Felix Platter, Glauben schenkt, galten 1595 die Volte, die Courante und die Gaillarde in den germanischen Ländern noch als »fremde Tänze.«[37] 1595 erlebte Thomas Platter in Montpellier einen Karneval, bei dem manche Paare nur eine Figur im Dreivierteltakt tanzten, während andere darauf warteten, daß die anderen Paare aufhörten, um sie abzulösen. Curt Sachs schreibt: »Für pausenloses Weiterdrehen war die Volte zu anstrengend.«[38]

In London scheint die Volte am Ende des Jahrhunderts sehr beliebt gewesen zu sein. Sir John Davies, Rechtsgelehrter, Diplomat und Dichter, beschreibt 1596 die Volte wie folgt:

Ein umschlungenes Paar
dreht sich im Kreis,
Mit dem Fuß schlägt es den Rhythmus eines Anapäst.«[39]

Shakespeare läßt Bourbon sagen:

»Sie weisen uns auf die Tanzböden Englands,
Dort hurt'ge Volten und Couranten lehren;
Sie sagen, unser Ruhm sei in den Fersen,
Und wir sei'n Läufer von der ersten Größe.«[40]

Dies ist die schalkhafte Aufforderung der französischen Frauen an die Kavaliere, die in der Schlacht von Azincourt (1415) unterlegen waren, lieber in den englischen Tanzschulen die zu jener Zeit modernen französischen Tänze (Volte und Courante) zu lernen, statt ihre kriegerischen Absichten weiterzuverfolgen.

Die Volte, die von den Dichtern der Pléiade hochgepriesen wurde, verbreitete sich in ganz Europa. Die Stiche oder Gemälde, die wir aus dieser Zeit kennen, lassen vermuten, daß die Volte vermutlich einer der ersten Tänze bäuerlichen Ursprungs ist, die in die vornehme Gesellschaft eingedrungen sind. Die Paare umarmen sich beim Drehen. Eine der Figuren besteht darin, daß die Dame hochgewirbelt wird, der Partner dreht sich dabei weiter. Damit die Dame nicht fällt, hält der Herr die Dame fest umklammert, wenn er sie in die Luft wirbelt.

Seit Jamyn findet man Beschreibungen der Volte unter dem Begriff »provençale« oder »nissarde« (die Volte aus Nizza). Einem Brief vom 17. Dezember 1600, der in der Bibliothek in Modena aufbewahrt wird,[41] läßt sich entnehmen, daß der Volte die »Reigentänze« oder »Nizzardas« vorausgingen: Ein Herr und seine Dame halten sich bei der Hand und drehen sich tanzend durch den Saal, dann fangen sie wieder von vorne an, gefolgt von anderen Paaren. Am Ende des Ritornells bilden sie eine Reihe, das folgende Paar führt den Tanz an, und so geht es ständig weiter.[42] Laut Negri kennt dieser Reigentanz keine genauen Regeln.[43]

Die Volte in der Tanzfolge

In der Tanzfolge geht der Volte oft eine Gaillarde voraus. Die Provenzalen kennen die Gaillarde, wie ein Weihnachtsfest von Notre-Dame-des-Doms belegt:

»Nautre deven ben
Dansa uno Gailhardo.«[44]

Rossi beschreibt in seinem *Glossario medioevale Ligure* eine »Nizzarda«, die 1606 am Hof Karl-Emmanuels I. getanzt wurde. Diese Beschreibung zeigt, daß damals Mißverständnisse über die Volte und die Nizzarda verbreitet waren. Die Nizzarda diente anfangs dazu, den Voltetänzern die Möglichkeit zu geben, sich »zu erholen«, sie wurde deshalb zwischen zwei Volten eingeschoben. Rossi schreibt: »Der Herr fordert die Dame mit jener Höflichkeit auf, die den Höflingen beigebracht wird. Er nimmt sie bei der Hand und macht nach den Klängen der Musik die ersten Schritte der Courante [...]. Nachdem der Herr mit der Dame drei Runden gedreht hat, umarmt er sie. Dabei legt er seine linke Hand auf ihren Rücken, mit der rechten nimmt er energisch den Arm und die Hand der Dame, die er an sich preßt, indem er sie hochhebt. Dann wirbelt er sie sechs- bis zehnmal durch den Saal. Anmutigste Tänzerin ist die Dame, die dies am besten beherrscht; der Herr, der die Dame am höchsten wirbelt und sie dabei so gerade wie möglich hält, ist der stärkste und mutigste der Tänzer. Er übertrifft sich selbst in seiner Kraft. Mit Hilfe seines Knies und des Knies der Dame hebt er sie so hoch, daß sie seinen Kopf um eine Körperhälfte überragt. Es ist bei der Gelegenheit durchaus schicklich, daß sie sich einen Kuß aufdrücken läßt.«[45] Für Marcelle Mourgues ist dieser Text ein Beweis dafür, daß sich die provenzalische Volte unter dem Namen Nizzarda, befördert vom Grafen von Nizza, in Italien verbreitete. Rodocanachi berichtet, daß die Nizzarda besonders in Norditalien bekannt war.[46]

In »Adonis«, einem Gedicht in zwanzig Gesängen von Gaiambattista Marino, das 1623 in Paris veröffentlicht wurde, findet man eine italienische Beschreibung der Volte. Dieses Gedicht, eine Art Parodie der *Göttlichen Komödie*, ist sehr komplex aufgebaut. Es versucht, den Weg aufzuzeigen, den Venus durch fünf Gärten zurücklegt, welche die fünf Sinne symbolisieren. In der Passage, in der die Entfaltung der sinnlichen Freuden beschrieben wird, heißt es:

»Das Gewicht lastet, ganz ungewohnt, auf dem linken Fuß,
Der Körper vermag sich behende um sich selbst zu drehen
Dann bewegt und dreht er sich in ruhigem Fuß
Das ist mit unbeschreiblicher Anmut zu sehen,
Der Kreisel dreht sich leicht und mit Lust,
Und elegant kommt er zum Stehen.
Er erhebt sich, schwebt, schwingt sich hinauf,
Er durchschneidet die Luft und fängt den Sprung auf.«[47]

Man tanzt die Nizzarda bei den Frühlingsfesten in Florenz, unter den Augen von Sandro Botticelli und Benozzo Gossoli[48]. Es heißt, wer die Nizzarda nicht tanzen könne, sei weder Mann noch Edelmann noch ein echter Piemonteser (»ne signore, ne gentiluome, ne piemontese vero.«)

Der Beitrag von Thoinot Arbeau

Thoinot Arbeau verdanken wir die genaueste technische Beschreibung der Volte. Sein Werk *Orchésographie*, das er 1588 verfaßte und im folgenden Jahr herausbrachte, ist ein Meilenstein der Tanzgeschichtsschreibung. Er versuchte, die Tänze seiner Zeit zu rekonstruieren, indem er sich in die Tanzenden hineinversetzte, und notierte minutiös alle Einzelheiten der Schritte. 1566 hatte sich auch schon Guillaume Paradin daran versucht, doch seine ablehnende

Haltung gegenüber dem Tanz erschwerte ihm das genaue Beobachten.[49]

Die *Orchésographie* ist in Dialogform gehalten. Arbeau erläutert die Tänze seiner Zeit Capriol, gewissermaßen ein Schüler, der ihm Fragen stellt und ihn dazu bringt, seine Darlegung zu präzisieren. Fünf Seiten widmet Arbeau der Volte. Nach Arbeau beweist ein junges Mädchen schlechten Geschmack, wenn sie die weitausholenden Schritte der Volte vollführt, denn damit läuft sie Gefahr, schwindlig zu werden. Und wie beschreibt Arbeau die Volte? »Die Volte ist eine Art Gaillarde, die den Provenzalen vertraut ist. Sie wird wie der Tordion im Dreitakt getanzt. Die Bewegungen und Schritte dieses Tanzes erfolgen durch Drehen des Körpers und bestehen aus zwei Schritten, einer Viertelpause für den hohen Sprung und einer Haltung, bei der die Füße geschlossen sind, sowie schließlich zwei Viertelpausen und einer ganzen Pause. Stellt Euch aufrecht vor mich hin, die Füße geschlossen. Für den ersten Schritt wippt auf dem linken Fuß und vollzieht einen kurzen Luftsprung und kehrt mir dabei den Rücken zu. Dann folgt der große Sprung, indem Ihr Euren Körper dreht und mit geschlossenen Füßen wieder auf den Boden kommt; dabei zeigt Ihr mir Eure rechte Schulter. Damit wäre die erste Runde beendet.«[50] »Wer den ganzen Körper dreht oder sich in derselben Stellung wie am Anfang befindet, rührt sich quasi nicht von der Stelle. Nach dieser ersten Runde, die eine Drehung mit Dreivierteln des Körpers erfordert, macht Ihr in der zweiten Runde beim ersten Schritt (der ebenso wie zuvor recht kurz ist) eine Drehung in der Luft, indem Ihr mit dem linken Fuß hochspringt. Dabei zeigt Ihr mir Euren Leib. Daraufhin macht Ihr einen zweiten, recht langen Schritt mit dem rechten Fuß, ohne hochzuspringen. In diesem Fall zeigt Ihr mir die linke Schulter. Dann erfolgt der große Sprung, indem Ihr Euren Körper dreht und Euch wieder auf die geschlossenen Füße zurückfallen laßt. Dabei kehrt Ihr mir den Rücken zu. In der dritten Runde und beim dritten Schritt wirbelt Ihr durch die Luft, indem Ihr mit dem linken Fuß hochspringt und mir die rechte Seite zukehrt. Dann folgt der

zweite, ziemlich lange Schritt mit Eurem rechten Fuß, ohne zu springen, und dabei zeigt Ihr mir den Leib. Dann kommt der große Sprung, wobei Ihr Euren Körper herumdreht. Ihr landet wieder auf den geschlossenen Füßen und zeigt mir Eure linke Schulter. Bei der vierten Runde springt Ihr wieder mit dem linken Fuß und zeigt mir Euren Rücken. Dann macht Ihr den zweiten, ziemlich langen Schritt mit dem rechten Fuß, ohne hochzuspringen, und kehrt mir die rechte Schulter zu. Dann kommt wieder der große Sprung, bei dem Ihr Euren Körper dreht und wieder auf die geschlossenen Füße zurückfallt. Hierbei zeigt Ihr mir die Haltung von vorn, die Ihr zu Anfang eingenommen hattet.«[51]

Und weiter unten: »Wenn Ihr Euch drehen wollt, laßt die linke Hand des Fräuleins los und legt Eure linke Hand auf ihren Rücken, indem Ihr sie mit Eurer linken Hand oberhalb der rechten Hüfte an Euch drückt. Gleichzeitig legt Ihr Eure rechte Hand unter ihre Brust, um ihr zu helfen hochzuwirbeln, wobei Ihr auch Euren linken Schenkel als Stütze benutzt. Sie legt ihre rechte Hand auf Euren Rücken oder Euren Kragen und ihre linke Hand auf ihren Schenkel, um ihr Gewand festzuhalten, damit sie beim Hochwirbeln nicht ihr Hemd oder ihren nackten Schenkel enthüllt. Dann tanzt Ihr die Volte, wie oben erwähnt, und nachdem Ihr Euch, so oft es Euch beliebte, gedreht habt, stellt Ihr die Dame wieder an ihren Platz, während sich ihr der Kopf dreht (auch wenn sie sich noch so gut hält); Euch geht es vielleicht genauso. Ich überlasse es Euch zu beurteilen, ob es für ein junges Mädchen schicklich ist, große Sprünge zu machen und die Beine dabei zu spreizen und ob nicht bei der Volte die Ehre und die Gesundheit gefährdet werden können. Ich habe Euch ja meine Meinung dazu schon kundgetan.«[52] Arbeau unterstreicht die Wichtigkeit des Körperkontakts der Partner, und er schreibt, man solle »die Demoiselle fest in den Arm nehmen und an sich drücken.«[53]

Die Musik der Volte

Der Gesang, der den Tanz im Mittelalter umrahmt, wird von den zeitgenössischen Autoren *cantilena* genannt. Er besteht abwechselnd aus Versen, genannt *versus* oder *pes*, und einem Refrain, den man als *responsorium, refractorium, ripresa* oder *volta* bezeichnet. *Volta* bedeutet drehen und *pes* (oder *vers*) Drehschritt, was beweist, daß die Ursprünge dieser modernen Bezeichnungen der Poesie im Tanz liegen. Der Refrain wird von der Tanzgruppe gesungen, die *pedes* werden von demjenigen vorgetragen, der den Tanz oder den Gesang anführt beziehungsweise einleitet.[54]

Anfangs wurde die Volte lediglich von einem Gesang, der *pallada* oder *pablada*, begleitet und von Zimbeln umrahmt. Man adaptierte ihre Melodie, um die Psalmen von Clément Marot musikalisch umzusetzen. Die Volte ist ein Tanz im Dreivierteltakt. Der Dreivierteltakt geht auf das französische Chanson zurück.[55] Paul Nettl unterstreicht die musikalische Verwandtschaft von Gaillarde und Volte und weist dabei auf »La volta du roy« hin, die von Michael Praetorius aufgezeichnet wurde. Diese Volte erfreute sich beim König von Frankreich großer Beliebtheit. 1577 nahm sie Bernhard Schmid der Ältere in seinem Orgelbuch im Zweiachteltakt auf. Aber es sei bekannt, erklärt Nettl, daß häufig vom Dreiviertel- zum Zweivierteltakt gewechselt werde, insbesondere wenn ein schnelles Tempo gewünscht war.[56]

Thoinot Arbeau liefert uns auch die Melodie der Volte, jedoch im Dreivierteltakt (s. Abbildung Nr. 4). In dem Werk *Le trésor d'Orphée*, 1600 von dem Lautenspieler Francisque herausgegeben, finden sich zahlreiche Volten. J. N. Clamon schrieb diese Volte-Melodien von Francisque ab und arrangierte sie, damit die provenzalische Akademie diesen Tanz rekonstruieren konnte.[57] Anhand des alten Themas der Volte 63 erarbeitete die provenzalische Akademie 1933 für die Marseiller Oper eine genaue Wiedergabe der alten Volte mit ihren erstaunlichen Sprüngen, die von der Prinzessin von S. und Georges Rieu dargeboten wurden.[58]

In einer Tanzsuite von Monteverdi aus dem Jahr 1607, die unter dem Titel »Balletto« in *Scherzi Musicali* erscheint, folgt nach einer Einleitung über die verwendeten Instrumente eine Reihe von Tänzen, die gesungen wurden: eine Pavane, eine Gaillarde, eine Courante, eine Volte, eine Allemande und eine Gigue.[59]

Der Engländer Thomas Simpson brachte 1611 in Frankfurt am Main ein umfangreiches Werk über Tanzmusik heraus: *Opus neuer Pavanen, Gaillarden, Intraden, Canzonen, Ricercaren, Fantasien, Balleten, Allemanden, Couranten, Volten und Passamezzen.* Ohne strenge Regeln zu beachten, sammelte er Tänze, die den gleichen Suitenschlüssel hatten.[60]

Viele Volten sind im »Troisième livre d'airs de cour de différents auteurs« aufgeführt, das 1619 in *La tablature de Mandore* von Chancy veröffentlicht wurde.[61]

Schließlich findet man seit dem elisabethanischen Zeitalter in England in der für das Spinett (ein Hausinstrument) geschriebenen Musik viele Tanzpartituren (Pavanen, Gaillarden, Couranten, Gigues und Volten). Im Gegensatz zur deutschen Tradition, bei der alle diese Tänze in Suiten eingesponnen (wie bei Bach und Händel) und vor vielen Zuhörern auf der Orgel gespielt wurden, handelte es sich bei den englischen Haustänzen um getrennte Stücke, die vor allem auf dem Land gespielt wurden, wo man sein Haus als Schloß ansieht: »Every man's home is his castle.«[62]

Ein Hexentanz

Die meisten Tanzhistoriker des 20. Jahrhunderts sprechen unter Bezugnahme auf Werke des 15., 16. oder 17. Jahrhunderts von der Unschicklichkeit der Volte. Da dieser Tanz von vielen Zeitgenossen als lasziv und unmoralisch angesehen wurde, fehlt es nicht an Schmähungen gegen ihn.

Symbolisch gesehen, »kommt der hohe Sprung bei der Volte von der Stilisierung der enormen Schwungbewegung, die jener

Person zugeordnet wird, die in den Spielen von Tod und Auferstehung die Natur verkörpert.«[63] M. Mourgues fährt fort: »Man kann vermuten, daß sich der Tanz, nachdem der Ritus verkümmert war, zur Liebesthematik hin entwickelte, und daß in der Provence dessen Perfektionierung in Form der Drehpirouette erfolgte. Diese gemeinsamen Traditionen verschiedener Völker erleichterten die wechselseitigen Durchdringungen, und so findet sich der Drehschwung der provenzalischen Voltetänzerinnen beispielsweise sehr anschaulich auch in Piave de Cadore in Italien.«[64]

Die zeitgenössischen Autoren übersehen allerdings die »satanische« Dimension der Volte. Da die Volte eine individuelle und gemeinsame Trance hervorruft, erblickten einige Kirchenmänner und Rechtsgelehrte des 16. Jahrhunderts in ihr einen Hexentanz[65], ein Symbol der Vereinigung mit dem Satan. Schon sehr bald zeichnete sich ein erbitterter Kampf zwischen den Anhängern der Volte und der Kirche ab, die häufig von der weltlichen Macht unterstützt wurde. Die Tatsache, daß die Volte am französischen Hof zugelassen, also von der politischen Macht akzeptiert wurde, veranlaßte die Kirche, eine Kampagne gegen die Volte zu führen, die sie als »satanischen Tanz«, als »sexuellen Tanz« und als »Trancetanz« brandmarkte, der an den Hexensabbats praktiziert werde.

Bis zu diesem Zeitpunkt war die Einstellung der Kirche zu diesem Tanz zwiespältig. Manche Autoren nehmen sogar an, daß die Kirche sich damals häufig dazu bereitfand, mit den Tanzenden einen Kompromiß zu schließen, insbesondere finanzieller Art.

Ein Beleg dafür ist folgender Text, den ich aus dem Okzitanischen übersetzt habe: »Der besagte Herr Bischof, der auf Besuch weilt, wird darüber informiert, daß am Sonntag nach dem Gottesdienst ein Fest stattfindet, bei dem Tänze aufgeführt werden, und daß durch das Tanzen gegen die Schicklichkeit verstoßen wird. Man pflegt einen Tanz namens Volte, bei dem sich Mann und Frau umarmen, was gegen die guten Sitten verstößt. Der Bischof hat

seinen Gemeindemitgliedern, Frauen und Männern, verboten, einen Tanz zu tanzen, bei dem Umarmungen vorkommen. Als Strafe droht die Exkommunikation. Den Tamburinspielern und anderen Musikern ist untersagt, bei solchen Tänzen aufzuspielen, auch sie werden exkommuniziert, wenn sie das Verbot mißachten. Es wird eine Strafe von fünfundzwanzig Kronen für die besagte Gemeinde verhängt und von den derzeitigen und zukünftigen Treuhändern der Gemeinde eingefordert.«[66]

Dieser Text ist ein Auszug aus einer Verfügung vom 16. März 1541, die vom Bischof von Troyes, dem Koadjutor des Bischofs von Marseille, erlassen wurde. Dieses Verbot scheint das Ziel verfolgt zu haben, finanzielle Mittel für den Unterhalt der Gemeindekirche aufzutreiben. Die Unterdrückung der Musik und des Tanzes ermöglichte es also, Gelder flüssigzumachen, indem Musikern und Tanzenden die Exkommunikation angedroht wurde, eine außerordentlich strenge Strafe, die aber nicht vollstreckt wurde, weil man das Geld aufzutreiben versuchte. Die Leidenschaft für die Musik und den Tanz war so groß, daß sich daraus eine sichere Einnahmequelle für die Kirche ergab, wie L. Porte-Marrou feststellt. In anderen Diözesen jedoch war die religiöse Prinzipientreue weniger stark ausgeprägt. Der Bischof jedenfalls glaubte felsenfest daran, diese Paartänze unterbinden zu müssen.

Ein Beispiel dafür ist die Verfemung des Paartanzes durch den Klerus von Sospel, die fünf Jahre vor der Verfügung von La Ciotat erfolgte. Der Bischof von Ventimiglia, Monsignore Garibaldi, kam am 31. August 1536 persönlich nach Sospel, um die Exkommunikation, die auf der Jugend des Landstriches lastete, aufzuheben. Die jungen Leute hatten trotz des Verbots »à la niçoise« getanzt.

Die Sünder mußten mit nackten Füßen quer durch die Stadt marschieren, die Mädchen mit offenen Haaren. Solchermaßen gedemütigt, erflehten sie schließlich vor der Kathedrale die Absolution des Prälaten.

Kurz nach Erscheinen des Werkes von Thoinot Arbeau entsteht

eine »europäische« Kampagne, bei der sich Kirchenmänner und Rechtsgelehrte gegen die Volte verbünden. Die Exkommunikation ist nicht mehr nur bloße Drohung. Man organisiert systematisch die Unterdrückung des Paartanzes und versucht, jedes Auftreten von »Trancezuständen« zu unterbinden. In bezug auf den Tanz bedeutet dies in erster Linie, die Volte als »dämonischen Tanz« zu diffamieren.[67]

Jean Bodin l'Angevin (1530–1596), Rechtsgelehrter des 16. Jahrhunderts und Verfasser der berühmten *Sechs Bücher über den Staat* (1576), kannte die Urkunden vieler Prozesse, die in Deutschland, Frankreich, Italien und Spanien angestrengt wurden. Er schreibt, daß bei den Hexern »kaum eine Versammlung ohne Tanz stattfindet.«[68] Die Dokumente, die er anführt, bestätigen diese Behauptung. Er schildert ausführlich bestimmte Tänze, »bei denen man sich dreht«[69], und die insbesondere von den Eiferern aufs Korn genommen werden. Diese Drehtänze, die anfangs in den Kirchen aufgeführt wurden, setzt man nun einer Begegnung mit dem Satan gleich. Die Kirche weigert sich daraufhin zunehmend, das Tanzen in den Gotteshäusern und auf den Friedhöfen zu erlauben. Man berief sich dabei auf die lange Tradition der Trance, die dem Tanz innewohnen.

Bodin stellt fest, all jene, die man der Hexerei bezichtigte, hätten gestanden, bei den Zeremonien, denen sie beigewohnt hätten, um den Fürsten der Finsternis getanzt und ihm gehuldigt zu haben. Selbst Hexen scheuen sich nicht zuzugeben, daß »sie beim Tanzen sagen, har, har, Teufel, spring hierher, spring dorthin. Und die anderen sagen, Sabbat, Sabbat, das heißt das Fest und der Ruhetag, und sie strecken die Hände nach oben, um ihre Heiterkeit zum Ausdruck zu bringen, und sie sagen, daß sie von ganzem Herzen dem Teufel dienen und ihn anbeten, um die Verehrung Gottes zu mindern.«[70]

Heute kann man sich über die Naivität dieses gelehrten Autors nur wundern. Die Verknüpfung des Drehtanzes mit teuflischer Besessenheit ruft ungläubiges Kopfschütteln hervor.[71] Aber Jean Bo-

din erfaßte die kommunikative Wirkung der Trance und schildert, wie ansteckend sie ist: »Es bedarf nur eines einzigen Zauberers, damit fünfhundert ihm folgen.«[72]

Die von Jean Bodin vorgeschlagene Unterscheidung zwischen »guten Tänzen, die Gott, und jenen, die Satan huldigen«, regt später zu Gedanken über den »Zwischenraum« an. Bodin ist Manichäer. Er zählt die Volte ganz offensichtlich zu den satanischen Tänzen. Wenn man Jean Bodin liest, wird der engagierte Kampf der Kirche gegen die Volte begreiflich: »Die alten Hebräer, die ihre Gaben in den Tempel bringen, tanzen, wenn sie sich dem Altar nähern [...] David tanzte als Zeichen großer Freude [...] und spielte auf der Harfe vor der Arche. Und in einem ähnlichen Fall erfahren wir, daß Samuel Saul in die Reihe der Propheten verwiesen hat, die tanzen und mittels ihrer Musikinstrumente Gott loben [...], aber die Bewegungen ihrer Körper erwecken nicht im geringsten den Anschein des Unschicklichen, denn die sanfte Körperbewegung erhebt die Seele zum Himmel, was Gott wohlgefällig ist. Es kann nicht sein, daß, wer mit solchem Jubel Gott lobpreist, nicht von Liebe und Eifer zu Ehren seines Schöpfers erfüllt ist [...]. Die Prozessionen scheinen immer noch von alten Tänzen geprägt zu sein. Ebenso begehen alle Völker ihre Opfer und Feiertage mit Tänzen. Und Moses Maimonides schreibt, daß die persischen Mädchen, die die Sonne anbeten, völlig nackt tanzen und zur Musik singen. Aber Hexentänze machen die Männer wild und verursachen bei den Frauen Fehlgeburten. Folglich kann man feststellen, daß die Volte, welche die Hexer von Italien nach Frankreich gebracht haben, abgesehen von ihren unschicklichen und unzüchtigen Bewegungen, Unglück bringt und zahlreiche Morde und Fehlgeburten nach sich zieht. Sie ist eines der größten Übel des Landes, und man sollte sie entschieden bekämpfen.«[73]

Soll man die Voltetänzer verbrennen?

»Entschieden« bekämpfen bedeutete damals, daß die Beschuldigten auf den Scheiterhaufen kamen. Wurden Frauen verbrannt, weil sie Volte getanzt haben? Jean Bodin, der Protestant war, bevor er 1589 zum Katholizismus konvertierte, vermutet es. Er veranlaßt, daß sich die Stadt Laon, in der er Bevollmächtigter des Königs ist, auf die Seite der Liga stellt. Sein ganzes Trachten richtet sich auf die Bewahrung der Sitten; er gibt sich äußerst streng. Die Kampagne läuft an. Im folgenden Jahr wird sie fortgesetzt und auch in den nächsten Jahrzehnten, ja Jahrhunderten, nicht eingestellt. Dies zeigt die komplizierte Auseinandersetzung zwischen der Kirche, dem Wunsch des Volkes und der politischen Macht.

Philippe de Félice weist darauf hin, daß sich in diesem Kampf die Kirche gegen die Tänze stellte und »die Tänze gegen die Kirche.« Tanzen entwickelte sich nämlich zu einer Art Protestbewegung, zu einem Aufruhr gegen die Macht der Kirche.[74]

Jean Bodin behauptet entschieden, die Volte, der Paardrehtanz im Dreivierteltakt, sei mit diabolischer Besessenheit gleichzusetzen. Für Guillaume Bouchet, Sieur de Brocourt, der sein ganzes Leben (1513–1594) in Poitiers verbrachte, wo er Richter-Konsul der Kaufleute und angesehener Buchhändler und Drucker war, ist die Volte ein Hexentanz: »Die Volte, die Courante und die Fissaye, die die Hexer aus Italien nach Frankreich gebracht haben, zeichnen sich nicht nur durch unsittliche und unzüchtige Bewegungen aus, sondern haben auch eine Unzahl von Morden und Fehlgeburten zur Folge und sind für den Tod all jener verantwortlich, die nicht mehr am Leben sind.«[75]

Der Volte-Historiker wird auch in theologischen Schriften fündig. Johann von Münster zum Beispiel, ein hoher Beamter und Berater des badischen Königs in Pforzheim, verfaßt *Un pieux traité au sujet d'une danse impie*. Darin behandelt er ausführlich die Volte, einen Tanz »mit gottlosem Charakter.« Er berichtet, er habe 1582 am Hof Heinrichs III. mit Entsetzen eine Volte erlebt. Und er wun-

dert sich darüber, daß eine offizielle Erlaubnis erteilt und ein solch unanständiger und unzüchtiger Tanz aufgeführt worden sei und der König selbst den Ball angeführt habe.[76]

Johann von Münster beschreibt »diesen gewöhnlichen Tanz namens Volte« wie folgt: »Es ist ein Tanz, bei dem die Paare sich in einem Wirbel drehen.« Er erklärt: »Bei diesem Tanz nähert sich der Herr dem jungen Mädchen, das sich seinerseits mit einem sehr hohen Sprung, der durch die Musik angetrieben wird, seinem Herrn nähert. Und noch schlimmer, der Mann berührt seine Dame an einer unschicklichen Stelle, an der sie ein Ding aus Holz oder anderem Material befestigt hat. Dann wirbelt er seine Dame empor und schwingt sich auch selbst hoch, sehr oft und sehr gekünstelt. Die Zuschauer denken unwillkürlich, der Herr und die Dame kehrten nie mehr auf den Boden zurück und brächen sich wohl beide den Hals und die Beine.«[77]

Wer die Volte bekämpft, hat das Spiel noch nicht gewonnen, denn dieser Tanz setzte sich überall durch. Laut Michael Praetorius gibt es zu Beginn des 17. Jahrhunderts in Paris dreihundert Tanzmeister, und die besten erwirtschaften ein regelrechtes Vermögen. Man tanzt also in Paris die Volte, aber auch viele italienische Tänze. Die Tanzmeister verfeinern die volkstümlichen Tänze, damit sie in den Salons getanzt werden können. Deutschland folgt diesem Beispiel.[78]

Doch das Einschreiten der Kirche gegen die Volte trägt schließlich Früchte, wenngleich einige Kirchenmänner sich nachsichtiger verhalten, wie etwa Dom Agechia, Sekretär des Kardinals Aldobrandi, der 1601 die Nizzarda »als wirklich anmutig« bezeichnet. Die politische Führung in Paris, die sich anfangs vom strikten Vorgehen der Kleriker distanziert, schließt sich jedoch allmählich der Kirche wieder an. Es kommt zu einer paradoxen Entwicklung. Einerseits findet im 17. Jahrhundert eine Christianisierung der Massen statt, andrerseits aber auch eine durchgreifende »Entchristianisierung« der Verwaltungsbeamten. Da sie vernünftig denkende Menschen sind, können sie es nicht länger

akzeptieren, daß die Tanzenden der Hexerei bezichtigt werden. Es herrscht ein Status quo. Diejenigen, die den Tanz praktizieren, werden zwar nicht mehr mit der Todesstrafe belegt, müssen sich aber dennoch verstecken, um der Verfolgung zu entgehen.[79]

Richardson bestätigt nach Curt Sachs, daß die Volte etwa um 1650 vom französischen Hof verbannt wurde. Daraus ziehen einige Autoren den voreiligen Schluß, daß dieser Tanz völlig verschwunden sei. Daß aber weiterhin moralisierende Abhandlungen erschienen, beweist, daß er noch existierte.

Johannes Praetorius spricht in *Pratiques de sorcellerie* von einer neuen »Volte-Gaillarde« oder »drehenden Gaillarde«, einem fremden Tanz, bei dem man sich »an unzüchtigen Stellen faßt, um sich wie Kreisel zu drehen, bis man wirr im Kopf wird. Dieser Tanz wurde von Hexern aus Italien nach Frankreich gebracht.« Und er klagt darüber, daß »das große Übel dieses Tanzes in den vielen Morden und Fehlgeburten liegt, die er zur Folge hat.«[80]

Siebzig Jahre nach Bodin wiederholen sich also die Vorwürfe gegen den Tanz in kaum veränderter Form.

Trotzdem – die Volte setzt sich durch

Im Kampf gegen die Volte findet die Kirche in dem überaus puritanisch eingestellten König Ludwig XIII. einen wichtigen Verbündeten. Beim Tod seines Vaters (1610) war Ludwig XIII. erst neun Jahre alt. Das verschaffte den Anhängern des Tanzes eine Atempause, doch ab 1620 setzt sich Ludwig XIII. mit seinen Vorstellungen durch. Wie Curt Sachs nachweist, zeichnet sich im Tanz eine neue Bewegung ab, bei der alle Heftigkeit, Ausladung und Eckung verbannt [sind]. Die ganze Gebärde hat Großartigkeit, Ruhe und Fülle, ohne die Hast zackiger Bewegtheit, ohne die Drangabe des geschlossenen Körperumrisses. Weitbewegte Tänze wie Volte und Canarie verlieren an Boden, und am Ende dieses Zeitabschnitts ist

man bei der uneingeschränkten Engbewegung angelangt, die nach 1650 als *douce manier* Leitgesetz allen Tanzens wird.«[81]

Doch der Dreiertakt, der typisch für die Zeit der Volte ist, gilt auch für viele andere Tänze. Im 15. und 16. Jahrhundert fand sich der Dreiertakt nur beim Tourdion, der Gaillarde und der Volte, während bei den anderen Tänzen der Vierviertaltakt vorherrschte (Basse danse, Pavane, Passamezzo, Canarie, Courante, Bouffon und den meisten Branles). Ende des 16. Jahrhunderts vollziehen sich einige Veränderungen: Die Courante wechselt auf den Sechsviertaltakt über, der Passepied auf den Dreiviertaltakt. Die Padovana, das Menuett und die Sarabande sind im Dreiviertaltakt gehalten. Selbst die Intrada und die Polonaise folgen trotz ihres schreitenden Stils der allgemeinen Entwicklung und werden jetzt im Dreiviertaltakt abgefaßt.»Nur die Fremdkörper Bourrée, Gigue und Rigaudon und einige Branles behalten den Zweiviertel- oder Vierviertel-Takt«, schreibt Curt Sachs.[82] Die höfische Bourrée wird im Zweiviertaltakt getanzt, aber die Bourrée der Auvergne im Dreiviertaltakt.

Der Dreiviertaltakt bestimmte die künftige Entwicklung des Tanzes entscheidend. Die Kirche kämpfte zwar erbittert gegen den geschlossenen Paartanz an und hatte damit auch bis zu einem gewissen Grad Erfolg, dennoch wurden viele Tänze in der Folgezeit durch den Rhythmus der Volte beeinflußt. Kann man behaupten, während der Klassik sei die Volte in Frankreich völlig verschwunden, da nun das Menuett zum beliebtesten Tanz wurde?

Das *Dictionnaire de Trévoux* gibt 1704 eine Definition der Volte: »Ein Tanz, bei dem der Herr seine Dame mehrere Male herumwirbelt und ihr hilft, einen Sprung oder eine Kapriole zu vollführen und sie dabei in die Höhe hebt. *Duorum in gyrum saltatio.* Dieser Tanz ist eine Art Gaillarde, die wie der Tordion getanzt wurde, im Dreiertakt und durch Drehen des Körpers.« Diese Definition wechselt zwischen Präsens und Imperfekt, was vermuten läßt, daß dieser Tanz um 1700 nicht mehr getanzt wurde.

Doch die Volte wird nach wie vor getanzt, auch wenn sie nicht

mehr so beliebt ist, insbesondere bei Hof. 1724 bezeichnet J. Bonnet die Volte als modernen Tanz.[83] Zum Kordax, einem bacchantischen Tanz der Antike, bemerkt er: »Der Kordax entspricht unseren Gaillarden, Volten, Passepieds und Gavotten.« Als Bonnet sein Buch veröffentlicht, ist er schon fast achtzig Jahre alt. Sein Werk ist wegen der lebensnahen Darstellung und seiner wertvollen Analysen antiker Tänze bei den Experten hoch angesehen.[84]

Im übrigen wird die Idee, die Volte habe nach wie vor in Frankreich existiert, auch wenn bei Hof inzwischen andere Tänze in Mode waren, auch von dem äußerst seriösen Experten Conté vertreten, wie man seinem historischen Tanzplan entnehmen kann.[85]

Die Provençale macht Furore

Unter Ludwig XIII. verschwindet die leichte Lebensart am Hof, der Stil wird schwerfällig. Die Kleidung dieser Zeit hindert die Höflinge daran, Hüpfschritte zu machen, also müssen sie sich mit den gravitätischen Bewegungen der Courante und der Pavane begnügen. Auch die Volte muß sich anpassen und den sportlichen Aspekt reduzieren, um weiterbestehen zu können. Gemäß der Beschreibung von Thoinot Arbeau gibt es bei der Volte viele Varianten, die zum Gruppentanz tendieren. Berenger-Feraud[86], der eine vorzügliche Beschreibung der klassischen Volte vornimmt, sieht im Rigaudon den direkten Nachfahren der Volte. Seit der Zeit von Amadis Jamyn wird die Volte »Provençale« genannt. Die Provençale macht, nachdem die Festung Mahon 1757 von Richelieu erobert wurde, bei Hof und in der Stadt Paris Furore. Ein Arzt, der nichts von Pillen hält, geht dazu über, seinen Patienten die Teilnahme an Tanzveranstaltungen zu verschreiben, bei denen »Provençale« und Rigaudon getanzt werden.[87]

Desrat nennt die »Provençale« einen Kontratanz aus der Provence, »heiter und mitreißend, der von beliebig vielen Personen getanzt werden kann.«[88] Über die Schrittfolge macht er keine An-

gaben. Diese »Provençale« hat der Tanzmeister Vestris berühmt gemacht. Sie wird auch während der Revolution getanzt. Millin schreibt: »Die Provençale ist eine Art Bolero oder ein mimischer Tanz, durch die man den Zauber der Liebe ausdrücken möchte. In der Provence wollen der Tänzer und die Tänzerin in erster Linie zeigen, wie kräftig ihre Hüften und wie beweglich ihre Füße sind, und oft vollführen sie erstaunliche Schritte.«[89]

Auf den Etappen, in denen sich, geprägt von Verboten und neuen Geschmacksrichtungen bei Hof, die Wandlung der Volte zum Walzer vollzieht, findet man eine interessante ikonographische Spur. Es handelt sich dabei um das Gemälde *La danse dans un pavillon* des Pariser Malers Nicolas Lancret (1690–1743), das sich im Potsdamer Museum befindet. Es veranschaulicht die Veränderung des Paartanzes in dieser Zeit. Die Tanzenden stehen sich gegenüber, aber sie umarmen sich nicht mehr, sondern halten sich an der Hand, wobei die Arme gestreckt sind; die Füße stehen eng beieinander, während der Oberkörper nach hinten gebogen ist. Die Haltung der Paare läßt keinen Zweifel, daß sie sich drehen. Es ist schwierig, die Fußbewegung der Dame zu deuten, da die Füße durch ihr Gewand verborgen sind, wogegen man beim Herrn eine eindeutige Walzerhaltung erkennt: Er verlagert sein Gewicht nach vorn und nach rechts (und stützt sich dabei auf das linke Bein). Man kann die These wagen, daß es sich um einen Tanz im Dreivierteltakt handelt, denn der Herr muß sein linkes Bein nah beim rechten halten, um nicht aus dem Gleichgewicht zu geraten (zweiter Taktteil, Schwerpunkt auf dem rechten Bein), dann muß er das Gleichgewicht neu ausbalancieren (Zweivierteltakt, Gewicht auf dem rechten Bein) und dann wieder ausbalancieren (dritter Taktteil, Füße geschlossen). Um eine weitere Drehung zu ermöglichen, muß der Walzerschritt angewandt werden.

Wenn meine These stimmt, veranschaulicht dieses Gemälde eindrucksvoll den Übergang vom Sprung zum Gleitschritt. In *La danse dans un pavillon* ist der Ausdruck der Tanzenden schmachtend. Sie sind nicht mehr in Bewegung, beachten aber den gebüh-

renden Abstand, den die Kirche und die neuen höfischen Regeln für angemessen halten. Die Tanzenden bilden wirklich ein geschlossenes Paar, auch wenn der Abstand, den sie zueinander halten, sehr groß ist. Und sie pflegen weiterhin die für die Volte typische Drehung, aus der sich dann der Walzer entwickeln sollte.

Die Veränderungen, die der geschlossene Paartanz durchläuft, sind vielfältig und gehen in verschiedene Richtungen. Da diese Tanzart häufig unterdrückt wurde, überrascht es nicht, daß die Spuren gering ausfallen. In bezug auf die Volte kann man durchaus behaupten, daß sie in der Provence, einer jener Regionen, in denen sie am eifrigsten getanzt wurde, nie völlig verschwunden ist. Im 18. Jahrhundert bedeutete das Tanzen einen ständigen Kampf zwischen dem Volk und den Lehnsherren, wie ein Prozeß bezeugt, der 1735 begann und dessen Urteil in erster Instanz erst 1782 gesprochen wurde. Hier standen sich die Bauern, Handwerker und Bürger von Seillans und eine Gutsherrenfamilie gegenüber, die ihnen das Tanzen verbieten wollte. Der Prozeß nahm zwar nicht direkt Bezug auf die Volte, aus den Protokollen geht jedoch hervor, daß die Einwohner in bestimmten Zeiten des Jahres fast täglich Bälle »mit erstaunlichen Tänzen« veranstalteten.[90] Dieser Fall zeigt die Vitalität des Volkstanzes in der Provence, selbst in einer Zeit, in der er von Kirche und Staat verfolgt wird. Er belegt auch das Chaos und den Lärm der Volksbälle, was Ausdruck der oft schwierigen Lebensumstände der Menschen war.

In der Provence bleiben die Tänze im Dreiertakt weiterhin beliebt, wie die Partituren von »Tournidjaires« zeigen.[91] Und hier setzte sich der Walzer bei den Bällen und Kirchweihfesten schnell durch. La Sinse beschreibt in seinem Kapitel über die dörfliche Kirchweih einen solchen Ball.[92] Doch gleichzeitig tanzt man weiterhin die Volte, auch noch, als längst der Walzer vorherrscht (19. Jahrhundert). Laut E. Savournin hat um 1830 die Pirouette mit der Melodie der Volte erheblich an Bedeutung verloren, und die jungen Arbeiterinnen vollführen dabei nur noch eine »Halbdrehung, durch die, wie bei der ›vuelta‹ des spanischen Bolero, die Tänzer,

die mit dem rechten Fuß eine Drehung vollziehen, ihre Haltungen ändern.«[93] Bestimmte Volkstänze (etwa der Walzer der Champagne) übernehmen sowohl den Grundschritt im Dreivierteltakt, den Sprung (der Herr wirbelt die Dame hoch) und bestimmte Figuren der Volte. Zwischen der Volte und dem Walzer der Champagne läßt sich also eine Ähnlichkeit feststellen.[94]

Der Sprung kommt auch in der deutschen Version dieses Tanzes vor. Beim europäischen Volkstanzfest, das 1966 in Salzburg stattfand, konnte ich große, kräftige österreichische Bauern beobachten, die ihre Damen hoch in die Luft wirbelten. Die Mädchen aus der Champagne, die hier mit ihnen tanzten, erinnerten sich noch später lebhaft daran. Dieses Erlebnis hat mich davon überzeugt, daß der Sprung bei der Volte allein nicht genügt, um diesem Tanz die Rolle als Vorläufer des Walzers abzusprechen, denn manche Walzerformen haben diesen Sprung beibehalten.

ANMERKUNGEN

1 C. Sachs, *op. cit.*, S. 252.
2 *Ibid.*
3 *Ibid.*
4 *Ibid.*
5 M. Mourgues, *op. cit.* S. 167.
6 C. Sachs, *op. cit.*, S. 150.
7 P. Pansier, *Histoire de la langue provençale à Avignon du XIIe au XIXe siècle*, Band 3, S. 178.
8 Eine Bezugnahme, die als Ausgangspunkt für Desrats Überlegung dient, in *Dictionnaire de la danse*, Artikel »Walse et valse«, S. 373, die in keinem anderen Werk deutschen Ursprungs zitiert wird. Die Musik dieses Walzers vom 9. November 1178 wurde handschriftlich von E. Giraudet abgeschrieben. 1898 hat er die Partitur unter dem Titel »La valce«, für zwei Francs verkauft (s. seinen Katalog in E. Giraudet, *Traité de la danse*, Paris 1900, S. 612).
9 P. Tugal, *La danse et les danseurs*, Paris o. J., aber mit mehreren Ausgaben in den fünfziger Jahren.
10 A. Cornazano, *The Book on the Art of Dancing*, London 1981, S. 21 (Paginierung entsprechend dem Originalmanuskript). Siehe auch A. G. Bragaglia, *Danze popolare italiane*, S. 112.

11 M. Mourgues, *op. cit.*, S. 159.
12 Zitiert von M. Mourgues, *op. cit.*, S. 159.
13 M. v. Boehn, *Der Tanz*, Berlin 1925, S. 74 und S. 75.
14 O. Bie, *Der Tanz*, Berlin 1906, 2. Auflage 1919.
15 In V. von Kearwill (Hrsg.), *Queen Elisabeth and some Foreigners*, London 1589.
16 M. Wood, *Historical Dances*, London 1952, S. 94.
17 Er ist bei Curt Sachs abgebildet, *op. cit.*, S. 381, Tafel 28.
18 A. Jaubert, *Brignoles*, zitiert von provenzalischen Autoren.
19 Wie weiter unten die Verfügung des Bischofs von Troja, Koadjutor des Bischofs von Marseille, besagt.
20 Laut J. Bense, *Les danses en vogue*, Band 1, Paris 1978, S. 92.
21 »Già si solea ballando non prenderzi per la mani l'huomo et la donna. [...] Hoggi le donne non solamente porgono agli huomini lo lor mani tutte ignude ma le braccia appresso le spalle, il petto e tutte l'altre membra loro cortegianesche [...] da tanta turba di lascivi amanti à garra richieste à ballare et poi tirate schizzate spinte travolte e dimenate in ogni lato.« Zuccolo, *La pazzia del ballo*, Padua 1549.
22 F. und T. Platter, *Zur Sittengeschichte des XVI. Jahrhunderts*, Leipzig 1878, S. 219.
23 C. Sachs, *op. cit.*, S. 253.
24 T. Platter, *A Montpellier* 1892, S. 219 und 259
25 Dokument über die Volte von Roudelet Felibren dou Pichoun Bousquet, Marseille (ohne Jahr), zitiert von V. de Saint-Aubert in »Les groupes folkloriques de La Ciotat et Ceyreste«, Maîtrise in Ethnologie, Aix-en-Provence.
26 Bouche, in *Bull. soc. acad. du Var*, 1869, S. 75.
27 Dieses Fest wurde anhand der *Mémoires de la reine de Navarre* von J. Bonnet in der *Histoire générale de la danse sacrée et profane*, Paris 1724, S. 122–126, beschrieben. Zitiert nach C. Sachs.
28 P. Nettl, *The Story of Dance Music*, London 1977, S. 110–111.
29 P. Nettl, *Histoire de la danse et de la musique de ballet*, Paris 1966, S. 64.
30 J. Bonnet, *op. cit.*, S. 119.
31 Brantôme, *Les danses galantes* (1570), Paris 1846, nachgedruckt in: ders., *Vie des dames galantes*, Discours III, zitiert von C. Sachs, *op. cit.*, S. 252, und von E. Reeser, *De Geschiedenis van de Wals*, Amsterdam 1940, S. 3.
32 Zu Jamyn siehe M.-M. Fontaine, in J. P. de Beaumarchais u. a., *Dictionnaire des littératures de langue française*, Paris 1984, Bd. 2, S. 1102 f.
33 Dort findet sich ein Hinweis auf die Bisexualität des Mannes, die auch schon in der klassischen griechischen Literatur vertreten wurde, wie zum Beispiel von Platon im *Gastmahl*.
34 G. Desrat, *Dictionnaire de la danse*, Paris 1895, S. 374.
35 Zitiert von La Curne de Sainte-Palaye, *Dictionnaire historique de l'ancien langage françois*, Paris 1881, Bd. 9–10.
36 Balthasar de Beaujoyeux war der französische Name, den der Italiener Baltazarini di Belgiojoso angenommen hatte, der mit einem Violinorchester nach Paris gekommen war. 1582 veröffentlichte er in Paris sein Buch *Ballet comique de la*

Royne, ein Werk, das Mary-Jean Cowell in Selma Jeanne Cohens *Dance as Theatre Art*, London 1974, 2. Auflage, S. 19ff., kommentiert.
37 F. und T. Platter, *op. cit.*, S. 285, auf die sich Curt Sachs bezieht. Da ich persönlich den Dingen, die ich gesehen habe, Glauben schenke, mißtraue ich Behauptungen wie »diese Tänze gab es zu dieser Zeit in diesem Land nicht.«
38 C. Sachs, *op. cit.*, S. 253.
39 Sir John Davies (1569–1626) »Poem of Orchestra«, in: *Orchestra*: a Poem of Dancing, 1596, neuaufgelegt von E. W. M. Tillyard, London 1945.
40 Die Urfassung von Shakespeares *Heinrich V.* (Akt III, Szene 5), einem Stück, das zwischen 1598–1599 datiert, lautet:
»They bid us to their English dancing schools
And teach lavoltas high und swift corantos;
Saying our grace is only in our heels,
And that we are most lofty runaways.«
41 Veröffentlicht von d'Ancone, *Mélanges offerts*, Paris 1913.
42 A. G. Bragaglia, *Danze popolare italiane, op. cit.* S. 34.
43 Negri, *Nuove invenzioni di ballo*, 6, 1604.
44 J. Clamon, P. Pansier, *Les Noëls provençaux de Notre-Dame-des-Doms* (1570–1610), Avignon 1925.
45 Zitiert von M. Mourgues, *op. cit.*, S. 161.
46 E. Rodocanachi, *La femme italienne*, Paris 1917.
47 G. Marino, »Adonis«, Paris 1623:
»Sul sinistro sostiensi in forme nove
L'agil corpo si ratto aggira in torno
Che con fretta minor si volge e move
Il volubil paleo, l'agevol torno,
Con gracia po non piu veduta altrove
Fa gentilmente, onde parti ritorno.
Si erge, e sospende, e ribalzando in alto
Rompe l'aria per mezzo, e trincia il salto.«
48 Siehe *Le Temps*, 15. Februar 1914.
49 G. Paradin, *Le blason des dances*, »worin man das Unheil und das Verderben erkennt, die sich aus den Tänzen ergeben, die weder einen Mann weiser noch eine Frau sittsamer machen.« Beaujeu, 1566, 1. Band, in-16. Es ist bedauerlich, daß die vierte Hundertjahrfeier von *Orchésographie* keine besondere Würdigung erfuhr. Dagegen hatte 1888 die Pariser Oper ein großes Fest zu Arbeaus Ehren organisiert. Das ist ein Symptom für die Rückständigkeit Frankreichs in Fragen der nationalen Tanzgeschichte.
50 T. Arbeau, *op. cit.*, S. 64-1.
51 T. Arbeau, *op. cit.*, S. 64-2.
52 T. Arbeau, *op. cit.*, S. 65-1 und 2.
53 T. Arbeau, *op. cit.*, S. 66-1.
54 C. Sachs, *op. cit.*, S. 193.

55 Siehe »Merci Clamant«, Gesang des Schloßherrn von Coucy (1180); »Pour mal temps, ni pour gelée«, ein Lied von Thibaut de Champagne (1235); »Robins m'aime«, Reigentanz von Adam de la Halle (1285); »Douce dame jolie«, ein Lied von Guillaume de Machault (1350); »Die qu'il fait bon regarder«, Lied von Charles, Herzog von Orléans (1415), etc., Übertragung von Werkerlin in *Echos du temps passé*, Paris, Flaxland (das vermutlich 1860 erschienen ist). Einige dieser Lieder wurden vermutlich als Volte getanzt.

56 P. Nettl, *op. cit.*, S. 112.

57 M. Mourgues, *op. cit.*, S. 165.

58 *Ibid.*, S. 167.

59 Vermerk von Hugo Riemann in seinem *Handbuch der Musikgeschichte*, Leipzig 1904–1922.

60 P. Nettl, *op. cit.*, S. 130.

61 Ballard, Chancy, *La tablature de Mandore*, Paris, 1629.

62 P. Nettl, *op. cit.*, S. 199.

63 M. Mourgues, *op. cit.*, S. 163.

64 *Ibid.*, S. 163.

65 Aufgezeichnet in einem Dokument über die Volte, das von Roudelet Felibren dou Pichoun Bousquet, Marseille (ohne Datum) erstellt und von Vindicien de Saint-Aubert in »Les groupes folkloriques de La Ciotat et Ceyreste«, einer Maîtrise in Ethnologie, Aix-en-Provence, zitiert wurde.

66 Verfügung, die in den Stadtarchiven von La Ciotat in der Nähe von Marseille (Akte GG 122) aufbewahrt wird. L. Porte-Marrou zitiert in *Dançar au Païs, danses occitanes en Provence*, Avignon 1983, S. 175, die provenzalische Version dieses Textes. Aus historischer Sicht ist es seltsam, daß Okzitanisch zwei Jahre nach dem Erlaß von Villers-Cotterêts (August 1539) Amtssprache war. Dieses Edikt von Franz I. verfügte insbesondere, daß in Gerichts- und Notarsakten Französisch (statt Latein) obligatorisch war.

67 J. Bodin l'Angevin, *De la démonomanie des sorciers*, Anvers 1593, S. 178 ff.

68 *Ibid.*, S. 178.

69 M. Mourgues erklärt, daß in der Grafschaft Nizza die »vouta« (andere Schreibung und Synonym von Volte) auch heute noch die Einkreisung der Kirche durch die Pilger bedeutet, wenn diese an der Kirche, ihrem Ziel, angelangt sind. »In Notre-Dame de Laghet zum Beispiel bedeutet ›faire li vouta‹, Umdrehungen zu machen, im allgemeinen neun (im Gedenken an die neun Reisen der Jungfrau Maria), die die Bruderschaften auf der Empore mit den Votivbildern vollziehen, auf denen die Pilger um Heilung und Gnade flehen.« Siehe M. Mourgues, *op. cit.*, S. 159.

70 J. Bodin, *op. cit.*, S. 168–170, S. 172 f.

71 In *La transe*, Paris 1989, unterscheidet Georges Lapassade zwischen besessenen und ekstatischen Tänzen. Bei der Volte handelt es sich nicht um eine Besessenheit. Der Geist beherrscht den Tanzenden nicht wie zum Beispiel bei den Gnaoua-Ritualen. Die Volte ist ein ekstatischer Tanz. Die meisten großen

Autoren (Rouget zum Beispiel) unterscheiden zwischen diesen beiden Tanzformen nicht.
72 J. Bodin, *op. cit.*, S. 165.
73 *Ibid.*, S. 178 f.
74 P. de Félice, *L'enchantement des danses et la magie du verbe*, 3. Band von *Essai sur quelques formes inférieures de la mystique*, Paris 1957, S. 247–265. Siehe auch ders., Band 2: *Foule en délire, extases collectives*.
75 G. Bouchet, *Serées* (1584 in Paris veröffentlicht, 1608 neue aufgelegt), S. 136. Zitiert von Curt Sachs in *Weltgeschichte des Tanzes*, S. 252. Sachs irrte sich hinsichtlich der Lebensdaten von G. Bouchet (1526–1606).
76 J. von Münster, *Ein Gottseliger Tractat von dem ungottseligen Tantz*, Hanau 1594: »Ich hab diesen Tantz an Königs Henrici des III königlichem Hoffe offtmal mit schrecken Anno 1582 angesehen und mich vil-mal/ neben andern redlichen Leuten/ Verwundert/ über der offentlichen Zulassung, und rümliche Gebrauch eines so unfletigen und unkeuschen Tantzes, in welchem Tantz der König hochgedachter selbst der oberst Meister und Führgenger war.«
77 *Ibid.*, Folge: »Unfletiger Tanz, la volte geheissen in einen wirbel herumb fliegen. In diesem Tantz nimpt der täntzer mit eine Sprung der Jungfrau – die auch mit einem hohe Sprung / Auss an leytug der Musik / heran komt – wahr und greiffet sie an eine ungebürlichen ort da sie etwas von holtze oder anderer Materien hat mache lassen / un wirft die Jungkfrau selbst / und sich met ir / etlich vil mal sehr künstlich und hoch uber die Erden herumb also auch / dass der Zuseher bissweilen meynen sol / dass der Täntzer mit den Täntzerinnen nicht wider zur Erden kommen könne: sie haben dann beyde ihre Hälse und Beine zubrochen.«
78 M. Praetorius, *Syntagma Musicum*, Bd. III. Wolfenbüttel 1619, zitiert von M. v. Boehn, *op. cit.*, S. 82.
79 Weitere Informationen über diese Doppelbewegung siehe R. Mandrou, *Magistrats et sorciers en France au XVIIe siècle*, eine Analyse historischer Psychologie, Paris 1969, und M. de Certeau, *L'absent de l'histoire*, Paris 1973, das Kapitel über »Die Magistratur im Verhältnis zur Hexerei im 17. Jahrhundert«, S. 13–39.
80 J. Praetorius, *Blocksberg Verrichtungen* (1668): »Neuen Gaillardischen Volta, einem welschen Tanze, da man einander an schamigen Orten fasset und wie ein getriebener Topf herunterhaspet und wirbelt und welcher durch die Zauberer aus Italien nach Frankreich ist gebracht worden [...]. Wirbeltanz voller schändlicher unflätiger Geberden und unzüchtiger Bewegungen auch das Unglück auf sich trage, dass unzählig viel Morde und Missgeburten daraus entstehen.« E. Reeder, *De Geschiedenes van de Wals*, bezieht sich auf S. 5 auf diesen Autor; ebenso P. Nettl, *The Story of Danse Music, op. cit.*, S. 111 und *Histoire de la danse et de la musique de ballet, op. cit.*, S. 64. Sachs jedoch zitiert ihn nicht, da dieser Bezug zeigen würde, daß die Volte nach Mersenne weiterhin praktiziert wird.
81 C. Sachs, *op. cit.*, S. 236.
82 C. Sachs, *op. cit.*, S. 236.
83 J. Bonnet, *op. cit.*, S. 16.

84 Grove's Dictionary of Music and Musicians, New York 1980.
85 P. Conté, *Danses anciennes de cour et de théâtre en France. Eléments de composition*, Paris 1974, S. 25–38.
86 L. J.-B. Berenger-Feraud, *Traditions de Provence*, Paris 1885, Neudruck Marseille 1983.
87 Zitiert von M. Mourgues, *op. cit.*, S. 163.
88 G. Desrat, *op. cit.*, S. 302.
89 Zitiert von M. Mourgues, *op. cit.*, S. 163.
90 A. J. Parès, Archivar der Stadt Toulon, »Les danses publiques à Seillans, échos d'un procès«, undatierte Broschüre, 7 Seiten (Centre d'études des sociétés méditerranéennes, université d'Aix-en-Provence), ein von C. Laurent übermitteltes Dokument.
91 Siehe vor allem die »Tournidjaire«, die 1834 für Flöte komponiert wurde und im Museon Arlaten, Arles, ausgestellt ist. Ich habe die ersten acht Takte abgeschrieben, aber der Tanz wird im Dreiachteltakt getanzt.
92 La Sinse, *La vie provençale, scène populaire*, Vorwort von L. Jourdan, Toulon 1874, S. 126f.
93 Erwähnt von M. Mourgues, *op. cit.*, S. 164.
94 Über die Zukunft der Volte (insbesondere aus technischer Sicht) siehe L. Porte-Marrou, *op. cit.*, S. 172–192.

Die Entstehungsgeschichte des Walzers in Deutschland

> »*Der Walzer stammt aus Deutschland...*«
> Fétis, Art. »Valse«, Dictionnaire de musique

> »*Es erscheint schwierig, den Walzer von der Volte abzuleiten. Der Walzer als Drehtanz im Dreivierteltakt dürfte seinen Ursprung in den Tanzliedern des 16. und 17. Jahrhunderts haben, dem volkstümlichen Ländler und einer bestimmten in Deutschland üblichen Allemande im Dreivierteltakt.*«
> B. WEIGL, Die Geschichte des Walzers, Langensalza 1910

> »*Larum! Es walze, wer Ohren hat*
> *Und ein gesundes Pedal!*«
> HAUG, WALZLIED, Neuer Tanz- und Ball-Kalender auf das Jahr 1801

Die meisten deutschen Tanzhistoriker bestreiten die These, der Walzer sei der Nachfahre der Volte, auch wenn sie diesen Tanz anerkennen. Sie schreiben dem Walzer vielmehr einen deutschen Ursprung zu, der zeitlich jedoch nicht genau rekonstruierbar ist. Doch auch die »deutsche« Historiographie ist nicht einheitlich. Wir wollen hier nur die Untersuchungen des 19. Jahrhunderts berücksichtigen. Dabei zeigen sich Widersprüche sowohl zwischen den deutschen Autoren Boehn, Sachs und dem Österreicher Klingenbeck als auch zwischen Boehn und Sachs. Die Geschichte des geschlossenen Paartanzes in Deutschland erscheint manchmal etwas »mystisch«. Aber dieser Mystizismus ist durchaus beabsichtigt, denn die Annahme eines deutschen Ursprungs des Walzers wirkt identitätsstiftend. Statt diese Geschichte mit den französischen Quellen zu vermengen, um eine »europäische Geschichte« zu entwickeln, habe ich es vorgezogen, die beiden Traditionen, die vor allem sprachlichen Ursprungs sind, nebeneinander bestehen zu lassen.

Im folgenden gebe ich die deutsche Geschichte des Walzers so wieder, wie man sie anhand der Lektüre der wichtigsten deutschen Tanzhistoriker rekonstruieren kann.

Für Klingenbeck liegt der deutsche Ursprung des Walzers im »deutschen Gefühl, daß dieser Tanz aus Deutschland stammt«. Doch er bringt auch noch andere Argumente vor. So entdeckt er den Walzerrhythmus in den Tanzliedern von Neithart von Reuenthal, der im 13. Jahrhundert am Wiener Hof lebte: »Eine der ältesten Walzerspuren führt nach Wien! In den Tanzliedern des am Hofe Friedrichs des Streitbaren lebenden Minnesängers Neithart von Reuenthal klingt zum erstenmale der wienerische Walzerrhythmus auf.« Klingenbeck teilt uns mit, Neithart, der Erfinder der »höfischen Bauernlyrik«, stamme aus niedrigem bayerischen Adel, und sein Name Reuenthal rühre von einem kleinen Lehen in der Nähe von Landshut her, das er von seiner Mutter geerbt hätte. Zum erstenmal werde sein Name 1216 erwähnt. Von 1217 bis 1219 habe er an einem Kreuzzug Leopolds VII. von Österreich teilgenommen, der ihm ein Lehen zum Geschenk gemacht habe. Vermutlich stirbt er 1245.

Klingenbeck zitiert die Chroniken der Zeit. Danach »muß Neithart eine Beliebtheit in der Tanzwelt, und zwar besonders bei den Mädchen, genossen haben, vergleichbar dem Jubel, mit dem 600 Jahre später Lanner und Strauß auf demselben Boden umgeben wurden. Als begeisterter Bewunderer seiner Wahlheimat und des Wienerwaldes ist er zugleich ihr erster Sänger geworden. Tatsächlich spricht uns in seinen Liedern zum ersten Male eine Beschwingtheit an, die das Fluidum des wienerischen Walzers verrät.«[1]

Um 1920 betont Max von Boehn die sehr lange Tradition des Walzers: »Der Walzer ist so alt, daß sich seine Spuren im Dunkel der Zeiten verlieren.« Böhme, ein Autor des 19. Jahrhunderts, datiert sein Entstehen bereits auf das 12. und 13. Jahrhundert und sieht seinen Ursprung ebenfalls in den Springtänzen der Troubadoure.[2] »Da man nicht weiß, wie diese getanzt worden sind, läßt es sich nicht mehr mit Sicherheit bestimmen«, bemerkt Boehn.[3]

Da stellt sich die Frage, ob die deutschen Minnesänger vielleicht Walzer tanzten?

»Räumet aus die Schemel und die Stühle!
Heute soll'n wir Tanzens werden müde.
Tut uns auf die Stub, so ist es kühle,
Daß der Wind
An die Kind
Weh' ein wenig durch die losen Mieder.«

Klingenbeck sieht in diesen Versen eine Aufforderung zum Tanz, die bereits den Walzerrhythmus andeutet: »Neben seinen Minnesängerkollegen bedeuteten Stil und Rhythmus von Neitharts Tanzliedern etwas Neues; das fühlten besonders die Tanzenden, denn nach seinen Weisen ließ es sich fröhlicher und hinreißender tanzen denn je!«[4]

Es fällt schwer, Klingenbecks Schlußfolgerungen nachzuvollziehen. Gewiß deuten diese Verse auf eine Tanztradition hin, aber auf welche? Die Vorstellung des Paartanzes ist hier jedenfalls nicht zu finden. Daß es sich um einen Dreivierteltakt gehandelt haben könnte, läßt sich nicht aus diesen Worten schließen.

Klingenbeck fährt fort: »Gewiß besitzt der Tanz genügend eigene Elemente, um ihn als selbständige Kunst aufzufassen; die Musik ist jedoch jederzeit der Trabant von Terpsichorens Muse gewesen, und es war nicht immer genau auseinanderzuhalten, welcher Teil dem anderen mehr nachgab. Besonders zu Zeiten, da die Tanzmusik sich zum Selbstzweck erhob, wollte daher die Meinung aufkommen, der Tanz sei absolut von der Musik abhängig. Wie untergeordnet die musikalische Begleitung dem wirklich starken Tanztrieb sein kann, beweißt jedoch die Genügsamkeit der dörflichen und höfischen Tänzerinnen und Tänzer.«[5]

Zu jener Zeit genügen eine Querpfeife und eine Trommel, um den Ton anzugeben, und wenn die Musik innehält, begleiten sich die Tanzenden selbst. Klingenbeck zitiert Liedertexte: »Die ritter

danzten und sprungen mit den frouwen unde sungen zu danz manich hübsche liet.«

Er erklärt, daß das Lied vom ersten Tänzer angestimmt wird, der in diesem Fall auch der erste Sänger ist; die anderen singen dann den Refrain.

Es kommt auch vor, daß sich einige Tänzer gegenseitig vertreten, um den Chor zu dirigieren. Selbst der Hochadel, der die Ausbreitung des Minnesangs gefördert hat, setzt ihn manchmal als gesungene Begleitung ein. Leopold VII. von Österreich war gerne erster Sänger – wenn man Neithart von Reuenthal Glauben schenken darf. Nach seinem Tod singen die Wiener:

»Wer singet uns nu vor
zu Wiene auf dem Kor,
als er vil dicke hat getan?
wer stift uns nu den reien
in dem herbst und in den maien?«

Klingenbeck zitiert einen nicht genannten alten Wiener Walzerhistoriker, der das Vergnügen beschreibt, das es bereitete, nach sehr einfachen Liedern zu tanzen: »Man hopst und schleift und denkt immer durch ein Seitentürl in den Himmel zu schweben. Ergötzliche Phantasien einfältiger Menschenkinder! Und wenn auch der Himmel nahe, den Musikanten hätte man auf alle Fälle den Eintritt verwehrt [...], wenn auch ihre entsetzliche Musiziererei oft zum Himmel schrie.« Klingenbeck stellt fest, daß sich bislang keine Spuren dieser hochgeschätzten Musik finden ließen. Vielleicht gab es sie gar nicht? Doch die Österreicher haben, darauf weist Klingenberg hin, viele Tanzlieder aufbewahrt, die man als die »Seele des Tanzes der Vorzeit« betrachten kann.

Im 16. Jahrhundert: ein Tanz unter staatlicher Aufsicht

Max von Boehn interessiert sich vorrangig für die bekannten Spuren des Tanzes. Er unterstreicht den Einfluß der italienischen Renaissance auf den Tanz in Deutschland. Nachdem er die französische Volte beschrieben hat, bemerkt er zum Paartanz: »Die Deutschen schlossen sich von einem so artigen Gebrauch nicht aus.« Dazu zitiert er Hans von Schweinichen aus Augsburg: »Ist der Brauch, daß allemal zwei Personen so lange rothe Röcke mit einem weißen Ärmel anhaben, vortanzen. Wenn sie sich drehen, so mögen sich die tanzen auch verkehren, so wohl wenn sie sich im Tanzen herzen, so mag der Junggeselle die Jungfrau, so oft es von ihnen beschied, auch herzen. Werden oft bestochen, daß sie sich oft herzen. Mit 1/2 Thaler wird viel herzen zu wege gebracht.«[6] Er fährt fort: »Der deutsche Gesellschaftstanz ist seit der Reformation von Frankreich abhängig. Auf der Hochzeit Wilhelms von Rosenberg 1555 in Krummau wurden lauter ›wälsche Tänze‹ gespielt. Wie weit man in Deutschland den französischen oder italienischen Vorbildern nahe kam, ist schwer zu entscheiden.«[7] Boehn erklärt, daß man sich sowohl in Deutschland als auch in Frankreich beim Tanzen eng umschlungen hält. Die Tänze, behauptet er, seien wie geschaffen dafür, zu überprüfen, ob die Liebenden gesund sind und ihre Glieder gebrauchen können. Am Ende durfte der Herr seine Dame umarmen. Bei dieser Gelegenheit konnten sich die Paare gegenseitig diskret ins Gesicht hauchen und dabei feststellen, ob der andere einen angenehmen Atem hatte oder »stank«. Diesen Brauch hatte bereits Thoinot Arbeau beschrieben. »Jedenfalls blieb das Umfassen und Drehen der Generation sehr anstößig, und die Obrigkeiten waren immer zu strafen bereit. Andreas Osiander schreibt 1550 an Hieronimus Besold in Nürnberg, daß auf der Hochzeit seiner Tochter jeder, der sich im Kreise drehte, Strafen zahlen mußte«.[8]

Die Reformatoren sind in bezug auf das Tanzen dagegen liberal. Luther hat sich immer sehr verständnisvoll und zurückhaltend

über das Tanzen geäußert. 1540 erklärt er: »Tänze sind eingerichtet und zugestanden worden, damit artiges gelernt werde im Verkehr und Freundschaft und Bekanntschaft geschlossen werde unter Jünglingen und Jungfrauen.« In einer seiner Reden heißt es: »Glaube und Liebe lassen sich nicht austanzen noch aussitzen, so du keusch und mäßig dabei bist. Die jungen Kinder tanzen ja ohne Sünde, das thue auch und tanze wie ein Kind, so schadet dir das Tanzen nicht. Sonst wo Tanzen an ihm selbst Sünde wäre, so müßte man es ja den Kindern auch verbieten.« Ebenso wie Luther tanzt auch Melanchthon[9] mit großem Vergnügen, auch wenn ihm dies einige zum Vorwurf machen.

Doch die meisten Nachfolger Luthers sind in ihrem Urteil viel strenger. Boehn fragt: »Ob nun [...] die Zuchtlosigkeit wirklich zunahm, wer wollte das entscheiden?«[10] Tatsache ist, daß die protestantische Geistlichkeit den Tanz zweihundert Jahre hindurch anprangert. Manche protestantische Theologen weisen darauf hin, daß in der Bibel der Tanz oft als sündhaft dargestellt wird.

Die Predigten halten das Volk zwar nicht vom Tanzen ab, beeinflussen aber das Urteil der Behörden. Die politisch Verantwortlichen sind meist Männer fortgeschrittenen Alters, die keine große Sympathie mehr für die Jugend oder für körperliche Verrenkungen hegen. Boehn wundert es daher nicht, daß die leichtlebig-lärmende Art der Jugend sie entsetzt. Sie tun ihr möglichstes, den jungen Leuten Steine in den Weg zu legen und jede Art von Tanzvergnügen zu unterbinden. »Es hat Verbote geregnet, und sie haben sich mit dem Überhandnehmen der juristisch verbildeten Bureaukratie im Laufe der Zeit immer nur gemehrt. [...] Es muß eben ›regiert‹ sein, auf die Gefahr hin, den Teufel durch Beelzebub auszutreiben.«[11]

Klingenbeck weist auch auf die Welle des Protestes hin, den der Übergang vom offenen zum geschlossenen Paartanz auf dem Land bei kirchlichen und weltlichen Behörden hervorgerufen hat. In Nürnberg will man nicht zulassen, daß die Dame bei diesen Geschlechtertänzen umarmt wird. In den Schriften der Theologen

und Juristen findet sich unter anderem der Ausdruck »Kotzentanz«. Ebenfalls in Nürnberg ist älteren Leuten das Tanzen verboten, der Jugend dagegen ist es gestattet.

1555 verfügt Aloisius Orelli ein weitgehendes Tanzverbot, obwohl Tanzen sich allseits höchster Beliebtheit erfreut. Es darf nur noch bei Hochzeiten getanzt werden, und auch dann nur bis zum Abend. Also gibt es nur noch wenige Tanzveranstaltungen, was den Reiz des Tanzens nur noch steigert. Die jungen Leute sehen es als Ehrensache an, so hoch wie möglich zu springen, und es kommt vor, daß der eine oder andere ins Straucheln gerät und seine Dame mitreißt. Das allgemeine Gelächter, das diese wohl kaum angemessene Tanzhaltung hervorruft, bringt die junge Frau in Verruf. Es wird also verboten, den Partner zu Fall zu bringen, aber im Eifer des Tanzes vergißt man dieses Verbot häufig. Wenn ein Tänzer einen anderen zu Fall bringt, löst dies eine regelrechte Lawine aus, denn der andere versucht, sich durch eine kleine ungelenke Bewegung zu rächen. Um diese schlechten Gewohnheiten abzustellen, entsenden die Behörden Zensoren, die die beim geringsten Zwischenfall der Musik Einhalt gebieten sollen. Aber die Lust am Tanzen wächst zunehmend, und die Behörden müssen ihre Verbote abschwächen. In vielen Städten bleibt es untersagt, die Dame im Kreis zu drehen, auch wenn es »in bester Absicht« geschieht. »Vielerorts suchte man das Temperament der Tänzer dadurch zu zügeln, daß man ein obrigkeitliches Vortänzerpaar voransetzte und alle folgenden sollten nur die vorgemachten Tanzbewegungen ausführen. Da gab es aber wieder Bestechung des Vortänzerpaares, so daß dann amtlicherseits das ›umbfahren oder hälsen‹ vorgemacht wurde.«[12]

Beim katholischen Klerus herrscht dieselbe Einstellung vor. Von allen Kanzeln wird gegen das Tanzen gewettert. Man droht mit der Verweigerung der Absolution. Die Bediensteten in den Behörden haben größte Schwierigkeiten bei der Durchsetzung der Verbote. In einer Anordnung der Stadt Belgern von 1572 heißt es: »Frauen und Jungfrauen sollen sich züchtig und ehrbar am Tanz zeigen und die

Mannsperson sich des Verdrehens und anderer dergleichen Leichtfertigkeiten enthalten. Welcher [...] dies Verbot [...] unbescheidenerweise verdrehen wird, der soll alsbald eingezogen und darüber vom Rat jedesmal um 20 Groschen gestraft werden.«[13]

Klingenbeck unterstreicht, daß sich die Verbote immer auf den »Kreistanz« oder »Drehtanz« beziehen, und vermutet, sicherlich zu Recht, daß diese Verbote erst ab dem Moment verhängt wurden, da man anfing, sich im Kreis zu drehen: »Was halfen aber alle Verbote, Drohungen und Strafen bei einer Tanzgesellschaft, deren männliches Recht es war, einer Jungfrau oder Frau ›aufs Maul zu schlagen‹, wenn sie einem ›ehrlichen und redlichen Manne‹ etwa einen Tanz verweigerte. So steckten die bei den ›schenntlich neuen‹ Tänzen Ertappten ruhig die Strafen ein und waren nur umso versessener auf die Lust des Verdrehens.«[14]

Im 17. Jahrhundert: die Gewalt des Mannes über die Frau

1594 hat Johann von Münster anschaulich beschrieben, wie man in Deutschland tanzt: »Der Tänzer (erwähle) eine Tänzerin, zu welcher er eine besondere Affektion trägt. ... Diese unnöthige Bitte schlägt die begehrte Frauensperson nicht leichtiglich ab, so unangesehen auch der Tänzer, der den Tanz von ihr begehrt, bißweilen ein schlimmer Pflugbengel, oder ein anderer unnützer vollgesoffener Esel, und die Frauensperson eine stattliche von Adel oder eine andere ansehnliche und reiche Frau oder Jungfrau ist. Es wäre denn, daß sie um einen Verstorbenen willen trauer oder Leid trüge. In dem Fall ist sie, und auch eine Mannsperson entschuldigt. Sofern noch bei dem, der den Tanz begehret, so viel Verstand übrig ist, daß er diese Entschuldigung annehmen will. Ist aber der Kerl gar voll und toll, der den Tanz begehret, so muß die Frauensperson eben wohl fort. Will sie nicht tanzen, so mag sie schleifen. Will sie im Tanz nicht lachen und fröhlich springen, so mag sie weinen und sauer aussehen und traurig tanzen. Denn er verläßt sie nicht, weil

er sie bei der Hand hat, sondern er ziehet mit ihr immer fort zum Tanze, wie mit einem Widder zur Küche. Darüber lachen etliche, die dabei stehen und zusehen, etliche aber, denen die Frauensperson verwandt ist, sehen übel aus und dürfen bißweilen mit diesem unzeitigen Tänzer Händel und Streit anfangen.

»Ist aber die Frauensperson also daran, daß sie aus wahrer Erkenntnis Gottes den Tanz hasset und dem Tänzer den Tanz abschlägt, oder aus andern Ursachen mit ihm zu tanzen sich weigert, so ist das Ei zertreten. Dann fängt der Tänzer an zu fragen, oder beschickt die Frauensperson durch seine Freunde, was sie für Ursachen habe, ihm den Tanz zu verweigern, ob er nicht redlich, ehrlich oder gut genug dazu sei u.s.w. Zuweilen wartet der Tänzer nicht solang, daß er die Beschickung kann fürnehmen, sondern schämt sich auch nicht, die Jungfrau oder Frau, sobald sie ihm den Tanz verweigert hat, wider alle Billigkeit, Redlichkeit und Recht auf das Maul zu schlagen. Etliche geben dem Schläger Recht und vertheidigen seine lose Sache mit dem Spruch: einem ehrlichen und redlichen Manne muß und soll man keinen Tanz weigern; darum ist der Person Recht geschehen. Andere halten dieses (wie denn billig ist) für eine unbescheidene, tyrannische That, daß sie werth sei, daß die ganze Gesellschaft sich derselben annehme und sie räche. Daraus dann endlich solch Werk erfolget, das ohne Blutvergießen und stetigen Haß nicht wohl oder kaum kann beigelegt und verglichen werden.

Wenn aber die Person bewilligt hat, den Tanz mit dem Tänzer zu halten, treten sie beide herfür, geben einander die Hände und umfangen und küssen sich, nach Gelegenheit des Landes, auch wohl recht auf den Mund, und erzeigen sich sonst mit Worten und Gebärden Freundschaft, die sie vor langer oder kurzer Zeit gewünscht haben einander zu erzeigen. Darnach, wenn es zum Tanz selbst gekommen ist, halten sie erstlich den Vortanz, derselbe gehet mit ziemlicher Gravität ab.«

Johann von Münster schildert diesen Vortanz sehr ausführlich, aber seine Schilderung des eigentlichen Tanzes klingt ein wenig

konfus: »Dies aber haben sie gemein, daß die Tänzer, wenn sie an das End des Gemaches, in welchem sie tanzen, gekommen sind, wieder umkehren und sich zu beiden Seiten, zur rechten und zur linken, so lang wenden und treiben, vorgehen und folgen müssen, bis der Pfeiffer aufhört zu spielen und ihn gelüstet, ein Zeichen zu geben, daß der Vortanz ausgetanzet sei. Darnach ruhen sie ein wenig, stehen aber nicht lange still. Sind es gute Freunde, so reden sie miteinander von Dingen, die sie gern hören. Ist aber die Freundschaft nicht so groß, so schweigen sie still und warten, bis der Pfeiffer wiederum aufblaset zum Nachtanz. In diesem geht es was unordentlicher zu als in dem vorigen. Denn allhier des Laufens, Tummelns, Handdrückens, heimlichen Anstoßens, Springens und bäurischen Rufens und anderer ungebührlicher Dinge, die ich Ehren halber verschweige, nicht verschonet wird, bis daß der Pfeiffer die Leute, die wohl gern, wenn sie könnten, einen ganzen Tag also tollerweise zusammen liefen, durch seine Stillschweigen geschieden hat. Da hört man dann oft einen schrecklichen Fluch über den Pfeiffer, daß er viel zu bald den Tanz ausgespielet oder auch manchmal den Tanz zu lang gemacht hat. Denn sie schämen sich aufhören zu tanzen, ehe und bevor der Spieler aufgehört hat zu pfeifen. Die Strafe wird ihm bisweilen auch zugelegt, daß er noch einmal um dasselbe Geld (wie sie reden) aufblasen muß. Da gilt es dann mit Tanzen auf's neu. Wenn aber der Tanz zu Ende gelaufen ist, bringt der Tänzer die Tänzerin wiederum an ihren Ort, da er sie hergenommen hat, mit voriger Reverentz, nimmt Urlaub oder er bleibet auch wohl auf ihrem Schoß sitzen und redet mit ihr, darzu er durch den Tanz sehr gute und keine bessere Gelegenheit hat finden mögen.«[15] Boehn macht in seinem Kommentar zu diesem Text darauf aufmerksam, daß Münster, der ein Gegner des Tanzes war, bei seinen Schilderungen wohl manchmal übertrieben haben dürfte.[16] Ich persönlich finde die Beschreibungen großartig. Sie stellen eine echte phänomenologische Schilderung des ländlichen Balls dar, den man noch in den fünfziger Jahren des 20. Jahrhunderts erleben konnte und den es noch heute in einigen Gegenden

Italiens gibt. Die Beobachtungen sind äußerst präzise. Es ist paradox, daß jemand, der angeblich tanzfeindlich war, uns eine derartig genaue Beschreibung übermittelt hat.

Auch Pastor Melchior Ambach aus Frankfurt am Main protestierte gegen die »aristokratischen, wilden, unanständigen und unzüchtigen« Tänze.[17] »Wenn man denkt«, schreibt Boehn, »daß in Italien ein Herr eine Dame zum Tanz engagierte, indem er eine Blume küßte und sie ihr überreichte, daß Montaigne in Lucca einen Ball gab, auf dem eine Dame mit einer Schale voll Wasser auf dem Kopf einen Tanz ausführte, ohne auch nur einen Tropfen zu verschütten, so scheint es dagegen in Deutschland immerhin ziemlich wüst zugegangen zu sein.«[18]

Zimmers Chronik berichtet, daß ein Franzose in Straßburg, nachdem er Augenzeuge eines solchen Tanzes geworden war, zu der Überzeugung gelangte, die Tänzer müßten verrückt sein, den Verstand verloren haben und besessen sein. Doch trotz aller Kritik und aller Verdammung tanzt das Volk weiter. Und wenn Dürer, Beham oder andere deutsche Maler tanzende Bauern darstellen, erkennt man sehr wohl auch die Sprünge, die zu jener Zeit modern waren. Das wirkt nicht immer elegant, die Tanzenden jedoch scheinen sich gut zu amüsieren.

Im 17. Jahrhundert änderte sich nichts. Teniers, Ostade und andere Autoren fanden Gefallen am rustikalen Leben und den derben Sitten. Sie zeigten den Tanz mit seinen Balgereien. In ihren Werken ging es immer um dieselben Tänze. »Schließlich mußten sich eher die Behörden daran gewöhnen und sie begnügten sich damit, nur mehr gegen allzu rohe ›Üppigkeit‹ aufzutreten. Allerdings hatte sich auch die derbere Tanzart etwas verfeinert, im Grunde genommen waren aber die ›anständigen‹ Vorläufer des Walzers in diesem an und für sich ungleichen Kampf die urwüchsig Stärkeren geblieben.«[19] Damals tanzte man noch auf alte Weise, mit Unterstützung eines Solisten und eines Chors für den Refrain.

Eine ungewisse Zeit

Ende des 17. Jahrhunderts entfällt die musikalische Begleitung. Die Schrecken des Dreißigjährigen Krieges lähmen das deutsche Volk und wecken in ihm die Vorstellung, alles, was aus dem Ausland komme, sei beneidenswert. Von den zu dieser Zeit gepflegten Tänzen kennt man praktisch nur die Namen. Fischart erwähnt in seiner Übersetzung von Rabelais' *Gargantua* als bevorzugte Tänze jener Zeit den Scharrer, Zäuner, Kotzendantz, Moriskendantz, Schwarzen Knaben, Todtentanz, Tuteley, Sprisinger, Firlefei und den Hüfelrei (Hüpftanz). Boehn glaubt, Fischarts überschäumende Phantasie habe ihn veranlaßt, neue Tanznamen zur Unterhaltung der Leser zu erfinden. Unbestritten ist jedoch, daß man keine Gelegenheit ausließ zu tanzen. Die Angriffe des Klerus und die Verbote der Behörden legen Zeugnis davon ab, »nur in seltenen Fällen aber wissen wir, wie der Tanz beschaffen war«[20], erklärt Boehn.

Grundlage bleibt weiterhin die alte Tanzart des Hüpfens, doch lassen sich regionale Variationen erkennen. Nur wenige Chronisten haben sich die Mühe gemacht, die Tänze genauer zu beschreiben. Eine Ausnahme bildet Pastor Johann Adolf Köster, genannt Neocorus. Er verfaßt zwischen 1590 und 1600 eine Chronik über Dithmarschen, in der er die Tänze seiner Landsleute beschreibt: den Trimmekentanz, eine Art Pantomime, und den Springeltanz. Beide werden von Gesang begleitet. Der Sänger stimmt den Gesang an, und die Tänzer wiederholen Vers um Vers.

In der zweiten Hälfte des 17. Jahrhunderts kommt in Schleswig der Paartanz in Mode. Der friesische Pastor Cadovius Müller überlieferte uns den Text eines ostfriesischen Tanzliedes, des einzigen, das man in Friesland kannte. Allmählich wurde dieser Tanz immer schwieriger, und 1691, als ein Werk über die friesische Sprache herauskam, schien er schon in Vergessenheit geraten zu sein. Die Volkstänze sind der Jungbrunnen, der den Gesellschaftstanz, das Menuett, die Allemande und den Walzer, dessen Form sich seit drei Jahrhunderten entwickelt, erneuert. Das Volk erfindet Tänze,

die dann von der »besseren Gesellschaft« übernommen werden. In Deutschland »von der Mitte des siebzehnten bis zum Ende des achtzehnten Jahrhunderts beherrschte (das Menuett) das Parkett der Ballsäle als Lieblingstanz der vornehmen Welt.«[21]

Der liebe Augustin liefert die Melodie

Klingenbeck siedelt in seiner Entstehungsgeschichte des Tanzes die Ursprünge der Walzermusik in der Zeit des Minnesangs an. Er überspringt dann die vier Jahrhunderte, die uns Boehn entdecken ließ, und findet schließlich bei einem Wiener Sänger das erste Tanzlied im walzertypischen Dreivierteltakt:

»Als jüngerer Vorläufer der Walzermusikanten ist zweifellos der erste Wiener Bänkelsänger, der Sackpfeifer Marx Augustin anzusehen, als alte Wiener Volkstype unter dem freundlichen Namen ›lieber Augustin‹ allgemein bekannt. Auch auf ihn trifft eine kleine Analogie, und zwar in Beziehung zu dem Walzerfürsten Johann Strauß Vater zu: beide wurden als Söhne von Wiener Gastwirten geboren. Als echtem Kinde seiner Vaterstadt hatte es ihm das Singen und Spielen angetan und so zog er von Schenke zu Schenke, [...] so zum Beispiel im ›Schöff‹ zu Mariahilf, im ›Rothen Hahn‹ auf der Landstraße, dann im ›Guldenen Kapaunen‹ auf der Wieden und bei den ›Drei Hasen‹ auf der Kärntnerstraße.«[22] Es gibt von ihm eine Anekdote, die zu jener Zeit entstand, als in Wien die Pest wütete. Stockbetrunken fällt er eines Abends in eine Grube mit toten Pestopfern, schläft dort ein und wacht erst am nächsten Morgen wieder auf. Man zieht ihn erst

heraus, nachdem er sich durch kräftiges Brüllen bemerkbar gemacht hat.

Klingenbeck erzählt: »Augustin wird auf der Straße von den Siechknechten für pesttot angesehen, aufgegriffen und mit anderen Restleichen in die Grube geworfen, ohne daß es der Trunkene vor dem Morgen bemerkte. Jedenfalls heißt es in einem 1694 darüber erschienenen Bericht abschließend: ›So hat ihm dieses Nachtlager auch nicht das wenigste geschadet.‹ Er brachte das grausige Abenteuer sogar in Balladenform und trug es zum großen Ergötzen seines Publikums in der Schenke vor. Gestorben ist er angeblich am 10. Oktober 1705 [...] und begraben wurde er auf dem Nikolai-Gottesacker neben seinem Zunftbruder Georg Stabern, dem beliebtesten Tanzgeiger seiner Zeit.«

Klingenbeck beschließt seine Ausführungen über den Sänger folgendermaßen: »Für die Geschichte des Walzers liegt die Bedeutung von Marx Augustins Sängertum in der Erhaltung eines einzigen Liedes, dessen Rhythmus und Melodie auch keinen Zweifel über seine Bestimmung als Tanzbegleitung offenlassen. Es wurde dazu offenbar ein langsamer Dreher, ein direkter Vorläufer des Walzers getanzt. Zwar erhob sich einmal eine Stimme, daß die allbekannte Weise des Augustin-Liedes einem alten Volkslied, aus dem Böhmischen angehört haben soll, doch läßt sich dies heute nicht mehr überprüfen [...]. Jedenfalls hat die Weise durch den lieben Augustin ihren Ruhm erhalten und für unser Empfinden ist sie eindeutiges Wienertum.«[23]

Klingenbeck gibt den Text des Liedes wieder und stellt fest: »Es ist überaus schade, daß uns die Überlieferung nicht noch andere Lieder des ersten Wiener Volkssängers erhalten hat. Jedenfalls genügte aber auch das Lied vom lieben Augustin, den fidelen Pfeifer als eine Erscheinung des legendären Urwieners der Erinnerung für alle Zeit aufzubewahren und in ihm einen Menschen mit unverkennbarem Walzerempfinden zu sehen. So haben ihm die Wiener auch ein Denkmal gesetzt, das ihn zeigt, wie wir ihn uns vorstellen. Ewig durstig, sieht er – verwundert und enttäuscht zu-

gleich – unter sich aus einem Brunnen Wasser fließen; in seinem ganzen Wesen liegt ein Zug von humorvoll ergebenem Fatalismus […] und wir haben das Gefühl, daß – wenn Augustin tanzen wollte – es im Dreivierteltakt sein müßte.«[24] Dieser Eindruck drängt sich nicht zwingend auf. Nachdem ich das Denkmal betrachtet habe, kann ich Klingenbeck nicht zustimmen.

Die Allemande

Klingenbeck befaßt sich vor allem mit der Erforschung der musikalischen Genealogie des Walzers. Dazu muß er sich zunächst der technischen Seite des Walzers zuwenden: »Die Geschichte der choreographischen Entwicklung des Walzers hat sehr verschiedene Auslegungen erfahren. So bestehen bereits Meinungsverschiedenheiten, ob die Volte (von voltare oder vertere: Umkehr!) als der erste geschlossene Paartanz die unterste Stufe des Walzers oder aber die letzte Folgerung aus der Gaillarde darstellt.« Klingenbeck ist der Ansicht, »die Neigung zur Drehung« sei mit der Volte entstanden.[25]

Er fährt jedoch fort: »Die Urheberschaft, die in das 16. Jahrhundert fällt, wird den verschiedensten Ländern angeschrieben: Frankreich, Italien wird genannt, wiederholt aber auch Deutschland.« Ich war überrascht, als ich diesen Abschnitt las. Vor dem Erscheinen dieses Werks war noch nie die Rede davon gewesen, dieser Tanz könnte deutschen Ursprungs sein. Klingenbeck muß sich der Fadenscheinigkeit seiner Argumentation bewußt gewesen sein und führt deshalb an: »Obwohl von manchen Seiten ein Zusammenhang zwischen Volte und Walzer heftig verneint wird, gibt es doch auch Stimmen, die eine Ähnlichkeit bemerken wollen«. Und Klingenbeck kommt zu dem Schluß: »Weniger umstritten gilt die Allemande als ein direkter Vorläufer des Walzers. Den Namen ›Allemande‹ haben die Franzosen einem in Deutschland kennengelernten Volkstanz gegeben und in diesem Titel die deutsche

Herkunft des ›Dreher‹ oder ›Schleifer‹ genannten Tanzes bezeichnet. Aus dem Siebenjährigen Krieg brachten die französischen Soldaten diesen Tanz aus dem deutschen Elsaß in ihre Heimat, wo er bereitwillige Aufnahme fand. Ursprünglich stand die Allemande im geraden Takt und wurde als einfacher, ruhiger Reigen getanzt. Später wurde sie paarweise ausgeführt, und zwar in einem lebhafter gewordenen Dreivierteltakt. Der besondere Reiz bestand darin, daß eine graziös verschlungene Armführung die bisherige Überbetonung der Pas aufhob.«[26]

Die Allemande, ein heiterer, ruhiger Tanz, war seit Thoinot Arbeau bekannt, doch die Art und Weise, wie er getanzt wurde, hatte sich verändert. Unter den von Fischart aufgeführten Tänzen findet sich auch eine »Liebesallemande«. »Indessen bezeichnete der gleiche Name verschiedene Tänze, was man um das Jahr 1600 herum Allemande nannte, war ein schlicht volksmäßiger Reigen [...], der im Gegensatz zur Pavane stand.«[27]

»Übrigens tanzte auf den Bällen der höfischen Zeit nicht jeder nach seinem Belieben und auch nicht mit jeder ersten besten Dame. Gewöhnlich tanzte nur ein Paar, das der Tanzordner dazu aufgefordert und dem Herrn die Dame bezeichnet hatte, die er engagieren sollte. Hatten sie ihren Tanz geendet, so kam das nächste Paar daran, die andern sahen zu.«[28]

Die Beschreibungen der Allemande durch Klingenbeck oder Boehn erlauben nicht den Schluß, zwischen 1550 und 1700 sei in Deutschland ein ausgefeilterer Tanz als die Volte praktiziert worden. Gewiß, es gab den Paartanz, der sehr beliebt war. Das Volk lehnte sich mit noch mehr Eifer als in Frankreich gegen die Kleriker und die Juristen auf. Daß der Paartanz sich in Deutschland verbreiten konnte, wurde durch die politische Zersplitterung des Landes begünstigt: Anders als in Frankreich gab es in Deutschland noch keinen Zentralstaat, der die Kontrolle über das gesamte Territorium ausübte, so daß sich der Tanz in jenen Regionen etablieren konnte, in denen man toleranter war.

»Alte französische Stiche des 18. Jahrhunderts vermitteln uns

einen anschaulichen Eindruck von dieser Tanzart«, erklärt Klingenbeck. »Deren einzelne Figuren trugen hübsche, bildliche Bezeichnungen wie: Spiel der Wellen, Arkade, Triumphbogen, Sturz, Fenster, Spiegel. In dieser verfeinerten Manier und unter dem französischen Titel nahm dieser ursprünglich deutsche Tanz seine Verbreitung über alle Länder und wurde vornehmlich auch in Deutschland aufs neue sehr beliebt. In dem leichten Wiegen der sich graziös drehenden Paare kann man wohl mit Recht die erste leise Andeutung unseres heutigen Walzers erkennen.«[29]

Der Ländler

In der deutschen Tanzgeschichte betrachtet man also die Allemande als Vorläuferin des Walzers. Aber Klingenbeck sieht noch eine andere Verbindung: »Es ist durchaus möglich, daß der Walzer ebenfalls vom Ländler abstammt, was vor allem für Wien und Österreich gilt.« In den Alpengebieten war und ist der Ländler (oder Landler) sehr beliebt. Klingenbeck zieht daraus den Schluß, daß sich der Walzer einerseits aus der Allemande in den Tanzgesellschaften der Städte und andrerseits aus dem Ländler auf dem Land entwickelt hat.

Der Ländler, ein echter deutscher Tanz im Dreivierteltakt, besteht aus ziemlich schnellen Bewegungen. Wie bei der Allemande sind die Paare untergehakt. Trotzdem nimmt man an, daß der Walzer aus anderen geschlossenen Paartänzen hervorging. Man findet viele Bilder einander umarmender Paare, die sich mehr oder weniger graziös entweder im Zwei- oder Dreivierteltakt drehen. Dazu gehört zum Beispiel der »Hoppaldei«, der erste und älteste Paartanz, den man mit dem Walzer in Österreich vergleichen kann. Aber es gibt auch noch den »Dreher«, den »Schleifer« oder den »Deutschen«, wie Schubert und Lanner ihre ersten Walzer bezeichneten. Direkt mit dem Walzer hängt der Langaus zusammen, ebenfalls ein Tanz im Dreivierteltakt, der in Wien außerordentlich beliebt war, aber auch in Frankreich und Rußland ge-

tanzt wurde. Er bildet das letzte Glied in der Genealogie des Walzers.[30]

Der Siegeszug des Walzers

Ende des 18. Jahrhunderts wurde der Begriff »Walzer« im Deutschen noch kaum benutzt, doch er existierte bereits. Davon zeugt die Komödie von Josef Kurz aus dem Jahr 1754, in der das Wort im Lied von Bernardon (zu einer Musik im Dreivierteltakt) auftaucht:

Bald Singen, bald Springen,
Bald sauffen, bald ranzen,
Bald spielen, bald tanzen,
Bald steyrisch, bald schwäbisch,
Hanakish, schlowakish
Bald walzen umatum
Heisza rum-rum.«[31]

Die deutsche Walzer-Genealogie ist nicht weniger aufschlußreich als die provenzalische. Dabei ist eines sicher: Die Erfindung des Paartanzes erfolgt gleichzeitig in mehreren Teilen Europas. Er ruft allerdings überall dieselbe Ablehnung seitens der Herrschenden (Geistlichkeit und Behörden) hervor. In den deutschen Ländern sowie in Frankreich ist das Tanzverbot für die weltliche Obrigkeit in erster Linie ein Mittel, das Volk daran zu hindern, seine Unzufriedenheit in Liedern auszudrücken, während die kirchliche Obrigkeit lange Zeit glaubt, dieser Tanz sei des Teufels. Gern zitiert

man den heiligen Augustinus: »Der Tanz ist ein Kreis, in dessen Mitte sich der Teufel befindet.«

In der zweiten Hälfte des 18. Jahrhunderts war der Schleifer in Bayern immer noch mit einem Verbot belegt. Damals bemühte sich der junge Goethe, er war Student in Straßburg, Walzer zu lernen, um in die Gesellschaft aufgenommen zu werden. Er schreibt: »Das Walzen und Drehen war Anfang, Mittel und Ende.« Zu dieser Zeit singt man, laut Klingenbeck, beim Tanzen »*Lieber Augustin*«, »*Als der Großvater die Großmutter nahm*«, »*Lott' ist tot, Lott' ist tot, Jule liegt im Sterben*« und andere Lieder.[32]

Einige Jahrzehnte später, nachdem mehr politische Freiheiten gewährt wurden, lockerten sich auch die Sitten. Alle Welt läßt sich nun vom Walzerwirbel mitreißen. Doch konservativen Moralisten ist die Leidenschaftlichkeit dieses Tanzes ein Dorn im Auge. Sie sehen die soziale Kontrolle in Gefahr, wenn beim Tanz alle Schranken fallen. Andere bemühen sich um ein differenzierteres Urteil. So leugnet der deutsche Schriftsteller Weber keineswegs die sinnliche Seite des Walzers: »Wenn das Paar sich eng umschlingt, Knie an Knie, Brust an Brust, Aug' in Auge, die Hand des Mädchens auf der Schulter des Jünglings und die seinige noch traulicher auf schwellenden runden Hüften, wenn der reine Atem der Schönen anweht, wenn man an den heißen Wangen die Wärme fühlt und ein Herz dem andern entgegenklopft, muß da nicht Phantasie und Sinnlichkeit rege werden?«[33]

Jene, die immer noch glauben, den Walzer verdammen zu müssen, haben die Zeichen der Zeit nicht begriffen. Im Grunde wenden sie sich dagegen, daß dieser Paartanz »gesellschaftsfähig« wird. Sie denken nicht, welches Vergnügen der Walzer bereitet, der die Tanzenden bis zur Ekstase treiben kann und länger dauert als die übrigen starren Tänze.

Wurde der Walzer in dem Augenblick zum Gesellschaftstanz, als er in *Una cosa rara* vorkam, jener Oper von Vincent Martin, die 1787 im Theater an der Wien aufgeführt wurde und Mozarts *Figaro* entthronte? Klingenbeck verneint das. Für ihn liegt der Erfolg die-

ser Oper in den leuchtend rotschwarzen Kostümen der Hauptfiguren Lubia, Tita, Chita und Lilla. Aber es ist das erste Mal, daß auf einer Wiener Bühne Walzer getanzt wird. Klingenbeck lehnt es ab, dieser Oper eines Spaniers die Erfindung des Walzers zuzuschreiben: »Der Walzer ist ebensowenig erfunden worden wie irgendein anderer Volkstanz! Er hat vielmehr seinen gerechten Weg genommen und an seinem Rande standen alle Hindernisse und Hemmungen, die notwendig waren, um jene Besessenheit herauszufordern, mit der das Verlangen, diesen Tanz zu tanzen, wachgehalten wurde. Daß eine der ersten Begeisterungswellen, die der Walzer allgemein auslöste, zeitlich mit der Uraufführung der Oper ›Una cosa rara‹ zusammenfällt, scheint – wenn nicht eine geschickte Ausnützung – so höchstens ein Zufall zu sein.«[34]

Die Wiener schlagen alle Warnungen vor den Gefahren des Walzers in den Wind. Sie interessieren sich nicht für die Schrift *Über den Beweis, daß der Walzer die Hauptursache für die körperliche und geistige Schwäche unserer derzeitigen Generation (besonders den Knaben und Mädchen Deutschlands zu empfehlen)*. Kein Schreckensgemälde kann den Triumphzug des Walzers aufhalten, der wie eine Befreiung wirkt. »Wenn man Walzer tanzen kann, ist alles in Ordnung«, wird zu einem geflügelten Wort. »Niemand konnte von vornherein wissen, ob dieser neue Tanz immer und ewig auf dem Plane bleiben würde, obwohl jeder einzelne spüren mußte, welch zauberhafte Kraft des Schwunges im Walzer lag, wie darin eine dauerhafte, eine unsterbliche Formel des in den Menschen ruhenden unauslöschlichen Tanztriebes gefunden worden war. Äußerlich reihten sich die Ringe der walzenden Paare, selbst in harmonisch zusammengeschmolzener Rundtanzhaltung, und die Röcke der Mädchen flogen in rauschenden Wellen! Aber es war auch innerlich etwas geschehen: eine zur Verknöcherung und zu kalten Verschnörkelungen ›kultivierte‹ Manier, die innerliche Steifheit und gemessene Zurückhaltung bedingte, hatte sich plötzlich gelöst, konnte sich auf einmal körperlich spürbar wie eine überlang verschlossen gehaltene Knospe entfalten. Bewegter Atem kam in die

tanzenden Körper, angeregt durch die doppelt aktive Drehung um sich selbst und durch den Raum, und schließlich kam noch die endliche Annäherung an den erwählten Tanzpartner hinzu. So schwebten die Paare frei und doch in der vollendetsten Figur der Welt verschlossen dahin, sie erlebten darin: Seligkeit!«[35] Doch wir befinden uns bereits am Beginn jener revolutionären Bewegung, die Europa am Ende des 18. Jahrhunderts spalten wird.

ANMERKUNGEN

1 F. Klingenbeck, *op. cit.*, S. 44.
2 F. M. Böhme, *Geschichte des Tanzes in Deutschland*, 1. und 2. Teil, in 8e, Leipzig 1886.
3 M. v. Boehn, *op. cit.*, S. 110.
4 F. Klingenbeck, *op. cit.*, S. 45.
5 *Ibid..*, S. 55.
6 M. von Boehn, *op. cit.*, S. 76.
7 *Ibid.*, S. 82.
8 *Ibid.*.
9 Philipp Schwarzerd, bekannt unter dem Namen Melanchthon (1497–1560), ist einer der bedeutendsten Reformatoren. Nach Luthers Tod (1546) führt er die protestantische Kirche.
10 M. von Boehn, *op. cit.*, S. 86.
11 *Ibid.*, S. 87.
12 F. Klingenbeck, 1952, *op. cit.*, S. 52 f.
13 *Ibid.*, S. 53.
14 *Ibid*.
15 Auszüge aus Johann von Münsters *Ein gottseliger Tractat von dem ungottseligen Tantz*, Hanau 1594, 2. Auflage 1602, zitiert von M. v. Boehn, *op. cit.*, S. 83 f.
16 M. von Boehn, *op. cit.*, S. 85.
17 M. Ambach, *Von Tantzen*, Frankfurt 1543.
18 M. von Boehn, *op. cit.*, S. 86. Über diesen Punkt stieß ich im Sommer 1989 in Italien auf Widersprüche. In Ligurien findet man immer noch den Brauch, daß zum Beispiel eine Frau mit einer Flasche Weißwein Cinque Terre auf dem Kopf einen langsamen Walzer tanzt. Auf diesem gleichen Volksball – Musette – vom 15. August in Volastra entdeckte ich brutale, wenn nicht gar bösartige Praktiken, die an die von M. Ambach beschriebenen erinnerten. Es kann also beim gleichen Anlaß ein erlesenes Tanzvergnügen beobachtet werden, aber gleichzeitig auch ungeschliffenere Verhaltensweisen.

19 F. Klingenbeck, 1952, *op. cit.*, S. 54.
20 M. von Boehn, *op. cit.*, S. 89.
21 *Ibid.*, S. 90.
22 F. Klingenbeck, 1952, *op. cit.*, S. 46.
23 *Ibid.*, S. 47.
24 *Ibid.*, S. 48.
25 *Ibid.*, S. 49.
26 *Ibid.*, S. 49.
27 M. v. Boehn, *op. cit.*, S. 91 f.
28 *Ibid.*, S. 93.
29 F. Klingenbeck, 1952, *op. cit.*, S. 50 f.
30 *Ibid.*, S. 50.
31 J. Kurz, *Der auf das neue begeisterte und belebte Bernardon*, Akt II, 5. Szene, 1754.
32 F. Klingenbeck, 1952, *op. cit.*, S. 54.
33 Zitiert von F. Klingenbeck, 1952, *op. cit.*, S. 55.
34 F. Klingenbeck, 1952, *op. cit.*, S. 59.
35 *Ibid.*, S. 60.

ZWEITER TEIL
DIE WALZOMANIE

Die Revolution des Walzers

> »*Die durchschlagende Wirkung des Walzers steht in direktem Zusammenhang zu den soziologischen Auswirkungen der französischen Revolution und dem sozial-geschichtlichen Wiederaufleben des 19. Jahrhunderts.*«
>
> HUGO RIEMANN, Musiklexikon, Artikel »Walzer«, S. 1061

> »*Der Walzer, nichts als der Walzer. Er ist jetzt so in Mode, daß man nichts anderes sieht, wenn man tanzt. Man braucht nur den Walzer zu kennen, und alles läuft bestens.*«
>
> Journal des Luxus und der Mode, Berlin, März 1792

Soziale Interaktionen beruhen auf einer bestimmten gegenseitig akzeptierten Definition dessen, was angemessen ist. Die Gesprächspartner wissen, was sie voneinander erwarten können, selbst wenn diese weniger auf echter Übereinstimmung über die Realität beruht als auf echter Übereinstimmung darüber, wessen Ansprüche in welchen Fragen vorläufig anerkannt werden sollen.«[1]

Es wird eine Zuordnung vorgenommen, die entsprechend dem Status des Gesprächspartners, dem Grad der Verwandtschaft oder Vertrautheit, dem Rahmen des Gedankenaustausches etc. variiert. »Jegliches Verhalten, das nicht durch diese Zuordnung erfaßt ist, ist unschicklich; es droht, die Scham desjenigen hervorzurufen, der sich bewußt wird, daß er einen festgelegten Rahmen gesprengt hat, und die Scham desjenigen, der mit dieser Abweichung konfrontiert ist, und sei sie auch noch so geringfügig.«[2]

Doch in bestimmten gesellschaftlichen Situationen sieht man sich mit einem starken Normenkonflikt konfrontiert. Die Französische Revolution ist in erster Linie Ausdruck dieses Normenkonflikts, der plötzlich als Revolution explodiert, der aber, wie es Tocqueville gezeigt hat, lange vor dem 14. Juli 1789 vorhanden war.[3] Um die Veränderungen auf dem Gebiet des Tanzes richtig einschätzen zu können, den heftigen Bruch, der sich 1789 abzeichnet, muß man sich, wie Richardson uns auffordert[4], den Gegensatz

zwischen dem Menuett, das sich durch eine lineare Kälte auszeichnet, und dem Walzer, der durch wirbelnde Hitze gekennzeichnet ist, vor Augen führen.

Das Ende des Menuetts

Vor der Revolution steht bei den prachtvollen Bällen am Hof Ludwigs XVI. und Marie Antoinettes in Versailles oder andernorts das Menuett im Mittelpunkt aller Festlichkeiten. Es existiert seit über hundert Jahren, und nichts weist darauf hin, daß es so bald von der Tanzfläche verschwinden wird. Das Menuett entwickelte sich jedoch auch zum Symbol der künstlichen Höflichkeit hinter den üppigen Kostümen am Hof der Bourbonen. Das Menuett läßt dem romantischen Einfluß, der sich im europäischen Bürgertum abzeichnet, keinen Raum. Es wird nach Liedern bäuerlicher Herkunft getanzt. Lebhaftere und geselligere Tänze wie die Kontratänze, die bereits in den Bürgerhäusern gepflegt werden, finden Eingang bei Hof.[5] Der rigorose Stil des französischen Adels war an den Höfen Europas sehr populär, an denen der französische Tanzmeister Vestris lehrte.

In *La danse ou la guerre des dieux de l'opéra* beschreibt Berchoux in Form einer epischen Erzählung die Konfrontation zwischen dem Erbe von Vestris und dem Aufstieg Duports, einem neuen Idol. Er lobt Vestris in höchsten Tönen und macht ihn zum Helden französischer Größe:

»Europa gesteht es jetzt mühelos ein…
Was sage ich! Das ganze Universum wird einig sein,
Daß es vermutlich auf der Welt
zu den freiesten und unbekümmertsten Nationen zählt –
Der Franzose, das flatterhafte und vergnügungssüchtige Kind,
Scheint dem Luftgeist zu gleichen oder vielmehr dem Wind.«

In diesem Abschnitt, der von übertriebenem Nationalismus zeugt, stellt Berchoux der von Vestris vertretenen französischen Tanzkunst die ungelenke britische gegenüber:

»Ich bitte eure Majestät um Vergebung;
Aber diese Männer, stark auf See und in der Finanz,
Versagen erbärmlich beim Kontratanz.«[6]

Die Großartigkeit des »französischen« Stils um 1760 steht in krassem Gegensatz zu dem der Nordeuropäer, den Schweizern und Deutschen, die auch »heute noch die schwerfälligsten Menschen« sind. Nicht auf dem Theater, sondern auf der Tanzfläche findet der Entscheidungskampf statt. Auf einem Ball besiegt der junge Tänzer Duport »in dreißig schnellen, gedrängten Drehungen« Vestris/Ulysse und geht aus diesem ungleichen Kampf unter den Augen der Venus als Sieger hervor.[7]

Das Gedicht belegt, daß sich die Tänzer der Oper zu dieser Zeit gern auf Bällen zeigten und dort glänzten (wie zehn Jahre später in London). In bezug auf die Geschichte des Walzers wird deutlich, daß der Kampf zwischen dem alten und dem neuen Tanz ganz Paris erfaßt hat. Zwei Schulen, zwei Stile und zwei Tanzformen stehen einander gegenüber.

Der Kontratanz ist zweifellos eine Übergangslösung, um die Aristokratie wieder an den Walzer zu gewöhnen. Er bringt die Paarintimität zurück, die zur Zeit der Volte entdeckt worden war, den aber die Kirchen als sündig eingestuft und an den Rand der Gesellschaft gedrängt hatten. Der französischen Aristokratie gelingt es, ihren Stil zu exportieren, doch tanzt nicht jedermann in Frankreich Menuett. Der Kontratanz wird vor allem in der Mittelschicht praktiziert. Das Volk hat sich bereits wieder den Paartanz angeeignet. Es ist immer gefährlich, die sozialen Verhaltensweisen eines Volkes (dazu gehört auch der Tanz) auf das Geschehen bei Hof zu reduzieren. Dem Volk fehlen nämlich die Mittel, rauschende Feste zu organisieren. Es betrachtet den Tanz als eine Versammlung von

Freunden, die auf der Straße einen Drehleierspieler auflesen, mit einem Kabarettisten verhandeln und auf dem kleinen Stück Hof, das ihnen zur Benutzung bewilligt wurde, ein Fest organisieren.[8]
   Das Volksfest ist also meistens improvisiert. Bei solchen Festen kommt der Walzer wieder in Mode.

Die Anfänge des Walzers

Noch vor Beginn der Französischen Revolution kritisieren Tanzlehrer aus den Reihen der Aristokratie die »vulgären« Tanzpraktiken. Seit 1767 steht in Paris der Walzer im Mittelpunkt der Kritik, was von seiner Vitalität zeugt.[9]
   Die französische Gesellschaft wird von innen unterminiert. Bereits seit einiger Zeit hat sich die Kleidung verändert. Die einfache unprätentiöse Kleidung des Bürgers wird zunehmend getragen, und dies wirkt sich auf die Sitten und Umgangsformen aus. »Der Ballsaal hätte das Barometer sein können, das auf Veränderlich wies«, schreibt Max von Boehn. »Das gezierte, feierliche und gespreizte Wesen der höfischen Tänze entsprach der Zeit nicht mehr, die in Sturm und Drang atmete. Niemand war es mehr darum zu tun, zuzusehen, wie andere tanzten, jeder wollte selbst an die Reihe kommen, und es war nur eine selbstverständliche Folge dieses Wunsches, daß die Tänze sich den Tänzern anpaßten. Wenn viele Leute auf einmal tanzen wollen, müssen die Tanzschritte sehr viel einfacher sein, als wenn ein ausgesuchtes Paar sich in komplizierten Bewegungen ergehen darf.«[10]
   Das erklärt den Erfolg des Walzers. Im übrigen geht diese Bewegung über die Grenzen Frankreichs hinaus. So entdeckt Goethe 1772 mit dreiundzwanzig Jahren den Walzer in Straßburg (im selben Jahr lernt er auch Charlotte Buff kennen). Goethe schildert in seinem Briefroman *Die Leiden des jungen Werthers* (1774) einen Ball, auf dem Menuett und Walzer getanzt wurden, und zeigt uns dabei, welchen Stellenwert der Walzer damals hatte. Werther wird auf ei-

nen Ball auf dem Lande eingeladen. Er mietet eine Kutsche, in der er sich in Begleitung von zwei Mädchen, eine davon ist Charlotte, zum Ball begibt. Werther berichtet:

»Das Gespräch fiel aufs Vergnügen am Tanze. – Wenn diese Leidenschaft ein Fehler ist«, sagte Lotte, »so gestehe ich Ihnen gern, ich weiß mir nichts übers Tanzen. Und wenn ich was im Kopfe habe und mir auf meinem verstimmten Klavier einen Contretanz vortrommele, so ist alles wieder gut.

Wie ich mich unter dem Gespräche in den schwarzen Augen weidete – wie die lebendigen Lippen und die frischen, muntern Wangen meine ganze Seele anzogen – wie ich, in den herrlichen Sinn ihrer Rede ganz versunken, oft gar die Worte nicht hörte, mit denen sie sich ausdrückte – davon hast du eine Vorstellung, weil du mich kennst. Kurz, ich stieg aus dem Wagen wie ein Träumender, als wir vor dem Lusthause stille hielten, und war so in Träumen rings in der dämmernden Welt verloren, daß ich auf die Musik kaum achtete, die uns von dem erleuchteten Saal herunter entgegenschallte.

Die zwei Herren Audran und ein gewisser N. N. – wer behält alle die Namen –, die der Base und Lottens Tänzer waren, empfingen uns am Schlage, bemächtigten sich ihrer Frauenzimmer, und ich führte das meinige hinauf.

Wir schlangen uns in Menuetts um einander herum; ich forderte ein Frauenzimmer nach dem anderen auf, und just die unleidlichsten konnten nicht dazu kommen, einem die Hand zu reichen und ein Ende zu machen. Lotte und ihr Tänzer fingen einen Englischen an, und wie wohl mir's war, als sie auch in der Reihe die Figur mit uns anfing, magst du fühlen. Tanzen muß man sie sehen! Siehst du, sie ist so mit ganzem Herzen und mit ganzer Seele dabei, ihr ganzer Körper *eine* Harmonie, so sorglos, so unbefangen, als wenn das eigentlich alles wäre, als wenn sie sonst nichts dächte, nichts empfände; und in dem Augenblicke gewiß schwindet alles andere vor ihr.

Ich bat sie um den zweiten Contretanz; sie sagte mir den dritten zu, und mit der liebenswürdigsten Freimütigkeit von der Welt versicherte sie mir, daß sie herzlich gern deutsch tanze. – »Es ist hier so Mode«, fuhr sie fort, »daß jedes Paar, das zusammen gehört, beim Deutschen zusammenbleibt, und mein Chapeau walzt schlecht und dankt mir's, wenn ich ihm die Arbeit erlasse. Ihr Frauenzimmer kann's auch nicht und mag nicht, und ich habe im Englischen gesehen, daß Sie gut walzen; wenn Sie nun mein sein wollen fürs Deutsche, so gehen Sie und bitten sich's von meinem Herrn aus, und ich will zu Ihrer Dame gehen.« – Ich gab ihr die Hand darauf, und wir machten aus, daß ihr Tänzer inzwischen meine Tänzerin unterhalten sollte.

Nun ging's an, und wir ergetzten uns eine Weile an mannigfaltigen Schlingungen der Arme. Mit welchem Reize, mit welcher Flüchtigkeit bewegte sie sich! und da wir nun gar ans Walzen kamen und wie die Sphären um einander herumrollten, ging's freilich anfangs, weil's die wenigsten können, ein bißchen bunt durcheinander. Wir waren klug und ließen sie austoben, und als die Ungeschicktesten den Plan geräumt hatten, fielen wir ein und hielten mit noch einem Paare, mit Audran und seiner Tänzerin, wacker aus. Nie ist mir's so leicht vom Flecke gegangen. Ich war kein Mensch mehr.«[11]

Auf diesem von Goethe beschriebenen ländlichen Ball werden vier Tänze getanzt: Menuett, englischer Kontratanz, Allemande und Walzer.

Ein revolutionärer Tanz

Auch wenn sich unter dem Ancien régime das Menuett noch hält, versetzt die soziale Bewegung, die schon weit vor dem 14. Juli 1789 einsetzte, dem Menuett und anderen höfischen Tänzen einen tödlichen Schlag. Sie werden übertönt von Liedern wie »Ça ira« oder »La carmagnole«, abends auch durch Dreivierteltakte – »Walzer-

melodien«, die manche Musiker bereits seit einigen Jahren spielen.[12] »Das neunzehnte Jahrhundert ist das demokratische«, schreibt Max von Boehn. »Noch war der Absolutismus nirgends angetastet; und doch, wer Augen gehabt hätte zu sehen und Ohren zu hören, der hätte schon lange vor den ersten Donnerschlägen der Französischen Revolution merken können, daß eine andere Zeit im Anzuge war.«[13] Der Drehtanz erobert die Pariser Trottoirs. Die Fülle und die Heiterkeit des Walzers wirken unterhaltsam auf Menschen, die zuvor nur die gemessenen, anmutigen Schritte der komplizierten, rigiden Choreographie der Tänze unter dem Ancien régime kannten, meint Boulenger.[14]

Erstaunlicherweise berücksichtigen die Historiker diese Dimension der Französischen Revolution nur am Rande. Die meisten Tanzhistoriker (insbesondere die Hagiographen des Walzers in Wien) sind nicht der Ansicht, daß nach dem Niedergang des französischen Menuetts die Initiative für eine Erneuerung auf dem Gebiet des Tanzes von Paris ausgeht. Ich glaube, daß der Walzer, der sich zwischen 1600 und 1789 schon in ganz Europa verbreitet hatte (meistens in bäuerlichen Milieus, oft im Widerspruch zum etablierten Regime), durch die Französische Revolution einen kräftigen Aufschwung erfuhr. Georges Lefebvre sieht in den Bauernaufständen, die 1788/89 in ganz Frankreich ausbrachen, den Auslöser für die Revolutionsbewegung. Er unterstreicht die zentrale Bedeutung der »Votivfeiern«, die im April 1788 in der Provence und dann in der Dauphiné abgehalten wurden.[15]

Die Historiker haben sich mit der Revolution beschäftigt, nicht aber mit dem Tanz. Mona Ozouf zum Beispiel begnügt sich mit dem Hinweis, »wenn man sorgfältig suchte, würde man gewiß nächtliche Feste entdecken, bei denen die Fackeln, die den Sarg der Monarchie begleiten, und die Freudenfeuer ihre dramatische Wirkung voll entfalten; Feste, bei denen die Menge die vorgegebenen Grenzen überschreitet, über die Gemeinde hinausgeht und sich ungewöhnlicher Orte bemächtigt, wie zum Beispiel der Kirche, die sie zum Essen und Tanzen benutzt.«[16]

»Hier wird getanzt«

In seiner *Geschichte des Walzers* schreibt Roman Vlad, das Volk, das am 14. Juli 1789 die Bastille erstürmte, habe eine Tafel mit der Aufschrift »Hier wird getanzt« hochgehalten.[17] Der Historiker Jacques Marseille hat vor kurzem einen Kupferstich aus einer Privatsammlung veröffentlicht, auf dem zu sehen ist, daß ab dem 10. Juli nach »Les canoniers dansent avec les femmes au Palais-Royal« getanzt wurde.[18]
Während der gesamten Revolutionszeit tanzte man nach dieser Melodie. Wenn man die Geschichte des Kampfes kennt, den die Kirche in den vorangegangenen Jahrhunderten gegen die Volte und andere Paar- oder Drehtänze ausfocht, sowie den Widerstand, den die Voltetänzer der Kirche entgegensetzten, läßt sich das Ausmaß der Erbitterung ermessen, die das Volk, die Erben dieser »Hexer« und »Hexen«, die die Inquisition öffentlich hatte verbrennen lassen, nach 1789 dazu trieb, die Kirchen zu besetzen. Raoul Charbonnel berichtet von der Umwandlung von Klöstern, deren Nonnen der Guillotine zum Opfer fielen. Die Klöster wurden geplündert und in Ballsäle verwandelt. Am Hof von Saint-Sulpice tanzte man inmitten von Gräbern. »In Saint-Eustache wird Ostern auf einem mit Würsten und Schinken beladenen Altar gefeiert, [...] und der Boden knarrt unter den Schritten der betrunkenen Faune, die die Frauen verfolgen.« Diese wüsten Ausschweifungen dauerten nur eine kurze Zeit an; eifrig getanzt wurde jedoch immer.

Unmittelbar nach der Revolution kleiden sich die Frauen nach griechischer Manier oder vollkommen zügellos: Sie waren beim Tanzen fast nackt. Charbonnel verweist auf M. Chaussard, der behauptete, der Ursprung des revolutionären Walzers liege in einem antiken Erotismus: »Eine fast nackte Frau, mit einer Frisur wie Flora oder Venus, gekleidet oder vielmehr entkleidet wie Psyche, die fast alles enthüllt, z.B. ein wohlgeformtes Bein, einen zarten Fuß, ein elegantes Mieder, einen Hals wie Armides, eine Figur wie Callipyge. Sie schmiegt sich an einen jungen Mann mit einem Kopf wie Adonis und

Hüften wie Herkules. Voller Anmut zeigt er seine Kniekehle, seinen straffen Schenkel, dessen Konturen sich unter dem weichen Stoff abzeichnen. Sie umarmen sich, drehen sich schnell und elegant. Die Rebe kann sich nicht geschmeidiger um die Ulme schlängeln.« R. Charbonnel berichtet von einer Zeitgenossin, die sich über die Kleidung äußerte. Ein knappes Jahr nach dem 10. Thermidor, jenem Tag, an dem die Vicomtesse von Beauharnais vor dem Revolutionsgericht erscheinen mußte, schrieb sie an Madame Tallien: »Es geht um einen glanzvollen Abend in Thélusson [...]. Ich weiß nicht, ob die Tänzerinnen die Regierungsformen der griechischen Republiken besonders schätzen, aber sie haben sich wie Aspasia zurechtgemacht: nackte Arme, die Brust entblößt, die Füße in Sandalen gesteckt, die Haare als Zöpfe um den Kopf gelegt [...]. Die Tänzerinnen haben keine Taschen bei sich. Sie stecken sich den Fächer in den Gürtel, tragen unter der Brust einen winzigen Saffianbeutel [...], ihr Seidenmieder ist hautfarben, schmiegt sich hauteng an, läßt mehr sehen als ahnen. Das bezeichnet man als ›wilde‹ Kleidung.«[19]

Beim »Bal des victimes« (Ball der Opfer), einem aristokratischen Ereignis im Hôtel Richelieu, empfängt man jene, die ihre Eltern oder Geschwister durch die Guillotine verloren haben. Wer nur einen Onkel oder eine Tante als Opfer der Revolution aufweisen kann, wird abgewiesen. Es sieht nicht danach aus, als ob man auf diesem Ball Walzer getanzt hätte. Madame Junot, die spätere Herzogin von Abrantès, schreibt in ihrer *Histoire des salons de Paris*, daß man bei diesem Ball »bemüht war, den Kontratanz folgendermaßen zu gestalten: Man faßte die am schwersten betroffenen Waisen in einer Gruppe zusammen. Kinder, deren Eltern lediglich im Gefängnis gestorben waren, hatten nach dieser neuen Regel nur wenig Chancen, einen guten Platz zu erringen, was den Eltern nicht anzulasten war.«[20]

Zahlreiche Autoren bestätigen, daß es 1789 allein in Paris siebenhundert Plätze gab, auf denen man Walzer tanzte.[21] Oft handelt es sich dabei um weite Flächen, die man neu gestaltete. In dieser Zeit wurde das Parkett erfunden.

Der egalitäre Walzer

Die Abschaffung von Privilegien läßt eine ganze Reihe von Tanzpalästen aus dem Boden schießen, insbesondere in Paris. *L'Almanach des spectacles* von 1791 beziffert sie auf über vierhundert. Während der Zeit der Schreckensherrschaft sinkt die Begeisterung zwar, nimmt aber unter dem Direktorium wieder zu. 1795 entstehen die Folies de Chartres im Park Monceau, L'Elysée im Jardin Bourbon, Paphos, Idalie (Jardin Marbeuf), der Pavillon de Hanovre, der Jardin Beaujon, der Bal de Sceaux-Penthièvre, der Bal du Palais-Royal, das Tivoli, die Jardins de Biron; die vielen Privatbälle sind hierbei nicht berücksichtigt.[22]

Auf einem Kupferstich von 1793 werden französische »Revolutionäre« gezeigt, »die mit dem Taschentuch Walzer tanzen«. Der Karikaturist scheint, seiner bissigen Darstellung nach zu schließen, kein großer Bewunderer des neuen volkstümlichen Tanzes gewesen zu sein. Diese eher durchschnittliche Zeichnung ist vor allem deswegen interessant, weil sie einen Walzer zeigt, der sehr stark jenem Tanz gleicht, den wir heute noch als Musette kennen. Im Gegensatz zum edlen Walzer der Familie Strauß beinhaltet dieser Walzer die ganze Mystik des Egalitarismus. Daß der Herr die korpulente Dame nur mit Hilfe eines Taschentuchs umfassen kann, bringt das Kräfteverhältnis zwischen den Geschlechtern zum Ausdruck, das bei diesem Tanz entsteht. Dabei ist die Beziehung zwischen Mann und Frau weit weniger »machomäßig« geprägt als bei allen anderen Paartänzen. Die »egalitäre« Dimension des Walzers wurde im übrigen auch von Ruth Katz unterstrichen, die Menuett und Walzer durch die gegensätzlichen sozialen und politischen Haltungen unterscheidet, die beide Tanzarten widerspiegeln.[23]

J.-P. Bertaud erwähnt in seinem Werk über das »Alltagsleben« zur Zeit der Revolution auch die »Bälle vom 14. Juli«: »Man hat in der Stadt viele neue Ballsäle eingerichtet, damit sich nicht alles an einem Ort drängt. Auf den Champs-Elysées macht die Polizei Jagd auf junge Mädchen und Duellanten, denn letztere haben es sich

zur Gewohnheit gemacht, hier ihre Fehden auszutragen, die oftmals politischer Art sind.«[24]

Der Marquis de Ferrières, Abgeordneter des Konvents, schreibt seiner Frau, in Paris hätten eine Woche lang Veranstaltungen stattgefunden, die aber »sehr geordnet und dezent« abgelaufen seien, trotz einiger Lieder, die für das Ohr eines Aristokraten nicht gerade angenehm geklungen hätten.[25]

Ernst Moritz Arndt, ein deutscher Reisender, berichtet vom Erfolg des Walzers in Paris um 1790: »Man liebt diese Walzer oder eigentliche Schleifer [...] leidenschaftlich. Meistens gleiten die Tänzer dabei sanft dahin. Ein Walzer und noch einer! hört man alle Augenblicke rufen... Erst seit diesem Kriege ist er mit dem Tabakrauchen und anderen gemeinen Moden gewöhnlich geworden.«[26]

ANMERKUNGEN

1 E. Goffman, Wir alle spielen Theater. Die Selbstdarstellung im Alltag, München 1969, S. 13.
2 D. Lebreton, *Corps et sociétées*, Paris 1985, S. 131.
3 A. de Tocqueville, *Der alte Staat und die Revolution*, Reinbek 1969.
4 P. J. S. Richardson, *op. cit.*, S. 41.
5 Marie Antoinette beherrscht das Menuett vortrefflich. Sie führt auch die Gavotte ein, wie Paul Agnel in *La passion du jour*, Sammlung *Revue des indépendants*, Paris 1927, S. 34 anführt. Die Königin, die 1770 von Österreich nach Frankreich kam und keine Beziehung zum Volk hatte, scheint den Walzer nicht gekannt zu haben.
6 J. Berchoux, *La danse ou la guerre des dieux de l'opéra* (1806), Neuauflage Paris 1829, S. 68.
7 *Ibid.*, S. 146–150.
8 M. H. de Rivière de la Mure, »Le cabaret parisien à la vieille de la Révolution«, in *Positions des thèses de l'école des Chartes*, Paris 1979.
9 Chavanne verteidigt in seinen *Principes du menuet* die Auffassung, daß der Walzer nichts mit einem »guten Tanz« zu tun habe.
10 M. von Boehn, *op. cit.*, S. 110.
11 J. W. von Goethe, Die Leiden des jungen Werthers, in: ders., Goethes Werke, Bd. 6, hrsg. von E. Trunz, München 1989, S. 23 f.
12 1784 gibt André E. M. Grétry einem seiner Stücke im Dreivierteltakt den Titel »Air pour valser«.

13 M. von Boehn, *op. cit.*, S. 109f.
14 J. Boulenger, *De la walse au tango*, Paris 1920, S. 3.
15 G. Lefebvre, *La grande peur de 1789*, gefolgt von *Les foules révolutionnaires*, Paris 1988. S. auch J. Y. Ribault »Divertissement populaire et turbulence sociale: les fêtes baldoires dans la région de Thaumiers au XVIIIe siècle«, in *Cahiers archéologiques et historiques du Bercy*, 1967.
16 M. Ozouf, *La fête révolutionnaire 1789–1799*, Paris 1976, S. 102f.
17 R. Vlad, *Storia del valzer*, Florenz 1989, S. 31. R. Charbonnel schreibt in *La danse*, Paris o. J., S. 225, daß diese Inschrift vom 14. Juli 1790 stammen soll.
18 In J. Marseille, D. Margairaz, *1789*, aujourd'hui, Paris 1988, S. 116.
19 Zitiert von R. Charbonnel, *op. cit.*, S. 242 und 234–235. Dieses Werk widmet dem Tanz unter der Revolution (S. 221–244) mehr als zwanzig Seiten. Es bietet bewegende Zeugenaussagen, zeigt auch, daß die Brüder Goncourt den Stellenwert des Tanzes während der Revolution richtig eingeschätzt haben.
20 Raoul Charbonnel beschreibt in *La danse, op. cit.*, S. 229–232, den Ursprung und das Umfeld dieses Balls der Opfer aufgrund der Aussage der Herzogin von Abrantès.
21 A. H. Franks, *op. cit.*, insbesondere S. 130.
22 F. de Ménil, *op. cit.*, S. 206.
23 R. Katz, »The Egalitarian Waltz«, 1973, in R. Copelands und M. Cohens *What is Dance?*, New York 1983, zitiert von F. Sparshott, *Off the Ground, First Steps to a Philosophical Consideration of the Dance*, Princeton 1988.
24 J.-P. Bertaud, *La France au temps de la Révolution*, Paris 1983.
25 *Correspondance* du Marquis de Ferrières, veröffentlicht von H. Carré, Paris 1932.
26 E. M. Arndt, *Reisen durch einen Teil Teutschlands, Ungarns, Italiens und Frankreich*, Leipzig 1804.

Das Reich des Walzers

> »*Der Walzer ist, wie seine Geschichte zeigt, exakt mechanisch und militärisch. Um einem Walzer seine volle Bedeutung zu verschaffen, dürfen Uniformen nicht fehlen. ›Man hörte des Nachts festliche Klänge‹, kommentierte Lord Byron den Walzerabend vor Waterloo. Dem achtzehnten Jahrhundert und dem Zeitalter Napoleons erschienen die Bürgerheere als individualistische Befreiung aus dem feudalherrschaftlichen Rahmen der höfischen Hierarchien.*«
> MARSHALL MCLUHAN Die magischen Kanäle, Düsseldorf, Wien 1968, S. 305

Um die Geschichte des Walzers zu begreifen, darf man nicht vergessen, daß die Armee sich auf die Seite der Revolution stellte. In kaum einer Nation war die Armee »links«. In Frankreich sind die »Bürgerheere«, um mit McLuhan zu sprechen, gleichzeitig die Triebkraft der Revolution und des Walzers. Nach 1789 ist das Interesse innerhalb der Armee für den neuen Tanz so stark, daß der Konvent in allen Kasernen eine Tanzschule einrichten muß.[1]

Das Direktorium und später das Kaiserreich förderten die Entwicklung des neuen Tanzes. Zur Zeit des Direktoriums zählte man in Paris zweihundertsiebenundsechzig Bälle. Die vornehmsten waren der Ball von Mousseaux im Park Monceau, der Ball von Bagatelle, der Ball des Elysée-Bourbon in Chantilly und der Ball im Tivoli. »Man tanzt bei den Karmelitern, wo man einst Leuten den Hals abschnitt; man tanzt im Noviziat der Jesuiten; man tanzt im Seminar Saint-Sulpice, in Filles de Sainte-Marie, und man tanzt in den drei zerstörten Kirchen meines Bezirks«[2], schreibt Mercia.

Die Tanzwut

Der riesige Tivoli-Park, die damalige Hauptattraktion in Paris, umfaßt die heutige Fläche zwischen der Rue Saint-Lazare und der Rue de Berlin. Dort findet man 1802 alle derzeit gängigen »Attraktionen«: chinesische Schattenspiele, Kunststücke, Feuerwerk, Automaten, die vom Bürger Préjean vorgeführt wurden, »Experimente mit Feuer und Wasser«, die der Bürger Lolive durchführt und sogar *La chasse* von Méhul, begleitet von Explosionen und Feuerwerk. Und mitten drin der Walzer, der auf einer weiten Fläche getanzt wird. Sir John Dean Paul, der im August 1802 Paris besucht, geht ins Tivoli und erlebt den neuen Tanz, der ganz Paris fasziniert: »Ungefähr zweihundert Paare drehen sich zu den Klängen langsamer Musik auf der Tanzfläche. Die Haltung der Frauen ist angenehm und mitreißend. Dieser Tanz, der sowohl für die Zuschauer als auch für die Tanzenden sehr amüsant ist, dürfte sich meiner Meinung nach in England jedoch nie durchsetzen.«[3]

Aus der Ikonographie jener Zeit geht hervor, daß der Walzer weiterhin sehr unterschiedlich getanzt wurde, oft als Paartanz, aber auch in vielen anderen Varianten, bei denen die Paare Armbewegungen wie bei der Allemande vollführten. 1801 wird in der Zeitschrift *Le Bon Genre* ein Kupferstich »Der Walzer« abgebildet, der ein Paar im geschlossenen und eines im offenen Paartanz zeigt. 1805 veröffentlicht *Le Bon Genre* die Zeichnung eines Kontratanzes: »La trénis«. 1806 kann man in derselben Zeitschrift »La sauteuse« sehen, auf der zwei tanzende Paare abgebildet sind. Das eine scheint Walzer zu tanzen (geschlossener Paartanz, der rechte Fuß der Dame ist zwischen die Füße des Partners gesetzt). Die Herren wirken beide ziemlich entspannt (der Herr hat die Dame um die Taille gefaßt); die gleiche Haltung findet man später bei der Java.

Auch die Aristokratie wird von der Tanzwut erfaßt. Baron von Frénilly berichtet, daß unter dem Direktorium der Walzer über den Salon der Madame d'Esquelbecq in Paris Einzug hält. Vielleicht will der Baron damit ausdrücken, daß erst unter dem Direktorium

der Walzer in die bürgerlichen Salons gelangte? Berchoux beschreibt in epischer Breite den Champêtre-Elysée-Ball:

»...Zwischen den Bäumchen sieht man sie kaum,
An den Busen der Natur – das ist ihr Traum;
Manche Dächer ahmen das Ländliche nur nach,
Verbergen Bürger unter dem falschen Strohdach:
Die Menge sucht die Freuden der Einsamkeit hier vergebens,
Den Frieden der Strohhütten und die Unschuld des Landlebens.
An diesen Orten tanzt man sich heiß,
Die Tanzenden bedeckt Puder und Schweiß.«[4]

Doch nicht nur im ländlichen Raum wird getanzt. Seit der Mitte des 18. Jahrhunderts gibt es sowohl in Frankreich als auch in England öffentliche Bälle. Sie nehmen derart rasch zu, daß sich der Gesetzgeber zum Eingreifen gezwungen sieht. Zu dieser Zeit »sind alle Mauern mit Plakaten versehen, die Bälle aller Art ankündigen. Einige sind so billig, daß sogar das Dienstmädchen daran teilnehmen kann.«[5] Auch das ist ein Ergebnis der Revolution. François Gasnault schreibt, daß dort, wo die letzten Feste der Monarchie stattgefunden hatten, auch die Bälle der Republik abgehalten wurden.[6] Zahlreiche Hotels und prächtige Gärten wurden für diese Veranstaltung genutzt. »Jedes Jahr werden neue Unternehmen gegründet und öffentliche Feste abgehalten.«[7]

Der Begriff »guinguette« (Ausflugslokal) kommt in Mode; darunter versteht man jedoch keine Vorstadtkneipen, in denen der neue Wein getrunken wird, sondern Tanzlokale. Die Arbeiter tanzen hier, aber die Weinhändler aus den Vorstädten organisieren auch Bälle mitten in Paris.[8]

Schon zu Beginn der Revolution gelang es der sozialen Bewegung, das noch bestehende Tanzverbot aufzuheben. Aufgrund der Zunahme von Bällen und Festen verabschieden die Mitglieder des Direktoriums am 7. Frimaire des 5. Jahres ein Gesetz, das den Teilnehmern öffentlicher Tanzveranstaltungen eine Abgabe auferlegt.

In Paris kommt diese Abgabe den Armenhäusern zugute. Ein Erlaß vom 21. August 1806 verfügt, daß bei »allen öffentlichen Tänzen und Festen, die man durch Entrichtung von Eintritt oder durch Gage oder ein Abonnement besuchen kann, ein Viertel der Bruttoeinnahmen abgeführt werden muß.«[9]

Ein langsamer Walzer

Der Walzerrhythmus jener Zeit war langsamer als jener, den wir heute kennen. Erst 1819 mit Carl Maria von Weber und 1840 mit Johann Strauß' Sohn beschleunigt sich dieser Rhythmus deutlich. Zwischen 1780 und 1810 bezeichnet man in Frankreich mit dem Begriff Walzer zwei verschiedene Tänze: Zum einen versteht man darunter den volkstümlichen geschlossenen Paartanz, der eine Fortsetzung der Volte, des Weller oder des Ländler ist. Zum anderen wird der Begriff auf den mondänen Walzer angewendet, der der Allemande gleicht, die häufig auf zeitgenössischen Stichen abgebildet ist und von Tanzlehrern gelehrt wird (ab 1815 übernimmt auch England diesen Walzer). Dieser Tanz ist im Grunde immer noch eine Allemande, jedoch mit mehr Schritten und Figuren als der volkstümliche Walzer: Die Herren und Damen halten sich an beiden Händen und um die Taille und tanzen übers Parkett, wobei sie sich kaum drehen. Dieser Tanz wird nicht in dem Rhythmus getanzt, den wir gewohnt sind, da die Musik zwei Teile mit acht Takten enthält, wie J. Boulenger anhand der Kupferstiche erklärt. Während der gesamten Kaiserzeit existieren diese beiden Tänze nebeneinander. Es wird weiterhin sehr kompliziert getanzt, man behält die Luftsprünge bei den Quadrillen bei, fast sind es »kleine Balletts, die nur von Paaren ausgeführt werden konnten, die sich aufeinander abstimmten.«[10]

Das Wiederaufleben des geschlossenen Paartanzes bewirkt bei prüden Menschen dieselben Reaktionen wie die Volte bei der puritanischen Bevölkerung zur Zeit Heinrichs III. Der Walzer ver-

leiht jedem Tänzerpaar Unabhängigkeit und eine bis dahin ungekannte Handlungsfreiheit, denn ein Paar kann sich auch bei langsamem Rhythmus schnell drehen. Statt eine Viertaktdrehung zu vollführen, kann es sie im Dreivierteltakt absolvieren. Gute Walzertänzer wissen, daß der Herr, wenn er seinen Stützpunkt für den Einsatz zwischen den Beinen seiner Dame sucht, eine schnelle Drehung ausführen kann, indem er seine Bewegung durch eine starke Rechtsdrehung des rechten Fußes vollführt. Der linke Fuß kann die Drehbewegung durch eine Außendrehung der Ferse im Augenblick der Annäherung der Füße vollziehen. Das Paar dreht sich dadurch ungeachtet des Rhythmus der Musik viel schneller. Dagegen kann ein Anfängerpaar einfach die Drehbewegung verlangsamen, indem es zum Beispiel bei sechs Takten nur eine Drehbewegung vollführt.

Das sensationell Neue am Walzer besteht in der bereits bei der Volte erlebten Lust. Diese ist so aufwühlend, daß sich lange Zeit nur verheiratete Frauen, die nicht prüde sind, trauen, ihn zu tanzen. Frénelly berichtet, daß »Mademoiselle Titon, die Schwester der Marquise de Marconnay, das einzige Mädchen war, das Walzer tanzte«, aber, fügt sie hinzu, »diese galt als verheiratet.« Boulenger ergänzt: »Bestimmt meinte der Chevalier de Ségur nicht sie, als er eines Tages das schöne Wort prägte: ›Sie ist noch im Besitz ihrer Jungfräulichkeit – wenn man vom Walzer absieht.‹«[11]

Jean-Michel Guilcher versteht die durch den Walzer ausgelöste Revolution nicht, da er in diesen Paartänzen nur die Selbstbezogenheit der Tanzenden sieht: »Der Walzer und die Polka beabsichtigen keineswegs, etwas auszudrücken. Das Paar, das auf sich selbst konzentriert ist, tanzt für sich allein. Der Ball drückt nicht mehr eine Einheit der Tanzenden aus, sondern eine Aneinanderreihung von Einsamkeiten.«[12] Er verkennt die doppelte Dimension des Tanzerlebnisses: Da ist einmal die Formation und die Dynamik des Paares selbst, da ist aber auch die Führung des Paares in der großen Gruppe der Tänzer. Jedes Paar besitzt seine eigene Dynamik, die auf das Umfeld abgestimmt werden muß. Es ist schwierig,

diese Harmonie in der Dynamik der großen Gruppe zu finden, um so mehr, wenn in der Gruppe viele Leute tanzen, die diese Kunst nicht beherrschen. Dann verwandelt sich der Walzer in ein Chaos, weil die Paare kollidieren. Die Paarführung erfordert volle Aufmerksamkeit, aber trotz aller Vorsicht kommt es immer wieder zu Zusammenstößen. Die Staatsgewalt fürchtet diese Vorkommnisse derart, daß man bereits wieder von einem »verbotenen Tanz« spricht.

Eine weitere Dimension, die sowohl die »vouta« als auch den Walzer prägt, ist der Trancezustand. Der Walzer entfaltet eine Anziehungskraft, die seine Anhänger verzaubert. Das ist ein individuelles und kollektives Phänomen. Der Dichter Charles-Hubert Millevoye (1782–1816), der mit dreiunddreißig Jahren an Schwindsucht starb, spricht bereits unter dem Empire vom Leiden mancher Kleinkinder, die von ihren Müttern vergessen werden, weil diese von der Walzomanie besessen sind:

»Dieses Kind leidet: Doch sein Schicksal ist durchaus normal.
Es ruft nach seiner Mutter, doch sie ist auf einem Ball.
Die Mutter hat ganz ihre Pflichten vergessen
Ist auf den berauschenden Walzer versessen.«[13]

Das Empire im Walzerrausch

Während der Revolution war Tanzen eine Angelegenheit des Volkes; das mondäne Leben war größtenteils verschwunden. Unter Napoleon I. aber kommen die großen Bälle wieder in Mode, und zudem belebt der Luxus den Handel. Der Erste Konsul entlohnt seine Marschälle und Würdenträger großzügig, aber dafür erwartet er, daß sie rauschende Feste veranstalten. 1804 beginnt in Europa das sogenannte Empire. Es dauert knapp zehn Jahre, doch alle Zeitgenossen werden davon geprägt. Das fürstliche Mäzenatentum des 18. Jahrhunderts verliert an Bedeutung. Von nun an stehen

Kunst, Musik und Tanz unter der Ägide des Bürgertums. Das neue napoleonische Bürgertum, das dem Kaiser alles verdankt, bildet die militärische Bürokratie von Paris. Doch diese Schicht sieht sich bereits mit einer neuen sozialen Klasse konfrontiert: den Fabrikanten. Der von Napoleon geschaffene Adel setzt sich aus den Söhnen von Bürgerlichen, Anwälten und Handwerkern zusammen, aus Männern wie Murat, Berthier oder Bernadotte. Da die neuen Fürsten und Herzöge schnell unermeßliche Reichtümer anhäufen, kommt zu ihrem militärischen Glanz der finanzielle, und die Dynamik dieser adligen Bürgerlichen reißt das gesamte europäische Bürgertum mit. Dieser Glanz der neuen Klasse spiegelt sich in den zahlreichen Festen wider.

Die Herzogin von Abrantès erzählt in ihren *Mémoires*, wie der Erste Konsul sie dazu auffordert, regelmäßige Feste zu geben. Am 1. Januar 1803 feiert man auf seinen Wunsch erneut den Neujahrstag, der abgeschafft worden war, weil er dem Bürgersinn zuwiderlief. Auch Karneval wird wieder gefeiert, was dem Publikum großes Vergnügen bereitet:

»Die Pirouette währte früher bloß drei Tage;
Nun kennt sie keine Grenzen mehr: Man könnte sich immer
                            drehen, ohne Frage,
Und nichts hielte dieses ungestüme Drehen auf,
ließe man dem Vergnügen der Zuschauer seinen Lauf.«[14]

Am 20. April 1806 findet in den Tuilerien der erste große Ball des Kaiserreichs statt, bei dem auch der Walzer wieder zu Ehren kommt.[15]

Es wurden zweitausendfünfhundert Einladungen verschickt. Um ein Chaos zu vermeiden, hat man beschlossen, zwei Bälle zur selben Zeit abzuhalten. Der Ball besteht aus zwei Teilen: den Quadrillen und dem freien Tanzen. Im ersten Teil tanzen Höflinge und ihre Damen Quadrillen, die sie sorgfältig gelernt und eingeübt haben: jetés-battus, Luftsprünge, Garguillades, Flicflacs, Katzen-

schwänze. Pro Quadrille tanzen sechzehn Paare. Königin Hortense führt die erste an, Madame Murat die zweite. Napoleon nimmt an der ersten Quadrille des ersten Balls teil, dann an der zweiten Quadrille des zweiten Balls. Dann bekommen die geladenen Gäste die Erlaubnis, Walzer zu tanzen. Um sich eine Vorstellung von dem Luxus zu machen, der hier zur Schau gestellt wurde, braucht man nur das Menü zu betrachten, das eines Gargantua würdig wäre: »16 Schinken, 16 Braten, 16 Pasteten, 16 Kalbskeulen, 9 Biskuits aus Savoyen, 9 Brioches, 9 Rosinenkuchen, 9 Kuchen aus der Compiègne; 12 Vorspeisen aus mit Knoblauch geriebenen Brotkrusten in Reis, 12 Rebhuhnsalamis, 12 Rebhuhnsalate etc. (insgesamt 60 Vorspeisen); 60 Braten: Poularden, Hähnchen; 200 Süßspeisen: Orangen- und Zitronengelee, Crèmes, Gebäck; 72 Bonbonteller, 100 Teller mit Birnen, Äpfeln und Orangen; 3000 Eisportionen; 1000 Flaschen Wein aus der Beaune; 100 Flaschen Wein aus der Champagne, genauso viele Flaschen aus Bordeaux. 100 Dessertweine, 20 Flaschen Rum; Limonade, Punsch, Mandelmilch und Orangeade.«[16]

Auf die Quadrillen folgen die Walzer, die Kontratänze und Gavottes. All diese Bälle haben ihre Persönlichkeiten. »Welche Freude, als der große Vestris II. sich einverstanden erklärte zu tanzen. Auch wenn Trénis nur ein einfacher Amateur war, ersetzte er ihn bestens. Man mußte ihn lange bitten, bis er schließlich an einer Quadrille teilnahm. Die Leute drängten sich an den Türen, um seine halbkreisförmigen Tanzschritte zu bewundern.«[17]

Diese Quadrilletänzer lieben den echten Walzer: »Er erfordert die Umarmung beider Tänzer und muß wie Öl über den glatten Marmorboden fließen«,[18] sagte der berühmte Tänzer Trénis.

In Berchoux' bereits erwähntem »epischen Gedicht«, in dem er die Mythologie mit der Beschreibung der Tanzstile seiner Zeit vermischt und Porträts der großen Tänzer zeichnet, beschreibt er den damaligen Erfolg Trénis', vor allem aber seine Selbstgefälligkeit, als er bemerkt, daß sich alle Leute um ihn drängen, um ihn tanzen zu sehen, und Frauen auf Stühle steigen, um ihn besser beobachten zu können:

»Trénis hat einen glänzenden Namen.
Er sprach zu den ihn bewundernden Damen:
Hattet Ihr einen guten Platz, um mir zuzusehen?
War Euch meine geschmeidige Wade ein Genuß,
Mein behendes Bein und mein zuckender Fuß?«[19]

Unglück zeitigt Vergnügen

Durch die napoleonischen Kriege verbreitet sich der Walzer rasch in ganz Europa. 1810 tanzt man auf den Münchner Bällen im Lauf eines Abends bis zu neun Walzer. Der Paartanz »paßte vortrefflich in die Zeit, die sich gar nicht schnell, gar nicht heftig genug amüsieren konnte«[20], erklärt Max von Boehn, der anhand einiger Anekdoten beschreibt, was sich damals in Deutschland zutrug.

1806 organisiert Friedrich von Raumer Bälle in Königswusterhaussen; die Hoteliers, die damit beauftragt sind, sich um die Besatzung zu kümmern, liefern die Speisen, und die Franzosen zahlen die Getränke und die Musik. Im Dezember 1806, knapp drei Monate nach der Schlacht von Jena, die den preußischen Staat ins Wanken brachte, schreibt Scharnhorst seiner Familie in Königsberg, es fänden zahlreiche Bälle statt, und die Töchter der Offiziere und Pastoren seien die Ballköniginnen. »Darüber wundern wir uns ja nicht mehr«, bemerkt Boehn dazu, »die wir ganz gleiche Erfahrungen vom Zusammenfallen großen allgemeinen Unglücks und eines Vergnügungstaumels eben erst wieder machten«.[21]

Die erstaunlichste Begebenheit jener Zeit war die Tatsache, daß Kinder auf die Bälle der Erwachsenen zugelassen waren. Madame Tallien vergießt Tränen der Rührung, als sie ihre zwölfjährige Tochter tanzen sieht, und Frau von Humboldt ist ebenfalls tief bewegt, als sie erlebt, daß ihre acht- und zehnjährigen Töchter überall die begehrtesten Tänzerinnen sind. Auf den Pariser Bällen muß man allerdings ein gewisses Alter erreicht haben, um am Tanzvergnügen teilnehmen zu dürfen.[22]

1807 verdoppelt man in Frankfurt den Eintrittspreis für Maskenbälle und öffentliche Bälle, um zu erreichen, daß weniger französische Besatzer daran teilnehmen. »Solange ich Braunschweig gekannt habe«, schreibt Friedrich Karl von Stromberg, »ist es daselbst niemals glänzender hergegangen als während der französischen Okkupation... Bälle drängen sich an Bälle, ... die jungen Damen prangten in ihrem schönsten Glanze und schienen in den Franzosen keine Feinde zu sehen.«[24]

»Die jungen Leute«, berichtet Justus Gruner in Münster, »lieben den Tanz leidenschaftlich. Stundenlang wird im schnellsten Takte rauschend gewalzt.«[24]

A. H. von Lang berichtet von Marschall Davoust, der von den Deutschen als der »Henker von Hamburg« bezeichnet wurde und zuvor ein Kommando in Ansbach hatte: »Er war ein kleines Männlein, das nicht satt werden konnte zu walzen.«[25]

Jedem seinen Walzer

Aufgrund des riesigen Erfolgs des Walzers wächst nun auch die Zahl der Walzerkomponisten. Der Walzer bietet eine gute Gelegenheit, Liebeserklärungen zu schreiben, sie drucken zu lassen und sich damit öffentlich an die Geliebte zu wenden. Gefühle und Gedanken werden im Dreivierteltakt ausgedrückt, und man setzt sie, je nach Inspiration und Laune des Autors, in Musik für Orchester oder Klavier um, manchmal sogar für Gitarre. So entstehen viele zweitrangige Kompositionen, die zeigen, wie sehr der Walzer die Gemüter erregte. Die Kompositionswut trieb seltsame Blüten. Vielleicht lohnte sie sich kommerziell? Rellstab, ein Verleger in Berlin, veröffentlicht ein Werk, das beschreibt, wie man mit Hilfe von Würfeln beliebig viele Walzer ohne Musik- oder Kompositionskenntnisse komponieren kann.

Rellstab erklärt seine Methode folgendermaßen: »Kirnberger gab vor langen Jahren eine Anweisung heraus, wie man Menuets

und Polonaisen, ohne musikalisch zu seyn, componieren könne; man staunte das Kunststück an und amüsierte sich lange damit. Hernach erhielt man eins von Wiedeburg, wonach man kleine Orgelpräludia verfertigen kann, und welches ungeschickten Organisten gar nicht üble Dienste leisten wird. Im Jahr 1787 erschien dergleichen für Menuets, und daß bis dato noch niemand darauf gefallen, dies für die jetzt so allgemeine Walzerperiode anzuwenden, ist dem Herausgeber umso lieber, und er nützt also diese kleine Speculation. Man verfährt folgender Gestalt:

1. Die großen Buchstaben A bis H, welche über den 8 Colonnen der Zahlentafel stehen, zeigen die 8 Tackte eines jeden Theils des Walzers an; z. E. – A den ersten; B den zweiten; C den dritten usw. und die Zahlen in der Colonne zeigen die Nummer des Tackts in den Noten.

2. Die Zahlen von 2 bis 12 geben die Summe der Zahl an, welche man mit zwei Würfeln werfen kann.

3. Man wirft also z. E. für den ersten Tackt des ersten Theils des Walzers mit zwey Würfeln 6, und sucht neben der Zahl 6 in der Colonne A die Nummer des Tackts 148 in der Musiktafel des Walzers. Diesen Tackt schreibt man aus und hat also den Anfang des Walzers. Dann wirft man für den 2. Tackt, z. E. – 9, sucht neben 9 unter B und findet No. 84 der Musiktafel. Diesen Tackt schreibt man nun zum ersten; so fährt man fort, bis man nach 8 Würfen den ersten Theil des Walzers fertig hat. Dann setzt man das Repetitionszeichen und geht zum zweiten Theile über; will man nun einen längeren Walzer haben, so fängt man noch einmal von vorne an, und so gehts ins Unendliche fort.«[26]

Die Ballordnungen

Die Ballordnungen jener Zeit sind interessant und aufschlußreich. Bestimmte Paragraphen warnen vor mangelnder Disziplin. Stets wird verlangt, den Walzer auf fünfzehn Minuten zu beschränken

und nach zwei Tänzen eine zehnminütige Pause einzulegen. Die Regel schreibt vor, daß nach jedem Walzer oder zumindest nach zwei Walzern ein anderer Tanz gespielt wird. Dieser Brauch ist damals in allen Ländern Europas verbreitet. Klingenbeck führt eine Reihe dieser Tänze an. Außer dem Walzer tanzt man die Ecossaise, die Quadrille, die Zwölf, die Sechzehn, das Triolett, den Tampet, die Kreuz-Ecossaise, den Tanz der Damen und andere.

Die Regeln sehen auch vor, daß die Zuschauer die Tanzenden nicht stören, die ihrerseits den Zuschauern keine Unannehmlichkeiten bereiten dürfen. Natürlich sollte die Musik nicht zu schnell sein, und nur der erste Tänzer darf die Eröffnung und den Abschluß des Balls bestimmen, indem er in die Hände klatscht. Ein Paragraph, der bestimmt, »etwa vorfallende Mißverständnisse nicht im Sale, sondern in einem entfernten Nebenzimmer auszutragen«, läßt vermuten, daß es gelegentlich zu Streitereien, ja sogar zu Schlägereien kommt. Stiefel beim Tanzen zu tragen ist nicht erlaubt, aber Handschuhe werden empfohlen. Alle Paare werden aufgefordert, die Ballordnung einzuhalten.[27]

Seltsamerweise hindern die Schrecken des Krieges die Menschen nicht daran, sich zu amüsieren. Überall wird Walzer getanzt. »Es verwundert nicht, daß die Moralisten angesichts dieser Vergnügungssucht entrüstet waren«, schreibt Elzbieta Kowecka. Als Beleg zitiert sie ein paar Verse des polnischen Dichters Kajetan Kormian, die dieser 1813 verfaßte:

»Oh, du schönes Geschlecht, du hast keinen Grund, traurig zu sein,
Alle Nationen lieben den Tanz.
Der Moskowiter oder der Deutsche möchten unser Land erobern,
Unsere Sprache und unsere Rechte zerstören, aber es wird weiterhin Walzer getanzt,
Ich muß unwillkürlich seufzen, wenn ich zwischen den Polonaisen Kinder tanzen sehe, während ihr Heimatland im Todeskampf liegt.«[28]

Einige Jahre später äußerte Kazimierz zynisch, die Polen liebten es, auf ihrem Grab zu tanzen. Elzbieta Kowecka berichtet, daß sich diese Bewegung auch nach 1815 noch fortsetzte und zitiert Ksawery Prele, nach dessen Aussagen es in den zwanziger Jahren des 19. Jahrhunderts in Putawy fast täglich einen normalen Ball oder einen Kostümball gab. Dabei wurden auch Pantomimen, Scharaden oder Theaterstücke aufgeführt. In Krakau berichtet der Chronist Artur Potocki, er wisse nur von außergewöhnlichen Bällen zu berichten. Da es so viele gebe, könne er sie gar nicht alle aufführen.[29]

Im ersten Jahrzehnt des 19. Jahrhunderts waren die Marschtänze (Menuett etc.) bereits so weit in Vergessenheit geraten, daß man, zum großen Erstaunen Reichhardts, die Figuren wieder neu lernen mußte.[30]

Der letzte große Pariser Ball des Kaiserreichs fand im Karneval 1813 statt. In den Jahren 1814 und 1815 »denken die Damen nicht mehr an den Walzer« (Boulenger), da der Krieg die Menschen beschäftigt. In dieser Zeit wird der Walzer vor allem in Wien wichtig.

ANMERKUNGEN

1 E. Giraudet, *La danse*, op. cit., S. 10.
2 *Le nouveau Paris*, zitiert in *Nouvelle histoire de France*, Paris 1980, Bd. 23, S. 2828, »La crise de la République, l'ascension de Bonaparte, 1795–1804«.
3 Zitiert von J. Boulenger, *op. cit.*, S. 2.
4 J. Berchoux, *op. cit.*, S. 126.
5 S. Mercier, *Le tableau de Paris*, Paris 1856, Bd. 1, S. 381.
6 F. Gasnault, *Guinguettes et lorettes, bals publics à Paris au XIX siècle*, Paris 1986, S. 14.
7 C. Ruggiéri, *Précis historique sur les fêtes, les spectacles et les réjouissances publiques jusqu'au sacre de Charles X*, Paris 1830, S. 77–107.
8 *La nouvelle Histoire de la France*, Bd. 23, S. 2828, »La crise de la République, l'ascension de Bonaparte 1795–1804«.
9 F. Worms, *Le droit des pauvres sur les spectacles, théâtres: Gesetze, Lehre, Rechtsprechung*, Paris 1900, zitiert von F. Gasnault, *op. cit.*, S. 20. E. Giraudet schreibt in seinem *Traité de danse*, daß diese Abgabe 1898 immer noch erhoben wird und neun Prozent der Balleinnahmen ausmacht.
10 J. Boulenger, *op. cit.*, S. 3.

11 *Ibid.*
12 J.-M. Guilcher, *La contredanse et les renouvellements de la danse française*, Paris, Den Haag 1967, S. 174.
13 C.-H. Millevoye, *Œuvres*, hg. von P. L. Jacob, Paris 1880, 3. Band, S. 47.
14 J. Berchoux, *op. cit.*, S. 83.
15 »La valse à Paris en 1806«, in *The Graphic*, 24. Juni 1899.
16 J. Boulenger, *op. cit.*, S. 6.
17 *Ibid.*, S. 8.
18 Zitiert von J. Boulenger, *op. cit.*, S. 8.
19 J. Berchoux, *op. cit.*, S. 87.
20 M. von Boehn, *op. cit.*, S. 112.
21 *Ibid.*, S. 113.
22 Ich hatte die Gelegenheit, einen Kinder-Tanzkurs für Walzer zu besuchen. Auch heute noch findet man unter Zehnjährigen erstaunliche Walzertänzer.
23 Zitiert von M. von Boehn, *op. cit.*, S. 113.
24 M. von Boehn, *op. cit.*, S. 113.
25 Zitiert von M. von Boehn, *op. cit.*, S. 112.
26 Zitiert von F. Klingenbeck, 1952, *op. cit.*, S. 61 f.
27 F. Klingenbeck, 1952, *op. cit.*, S. 68.
28 Elzbieta Kowecka, *Wsalonie*, Iwkuchni, Opowiesc o kulturze materialnej palacow i dworow polskich w XIX w., S. 172, zitiert folgende Verse des Dichters Kajetan Kormian:
»Nie masz, plci piekna, zadnych do smutku powodow,
Taniec ma swoja wzietosc u wszystkich narodow
I czy Moskal, czy Niemec te ziemie posiedzie,
Znisczczy jezyk i prawa, lecz walcowac bedzie.
Ja nie moge nie westnac, ze wsrod Polek grona
Widze dzieci skaczace, kiedy matka kona.«
29 *Ibid.*, S. 171.
30 M. von Boehn, *op. cit.*, S. 113.

Der Wiener Kongreß

> »Der Kongreß tanzt, kommt aber nicht voran.«
> TALLEYRAND

> »Manchmal sind sechs Stunden auf einem Ball angenehmer als sechs Feldzüge, um Rang und Würde zu erwerben.«
> NAPOLEON I., zitiert von E. Giraudet, La danse, Paris 1900, S. 19

Auch wenn der Walzer nicht in Wien erfunden wurde, spielt die Stadt in der Geschichte dieses Tanzes eine überragende Rolle. Als der Walzer nach Wien gelangt, hat diese Stadt im Herzen Europas bereits seit langem eine besondere Beziehung zu Musik und Tanz. Seit Jahrhunderten betätigen sich die Habsburger, die eine streng hierarchische Gesellschaft regieren, als Mäzene der Kunst. Der Hof fördert das Theater, sofern es sich darauf beschränkt, die Menschen zu unterhalten und keine subversiven Ideen verbreitet. Gleiches gilt für die Landschaftsmalerei, die Bildhauerei, die Architektur und vor allem die Musik. Die Innenpolitik der Habsburger beruht auf folgendem Grundsatz: Schönheit schafft Vergnügen, dieses wiederum bewirkt Seelenruhe. Alle großen Städte des österreichischen Kaiserreichs (Wien, Prag, Salzburg und Budapest) verfolgen diese Politik: Die Schönheit erfüllt die Stadt mit Ruhe. Noch heute spürt man das Erbe dieser Atmosphäre in Österreich. Die Musik und der Walzer sind bis heute präsent, auch wenn man inzwischen die sozialen Verhältnisse in der ersten Hälfte des 19. Jahrhunderts kritisch beurteilt.

Während der Walzer in Frankreich und Deutschland als revolutionär gilt und sich deshalb gegen den Einfluß der katholischen und protestantischen Kirche und die politischen Macht durchsetzen muß, wird er in Wien erstaunlicherweise von der katholischen Kirche und vor allem von den politischen Machthabern gefördert.

Andernorts bekämpfte die Aristokratie diesen Tanz. Fürstin Louise Radiziwill berichtet in ihrem Tagebuch, wie zwei Prinzessinnen aus Mecklenburg (die spätere Königin Luise und ihre Schwester) es Weihnachten 1794 auf einem Ball im Berliner Schloß in Anwesenheit des königlichen Paares wagten, Walzer zu tanzen. Der König war entzückt, die Königin hingegen entrüstet. Sofort verbot sie ihren Töchtern, diese Unsitte nachzuahmen. Von diesem Tag an ist der Walzer in Berlin verboten. Dieses Verbot gilt bis in die Zeit Wilhelms II. Walzertänzer werden vom Hofball ausgeschlossen. Am Hof von St. Petersburg konnte sich der Walzer erst nach dem Tod Katharinas I. durchsetzen. 1798 führt Anna Lapuchin, die Geliebte Pauls I., den verbotenen Tanz ein.[1]

Klingendes Wien

Zu Beginn des 19. Jahrhunderts ist Wien von Musik erfüllt. Der Zeitzeuge Eduard Bauernfeld schreibt: »Überall stehen Musikanten, die fürs Volk aufspielen. Niemand möchte im Gasthof sein Bratl ohne Musik verspeisen.«[2]

Sonntag für Sonntag werden die Kirchen von neuen »Opern für die Engel« (Mozart) erfüllt. Die Musik von Haydn, Schubert und Mozart wird sowohl in der Kirche als auch außerhalb gespielt. Der Klerus hat gegen diese Mischung aus Frömmigkeit und weltlichem Vergnügen nichts einzuwenden. Die Klöster besitzen berühmte Weinberge und unterhalten Schenken für den Verkauf ihrer Weine. Dies erklärt vielleicht, weshalb der österreichische Katholizismus von puritanischen Auswüchsen weitgehend verschont blieb. Wien ist einer der wenigen Orte, wo die Religion niemals mit Wein, Weib und Gesang in Konflikt gerät. Der Wiener zeigt keine große Neigung für Philosophie und abstrakte Ideen. Er lebt die Gemütlichkeit, die so charakteristisch für das Wiener Lebensgefühl ist.

Diese Atmosphäre rührt von einer Ausgeglichenheit her, die auf einen gewissen Wohlstand zurückzuführen ist. In der Stadt gibt es

wohl auch Arme, doch kein extremes Elend. Die Pariser Ereignisse ab 1789 haben keinerlei Auswirkung auf Wien, denn jeder hat zu essen, kann seinen Wein oder sein Bier trinken und Musik hören. Daher ist es verständlich, daß der Walzer die Wiener erobert. 1787 lassen sie Mozarts *Figaro* links liegen, um *Una cosa rara*, die Oper des Spaniers Vincent zu bewundern, in der ein Walzer getanzt wird. Die Wiener übernehmen also den Paartanz im Dreivierteltakt, ohne ihr kulturelles Erbe in Frage zu stellen. Seit langem ist hier der Ländler sehr beliebt. Dieser Tanz, der anfangs im Freien oder im Dorfgasthof getanzt wurde, ähnelt mit seinem Dreivierteltakt dem Walzer. Aber dieser erfuhr bei seinem Einzug in die Ballsäle einen geringfügigen Wandel, der seinen Zauber erhöhte: eine leichte Überbetonung des ersten Takts zum Nachteil des zweiten schuf eine völlig neue Harmonie. Diese leichte Verschiebung bildete den Ausgangspunkt für sanftere Melodien. Da der Rhythmus zugleich schneller wurde, erhielt der Walzer seinen charakteristischen Schwung, was zu der Bemerkung bewog: »Ich stelle mir zwei Verliebte im Glückstaumel vor.«[3]

Daß Wien sich zur »europäischen Hauptstadt« des Walzers entwickelte, beruhte auf dem Zusammenspiel mehrerer Faktoren: dem günstigen politischen und religiösen Klima, der unternehmerischen Führung der Tanzsäle und schließlich dem musikalischen Rahmen, der die Dynastie Strauß hervorbrachte.[4]

Das Wiener Bürgertum erfuhr im neuen Jahrhundert eine grundlegende Veränderung, die wie viele andere Veränderungen ihren Ausgangspunkt in Paris nahm.[5] H. E. Jacob bemerkt, daß Strauß in jenem Jahr geboren wurde, in dem in Frankreich die Zeit des Kaiserreiches begann. Die folgenden zehn Jahre prägten die Zeitgenossen, auch wenn sie weit entfernt von Paris lebten. Zu der Zeit als Strauß mit vierzehn Jahren in das Orchester Pramer eintrat, verloren die fürstlichen Mäzene des 18. Jahrhunderts allmählich ihre Privilegien. Das Bürgertum übernahm nun die Mäzenatenrolle – das neue napoleonische Bürgertum färbte also auch auf das Wiener Bürgertum ab.[6]

Glänzendes Parkett

1805 ist das Verhältnis zwischen Österreich und Frankreich sehr schlecht. Österreichs Armeen wurden in Ulm und Austerlitz geschlagen, Wien ist besetzt worden. Aber einige Monate später sind die Wiener wieder bester Stimmung. Es ist ihnen gelungen, einen Friedensvertrag auszuhandeln. Der Krieg, der in Wien so verhaßt war, ist also gebannt. Die Wiener stürzen sich in einen Vergnügungstaumel, der sie den Schmerz der Niederlage vergessen läßt. Die kleinen verrauchten Säle, in denen man zur Zeit Josephs II. tanzte, genügen den Ansprüchen bald nicht mehr. Und da das Bürgertum zu Wohlstand gelangt ist, organisieren wagemutige Unternehmer Riesenbälle, stampfen regelrechte Vergnügungsfabriken aus dem Boden: typisch Wienerische Einrichtungen, die deutlich den neuen Pariser Luxus nachahmen. 1805 verwandelt Jean Beaucousin, ein Wirt aus Lyon, der sich in Wien niedergelassen hat, den Mondscheinsaal in einen Ballsaal. Ein Jahr darauf eröffnet wiederum ein Franzose, Pierre Meunier, den Bal du Nouveau Monde. Dieser Palast, der im Glanz unzähliger Lüster erstrahlt, hat einen Parkettboden, der eine sensationelle Neuerung ermöglicht: Bisher wurde der Walzer in Wien auf bäuerliche Art getanzt – man vollführte Luftsprünge, aber auf diesem glänzenden Parkett kann man ihn im Gleitschritt tanzen.[7]

In dieser Zeit entsteht auch der dritte große Wiener Saal: die Brauerei Sperl, die später mit dem Orchester Pramer Berühmtheit erlangt, bei dem Strauß debütiert. Den Übergang vom ländlichen zum städtischen Tanz repräsentiert der üppige Luxus des Apollon. Dieser Tanzpalast wurde von dem 1767 in London geborenen Sigmund Wolfsohn erbaut. Dieser englische Arzt, der 1797 nach Wien kam, errichtete hier zunächst eine Prothesenwerkstatt. In der Kriegszeit wird er durch die Herstellung von »beweglichen Gliedern« vermögend. Er investiert sein Geld in den Apollon, der zu einem Tanztempel umgestaltet wird. Im Mittelpunkt des Gebäudes steht ein äußerst luxuriöser Speisesaal (das gesamte Geschirr

ist aus Silber). Es gibt mehr als hundert Tische, einen Lustgarten mit verschiedenen Pavillons und – was das wichtigste ist – einen riesigen Ballsaal. Die Wiener drängen sich voller Staunen um diese Wunderwerke. Nicht einmal Paris besitzt einen solchen Anziehungspunkt. Wien lebt nur noch fürs Amüsement.

1809 fällt Napoleon in Österreich ein. Nach dem Sieg von Wagram schlägt er vor den Toren Wiens sein Quartier auf. Der Korrespondent einer deutschen Zeitung vermutet, daß jeden Abend ungefähr fünfzigtausend Personen zu den unzähligen Bällen eilen, die in den unterschiedlichsten Gebäuden abgehalten werden, im eleganten Apollon ebenso wie in einfachen Vorstadtkneipen. Wien hat ungefähr zweihunderttausend Einwohner; das bedeutet, daß jeder vierte Wiener aufs Tanzparkett geht. Auch in schlechten Zeiten bewahren sich die Wiener ihren Elan. Sie bereiten dem »korsischen Menschenschlächter« einen guten Empfang und begrüßen ihn wie einen Gast. Der Kaiser verhält sich sehr rücksichtsvoll und erringt durch seine Liebe zur Musik Sympathie.[8] Er kommandiert sogar für Haydn, der damals achtzig Jahre alt war, eine Ehrenwache ab.

1811 führt eine drastische Geldabwertung, die durch die hohen Kriegskosten verursacht wird, zum Bankrott des Apollon und weiterer Tanzsäle. Doch die Erfahrungen von Beaucousin, Meunier, Wolfsohn und anderen lassen einen neuen Unternehmergeist entstehen, und der Kapitalismus findet Eingang in die Welt der Musik und des Tanzes. In Zukunft ist »der Eigentümer eines Tanzsaals auch Eigentümer seiner Beschäftigten. Daher kann er die Orchesterchefs und sogar die Komponisten herumkommandieren, ganz wie es die Fürsten des 18. Jahrhunderts handhabten.«[9] Das Werk von Strauß und seine Lebensgeschichte werden erst dann verständlich, wenn man die Tragweite dieser Entwicklung voll erkennt.

Romantische Melodien

Während der fünf Monate des Wiener Kongresses findet die Stadt ihren Glanz wieder, den sie 1811 verloren hatte. Voller Stolz, am Triumph über Napoleon teilzuhaben, strömen mehr als hunderttausend Fremde in die österreichische Hauptstadt. Der Kongreß wird umrahmt von zahlreichen Banketten, Militärparaden und Volksfesten. Doch das einfache Volk muß den Gürtel enger schnallen, denn die Anwesenheit so vieler gekrönter Häupter und Aristokraten führt zu einer Preissteigerung, wie sie heute in Touristenzentren wohlbekannt ist.

Der Kongreß beschäftigt sich damit, Europa neu aufzuteilen und zu tanzen. »Der Kongreß geht nicht, er tanzt«, wird ein geflügeltes Wort. Aber trotz aller Diskussionen gelingt es den versammelten Herrschern nicht, die vorrevolutionären Verhältnisse wiederherzustellen, was ja das eigentliche Ziel dieses Kongresses war. Der Kongreß von 1815 führte sogar zu einer europäischen Institutionalisierung der revolutionären Werte, die sich mittlerweile durch Napoleon gewandelt hatten. Im Tanz findet diese Entwicklung ihren Ausdruck. Der Kongreß verwirft das Menuett. Er übernimmt den neuen bürgerlichen Tanz, der aus den Protest- und Provokationstänzen des gemeinen Volkes entstanden ist – den Walzer, den Napoleons Armeen in ganz Europa verbreitet haben. Selbst die Adligen, die Vorbehalte gegen den Tanz hegen, lassen sich mitreißen. Der englische Außenminister Lord Caslereagh nimmt sogar Tanzstunden, als er feststellt, daß er den Walzer nicht beherrscht. Seiner Frau, die sich beharrlich weigert zu tanzen, bringt er die Drehungen mit Hilfe eines Stuhls bei.[10]

Musikalisch gesehen, gibt es heute kaum mehr Zeugnisse von der Musik, die damals gespielt wurde. Es hat den Anschein, als habe der Tanz eine wichtigere Rolle gespielt als die Musik. Die Stücke waren »flach, banal, so ideenlos.«[11]

Der Dreivierteltakt mit seinen gleichen Takten, der ersten betonten Note und den beiden nachfolgenden schwächeren Noten

wird zu einem Ohrwurm. »Boum, teuf-teuf, Boum, teuf-teuf«, das ist einprägsam. Hofrichter, Preissinger und Diabellis, die Komponisten dieser Stücke, geben den Tanzenden einen Rhythmus vor. Wie in Paris ist die Walzermusik, trotz der Wiener Tradition, zur Zeit des Wiener Kongresses zunächst volkstümlich und etwas gewöhnlich, sie ist keineswegs mit der subtilen Tanzart des Menuetts zu vergleichen, mit dem sich berühmte Komponisten wie Gluck, Rameau, Lully, Mozart, Haydn oder Beethoven befaßten. Unter den großen Wiener Komponisten wagte sich nur Schubert an den Walzer. Dieser der Klassik verpflichtete Komponist nannte seine Tänze meistens »Deutsch«, aber einige nannte er auch zaghaft Walzer, besser gesagt, er gab ihnen französische Bezeichnungen: »Valses sentimentales«, »Hommages aux belles Viennoises«, »Valses nobles«, wie Klingenbeck notiert.[12]

Versah dieser Wiener Komponist wegen des Ursprungs des Tanzes seine Walzer mit französischen Titeln? Wie auch immer, sie sind einfach wunderbar, und ganz Wien trällert ihre Melodien. Die Kenner begeistern sich für den kapriziösen Wechsel von Dur zu Moll und vice versa, oft im selben Takt. Aber diese Melodien sind nicht spritzig genug, um sich zum Tanzen zu eignen, sie sind zu sehr von der klassischen Musik geprägt. »Sie sind zu kurz. Sie gehen aus, als ob sie in nasses Baumlaub fielen und hinterlassen mehr Duft als Klang. Diese Tänze tanzen, heißt sie vermindern.«[13]

Der Kongreß tanzt

Zur Zeit des Wiener Kongresses nimmt Tanzen eine Vorzugsstellung ein. Doch der europäische Hochadel ist entschlossen, dem Volk alle Freiheiten, die es seit 1789 errungen hat, wieder zu nehmen. Gleichzeitig macht er sich mit dem Walzertanzen ein gewisses Vergnügen daraus, die Klassengrenzen zu sprengen. Man gibt sich eine demokratische Fassade, um die Klassenunterschiede

scheinbar aufzuheben. Das Volk ist begeistert und klatscht Beifall. Der Adel gibt sich volkstümlich. König Maximilian Joseph von Bayern, der mit Freunden in einem großen Bierlokal speist, bemerkt, daß er seine Geldbörse vergessen hat. Zum großen Vergnügen der Gäste an den Nachbartischen versucht er verlegen, den Wirt hinzuhalten, als es ans Bezahlen geht. Als sich der Zar und der König von Dänemark ins Apollon begeben, werden sie von der Menge genauso geschubst wie normale Bürger. Sie lassen es geschehen. In den Gasthöfen und Ballsälen drängen sich Herrscher, Journalisten, Bankiers, Spione, alte Adlige und Intriganten. All diese unterschiedlichen Menschen vereint der Walzer. Einmal versucht man, ein Menuett zu tanzen. Graf de la Garde, ein Franzose, möchte der Aristokratie »die strenge Schönheit dieses Tanzes, der unserer alten Tradition würdig ist«, vor Augen führen. Er tanzt mit einer deutschen Prinzessin. Man sieht ihm zu und klatscht Beifall, aber man macht es ihm nicht nach. Offensichtlich entspricht das Menuett nicht mehr dem Zeitgeschmack.

Graf de La Garde hat bemerkenswerte Dokumente über den Wiener Kongreß hinterlassen. Er berichtet beispielsweise von einem Abend im Schloß: »Nachdem die Majestäten sich zurückgezogen hatten, stimmte das Orchester Walzermelodien an. Sofort scheint diese riesige Versammlung wie elektrisiert zu sein [...]. Nachdem die ersten Takte erklungen sind, strahlen die Gesichter, die Augen blitzen, alle Anwesenden werden vom Tanzfieber erfaßt. Die Tanzenden drehen sich, gleiten aneinander vorbei, während jene Zuschauer, die aufgrund ihres Alters zum Tanzen zu unbeweglich sind, den Takt schlagen und übereinstimmend bedauern, daß ihnen dieses Vergnügen versagt bleibt. Die Frauen wirken entzückend in ihrem blumen- und diamantengeschmückten Putz. Sie lassen sich im Arm ihres Partners davontragen wie glänzende Meteore: Ihre duftigen Tüll- und Seidenkleider passen sich den wogenden Bewegungen an. In ihren Gesichtern steht der Ausdruck völliger Entrückung, als die Erschöpfung sie zwingt, wieder auf den Boden zurückzukehren, um neue Kräfte zu sammeln.«[14]

Am Abend des 7. März 1815, als auf dem Ball gerade mit großem Vergnügen Walzer getanzt wird, bringt ein Kurier die Nachricht von Napoleons Flucht. Diese Information trifft die Ballgesellschaft, die sich in Metternichs Schloß versammelt hat, wie der Blitz. »Er ist nach Frankreich zurückgekehrt!« Das Orchester versucht weiterzuspielen, aber niemandem steht mehr der Sinn nach Tanzen. Der Zar sagt zu Talleyrand: »Hatte ich Euch nicht gesagt, daß das nicht dauern würde?« Der Botschafter Frankreichs verneigt sich. Der preußische König verläßt zusammen mit Wellington den Saal. Ihnen folgen der Zar, der österreichische Kaiser, Metternich. Napoleon erlebt seine letzten hundert Tage als Herrscher. Der Rhythmus des letzten Walzers auf dem Wiener Kongreß läßt schon die blutigen Ereignisse von Waterloo erahnen. Napoleon wird von England vernichtend geschlagen, seine Herrschaft ist zu Ende.

Der Wiener Kongreß markierte eine neue Teilung Europas. Fünf Monate lang war er auch eine riesige Tanzbühne. Er etablierte den Walzer in Europa. Die Teilnehmer des Wiener Kongresses verbreiten den Walzer und machen ihn populär.

Strauß gegen Lanner

In Wien, dessen politische Szene von Musik und Bällen umrahmt wird und das in der Weltpolitik eine entscheidende Rolle spielt, beginnt das Wirken der Familie Strauß, deren Name mit der Geschichte des Walzers untrennbar verbunden ist. Johann Strauß, der am 14. März 1804 geboren wird, wächst in einem Vorort Wiens auf, wo sein Vater, ein Schankwirt, Seemännern und kleinen Leuten Bier ausschenkt. Als Johann knapp ein Jahr alt ist, ertrinkt sein Vater in der Donau. Ist es ein Unfall oder Selbstmord? Die Witwe heiratet kurz danach erneut einen Wirt. Das Kind vergißt die Umgebung seiner Kindheit sein Lebtag nicht. Mit fünf bekommt Johann von seinem Stiefvater eine Geige geschenkt, ein billiges Instrument, auf dem der Junge in Kürze alle Gassenhauer, Märsche

und Jodler spielen lernt. Er lebt nur für die Musik, die Schule interessiert ihn wenig. Eines Tages erwischt ihn sein Direktor beim Walzerspielen. Der Direktor erkennt, daß der kleine Johann talentiert ist und redet mit seinen Eltern darüber, ob er nicht Musiker werden solle. Aber diese halten nichts von der Idee. Sie erleben ja fast täglich, wie in ihrer Schenke zerlumpte Geigenspieler vorbeikommen und für eine warme Mahlzeit einen ganzen Nachmittag spielen. So soll es Johann später einmal nicht ergehen. Golder, Johanns Stiefvater, schickt ihn in die Lehre zu seinem Freund Lichtscheidl, einem Buchbinder. Das Kind haßt den Geruch von Leim. Eines frühen Morgens verläßt der Junge mit seiner Geige das Elternhaus. Er flieht zum Kahlenberg, wo er im Gras einschläft. Am anderen Morgen wird er zufällig von Polischansky, einem Musiker, der Johanns Vater gut kennt, entdeckt. Polischansky setzt sich für den Jungen ein, so daß der kleine Johann sich von nun an ausschließlich seiner Geige widmen kann.

Er nimmt Unterricht bei Polischansky und wird in das Orchester von Pramer aufgenommen, einem jähzornigen Trinker, der jedoch ein Genie auf dem Gebiet der Tanzmusik ist. Eines Tages verkündet Pramer, daß das Orchester die Goldene Birne verlassen werde, wo es bisher spielte, um zu Sperl überzuwechseln, dem berühmten Bierlokal, in dem vor allem das Bürgertum verkehrt. In Pramers Orchester spielt ein gewisser Lanner, mit dem Johann sich anfreundet. Aber 1818 verläßt Lanner das Orchester, da er Pramers Jähzorn nicht mehr ertragen kann, und gründet zusammen mit den tschechischen Brüdern Drahanek sein eigenes Orchester. 1819 bitten die drei Geigenspieler Johann, der ebenfalls aus Pramers Orchester ausscheiden möchte, sich ihnen anzuschließen. Johann beginnt also seine Karriere in einem Quartett. Nach jedem vom Orchester Lanner gespielten Stück sammelt er Geld ein. Die vier Musiker leben ganz für ihre Musik, auch wenn sie anfangs nur sehr wenig Geld einbringt.

Sie spielen in verschiedenen Lokalen, zum Beispiel dem Roten Hirschen, der Flämischen Taverne etc. Lanner und Strauß teilen

sich ein Zimmer. Nachdem sie 1821 eine gewisse Bekanntheit erreicht haben, erwägen sie, sich zu vergrößern. Lanner gründet ein Zwölf-Mann-Orchester. Strauß, sein erster Violinist, wird stellvertretender Orchesterchef. Ihr erstes Engagement erhalten sie im Roten Hahn, wo die vornehme Gesellschaft verkehrt, insbesondere die Offiziere der ungarischen Garde. Die Qualität der Musik verbessert sich, denn dieses Publikum ist an die Musik von Mozart, Schubert und Beethoven gewöhnt. Man darf es nicht enttäuschen. Aber weder Lanner noch Strauß beherrschen die Regeln der Komposition, sie haben lediglich ein angeborenes Talent dafür. Lanner möchte eine Musik komponieren, die all das widerspiegelt, was die Wiener mögen: Wein, schöne Mädchen und weiße Wolken am blauen Himmel. Er läßt sich von Beethovens *Pastorale* inspirieren und komponiert seinen ersten Walzer.

Lanner findet seinen Lehrmeister in Weber, dem Leiter der Dresdner Oper, der 1819 seine berühmte »Aufforderung zum Tanz« komponiert. Das ist revolutionäre Musik, da sie den Walzerrhythmus in eine echte Symphonie für Klavier einbaut. Zum ersten Mal betrachtet man den Walzer als Kunstwerk. Die Originalität und der überschäumende Einfallsreichtum von Weber machen Schule. Auch Lanner fehlt es nicht an Inspiration, als Vorstadtkind nimmt er in seine Kompositionen auch Lieder der Vorstadt auf. Lanners Musik ist ziemlich gefühlvoll, jene von Strauß dagegen forscher. Er führt seinen Geigenbogen vehement, aber auch sinnlich. Der schmeichelnden Bitte von Lanner antwortet der gebieterische Rhythmus von Strauß. Lanner hat im Gegensatz zu seinen Vorgängern großen Erfolg bei den Verlegern. Die ersten Walzer von Lanner erscheinen bei Diabelli, die folgenden bei Haslinger.

Die Herausgabe der Walzerkompositionen macht Lanner weithin bekannt, und er kann bald nicht mehr allen Aufträgen nachkommen. Er muß sein Orchester teilen. Strauß übernimmt das zweite Orchester. Lanner komponiert weiterhin für beide Orchester, bis er eines Tages, schon von Krankheit gezeichnet, Strauß bittet, einen Walzer für ihn zu schreiben. Zu dieser Zeit ist es üb-

lich, daß die Plakate, die Lanners neuen Walzer ankündigen, der Komposition vorausgehen. Die Musiker arbeiten daran, das Thema fürs Orchester umzusetzen, auch wenn es noch nicht fertig ist. Gleichzeitig schreiben die Kopisten die Partituren ab. Lanners Orchester geht also arbeitsteilig vor. Nun spielt das Orchester einen »Walzer von ßanner«, der jedoch von Strauß komponiert wurde. Dies währt einige Monate, bis es eines Tages zum Zerwürfnis und 1825, am Ende eines Balls, schließlich zum offenen Bruch zwischen den Freunden kommt. Lanner und Strauß geraten in ein Wortgefecht, und die Musiker schlagen sich auf die Seite des einen beziehungsweise des anderen. Als Lanner nach Hause kommt, schreibt er, tief aufgewühlt, den »Walzer der Trennung«.

Strauß übernimmt vierzehn der besten Musiker Lanners. Abgesehen von den Zwistigkeiten mit Lanner, sind auch finanzielle Erwägungen für die Gründung von Strauß' eigenem Orchester maßgeblich. Er möchte Anna Steim heiraten, die Tochter des Wirts vom Roten Hahn, und er benötigt Geld, denn Anna erwartet ein Kind. Sie hat spanische Vorfahren, spielt Gitarre und ist sehr romantisch. Mit einundzwanzig wird Johann Strauß Vater. Er komponiert zahllose Walzer, um die Familie ernähren zu können. Eine Zeitlang ist Lanner noch populärer als Strauß, der in seinen Walzern der ersten Geige eine dominierende Rolle einräumt. Seine Musik ist eine des Streichquartetts und unterscheidet sich dadurch von jener zur Zeit der Französischen Revolution. Damals waren vor allem Blasinstrumente üblich oder sogar Oboen und Dudelsack, mit denen die österreichischen Ländler des 18. Jahrhunderts gespielt wurden. Die Geige harmoniert besser mit dem Gleiten auf dem Parkett als die Blasinstrumente, deren schwerer Klang mehr zu einem abgehackteren Walzer paßt, der auf festgetretenem Boden getanzt wird. Die Sprünge sind noch nicht ganz abgeschafft; man findet sie auf den Bällen auf dem Land in Österreich oder in Frankreich. Dazu spielen Blasorchester auf, ein Brauch, der sich das gesamte 19. Jahrhundert hindurch hält.

Die Werke von Strauß sind jedoch auch von der Zigeunertradi-

tion beeinflußt – jener der Donauschiffer, denn auf ihren Schiffen spielt man Geige. Strauß setzt sich schnell durch. Die Verleger, die Öffentlichkeit und die Ballorganisatoren reißen ihm seine Kompositionen aus der Hand. Eduard Hanslick, der berühmteste Kritiker der Zeit, ist sich der Gefahr bewußt, die für einen jungen Komponisten besteht, wenn er dauernd Walzer komponiert: »Ein vollständiger Tanz erfordert, außer der Einleitung und dem Finale, fünf Walzer, das heißt fünf neue Themen. Doch auch die blühendste Phantasie erschöpft sich auf die Dauer.«[15]

Um dieser Gefahr zu entgehen, lernt Strauß bei einem Freund Beethovens das Komponieren, die Orchestrierung und den Kontrapunkt. Damit füllt er seine theoretischen Lücken. In der Folge übernimmt er das bis dahin dominierende Walzermodell von Lanner, das darin besteht, zwei Themen zu acht Takten mit zwei verbundenen Takten zu wiederholen. Strauß verleiht jedem Walzer sein eigenes Gepräge. Auch wenn er den Dreivierteltakt beibehält, verbirgt er dies hinter einer phantasievollen Komposition: An unvorhergesehenen Stellen baut er Triller ein, Synkopen, die er der klassischen Musik entnommen hat, Pizzicati und Arpeggios, die seiner Musik größere Ausdruckskraft verleihen. Er läßt sich von Webers Musik inspirieren und wechselt Sätze und Auflösungen ab, um Langeweile zu vermeiden. Strauß und Lanner sorgen mit ihren Werken dafür, daß der Walzer nicht in Monotonie oder Stillstand erstarrt, und aufgrund ihrer Rivalität entwickelt sich Wien zu jener Stadt, in der die musikalische Durchsetzung des Walzers die größten Fortschritte macht.

König Strauß

1829 spielt Lanner jeden Abend öffentlich, die privaten Auftritte sind ungezählt. Laut Fritz Lange, seinem Biographen, trinkt er viel. Strauß dagegen lebt äußerst diszipliniert und trinkt keinen Tropfen. Wien teilt sich in bezug auf die beiden Musiker in zwei

Lager, die Presse ebenfalls. Auch wenn Strauß heute der bekanntere der beiden ist, hatte Lanner zu Lebzeiten stets eine treue Anhängerschaft. 1830 hat Strauß zweihundert Musiker zur Verfügung, mit denen er die Orchester auffüllt, die man ihm überträgt. Auf verschiedenen Gebieten konkurriert er mit Lanner. Lanner spielt im Redoutensaal und Strauß im Sperl. Heinrich Laube, deutscher Chronist auf Besuch in Wien, liefert in seiner *Reise durch das Biedermeier* eine begeisterte, aber präzise Beschreibung von Strauß' Genie, von der in vielen Biographien von Strauß die Rede ist. Ich nehme sie auf, da sie zu einem Zeitpunkt, da in Frankreich die Revolution von 1830 ausbricht, einen ausgezeichneten Einblick in das Wiener Alltagsleben gibt:

»Es ist eine bedenkliche Macht in dieses Mannes Hand gegeben. Er mag es sein besonderes Glück nennen, daß man sich unter Musik alles Mögliche denken kann, daß die Zensur sich mit den Walzern nicht zu schaffen macht und daß die Musik auf unmittelbarem Wege die Empfindungen anregt. Ich weiß nicht, was er außer Noten versteht, aber ich weiß, daß der Mann sehr viel Unheil anrichten könnte, wenn er Rousseausche Ideen geigte. Die Wiener machten in einem Abende den ganzen *contrat social* mit ihm durch.

Gewissermaßen tun sie dies freilich beim Sperl. Denn eine Rehabilitation der Sinne geigt er wirklich. Er ist der Repräsentant des jungen Österreich, das gerade so gerne tanzt und küßt, wie es das alte getan. Wenn man das nicht glaubt, so steige man hinauf in die Sperlschen Säle, wo die bacchantische Lust ihren Ausdruck, ihre babylonische Völkersprache findet.

Ich war an eine Säule gelehnt und sah voll Staunen dem Treiben zu. Die Sperlschen Säle verwandelten sich mir ein ein indisches Bajaderenhaus. Die nach Freuden schreienden Becken wurden zusammengeschlagen, die Zimbeln lockten sehnsuchtsvoll, die großen Hörner klangen frohlockend. Die Mädchen drehten sich und lachten kußfreudig. Wie heiße Sonnenstrahlen hüpften sie mit ihrem blühenden Leben umher.

Es ist bemerkenswert, daß die österreichische Sinnlichkeit nie

gemein aussieht. Sie ist naiv und keine Sünderin. Die dortige Lust ist die Sünde vor dem Sündenfalle. Der Baum der Erkenntnis hat noch keine Definition, kein Raffinement nötig gemacht.

Bunt wogt die Menge durcheinander, die Mädchen drängen sich warm und lachend zwischen den munteren Burschen hindurch, ihr heißer Atem spielte mir, dem fremden Säulenheiligen, wie der Duft südlicher Blumen um die Nase, ihre Arme drängten mich mitten ins Getümmel. Um Verzeihung bittet niemand. Beim Sperl will man keinen Pardon und gibt keinen.

Nun werden die Anstalten zum wirklichen Tanze gemacht. Um die zügellose Menge in Schranken zu weisen, wird ein großes Seil gespannt, durch das alles, was in der Mitte des Saales bleibt, von den eigentlichen Geschäftsleuten, den Tänzern, getrennt wird. Die Grenze ist aber schwankend und nachgiebig. Nur an den gleichmäßig wirbelnden Mädchenköpfen unterscheidet man den Tanzstrom. Bacchantisch wälzen sich die Paare durch alle zufälligen oder absichtlichen Hindernisse hindurch, die wilde Lust ist losgelassen, kein Gott hemmt sie, nicht einmal die Wärme, die still und eindringlich hin- und herwogt wie ein von Strauß angefachtes Feuer.

Charakteristisch ist der Anfang jedes Tanzes. Die Musik beginnt mit zitternden, nach vollem Ausströmen lechzenden Präludien. Sie klingen tragisch wie Glückseligkeit, die vom tiefsten Schmerz umklammert wird. Der Wiener legt sich sein Mädchen tief in den Arm, und sie wiegen sich auf das wunderlichste im Takt. Man hört noch eine ganze Weile diese langanhaltenden Brusttöne der Nachtigall, mit denen sie ihr Lied anhebt und die Zuhörer bezaubert, bis plötzlich ein schmetternder Triller hervorbricht, der eigentliche Tanz beginnt und die Paare sich in den Strudel der Fröhlichen stürzen.

All das könnte den Leser leicht zu dem Glauben verführen, er befinde sich in einer Kneipe. Dem ist aber keineswegs so. Bei glänzender Beleuchtung, in einem schönen hohen Saale ereignet sich das alles. Daneben laufen offene, freie Speisesäle hin, wo vornehme Bürger ihr Nachtmahl verzehren und harmlos dem Treiben zusehen.

Ich habe nie Exzesse dort erlebt. Das fatale Zauberwort des Nordens, »Branntwein«, fehlt, es fehlen die dumpf Trunkenen, die Sinnlosen. Der leichte österreichische Wein macht nur die Sinne bewußt – und die Wiener haben große Mägen, aber kleine Kehlen. Die Feste dauern bis gegen Morgen. Da nimmt Österreichs musikalischer Held seine Geige und geht heim, um einige Stunden zu schlafen und von neuen Schlachtplänen und Walzermotiven für den nächsten Nachmittag in Hietzing zu träumen. Die heißen Paare stürzen sich in die warme Wiener Nachtluft hinaus [...].«

H. E. Jacob meint, diese Beschreibung sei von Heinrich Heines *Reisebildern* inspiriert. Strauß macht die Österreicher ihre großen Namen der klassischen Musik vergessen. Er ist mit Schumann und Mendelssohn befreundet. Selbst Wagner, den Strauß 1832 kennenlernt, ist begeistert. Obwohl Wien von der Cholera heimgesucht wird, hört es nicht auf zu tanzen. Wagner ist überrascht von diesen »Leute[n], die durch Johann Strauß in Flammen gesetzt sind«. Er entdeckt bei Strauß die »für jede Pièce sich gleichwillig erzeugende, an Raserei grenzende Erregung. Dieser Dämon des Wiener musikalischen Volksgeistes erzitterte beim Beginn eines neuen Walzers wie eine Pythia auf dem Dreifuß. Und ein wahres Wonnegewieher des wirklich mehr von seiner Musik als von den genossenen Getränken berauschten Auditoriums trieb die Begeisterung des zauberischen Vorgeigers auf eine beängstigende Höhe.«[16]

Ab 1830 beherrscht Strauß in Wien die gesamte musikalische Szene. Doch er steht zwischen zwei Kulturen: der volkstümlichen und der klassischen. Der Klassik fühlt er sich zugehörig, weil er ständig das Niveau seiner Musik erhöht. Die Volkstümlichkeit seiner Musik zeigt sich im Unterhaltungsteil der Bälle, den Feuerwerken und all den Attraktionen, die oft wenig anspruchsvoll sind.

Wagner ist erstaunter über das soziale Phänomen, das Strauß bewirkt, als über seine Musik. Strauß gelingt es nämlich, alle Ballbesucher zu bezaubern, wie ein Beobachter des Balls zu Ehren der heiligen Brigitte bemerkte. Vierzigtausend Personen nehmen daran teil: »Unter dem Vollmond verbanden Lampions riesige Zelte

aus Astwerk. Eine ausladende Kreisbewegung schien die ganze Landschaft zu beherrschen. Der Wirbel beschränkte sich nicht auf die Tanzfläche, die Zelte und Holzhütten; er reichte über Hügel und Täler, umfing mit seinem wilden Walzer Bäume und Sträucher. Ein verrücktes Fest – ein Fest der Rothäute!«

Der Wiener Walzer erobert Europa

Ende 1834 wird Strauß, dessen Partituren inzwischen in ganz Europa bekannt sind, nach Berlin eingeladen. Zwischen Wien und Berlin besteht seit langem eine gewisse Rivalität. Johann Strauß ist deshalb etwas bange zumute, denn bisher hatte er nur eine Reise nach Budapest unternommen. Doch Berlin wird ein Erfolg. Nach seiner Rückkehr spielt er in Leipzig, Dresden und Prag, wo er die Polka entdeckt. Überall wird er freundlich aufgenommen.

Dies bewegt ihn 1835, eine Tournee durch den Süden und Westen Deutschlands zu unternehmen. Er tritt mit seinem Orchester in München, Augsburg, Stuttgart, Wiesbaden, Heidelberg und Frankfurt auf. Überall wird er gefeiert. 1836 spielt er in Leipzig, Magdeburg, Braunschweig, Hannover, Hamburg, Bremen, Amsterdam, Den Haag, Lüttich und Brüssel. Deutschland steht nun ganz im Bann des Walzers. Er ist zwischen 1830 und 1840 vor allem deshalb besonders beliebt, weil er bürgerliche und romantische Elemente enthält. Die Romantik zeichnet sich durch ein Streben nach dem Unendlichen aus. In der Mathematik gibt es dafür das Zeichen einer liegenden Acht. Für den Walzer läßt sich kein besseres Symbol finden, variiert er doch ständig Kreis, Zylinder und Sphäre – die Walzerbewegung ist unendlich. Der Schwindel, den diese Drehung bewirkt und der dazu geführt hatte, daß die »gute Gesellschaft« diesen Tanz verdammte, symbolisiert jetzt die romantische Entrücktheit. Doch der Walzer ist zugleich ein Tanz, in dem das Paar gegen das Irrationale, das Unendliche antritt. Die Durchsetzung der bürgerlichen Werte spiegelt sich wider in der

Bewegung des Mannes, der sich auf die Frau stützt und der der Frau, die sich an den Mann lehnt, gemeinsam versuchen sie, gegen das Ungleichgewicht anzukämpfen. Dies ist ein Symbol des Kampfes, den die bürgerliche Epoche führt, um in den Turbulenzen infolge der Durchsetzung des Kapitalismus die Orientierung nicht zu verlieren. Der Walzer stellt sowohl die Entrücktheit dar, als auch ihre Beherrschung durch eine neue soziale Identität – das Paar.

In Wien hat der Walzer einen Meister gefunden. Deutschland hat ihn kennengelernt. Nun gilt es, Europa zu erobern.

ANMERKUNGEN

1 M. von Boehn, *op. cit.*, S. 112.
2 Zitiert von H. Fantel, *Les Strauß, rois de la valse*, Paris 1973, S. 17.
3 Zitiert von F. Klingenbeck, 1943, *op. cit.*, S. 41.
4 Ich habe in bezug auf Unterlagen über Wien und die Dynastie Strauß eine umfangreiche Bibliographie zu Rate gezogen. Aber ich habe meinen Text auf drei Hauptwerken aufgebaut: Mosco Carner, *The Waltz* London/New York 1947; Hans Fantel, *Les Strauß, rois de la valse* (1973) und vor allem Heinrich Eduard Jacob, *Johann Strauss und das neunzehnte Jahrhundert: die Geschichte einer musikalischen Weltherrschaft*, Amsterdam 1937. Um den Text nicht unnötig zu komplizieren, verweise ich nur an speziellen Stellen auf meine Quellen. Alle Autoren geben nämlich eine Fülle von Anekdoten zum besten.
5 H. E. Jacob, *op. cit.*, S. 38.
6 *Ibid.*, S. 14.
7 *Ibid.*, S. 15.
8 *Ibid.*, S. 18.
9 *Ibid.*
10 S. M. Alsop, *The Congress Dances*, zitiert von C. Mc D. Wallace, *Dance, a very Social History*, The Metropolitan Museum of Art, New York 1986, S. 22.
11 H. E. Jacob, *op. cit.*, S. 55.
12 F. Klingenbeck, 1952, *op. cit.*, S. 74.
13 H. E. Jacob, *op. cit.*, S. 55.
14 Graf de La Garde, »Fêtes et souvenirs du congrès de Vienne«, Auszüge aus Les fêtes en Europe, Textauswahl, Paris 1963, S. 169f.
15 E. Hanslick, *Musikalisches Skizzenbuch. Neue Kritiken und Schilderungen*, Berlin 1896, S. 247.
16 Wagner, zitiert von H. E. Jacob, *op. cit.*, S. 77.

Die unmögliche Restauration

> »*Der Walzer ist kein Bestandteil unserer Bräuche. Er bedeutet aus der Sicht der Frau eine derart ausschließliche Aufgabe, die unserer Vorstellung von Höflichkeit, Schicklichkeit und diesem Prinzip der Kultur, das man nie vergessen darf, widerspricht.*«
> ELISE VOIART, Essai sur la danse antique et moderne, 1823.

Zu Beginn des 19. Jahrhunderts verschärfen sich die Unterschiede zwischen den sozialen Klassen in Frankreich. In der Phase der Restauration trägt die Aristokratie den Kopf wieder höher. Insgeheim bereitet das Bürgertum seine politische Revanche vor. Auf ideologischem Gebiet jedoch eint das Volk (Bauern, Arbeiter, Kleinbürger und Bürgertum) die Erinnerung an die Revolution, an den jakobinischen Patriotismus, den kaiserlichen Ruhm. Es kristallisieren sich zwei gesellschaftliche Gruppen heraus: die Intelligenzia und die Jugend. Während der Bürger geduldig seiner Arbeit nachgeht und langsam seinen Wohlstand mehrt, verliert sich der Intellektuelle in Träumen. Die machtausübende Schicht in Frankreich ist sich dieser Realität nicht bewußt. Sie möchte die Feste der Vergangenheit wieder aufleben lassen. Das Volk leistet Widerstand und zeigt seine Freude an neuen Tänzen – und erringt schließlich den Sieg.

Die Bälle der alten Aristokratie

Die alte Aristokratie, die an der Macht ist, lehnt den Tanz nicht ab, doch sie widersetzt sich dem Walzer. Unter Karl X. organisiert die Herzogin von Berry große Bälle. Mehrmals im Monat veranstaltet

sie Abendgesellschaften im Marsan-Pavillon. Im Hinblick auf den Walzer sind diese Veranstaltungen eher ein Zeichen des Rückzugs. Madame de Boigne berichtet nämlich, daß der Walzer 1820 kaum Chancen hat, bei Hof zugelassen zu werden, und auch bei den Bällen der Herzogin de Berry verbietet der Fürst den Walzer: »Es wäre ein schöner Anblick gewesen, eine geborene Fürstin ›berauscht‹ in den Armen eines jungen Mannes drehend zu sehen«, bemerkt Boulenger.[1] Diese Haltung erklärt sich dadurch, daß in Frankreich der Walzer vorwiegend volkstümlich und revolutionär geprägt ist. Die traditionelle Aristokratie tut sich schwer damit, die Wertvorstellungen der napoleonischen Bürgertums zu übernehmen, das sich in öffentliche Bälle flüchtet.

Doch in Paris finden immer mehr Bälle statt. Boulenger erwähnt den Ball, den M. James de Rothschild am 3. März 1821 in seinem Hotel in der Rue d'Artois gab. Dreitausend Einladungen wurden verschickt. James de Rothschild zweifelt am Erfolg, doch Minister, Botschafter, hohe Würdenträger und Beamte, Künstler und Prominente drängen sich auf der Tanzfläche. Es sind so viele Leute anwesend, daß kaum getanzt werden kann. In dieser Zeit beeinflußte die Stimmung bei Hof auch die Pariser Gesellschaft. Der Walzer bleibt den verheirateten Frauen vorbehalten. Die jungen Frauen müssen sich mit den Kontratänzen begnügen (die oft von den englischen *country dances* inspiriert sind), den Ecossaises oder anderen Figurentänzen, die anständig und schicklich sind (zum Beispiel »die englische Kette« oder »Le Pantalon«, die 1786 von Vincent, dem Repetitor von Taglioni, erfunden wurde). All diese Pariser Bälle sind bis zur Neuerfindung des Cotillons (1820), der 1827 bei Hof eingeführt wird, reichlich langweilig.

Bis 1830 finden viele Bälle statt. In diesem Jahr ist der Winter besonders rauh. In allen Salons organisiert man Bälle für die Armen. Der Herzog von Orléans veranstaltet anläßlich der Ankunft der Herrscher der beiden Sizilien in Paris einen großen Ball. Das sollte der letzte Ball in der Zeit der Restauration sein, und er hätte um ein Haar ein böses Ende genommen. Der Herzog von Orléans,

der stets sehr auf seine Popularität bedacht war, öffnet für das Volk die Tore des Gartens, und eine Menschenmenge stürmt in das Schloß. Karl X. erscheint. Man klatscht Beifall, aber kurz darauf entsteht Unruhe unter der Menge. Man hört Rufe wie: »Nieder mit den tressengeschmückten Kleidern! Nieder mit der Aristokratie!« Ein Feuer wird entfacht. Ein Mann wendet sich ans Volk. Gendarmen tauchen auf. Sie werden gestoßen und geschlagen. Die Flammen werden mit dem Holz von Gartenstühlen geschürt. Die spitzen Schreie der verstörten Frauen gehen im Tumult unter. Die herbeigerufenen Soldaten räumen den Garten. Die Herzogin von Berry tanzt einen Cotillon mit dem Fürsten von Salerno. Einen Monat später wird der Herzog von Orléans, Louis-Philippe, König von Frankreich.

Während Louis-Philippes Regentschaft tanzt man in Paris nur noch den Kontratanz. Doch der Walzer kommt wieder zum Zug, ebenso wie der Cotillon und vor allem der Galopp, »mit dem schnellen Rhythmus, der soviel Abwechslung in einen Ball bringt.« Aber der Walzer ist weiterhin nicht gern gesehen. 1835, schreibt Klingenbeck, habe die Hauslehrerin der Königin von Frankreich, die Comtesse de Genlis, sich verächtlich über den Walzer geäußert: »Ein junges Mädchen, leicht gekleidet, sich in die Arme eines jungen Mannes werfend, welcher sie an seine Brust drückt und sie mit solcher Heftigkeit fortreißt, daß sie bald ein heftiges Schlagen ihres Herzens fühlt und daß ihr bestürzt der Kopf wirbelt, das ist das, was man Walzer nennt.«[2]

Louis-Philippe gibt in den Tuilerien rauschende Feste. Die Zeitungen der Opposition verspotten diese Bälle im »Schloß«: Am Büffet, so schreiben sie, gebe es Butterbrote mit Schinken und rotes Wasser. Tatsächlich, erklärt Boulenger[3], ist der angebliche Geiz Louis-Philippes eine Legende, die von den Legitimisten, den Anhängern der gestürzten Bourbonen, erfunden wurde. Das Haus des Königs ist einfach, aber er weiß, was er seiner Stellung schuldig ist. Jeden Winter gibt es in den Tuilerien vier große Bälle, zwei kleine Bälle der Königin und nach der Heirat des Herzogs von Orléans

einen Ball in seinem Schloß. Zu den kleinen Bällen lädt man sechshundert Personen ein, zu den großen drei- bis viertausend. Der Herzog von Orléans versucht, an die Traditionen anzuknüpfen, indem er das Tragen der Kniehose verlangt, doch Louis-Philippe trägt die lange Hose. »Mein Sohn«, sagt er eines Tages, »verzeiht mir, daß ich eine lange Hose trage, aber ich besitze keine Kniehose.« Die ausländischen Offiziere, der Graf von Apponyi, sein Sohn und Vetter, die wie ungarische Magnaten gekleidet sind, General Coletti, ein Minister aus Griechenland, in seinem Palikare-Rock, die Türken in Turban und Pluderhosen und die Schotten in ihrem Kilt sorgen für Aufsehen. Für die Damen gibt es keine vorgeschriebene Hofkleidung; sie tragen Ballroben. 1836 nimmt Mr. Sanderson, ein Amerikaner, der Paris besucht, an einem Ball teil und beschreibt ihn als »das Schönste auf der Welt«. Im Schloß finden auch Kostümbälle statt, wie im Februar 1841: das Mittelalter dominiert, aber auch die Liga und die Fronde, »Epochen, die von den Romantikern bevorzugt werden.«[4]

Auf den Bällen im Rathaus ist das Büffet bescheiden, doch die Menschen strömen in Scharen dorthin (im Januar 1836 tanzen dort zweitausend Menschen). Die Legitimisten verschmähen diese offiziellen Feste und veranstalten im Vorort Saint-Germain Wohltätigkeitsbälle zugunsten der Pensionsempfänger der alten Zivilliste Karls X. Diese Bälle finden entweder in einem Hotel in de Rue des Capucines, dem Casino Paganini, den Gärten des Tivoli oder dem Ventadour-Saal statt und Dufresne und Strauß dirigieren das Orchester. Diese Bälle haben beträchtlichen Erfolg.[5]

Die Botschaftsbälle

Im 19. Jahrhundert zählen zu den großen offiziellen Bällen auch die Botschaftsbälle. Während der Juli-Monarchie sind vor allem die Bälle der englischen Botschaft berühmt. Jedes Jahr erstrahlt das hübsche Hotel des Vororts Saint-Honoré zu Ehren des Geburtstags

von Königin Victoria im Lichterglanz und lockt zahlreiche Gäste an. Lord und Lady Granville geben außerdem auch viele normale Bälle. Laut dem Chronisten Arsène Houssay sind diese Bälle jedoch nicht sehr beliebt, man »spüre dort immer die Kälte des Themsenebels«.

Die Bälle der österreichischen Botschaft sind indessen stets gut besucht. Der Botschafter und die Komteß Apponyi, seine Frau, sind bei der Auswahl ihrer Gäste sehr wählerisch. Seit 1826 bilden diese Bälle einen Treffpunkt für den ältesten Adel, sogar unter Louis-Philippe. Hier trifft man die Herzöge von Orléans und Nemours, die Honoratioren von Orléans, Literaten wie Balzac und Eugène Sue, Bankiers wie die Rothschilds, die Thorns, die Hopes. Die Botschafterin führt außer den beiden großen Jahresbällen auch die sogenannten »Essen mit Tanz« ein. Diese beginnen um zwölf Uhr mittags und enden um einundzwanzig Uhr. Auch die anderen Botschaften, vor allem die der beiden Sizilien, geben prachtvolle Feste.

Die öffentlichen Bälle

Madame Girardin, eine genaue Beobachterin der gesellschaftlichen Veranstaltungen zur Zeit der Juli-Monarchie, liefert uns auch eine Beschreibung von Bällen, die auf einem Landgut gegeben werden. Zwischen zwei Kontratänzen besichtigt man Hühnerhof und Stall – dieser Stall ist natürlich mit bequemen Sofas ausgestattet. Man füttert die Schwäne auf dem Teich und besucht das hübsche Schweizer Chalet, das direkt aus dem Oberland importiert und von zwei echten Schweizern eingerichtet wurde. Auf dem Rasen begegnet man einer anmutigen, schlichten Hirtin, die einen Strohhut mit flatternden Bändern trägt und graziös ein Tuch aus Gaze um den Hals geschlungen hat. Und man tanzt: »Auf frischem Rasen, im Schatten dieser großen Bäume, die am Aussterben sind […]. All die schönen Frauen in ihren bunten Kleidern und leichten Kapotthüten und eleganten Strohhüten, die sich im Walzerschritt

drehen und durch die Blumenbeete spazieren« wirken wie ein zauberhaftes Opernballett, aber »ohne Schminke und steife Tänze«. Am Ende des Tages kümmert sich Edouard, der eigens herbeigerufene berühmte Pariser Coiffeur, um die zerzausten Frisuren, und abends wird dann zum Tanz aufgespielt und werden Feuerwerke abgebrannt. »Zehn Stunden Vergnügen. Man muß sich schon sehr gut amüsieren«, schreibt Madame de Girardin, »um sich lange zu amüsieren.«[6]

Während der Restaurationszeit erfreuen sich die öffentlichen Bälle großer Beliebtheit. Nach 1815 werden die Sommerbälle im Tivoli, in Montagnes de Belleville, in der Grande Chaumière, im Prado und im Salon de Mars abgehalten. Auch im Winter finden Feste im Tivoli statt. Gleichzeitig machen das Colisée, der Bal d'Italie und Passage de l'Opéra Furore. Hier werden alle möglichen Tänze praktiziert: die Gavotte, der Kontratanz, die Quadrille, der Fricassée, der vor allem während der Revolution viel getanzt wurde, und natürlich auch der Walzer. Nach der Quadrille folgt der Galopp, der durch sein rasendes Tempo die Stimmung anheizt. Gegen 1830 kann man von einem regelrechten Ballfieber sprechen. Die jungen Leute strömen herbei, um sich bei den Bällen in der Closerie des lilas, dem Bal Vivienne, in der Chartreuse, dem Salon de Flore, dem Bal Dourlans, im Jardin turc, der Salle Montesquieu und dem Casino Paganini köstlich[7] zu amüsieren. Aber diese Vergnügungen genügen noch nicht. Im Winter tanzt man in den Theatern der Renaissance, der Porte-Saint-Martin, der Varietés, der Opéra comique und in der Oper selbst.

Nach der Revolution von 1830 wird der Opernball ein besonderes Ereignis. Dem Direktor, Dr. Véron, gelingt es zwischen 1831 und 1835, die Oper, die unter den Bourbonen in den roten Zahlen steckte, wieder zu einem gewinnbringenden Unternehmen umzugestalten. Er macht dem Publikum die Kostümbälle schmackhaft, die allmählich weltberühmt werden. Mira, der Impresario, lockt das Publikum durch Lotterien und Unterhaltung aller Art an, 1834 vor allem durch das Engagement spanischer Tänzer.

Die Zeit Musards

1834 tritt Musard auf den Plan. Musard ist Orchesterchef bei Variétés, wo er durch seinen ungeheuren Elan solche Berühmtheit erlangt hatte, daß die Opernleitung beschloß, ihm die Organisation ihrer Bälle zu übertragen.

Zur Zeit Musards finden die Opernbälle jeden Samstag während des Karnevals statt und der letzte am Gründonnerstag. Bei diesen Bällen wird an nichts gespart: Das Orchester besteht aus vierundzwanzig Geigen, Bratschen und Kontrabässen, vierzehn Klapphörnern und zwölf Posaunen. Nicht zu vergessen der Krach zerbrochener Stühle oder Pistolen, die der größenwahnsinnige Musard schließlich durch Böller ersetzt. Und als Höhepunkt der zügellose Galopp, den Musard mit seinem Taktstock antreibt, bis die Tanzenden wie im Taumel herumwirbeln. Während der Restauration gibt es keine Maskenbälle, aber unter Louis-Philippe werden sie wieder zugelassen, wie die Kostüme von Gavarni zeigen.[8]

Musards Eingreifen wirkt sich so einscheidend auf die Gestaltung des Opernballs aus, daß Fétis, der Herausgeber der gelehrten *Revue musicale*, seinen Lesern mitteilt: »Der Tanz gehört nur zur Hälfte zur Musik, aber aufgrund der Neuorganisation der Bälle, die die Königliche Musikakademie ankündigt, hielten wir es für angebracht, unseren Lesern Kenntnis von dem kleinen Programm zu geben, und zwar in Form einer Broschüre, die die Theaterverwaltung herausbrachte, und uns Gedanken darüber zu machen.«[19]

Im Ballprogramm kann man lesen: »Die neue Opernverwaltung hatte die Aufgabe, die Maskenbälle wieder in Schwung zu bringen, die einst Glanzpunkte der Königlichen Musikakademie waren. Aber die Eintönigkeit des Dominos, die monotone Musik, die der gelangweilten Menge Kontratänze bot, konnte die moderne Gesellschaft nicht mehr begeistern. Die Opernverwaltung mußte, um die Bälle zu modernisieren, sie der neuen Kunstepoche anpassen und herausfinden, welche Vergnügungen allen Ansprüchen

genügen könnten. Sie glaubte, daß man außer Prunk und gutem Geschmack auch noch Vergnügungen bieten mußte, die man nur auf den Maskenbällen der Oper finden kann.«

Es folgt eine Beschreibung des Ballsaals und des siebzigköpfigen Orchesters. Dann heißt es: »Dieses Jahr verzichtet man auf die Kontratänze, die auf großen Bällen nicht mehr ankommen. Die Opernverwaltung hat auf vielfachen Wunsch versucht, die Kontratänze durch modernere Tänze zu ersetzen, die nur in einem großen Saal wie dem Opernsaal getanzt werden können. Das Orchester spielt nur Walzer, Polonaisen, Mazurkas und vor allem diese Galopps, die sich seit einem Jahr höchster Beliebtheit erfreuen [...]. Diese Tänze haben den großen Vorteil, der Schicklichkeit Genüge zu tun, was bei einem öffentlichen Ball nicht unbedingt gewährleistet ist. Bei diesen Tänzen bleibt das Paar immer zusammen; der Herr muß seine Dame nicht in fremde Hände geben, wie das beim Kontratanz der Fall war.«

Véron bezeichnet also den Kontratanz als »inkorrekt«, während der Paartanz »der Schicklichkeit Genüge tut«. In diesem Programm ist weiterhin zu lesen: »Der Saal ist so eingerichtet, daß viel Raum für den Walzer und den Galopp zur Verfügung steht, was die Tanzenden selbst im schönsten Pariser Salon nicht finden werden [...]. Die Verwaltung ist der Meinung, daß in der Oper nur moderne Musik und spezielle Tanzmelodien geboten werden. Sie hat diese Aufgabe den bekanntesten Fachleuten und einigen Amateuren übertragen, die in diesem Bereich einen ausgezeichneten Ruf genießen. Dazu zählen die Herren Auber und Adam, der Graf von Bongars, Vater und Sohn Boïeldieu, Caraffa, Madame C. Delavigne, die Herren Gide, Halévy, H. Herz, Labarre, Leborne, Meyerbeer, Musard, Alphée de Régny, Rossini, Schneitzhoeffer und Troupenas.« Dann befaßt sich das Programm mit den Kostümen und dem Auftritt berühmter spanischer Tänzer.

Wer weiß heute noch, daß Frankreich 1834 zwanzig große Walzerkomponisten aufzuweisen hatte? Auch wenn wir einige Namen kennen, sind ihre Walzer vergessen. Fétis kritisiert im übrigen die

Auswahl dieser Musiker. Seiner Ansicht nach hätte das historische Motto der Kostüme dazu führen müssen, nach »alten Melodien« zu tanzen: »Ist es nicht ein grober Anachronismus, wenn Karl IX. oder Franz I. nach der Musik von Rossini oder Meyerbeer tanzen?«[10]

Fétis bedauert, daß Walzer und Galopp beim Opernball zugelassen werden. Die *Revue musicale* publiziert und fördert nämlich gerade »alte Melodien«. Fétis verteidigt in der Zeitschrift die alten Tänze gegenüber den neuen.

Die Dorffeste

In ganz Frankreich tanzt man in den Dörfern, was nicht immer reibungslos abläuft. Auf Ersuchen mancher Pfarrer untersagt der Präfekt den Tanz auf dem Marktplatz. Aber es ist Tradition, daß sich die Bewohner benachbarter Dörfer gegenseitig einladen. In einer »Petition für die Dorfbewohner, die Tanzverbot haben« vom 15. Juli 1822 berichtet Paul-Louis Courier von einem Tanz, der während des Sommers jeden Sonntag in der Touraine stattfindet: »Die Geige spielt uns zum Tanze auf, doch erst seit kurzem. Einst war die Geige den Bällen der Honoratioren vorbehalten, denn sie war anfangs eine Rarität in Frankreich. Der König ließ Geigen aus Italien kommen, damit sein Hofstaat in aller Gemessenheit tanzen konnte. Das Volk tanzte wenig, manchmal zur Musette oder zum Dudelsack, wie der Refrain zeigt: ›Da ist der Pilger, der die Musette spielt: Tanze, Guillot; springe, Perrette.‹ Wir, die Neffen der Guillots und Perrettes, machen es anders als unsere Vorfahren, wir tanzen zum Klang der Geigen [...]. Außer diesen Tänzen an Sonn- und Feiertagen gibt es einmal im Jahr in jeder Gemeinde eine Zusammenkunft. Viele Menschen nehmen daran teil, und die jungen Leute amüsieren sich gut. Natürlich dürfen die Geigen nicht fehlen. Beim ersten Klang nehmen alle Aufstellung, und die Männer tanzen mit ihren Bräuten«.[11]

Der Dorfplatz scheint nicht nur für den Markt, sondern auch für den Tanz angelegt worden zu sein: »Er befindet sich inmitten der Gemeinde, auf ungepflastertem Boden, eignet sich deshalb für alle möglichen Spiele und Akrobatik. Er ist umgeben von Geschäften, es gibt Hotels und Gaststätten in Reichweite, denn die meisten Geschäfte werden mit einem kräftigen Schluck besiegelt, und nach den Kontratänzen wird gerne noch ein Bier getrunken. Es läuft alles geordnet ab, ohne Anzeichen von Streitigkeiten. Die Engländer, die manchmal auf Besuch kommen, bewundern dies sehr. Es erstaunt sie, daß sich unsere Volksfeste so friedlich abspielen, ohne Faustkämpfe wie bei ihnen, ohne Tote wie in Italien, ohne Betrunkene wie in Deutschland.«[12]

Doch die Staatsmacht greift ein und entsendet Gendarmen: »In Frankreich gab es immer viele Gendarmen, zahlreicher noch als Geigen, obwohl sie fürs Tanzen weniger wichtig waren. Um ehrlich zu sein, wir wollen sie nicht, aber die Regierung ist heute überall, und diese Allgegenwärtigkeit erstreckt sich auch aufs Tanzen. Der Präfekt möchte über jeden Schritt informiert werden, um den Minister zu unterrichten.«[13]

In Thiérache wird auf dem Dorffest auch getanzt und gepraßt: »Bei Einbruch der Dunkelheit begab sich die Jugend in Begleitung von Musikanten zum Bürgermeister, um ihm einen Höflichkeitsbesuch abzustatten, und dann begann der Ball. Ein durch Zweige verdeckter Karren diente den Musikern als Bühne. Der Marktplatz war von bunten Lampions beleuchtet und den schwachen Lampen des Süßwarenhändlers, dessen Kinder mit ihren schmutzigen Händen Bonbons verteilten. Die Klatschbasen tratschten, verbreiteten Heiratsgerüchte und strahlten mit ihren Laternen die vorübergehenden Paare an, was sich die jungen Leute nicht widerstandslos gefallen ließen. Am Montag morgen, nach der Messe für die Verstorbenen, amüsierte sich die Jugend auf einem zweiten Ball [...]. Am Abend beschloß ein Abschlußball das Fest. Wenn aber das Wetter mild und das Jahr gut gewesen war, und die jungen Leute noch etwas Taschengeld übrig hatten, suchten

sie einen einfachen Musikanten, meistens einen Akkordeonspieler, und veranstalteten noch einen Ball für die Bewohner. Das war ›la fête des cocus‹, an der keine Fremden, sondern alle Dorfbewohner in ungezwungener Kleidung teilnahmen. Sogar ältere Paare tanzten, und alle amüsierten sich königlich. Ein paar Wochen später gab es noch ein weiteres Fest vor dem Beginn der düsteren Wintertage (es wurde je nach Region ›Refait de la fête‹, ›Piote fête‹ oder ›Réchaud‹ genannt). Dieses Fest dauerte nur einen Tag und fand großen Zuspruch.«[14]

ANMERKUNGEN

1 J. Boulenger, op. cit., S. 20.
2 Zitiert von Klingenbeck, 1952, op. cit., S. 54; aber auch von E. Reeser, op. cit., S. 28.
3 J. Boulenger, op. cit., S. 29.
4 Ibid., S. 31.
5 Ibid., S. 33.
6 Zitiert von M. Bouteron, Danse et musique romatique, Paris 1927, S. 129 f.
7 F. de Ménil, op. cit., S. 208.
8 M. Bouteron, op. cit., S. 58 f.
9 Revue Musicale, 28. Dezember 1833.
10 Fétis, zitiert von M. Bouteron, op. cit., S. 66.
11 P.-L. Courier, Œuvres complètes, Paris 1979, S. 135 und 136.
12 Ibid., S. 136.
13 Ibid., S. 135.
14 Société archéologique de Vervins et de la Thiérarche, in La Thiérarche, S. 170.

Der Walzer in der Romantik

> »*Ein rascher Walzer in einem von tausend Kerzen erleuchteten Saale versetzt ein junges Herz in einen Rausch, der seine Schüchternheit überwältigt, das Bewußtseins seiner Kraft erhöht und ihm endlich den* Mut zu lieben *gibt.*«
> STENDHAL, Über die Liebe, Frankfurt/M. 1975, S. 68

In Frankreich ist das Wiederaufleben des Walzers eng mit der Romantik verknüpft. Weshalb haben sich die Romantiker dem Walzer zugewandt? Wenn sich die Geschichte überschlägt und Ideen und »Werte« relativiert, wendet sich der Romantiker der Philosophie des Absoluten zu. Und während die Liebe in der bürgerlichen Gesellschaft käuflich wird, wie alles übrige, predigt der Intellektuelle das Ideal der Selbstlosigkeit und bekräftigt seine Vorliebe für die Reinheit. Das Ideal entdeckt er vor allem bei den Frauen, die außerhalb des aktiven Gesellschaftslebens stehen, bei den jungen Mädchen. Da die Jugend um jeden Preis nach Glück und Entfaltung strebt, sucht sie nach Neuem und gerät in einer Gesellschaft, deren Horizont beschränkt zu sein scheint, mit der älteren Generation in Konflikt. Die Romantiker treten also zur Zeit der Restauration auf, in einer Zeit versteckter Widersprüche.

Romantische Schwärmerei

Es gelingt der Aristokratie nicht, gegen den Zeitgeist eine manierierte Tanzweise aufrechtzuerhalten; der Walzer ist für die französischen Romantiker etwas ganz Neues. Sie sind fasziniert von diesem Tanz. Es besteht ein Wechselspiel zwischen der Entwicklung der

Romantik als Denk- und Seinsweise und der Verbreitung des Walzers als Gesellschaftstanz. Im übrigen suchen die französischen Romantiker ihre Inspiration anderswo. Dafür muß man reisen. Sie neigen dazu, diesen Tanz Deutschland zuzusprechen, da sie zutiefst germanophil sind.[1] In ihren Augen gilt das »gute«, »sanfte« Deutschland, die Heimat Werthers und Charlottes, der Philosophie, des Biers, der Burggrafen, der Bräute mit den langen Zöpfen, von *Hoffmanns Erzählungen*, der Dichtkunst, der Porzellanpfeifen und des Walzers als das Land der Romantik par excellence. Es gibt keinen Autor in dieser Epoche, der nicht den Walzer preist, nicht von ihm mitgerissen wird. Außerdem bewirkt die Begegnung mit dem Walzer bei diesen Dichtern und Autoren eine ungeheure Erregbarkeit. Für sie wird das bescheidenste Essen zu einer »Orgie, nach der einem sterbenselend ist«, schreibt Boulenger nicht ohne Ironie.

Diese Sensibilität ermöglicht ihnen die Ausdrucksfähigkeit, die dem Walzer Eingang in die Literatur verschafft. Nach Ansicht von Gasnault tanzte man zwischen 1815 und 1850 nur wenig Walzer. Dieser Tanz »wurde anfangs als melodische Gattung geschätzt: Er wurde auf Bällen nur mäßig praktiziert, da man ihn ungewöhnlich fand, schwer zu tanzen, peinlich aufgrund der Intimität, die er zwischen dem Paar schuf. Die Vorurteile, die das feurige, aber schamhafte französische Temperament gegen diese Ausdrucksform der deutschen Sensibilität hegte, wurden unter dem Einfluß der Romantik nur langsam überwunden.«[2]

Ich kann mich Gasnaults Hypothese, der Tanz sei von der Aristokratie zum Großbürgertum übergegangen und schließlich vom Volk aufgegriffen worden, nicht ohne weiteres anschließen. Es verhält sich viel komplizierter. Die französische Prüderie betrifft vielleicht den Adel, aber nicht das Volk. Die Bauern haben ebenso wie die Arbeiter der Vorstädte keine Scheu vor dem Paartanz.

Nach der Restauration bringt die Aristokratie dem Walzer kein allzu großes Interesse entgegen, denn er erinnert noch zu stark an die schmerzliche Zeit der Revolution. Die erneute Machtergreifung einer »reaktionären« Klasse geht Hand in Hand mit dem Ver-

such, die Werte und kulturellen Bräuche des Ancien régime wieder einzuführen. Doch im Volk, das darum gekämpft hat, den Walzer tanzen zu dürfen, bleibt er lebendig. Schriftliche Zeugnisse beweisen das Vorhandensein des Walzers zu dieser Zeit. Daß man beim Opernball 1834 auf den Kontratanz verzichtet, ist ein Zeichen der allgemeinen Entwicklung.

Die romantischen Autoren und Musiker schöpfen ihre politische Schwärmerei aus dem Volk. Wenn man liest, was sie über den Walzer schreiben, stellt sich die Frage, ob sie dieses Erbe vergessen haben. Die Romantiker haben nämlich den Eindruck, sie tanzten »deutsch«, wenn sie Walzer tanzen. Sie suchen in Goethe ihren Vorläufer. Wie wir ja bereits gesehen haben, hat der junge Werther den Walzer mit der romantischen Liebe verknüpft, indem er auf die Gefühle verwies, die dieser Tanz hervorruft: »Ich war kein Mensch mehr. Das liebenswürdigste Geschöpf in den Armen zu haben und mit ihr herumzufliegen wie Wetter, daß alles rings umher verging, und – der den Sturm ankündigt. Wilhelm, um ehrlich zu sein, tat ich aber doch den Schwur, daß ein Mädchen, das ich liebte, [...] mir nie mit einem andern walzen sollte als mit mir, und wenn ich darüber zugrunde gehen müßte. Du verstehst mich!«

Hier klingen zwei Themen an, die auch von den französischen Romantikern behandelt wurden. Da ist die Begeisterung, die Freude am Walzer, wie die Gefühlsäußerung von Werther zeigt. Beim Walzer schwebt man dahin wie im Wirbel, der den Sturm ankündigt, und beim Tanzen erlebt das Paar, wie die Welt versinkt. Aber gleichzeitig fürchtet man, daß das geliebte Wesen diese Erfahrung auch mit einem anderen machen könnte. Alle Ehemänner, alle Verliebten zu Beginn des 19. Jahrhunderts können sich in Charlottes Verehrer hineinversetzen.

Mussets Begeisterung

Alfred de Vigny beschreibt den Walzerrausch 1818 folgendermaßen:

»Noch zittert die Harfe, es seufzt die Flöte,
Denn der Walzer erhebt sich zur Abendröte;
Mit geschlossenen Augen gleiten Paare vorbei,
Schweben in anmutigen Kreisen dabei,
Wenn die Musik verklingt, halten sie an,
Betrachten ihr Spiegelbild sodann.
Sie wiegen sich erneut im Takt, andere lachen störend dabei,
Sie drehen sich weniger gewandt, rempeln mit Geschrei.
Die Dame, trunken vom begeisternden Fest,
Zupft sich nebenbei Blumen aus ihrem Haarnest,
Lehnt sich auf den Arm, der sie stützt, und, bleich vor Lust,
Senkt sie den Blick auf die bebende Brust.«

Diese Verse beschreiben den Walzer, seine Musik, die anmutigen Kreise, die Kollisionen, die Trunkenheit, die Mattigkeit der Dame, die »den Blick auf die bebende Brust« senkt. Aber diese Schilderung erfolgt von außen, das heißt, Vigny berichtet vom Ball, ohne persönlich anwesend zu sein.

Alfred de Musset geht in seinen *Bekenntnissen eines Kinder seiner Zeit* (1836) weiter. Er ist wohl jener romantische Dichter, der den besonderen und subtilen Genuß des Walzertanzes am besten wiedergegeben hat. Der junge Autor (er wurde 1810 geboren) schreibt: »Dieser wirklich köstliche Tanz ist mir immer angenehm gewesen; ich kenne keine edleren Vergnügungen, keinen Tanz, der einer schönen Frau und einem jungen Mannes besser anstünde. Im Vergleich mit dem Walzer sind alle andern Tänze nur fade Äußerlichkeiten oder Vorwände für die oberflächlichsten Unterhaltungen[3]. Wenn man so eine halbe Stunde eine Frau in seinen Armen hält und sie mit sich fortreißt, [...] dann hat man wirklich das Gefühl, daß man sie besitzt, und man ist sich nicht einmal klar

darüber, ob man sie beschützt oder ob man ihr Gewalt antut. Einige geben sich mit einer so wollüstigen Schamhaftigkeit, mit einer so süßen und so reinen Ungezwungenheit hin, daß man nicht weiß, ob das, was man neben ihnen empfindet, Begierde oder Furcht ist, und ob man, wenn man sie an sein Herz drückte, eher ohnmächtig werden oder sie wie schwankendes Rohr zerbrechen würde.« Wo auch immer der Leser Bekanntschaft mit dem Walzer gemacht hat, ob im Salon oder beim Volksfest – diese Zeilen sprechen ihn unmittelbar an.

Musset beschreibt hervorragend, was der Herr bei jeder Walzerdrehung empfindet, bei dieser besonderen Beziehung zu seiner Dame. Seine Schilderung enthält eine Analyse der Beziehung zwischen Mann und Frau, die bezeichnend ist für die romantische Liebe. Henri Lefebvre hat sie als Spannung zwischen erotischer und ethischer Haltung definiert. In der Liebe widersprechen sich die beiden und sind doch gleichzeitig unerläßlich. Ist nicht der romantische Walzer die Vermittlung zwischen der Achtung vor der Frau und Anmaßung? Ist nicht der Walzer ein Versuch, das Vertrauen der Freundschaft und die List der Verführung zu vereinigen? Musset beschreibt auch diesen Übergang von der durch Ethik geschützten Beziehung zu einer der Macht und des Besitzens, welche die Liebe beansprucht.[4]

Der »Augenblick des Walzertanzens« hat mit »keimender Liebe« zu tun, die der italienische Soziologe Francesco Alberoni in *Innamoramento e amore* behandelt. »Was bedeutet es, sich zu verlieben?« fragt er sich und antwortet: »Das ist der Beginn einer kollektiven Bewegung zweier Menschen.«[5]

Dies gilt auch für den Walzer.

Musset schreibt über die Dame beim Walzertanzen: »An ihrem Busen trug sie einen riesigen Blumenstrauß, dessen Düfte mich berauschten. Bei der geringsten Bewegung meines Armes fühlte ich, wie sie sich gleich einer Liane neigte; sie war von einer so süßen und sympathischen Weichheit, daß sie mich wie mit einem Schleier aus balsamduftender Seide umgab. [...] sie bewegte sich

so göttinnengleich, daß ich einen schönen Stern zu sehen glaubte, und sie lächelte dabei wie eine Fee, die auf unsichtbaren Schwingen davonschweben will. Die göttliche und wollüstige Walzermusik schien von ihren Lippen auszugehen, während ihr mit einem Wald schwarzer Flechten bedeckter Kopf sich nach hinten neigte, wie wenn der Hals zu schwach gewesen wäre, ihn zu tragen.« Bei dieser Beschreibung spürt man den schnellen Walzerrhythmus, die Schwerkraft des Paares in ihrer Dynamik, die bei jeder Drehung die Tanzenden weiter nach außen drängt und »technisch« deren enge Umarmung rechtfertigt.

Die Leiden des Victor Hugo

Im Gegensatz zu diesem Genuß der Tanzenden steht das Mißbehagen der Außenstehenden: Kinder, Ehemänner oder betrogene Liebhaber. Für diese ist »der berauschende Walzer« lediglich ein »anstößiger Wirbel«, wie Geoffroy, der Kritiker der *Débats*, behauptete.

Die Walzerbewegung, die »ein junges Herz in einen Rausch [versetzt], der seine Schüchternheit überwältigt [...] und ihm endlich den *Mut zu lieben* gibt« (Stendhal), ist eine Kollektiverfahrung, ähnelt dem, was die Soziologen als »Bewußtseinsveränderung« bezeichnen. Wenn Durkheim von Zuständen der kollektiven Gärung sprach, dachte er bestimmt nicht an die »Tanzbesessenheit«, und doch lassen sich einige seiner Bemerkungen dahingehend deuten. Der Mensch, der einen solchen Zustand erlebt, »hat den Eindruck, daß er von Kräften beherrscht wird, die sich seiner Kontrolle entziehen [...]. Er fühlt sich in eine andere Welt versetzt, die sich von seiner realen Welt unterscheidet. Das Leben darin ist nicht nur viel intensiver, sondern auch durch eine andere Wertvorstellung bestimmt [...]. Das Individuum ist selbstlos, widmet sich ganz der Gemeinsamkeit [...]. In solchen Augenblicken wird dieses erhabene Leben mit solcher Intensität und Ausschließlichkeit gelebt, daß es das Bewußtsein voll gefangennimmt, daß alle egoistischen An-

wandlungen oder gewöhnlichen Gedanken verbannt werden.«[6] Oder lassen diese Kräfte dem Handelnden alles Alltägliche, zum Beispiel den Ehemann oder die Kinder, »egoistisch und gewöhnlich« erscheinen? Jedenfalls erleben die Zuschauenden, wie sich der Partner ihnen entzieht.

Victor Hugo scheint diesen Schmerz des Liebenden erlebt zu haben, also den Augenblick, wenn der geliebte Mensch vom Tanz mitgerissen wird und nur noch Augen für den Tanzpartner hat. Im November 1831 schreibt er:

»Wenn ihr nie gespürt den rasenden Schmerz
Von andern gewählt zu sehn die ersehnte Hand
An andern schlagen zu sehn das geliebte Herz
Wenn ihr nie gesehn voll Zorn den unkeuschen Tanz
Wie er im Fluge sich drehend
Wollüstig Frauen und Blumen entblößt....«[7]

Victor Hugo liebt das Leben und die Frauen. Hinter dieser Verteufelung des »unzüchtigen Walzers und seiner lasziven Drehungen« spürt man den Zorn, das Leid und die Eifersucht eines Mannes, der erlebt, wie ihm die Frau entgleitet, die er liebt.

Ein göttlicher Tanz

Aber die Romantiker sehen im Walzer andere Dimensionen. Für sie verkörpert er eine Art Glücksgefühl. Er kommt in *Jocelyn* von Lamartine vor. In seinen Träumen erinnert er sich an seine glückliche Kindheit in der Zeit vor der Revolution, eine schmerzvolle Zeit:

»Lasset uns schlafen! Doch ich kann die Augen nicht schließen.
Lasset uns beten! Doch mein Geist erhört nicht mein Gebet.
Mein Ohr noch erfüllt von den Klängen des Tanzes,

vom Echo des Tages den Sinnen zugetragen.
Vergeblich schließ' ich die Augen, sehe noch immer das Fest.
In meinem Kopf dreht sich fortan der Walzer.«[8]

Der Walzer hat für die Romantiker zudem eine universelle, religiöse Seite, er verbindet mit einer anderen Welt. Musset, von dem wir wissen, daß er das Walzervergnügen sehr genossen hat, sieht darin etwas Göttliches. Er geriert sich als Hohepriester und verlangt, daß man korrekt tanzt, um die »Profanisierung dieser sanften Trunkenheit« zu vermeiden. In seinen Versen verteidigt er folglich die Beachtung eines strengen Rhythmus:

»Ich wünschte, wir huldigten dieser jungen Göttin besser
Da sie doch unsere Gastgeberin ist.
Ich wünschte, daß wir unsere Schritte ihrer Stimme anpaßten,
Um ihrer sanften Trunkenheit würdig zu sein.
Gern streifte ich die zarten Umrisse ihrer göttlichen Brust,
Und nähme sie als erster in die Arme.

Aber selbst die Unordnung bedarf der Eleganz
Könnte doch eine französische Herzogin.
So gut tanzen wie ein deutscher Kuhhirt.«

Die letzte Strophe zeugt von der grotesken Vorstellung der Romantiker, der Walzer sei ein Hirtentanz, doch der Mythologie zufolge stehen die Kuhhirten den Göttern nahe.
   Diese Strophen interessieren uns vor allem aus anthropologischer Sicht, zumal der Autor vor allem die göttliche Seite des Tanzes hervorhebt und den Walzer als »junge Göttin« bezeichnet. Für Musset wurzelt der Bezug zum Walzer in der alten Tradition der Pléiade-Dichter, die in der Volte zur Zeit der Renaissance eine Gabe Gottes sahen. Musset spricht auch von »sanfter Trunkenheit«, in seinen Worten scheint die Erfahrung der Entrückung durch, der Trance, der »Unordnung«, des Überschäumens, die sei-

ner Ansicht nach gedämpft und zu einer Art Ritual, zu einem Kult erhoben werden muß.

Die Tanzlehrer teilen diesen Wunsch. Laut Cellarius (1847)[9] haben Mussets Empfehlungen Früchte getragen: »Wenn man einen Ball von heute mit den Tanzveranstaltungen vor fünf oder sechs Jahren vergleicht, ist man angenehm überrascht, wie sich die Gewohnheiten und Sitten auf dem Tanzparkett verändert haben [...]. Wieviel lebhafter sind jetzt die Bälle im Vergleich zur früheren Laschheit. Die Wahl einer Dame, das unterschiedliche Talent des Herrn, das Orchester – all diese Details haben ausgereicht, die Bälle neu zu beleben.«[10]

Zur Zeit der Restauration betrachtet die herrschende Klasse Frankreichs den Walzer mit Distanz, doch die Romantiker verleihen ihm eine fast religiöse Essenz, als gleichsam göttlich. Vor diesem widersprüchlichen Hintergrund unternimmt Johann Strauß seine erste Reise nach Paris.

Strauß in Paris

Strauß erhofft sich von dieser Reise Anerkennung. Bisher hatte er nur die deutschsprachigen Länder besucht, nun wendet er sich den romanischen zu. Sein erstes Konzert in Frankreich gibt er in Straßburg. Am 20. Oktober 1837 erntet er bei einer patriotischen Feier großen Erfolg: Die Franzosen feiern an diesem Tag die Einnahme Constantines, einer wichtigen Stadt in Algerien, durch General Damrémont. Die Pariser Presse berichtet ausführlich über dieses Konzert.

Strauß tritt die Reise mit einem bangen Gefühl an. Sein Orchester erscheint ihm ein wenig schwach. Er hat nur sechsundzwanzig Musiker, während dem »großen Musard« sechsundneunzig erstklassige Musiker zur Verfügung stehen. Musard hat auch Walzer, Ouvertüren und Quadrillen im Programm. Strauß muß auf andere Weise mit Musard konkurrieren.

Am 2. November 1837 spielt Strauß in Paris vor einem vollen Saal. Alle führenden französischen Orchesterchefs sind anwesend: Adam, Auber, Berlioz, Cherubini, Halévy und Meyerbeer. Strauß spielt die Ouvertüre der *Faux monnayeurs* von Auber, dann »La valse de Gabrièle«. Der Auftritt wird ein Triumph. Die Pariser sind fasziniert von dieser Musik, aber auch vom Stil des Wiener Orchesters, das einen Anflug von Exotik in die Hauptstadt bringt. Am 5. November spielt Strauß in den Tuilerien vor König Louis-Philippe und dem belgischen König Leopold. Strauß hat Schwierigkeiten, sich bei Hof zurechtzufinden, an dem das Zeremoniell sehr stark betont wird. Welcher Unterschied zu Schönbrunn! Was soll er Louis-Philippe antworten, wenn dieser zum Beispiel zu ihm sagt: »Ich kenne Eure Walzer schon seit langem. Ich bin höchst erfreut, daß Ihr persönlich gekommen seid, um sie mir vorzuspielen!«

Strauß plant mit offizieller Unterstützung dreißig Konzerte zusammen mit Musard. Die Österreicher bestreiten den ersten Teil, dann spielen die Franzosen. Die gemeinsame Arbeit ermöglicht der Öffentlichkeit, zwei Stilarten miteinander zu vergleichen. Strauß bittet Musard, zwei- oder dreimal in seinem Orchester zu spielen. Er möchte nämlich die »französische Quadrille«, die man auf den Pariser Bällen abwechselnd mit den Walzern spielt, in sein Repertoire aufnehmen.

Strauß gibt einige Konzerte und spielt auf Bällen in Rouen und Le Havre. Seine Musiker sprechen dem Burgunder und Bordeaux heftig zu. Er muß einschreiten, denn der französische Wein wirkt berauschender als der österreichische. Gleichzeitig erfahren die Wiener die kulturellen Unterschiede. Am 24. Dezember veranstalten die Bürger von Rouen einen Maskenball. Für das Wiener Orchester ist Weihnachten jedoch in erster Linie ein privates Fest. In Rouen tanzt man bis vier Uhr morgens Walzer, und der Champagner fließt in Strömen. Manche Verkleidungen schockieren die Wiener, denn einige Ballteilnehmer tragen Kapuzinerkutten und Nonnentracht. Für die Wiener grenzt dies an Blasphemie. Sie kehren nach Paris zurück und spielen dort vom 27. Dezember bis zum

27. Februar 1838 jeden Abend abwechselnd Konzerte und Bälle. Strauß triumphiert an der österreichischen Botschaft. Er spielt auch auf einem Fest bei Baron Delmare, dort wird er Talleyrand vorgestellt, der Wien 1809 besucht hatte, als Strauß fünf Jahre alt gewesen war. Auf dem Ball der Stadt Paris spielt Strauß mit dem Orchester von Dufresne, und dabei kommt es zu einem Zwischenfall: Strauß weigert sich, seine Musiker die schwarzen Dominokostüme tragen zu lassen, die für diesen Maskenball vorgesehen sind. Seine Musiker verkleiden sich nicht!

Die Kritik indes ist sehr positiv. Maurice Schlesinger, Herausgeber der *Gazette musicale*, lädt Strauß ein, auf einem Tanzabend zu spielen. Auch dieser wird ein voller Erfolg. Halévy, der Komponist von *Die Jüdin*, überhäuft ihn mit Komplimenten, ebenso Paganini. Strauß findet also in Paris die erhoffte Resonanz. Der angesehenste Kritiker in Paris ist Hector Berlioz. Im Gegensatz zu einigen seiner Kollegen fühlt er sich keiner bestimmten Gruppe verpflichtet, sondern nur seinem eigenen, strengen Urteil.

Berlioz' Kritik

Berlioz' Werk bricht mit der gesättigten Tradition des Pariser Lebens. Seine »Symphonie fantastique« (1830) leitete eine Wende ein, denn hier nahm ein Komponist erstmals einen echten Walzer in eine Symphonie auf. Als Kritiker verfaßt er eine »Monatschronik der Musik« im *Journal des débats*.

Berlioz widmet Strauß einen langen Artikel, um den Franzosen die Überlegenheit der deutschen Musik vor Augen zu führen, und nennt darin Strauß in einem Atemzug mit Gluck, Beethoven und Weber:

»Ist es nicht verwunderlich, daß in einer Stadt wie Paris, dem Treffpunkt der größten Virtuosen und Komponisten Europas, das Auftreten eines deutschen Orchesters zu einem musikalischen Ereignis wurde? Dieses Orchester behauptet, es könne nur Walzer

spielen. Warum hat schon das erste Konzert dieser Musiker solche Begeisterung hervorgerufen? Bisher kannten wir den Namen Strauß nur durch die Verleger, die seine Walzer in Tausenden von Exemplaren verbreiteten, auch dank Musard, der uns einige davon spielte. Aber von der Perfektion, dem Temperament, der Klugheit und vor allem dem hervorragenden Rhythmusgefühl dieses Orchesters hatten wir keine Vorstellung.

Strauß ist mit sechsundzwanzig Musikern nach Paris gekommen: vier ersten Geigen, vier zweiten Geigen, einem Violoncello, zwei Kontrabässen, zwei Flöten, zwei Klarinetten, einer Oboe, zwei Trompeten, zwei Hörnern, einem Fagott, einem Klapphorn, einer Posaune, einem Schlagzeug, einer Harfe und einer großen Pauke. Aber da die meisten Musiker mehrere Instrumente beherrschen und diese ungewöhnlich schnell wechseln können, erscheint das relativ kleine Orchester viel größer.

Doch dies ist nicht das eigentliche Verdienst der Wiener. Die Professionalität der Musiker allein dürfte wohl kaum ausreichen, den überwältigenden Erfolg des Orchesters zu erklären. Der wahre Grund liegt in der Welt der Musik, einem Bereich, der bisher weithin vernachlässigt wurde – sowohl von Virtuosen als auch von Komponisten – und der doch von höchster Wichtigkeit ist. Auf diesem Gebiet sind noch nicht einmal die Ansätze einer Entwicklung zu entdecken. Ich spiele auf den Rhythmus an. Die italienischen Komponisten sowie die französischen Maestros haben den Rhythmus immer aus der gleichen falschen Perspektive gesehen. Sie hielten ihn für eine Beigabe der Melodie und Harmonie, für etwas Zweitrangiges. Ihnen galt er lediglich als Mittel, dessen Formen man nicht verändern durfte, ohne die Melodie durcheinanderzubringen.

Strauß' Musiker beherrschen diese schnellen Rhythmuswechsel viel besser als unsere Künstler. Die Walzer, die sie präsentieren und deren Takte sich überschlagen, sind schwer zu spielen. Die Wiener schaffen es mit Leichtigkeit. Dank dieser Fertigkeit entfaltet der Charme des Rhythmus seinen ganzen Reiz. Deshalb er-

scheint mir Strauß' Erfolg ein gutes Vorzeichen für die Entwicklung der Pariser Musik. Ich bin nämlich davon überzeugt, daß dieser Erfolg mehr auf dem rhythmischen Akzent der Walzer basiert als auf deren melodiöser Anmut oder ihrer glänzenden Orchestrierung. Strauß bewegt sich in einer Welt, deren Pforten uns Beethoven und Weber geöffnet haben – in der wunderbaren Welt des Rhythmus, auf einem unendlich fruchtbaren Boden, auf dem jene, die ihn bepflanzen, reiche Ernte erleben werden [...].«[11]

Das Paradoxe an dieser lobenden Kritik besteht darin, daß sie eine musikalische Dimension aufwertet, die Strauß, der sich seit zwanzig Jahren intensiv mit den Melodien beschäftigt, eigentlich abzuschwächen versucht: den Rhythmus. Damit eröffnet Berlioz der Tanzmusik die Aufnahme in die »große« Musik. Das ganze 19. Jahrhundert über wird Wien und die Familie Strauß die musikalische Etablierung des Walzers befördern. Bei diesem Pariser Aufenthalt gab Strauß Konzerte in unterschiedlichsten Milieus und trat auf unzähligen Bällen auf. Damit trug er zur Überwindung des Widerspruchs zwischen den Walzertänzen der oberen Klassen und dem romantischen Ideal bei, der in Frankreich besonders ausgeprägt war. Seine Intervention und seine Konfrontation mit Musard bedeuteten den Beginn einer neuen Phase der Walzer-Kultur in Europa.

ANMERKUNGEN

1 A. de Musset: »Bis 1830 glaubten wir, daß die Romantik die Nachahmung der Deutschen sei«, Lettres à Dupuis et Cotonet, erster Brief, zitiert in H. Lefebvre, *Musset*, Paris 1970, S. 33.
2 F. Gasnault, *op. cit.*, S. 185
3 Musset schreibt dies zwischen 1834 und 1836, während seiner stürmischen Beziehung zu George Sand (1804–1876), die ausführlich über die langweiligen Tanzstunden berichtete, die sie als Kind besuchen mußte.
4 Über den »Augenblick der Liebe« bei H. Lefebvre siehe R. Hess, *op. cit.*, S. 26–30, oder H. Lefebvre, *op. cit.*, S. 343 ff.
5 F. Alberoni, *Le choc amoureux*, Paris 1980, S. 9.

6 E. Durkheim, »Jugements de valeur et jugements de réalité«, in *Philosophes et savants français*, Paris 1930, S. 42–44.
7 V. Hugo, *Feuilles d'automne*, Paris 1859, S. 23.
8 A. de Lamartine, *Jocelyn* (1836), Paris 1910, S. 13.
9 Lamartine schreibt in seinem Brief an Cellarius vom 9. Juni 1847: »Eure wahren Richter sind die Jugend und die Schönheit, die Euern Namen mit dem Vergnügen gleichsetzen.«
10 Cellarius, *La danse des salons*, Paris 1847, S. 8. Gasnault hat vermutlich nach der Lektüre dieses Urteils von Cellarius seine Hypothese aufstellen können, daß man erst ab 1845 Walzer tanzte.
11 H. Berlioz, »Chronique mensuelle de la musique«, in *Le Journal des débats*, 1837.

Walzer auf englische Art

> »Meine Frau tanzt jetzt auf jedem Ball Walzer, und meine Töchter werden es ihr bald nachtun.«
>
> LORD BYRON

In Großbritannien faßt der Walzer nur schwer Fuß. Besonders das Almack in London, ein Konkurrenzunternehmen des ehemaligen Bath, das für seine Bälle im 18. Jahrhundert berühmt war, bemüht sich um die Einführung des Walzers.

Die Gesellschaftsbälle

Was im Almack getanzt wird, verbreitet sich im ganzen Land. Dieses Ballhaus wurde 1769 im Süden des Cecil Square errichtet. Hinter seiner imposanten Fassade aus dorischen Säulen befinden sich Billard- und Caféräume. Im ersten Stock gibt es kleine Zimmer für Kartenspiele und einen prächtigen Ballsaal, der dreißig Meter lang und fünfzehn Meter breit ist. Die Saison beginnt am Geburtstag des Königs und endet im Oktober. Jedes Jahr nehmen tausend Besucher daran teil. Der Gründer des Unternehmens stirbt 1781, und Willis, der die Tochter von Almack geheiratet hatte, übernimmt das Ballhaus, die späteren Willis' Rooms.[1] Zwischen 1800 und 1810 werden in London zahlreiche Tanzgesellschaften gegründet, wie die Albion Assembly und die Friendly Assembly, die sich in Ludgate Hill versammeln und ein ziemlich strenges Protokoll pflegen. Auch in kleinen Städten wie Bath, Harrogate und

Tunbridge Wells gibt es seit langem ähnliche Gesellschaften. Seit 1719 wurden sogar Tanzgesellschaften in der amerikanischen Kolonie gegründet. Auf einer Reise nach Amerika im Jahre 1781 bemerkt der Marquis de Chastellux: »Hier sind alle Klassen abgeschafft. Die Männer fordern die Frauen einzig und allein aufgrund ihrer persönlichen Sympathie auf. Allenfalls gilt noch das Kriterium des Wohlstands.«[2] Der Marquis beobachtet in Philadelphia den Aufstieg der Mittelschicht, die sich einige Jahrzehnte später in allen Tanzgesellschaften durchsetzt.

In London gibt es auch die New Argyll Rooms, das Laurent's Casino und das Casino von Venedig, das dem Londoner Tanzpalast des 20. Jahrhunderts entspricht.[3] Zu Beginn des 19. Jahrhunderts werden in England das Menuett, die »country dances«, der Kontratanz und der Cotillon getanzt. Am populärsten sind die »country dances«, aber auf den höfischen Bällen dominiert nach wie vor das Menuett. Für Richardson steht außer Frage, daß bestimmte Figuren des Kontratanzes bereits als Vorläufer des Walzers angesehen werden können. Seiner Ansicht nach wurde die moderne Form des Walzers erst um 1812 in England eingeführt.[4]

G. Yates bedauert die Einstellung der Bälle im St. James' Palace anläßlich des Geburtstags des Königs.[5] Auch unter Georg III. bleibt das Menuett der offizielle Hoftanz. Georg III., der 1820 stirbt, ist seit 1811 gesundheitlich geschwächt, was die Abschaffung der Bälle und des Menuetts zur Folge hat, das nach und nach durch die »country dances«, die Kontratänze ersetzt wird. Im Gegensatz zum Walzer werden diese Tänze von der Londoner Gesellschaft wohlwollend aufgenommen; der Walzer dagegen gilt noch als »zu intim«. Trotzdem wird er zunehmend getanzt.[6]

Die Ablehnung des Walzers

Auch wenn der Paartanz sich noch nicht durchgesetzt hat, ist die Walzermusik schon einige Jahre vor der Jahrhundertwende in England bekannt. Doch man praktiziert diesen Rhythmus hauptsächlich in der Form der Allemande, das heißt, man hebt die Arme über den Kopf. A. Franks weist darauf hin, daß in England vor 1812 mehrere Walzerformen nebeneinander existiert haben dürften. Während eine Lithographie aus den USA zeigt, daß um 1810 der Walzer bereits in die Salons Einzug gehalten hat[7], wird zu dieser Zeit in England der Walzer als fester Paartanz nur in »zweifelhaften« Kreisen getanzt.[8] Anfangs tanzt man die Allemande als Figur im Kontratanz und im Cotillon. Erst 1812 wird der Walzer als geschlossener Paartanz im Almack getanzt. Richardson verweist auf die Berichte von Aristokraten, die nach der Rückkehr von einer Reise auf den Kontinent den neuen Tanz in England bekanntmachen, doch diese Tanzmanier stößt auf heftigsten Widerstand.

Der Verband der Tanzlehrer versucht, den Walzer in Form der Allemande aufrechtzuerhalten. Und die Tanzlehren mißbilligen den Brauch, »der vermutlich aus Deutschland stammt«[9], die schönen Armbewegungen zu unterbinden und sie durch den festen Griff der Herren zu ersetzen. Kann man auf einem englischen Ball solche Haltung sehen? Richardson zumindest glaubt es, aber er vergißt die Vorliebe Königin Elisabeths I. für die Volte. »Ein Jahrhundert später«, berichtet er, »wird der Tango die Londoner Gesellschaft ebenso schockieren.« Aufgrund zahlreicher Berichte kann man annehmen, welche Art von Walzer um 1812 im Westen Londons getanzt wird, auch wenn sie von Leuten stammen, die gegen die Anstößigkeit dieses neuen Tanzes protestieren.

Lord Byron, einer der entschiedensten Gegner dieses Tanzes, beschreibt in einem Brief, der seinem unter dem Pseudonym Horace Hornem veröffentlichten Gedicht »The Waltz« vorausgeht, wie er auf einem Ball erwartet, einen »country danse«, das heißt einen Cotillon zu erleben. Doch als er den Ballsaal betritt, erlebt er

eine große Überraschung. Er entdeckt seine Frau, die Arme um die Hüften eines hünenhaften Mannes geschlungen, der aussieht wie ein Husar. Beide drehen sich unermüdlich, bis dem armen Zuschauer schwindlig wird und er sich wundert, daß es den Tanzenden nicht genauso ergeht. Dann endlich beendet das Paar den Tanz. Der Gatte glaubt, sie würden sich jetzt auf ihre Plätze zurückziehen oder sich erholen. Doch weit gefehlt! Die Gattin legt die Hand auf die Schulter ihres Herrn, und sie schreiten »quam familiarita« ungefähr eine Minute lang vorwärts, und plötzlich drehen sie sich wieder im Kreise »*like two cockchafers spittet on the same Bodekin*«.[10]

Lord Byron lehnte den Walzer nicht grundlos ab, wie eine Anekdote bezeugt. Dabei geht es um sein Verhältnis mit Caroline Lamb, das einen Skandal auslöst. Auf den Londoner Bällen spricht man mehrere Sommer lang darüber. Als er der Lady überdrüssig ist, lockert sich ihre Beziehung, aber sie schreiben sich weiterhin. Im Juli 1813 sehen sie sich auf einem Ball in London wieder, zu dem Lord Byron mit seiner neuen Geliebten, Lady Oxford, der besten Freundin Carolines, erscheint. Caroline, die vor ihrem Verhältnis mit Lord Byron vom Walzer begeistert gewesen war, greift sich angesichts dieses Affronts einen beliebigen Partner und fängt einen Walzer an. Beim anschließenden Dinner macht sich Byron über ihre Art zu tanzen lustig. Caroline zerbricht ein Glas und ritzt sich »mit den Glasscherben die Haut auf«.[11]

Die Spannungen zwischen Anhängern und Gegnern des Walzers sind sehr heftig. Die britische Gesellschaft ist unschlüssig und läßt sich von prominentesten Persönlichkeiten beeinflussen, wie wir aus einer anderen Anekdote wissen: Napoleon weilt schon geraume Zeit auf der Insel St. Helena, als der junge Graf von Devonshire von Paris nach London reist und erstaunt feststellt, daß man auf den Bällen des Highlife keinen Walzer tanzt. Alle unverheirateten jungen Mädchen verstehen diese Bemerkung des Grafen als Aufforderung zum Walzertanzen und widmen sich auf den Bällen

nun hingebungsvoll diesem Tanz. Als der Graf die kleine Revolution bemerkt, die er entfacht hat, meint er: »Ich werde nie ein Mädchen heiraten, das Walzer tanzt.« Er hält Wort und stirbt vierzig Jahre später unverheiratet.

Capitain Gronow berichtet, daß 1815 der »Mazy Waltz« in London eingeführt wird.[12] Aber, fährt er fort, nur sehr wenige wagten es, in den Salons vom Almack einen Walzer aufs Parkett zu legen. Er nennt in erster Linie Lord Palmerston, der unermüdlich mit Mrs. Lieven tanzt. Auch Baron Neumann tanzt des öfteren Walzer mit der Fürstin Esterhazy, und allmählich verdreht der Walzer allen Mitgliedern der guten Gesellschaft den Kopf: »Sie alle senken den Kopf bis zu den Zehen!« In einigen Häusern der Oberschicht Londons tanzt man bereits frühmorgens Walzer, und zwar mit unvergleichlichem Eifer.[13]

Richardson bemerkt verwundert, daß in Wilsons Werk, das 1816 herauskommt, mit keinem Wort die neue Walzerform erwähnt wird, bei der das Paar sich umarmt. Er wähnt die Ursache darin, daß damals nur wenige seiner Schüler aus der vornehmen Gesellschaft stammten. Einleuchtender jedoch ist das Argument, daß die Tanzlehrer den neuen Stil ablehnen, weil sie die Allemande beibehalten möchten.

Jane Austen, eine Chronistin der damaligen Zeit, zeigt uns in *Emma*, daß die besten Tänzer des »country dance« auch gerne Walzer tanzen und sich dabei auch sehr geschickt anstellen. In diesem Roman beschreibt sie Frank Churchill, den besten »country dance«-Tänzer Englands, der Emma bei der Hand ergreift und mit ihr zum Gipfel des Walzers entschwebt. Auch Mrs. Weston, eine ausgezeichnete Tänzerin des »country dance«, »kann dem Walzer nicht widerstehen.«[14]

Der Walzer erntet erste formelle Anerkennung, als er 1816 im Salon des Prinzregenten getanzt wird. Die *Times* jedoch attackiert die neue Tanzart heftig und verurteilt ihre Einführung bei Hof: »Wir registrieren bekümmert, daß letzten Freitag dieser anstößige ausländische Tanz namens Walzer zum ersten Mal am englischen Hof

getanzt wurde. Dieses Ereignis können wir nicht stillschweigend übergehen. Die Moral unseres Landes hängt von seinen Bräuchen ab.« Den Verfasser des Artikels erschreckt vor allem »die wollüstige Umschlingung der Arme und die überaus intime Annäherung der Körper, die dieser Tanz vorsieht und die sich gravierend von der Distanziertheit der englischen Damen unterscheidet. Solange dieses obszöne Vergnügen Prostituierten und Ehebrecherinnen vorbehalten war, konnte man es stillschweigend übergehen. Aber da jetzt die Gefahr besteht, daß dieser Tanz durch das schlechte Beispiel der Oberschicht in die angesehenen Gesellschaftskreise eindringt, können wir nur alle Eltern warnen, ihre Töchter unbedingt davon fernzuhalten. Wir erinnern die Oberschicht unserer Gesellschaft an ihre moralische Verpflichtung. Es ist uns unverständlich, wie so etwas passieren konnte (vermutlich auf Anraten eines nichtswürdigen Tanzlehrers). Wir mißbilligen es aufs äußerste, daß ein solch anstößiger Tanz Eingang am englischen Hof hat finden können. Wir glauben, daß er in einer Gesellschaft, die moralische Ansprüche erhebt, nicht geduldet werden kann.«[15]

Victoria liebt den Walzer

Als der Walzer im Almack in London den Durchbruch geschafft hat, veröffentlicht Wilson 1816 sein Buch über die angemessene Art, Walzer zu tanzen.[16] Der Konflikt beschäftigt die britische Gesellschaft, die vom Walzer begeistert ist, ebenso wie Wilsons Schüler, die sich aus den Tänzern des King's Theatre, des Theatre Royal Drury Lane, des Theatre Royal Covent Garden, des Astley's Royal Amphitheatre, des Aquatic Theatre im Sadler's Wells zusammensetzen. Wie Richardson schreibt, können sich diese Tänzer ihrer Reputation wegen nicht auf die Bälle begeben, die, ausgehend vom Almack oder Bath, sich in ganz England verbreiten. Sie versuchen, den neuen Rhythmus zu integrieren, indem sie ihn den klassischeren und elitäreren Tanzformen anpassen. Thomas Wil-

son, ein bekannter Tanzlehrer und Verfasser mehrerer Werke über »country dances«[17], trägt mit seinem Buch von 1816 zur Durchsetzung des Walzers bei. Für ihn verkörpert er Allemande und Française zugleich. Er unterscheidet zwischen dem langsamen Walzer und dem hüpfenden Walzer (»jetté or quick sauteuse waltz«). Aber gleichzeitig versucht er, den Walzer in eine Form zu pressen, die bereits überholt ist. Wilson erklärt, bisher sei die anmutige Schönheit der Bewegung oberstes Tanzgebot gewesen. Mit dem Walzer kommt es zu einem Bruch. Das Tanzen wird zum eigenständigen Vergnügen, das die Gesellschaft so stark erfaßt, daß viele Moral und Tugend gefährdet sehen.[18] Pädagogische Maßnahmen sollen dem Überhandnehmen der Unmoral vorbeugen.

Die Befürwortung eines »gemäßigten« Walzers findet sich bei G. Yates, einem Tanzlehrer, der 1829 in seinem Buch schreibt: »Wenn der Walzer in einem sanften Rhythmus getanzt wird, ist er einer der anmutigsten Tänze, der sogar interessanter als die Allemande ist. Doch das, was heute geboten wird, verdient die Bezeichnung Walzer nicht, denn es ist weder eine Sauteuse, noch eine Polonaise oder sonst ein offiziell anerkannter Tanz. Kurzum, es ist bloß ein lautes Spiel, bei dem jede Figur oder Variation unterdrückt wird, wie die Bewegung eines Pferdes in einer Mühle.«[19] Trotz dieser Kritiken seitens der Tanzlehrer und der Gesellschaft setzt der Walzer sich im ganzen Land und in allen Gesellschaftsschichten durch.[20]

Auch Prinzessin Victoria ist eine gute Walzertänzerin. Drei Jahrhunderte zuvor hat Königin Elisabeth I. die Volte hoffähig gemacht, und Victoria nutzt ihre Königswürde, um den Walzer offiziell in England einzuführen.[21]

Am 28. Juni 1838 findet das Fest statt, auf das sich die gesamte britische Nation freut: die Krönung Victorias. Nach Beendigung der Zeremonie in Westminster wartet eine ungeheure Menschenmenge auf die neue Königin. Auch Strauß und sein Orchester sind anwesend. Strauß spielt unermüdlich, unter anderem auch »God save the Queen«, ohne mit den zehn anderen Orchestern, die die-

selbe Hymne intonieren, in Kollision zu geraten. Im Hintergrund werden Kanonen abgefeuert, und Kirchenglocken läuten. Strauß, der mit seinem Orchester am 11. April den Ärmelkanal überquert hat, weiß, daß Victoria den Walzer liebt, und rechnet deshalb mit vielen Bällen und Festlichkeiten.

Strauß in England

Anfangs fällt es Strauß schwer, Anerkennung zu finden. Er muß einige Zeit im Gefängnis verbringen, weil er einen Hotelbesitzer beleidigt hat. Cocks, ein Londoner Musikverleger, zahlt im Austausch für einen Walzer die vom Gericht verhängte Strafe. Anschließend wird Strauß in London von einem musikkundigen Publikum gefeiert und erhält den Auftrag, die Musik für den Krönungsball zu komponieren.

Drei Wochen dauern die Festlichkeiten, deren musikalische Leitung Strauß übernommen hat: Konzerte, Gartenfeste, Bälle. Johann Strauß spielt dreimal täglich: morgens in der Londoner Residenz irgendeines Adeligen, mittags auf einem Schloß in der Umgebung und abends bei Hof. Diese Feste sind meist äußerst luxuriös. So wird zum Beispiel der Weg zum Ball der Baronin Rothschild, der drei Meilen von London entfernt stattfindet, durch Tausende von Fackeln beleuchtet. Zur Unterbringung des Orchesters hat man mitten auf dem Rasen einen Salon errichtet, in dem auch getanzt wird. Die Bevölkerung der umliegenden Dörfer übernimmt die Gestaltung der Feste, die an den legendären Prunk römischer Kaiser erinnern.

Überall in England, aber auch in Schottland und Irland verlangt man nach Strauß. In einhundertzwanzig Tagen gibt Strauß zweiundsiebzig Konzerte und begründet durch sein brillantes Können seinen europäischen Ruf. Birmingham, Bath, Southampton und Glasgow lösen sich ab. Strauß erwägt sogar eine Reise nach Amerika, doch Reichmann, sein Impresario und Freund, bringt ihn von

dieser unsinnigen Idee ab. Als das Orchester von diesen Plänen seines Chefs erfährt, probt es den Aufstand. Die Musiker wollen nach Wien zurück. Anfang 1838 erkrankt Strauß schwer. Er ist, ebenso wie viele seiner Musiker, total erschöpft. Das ist das Zeichen für die Rückreise, nachdem das Orchester über ein Jahr quer durch Europa unterwegs war.

Straußens Aufenthalt in London hat in der Geschichte des englischen Walzers großes Gewicht, denn Strauß trug durch seine Konzerte und Bälle dazu bei, den Rhythmus des Walzers in England zu vereinheitlichen. Zu dieser Zeit tanzt man den Walzer bei Hof hoch viel langsamer als in der Stadt und in den Vororten Londons. Strauß hinterläßt also seine Spuren.

Am englischen Hof konnte erst mit der Thronbesteigung Königin Victorias der Widerstand gegen den Walzer endgültig überwunden werden. Eine Zeitlang gilt der Walzer sogar als führender Tanz. Nach Ansicht von Belinda Quirey rührt die historische Bedeutung des Walzers nicht aus der Zeit, in der er die Ballsäle dominierte, denn seine Vorherrschaft war kürzer als die des Menuetts, sondern daher, daß er auch zur Zeit der Quadrille, der Polka und später des Tangos stets der zweite Tanz geblieben ist.[22]

Der Walzer im Zweivierteltakt

Ende 1830 erlebt der Walzer in London einen Durchbruch besonderer Art. Es beginnt mit dem Galopp, der sich nun plötzlich außerordentlicher Beliebtheit erfreut. Anfangs dient er noch als Abschluß der Quadrille, dann aber tanzt man ihn nach einer Walzermelodie. So entsteht der Walzer im Zweivierteltakt, der auch Walzer im Zweischritt genannt wird (Cellarius). Vor allem die Engländer bevorzugen diese Walzerart, die sich durch einen Schritt nach dem ersten Takt, einer Aussetzung im zweiten Takt und einem Schritt im dritten auszeichnet.[23]

Bei dieser Walzerform werden die ersten beiden Takte durch

den Gleitschritt des Galopps bestimmt und der dritte durch den Rutschschritt. Alle englischen Autoren jener Zeit bezeugen, daß dieser Walzer im Zweivierteltakt den im Dreivierteltakt entthront. Philippe Gawlikoski, ein Tanzlehrer, stellt 1858 fest, daß sich beim Walzer im Zweivierteltakt die Partner nicht gegenüberstehen, im Gegensatz zu jenem im Dreivierteltakt, sondern etwas seitlich stehen, wie später beim Boston.

Wie so oft stellt sich erneut die Frage nach dem Ursprung: Woher stammt dieser Walzer im Zweivierteltakt? Dazu gibt es verschiedene Deutungen von zwei berühmten Tanzlehrern. 1844 schreibt Coulon, der in London lebt und in der Marlborough Street unterrichtet: »Dieser Walzer kommt vom Wiener Hof. Als er nach England gelangt, erlebt er dort einen Siegeszug.«[24] Desrat vermutet einen anderen Ursprung: »Dieser Walzer, der fälschlicherweise als Walzer im Zweivierteltakt bezeichnet wird, kommt aus Rußland […]. Ich weiß genau, daß der Walzer im Zweivierteltakt 1815 in Frankreich eingeführt wurde, denn ich erfuhr von meinem Vater die näheren Umstände: Im Januar 1839 nahm Baron de Nieuken, Attaché an der russischen Gesandtschaft, Tanzunterricht bei meinem Vater, so wie es damals üblich war, mit allen Grundübungen des Tanzens. Abends war der Baron zu einem großen Ball beim Grafen Molé eingeladen, dem damaligen Außenminister, wo er mit charmanten Moskowiterinnen würde tanzen müssen. Er bat also seinen Lehrer, mit ihm die Schritte zu wiederholen. Mein Vater war über den Begriff des Walzers im Zweivierteltakt wütend, da er darin einen gravierenden Widerspruch zum üblichen Dreivierteltakt des Walzers sah. Aber alles arrangierte sich bestens, als er sah, wie sein Schüler den Seitenschritt des Walzers machte, indem er die erste Schrittbewegung zu den zwei ersten Musiktakten vollführte und die zweite zum dritten Takt. Mein Vater begriff sofort, daß der Seitenschritt langsam anfing und kurz endete. Schüler und Lehrer tanzten zusammen, und der Baron hatte solch durchschlagenden Erfolg, daß von diesem Tag an die gesamte Aristokratie den Walzer im Dreivierteltakt dem im Zweischritt opferte.«[25] Richardson hält

sich an die Version von Desrat. Da sich der Walzer im Zweivierteltakt aus dem Galopp entwickelte, glaubt er, da er selber aus Rußland stammt, daß dieser Walzer russischen Ursprungs sei.[26]

Cellarius, der in England durch die Übersetzung seines Werks *Danse de salon* (1847) bekannt geworden ist und sich einen Namen als Experte für die Unterweisung im Salontanz gemacht hat[27], schreibt über den Walzer im Zweivierteltakt: »Ich appelliere an die Walzertanzenden: Empfindet ihr dasselbe Vergnügen, wenn ihr in gleichförmigen Bewegungen eure Kreise vollführt, als wenn ihr mit mitreißendem Schwung tanzt, den nur der Walzer im Zweivierteltakt bieten kann, eure Bewegungen nach Belieben beschleunigt oder verlangsamt, mit eurer Dame in alle Richtungen entschwebt, mit ihr von einem Saal in den anderen wirbelt, fast bei jedem Schritt euer Tempo ändert, bis euch derart schwindlig wird, daß ich von Taumel sprechen möchte, ohne befürchten zu müssen, daß mir die echten Walzerliebhaber widersprechen.[28]

Cellarius widmet dem Walzer im Zweischritt zwei Kapitel in seinem Werk. Seiner Meinung nach bietet dieser Walzer vor allem pädagogische Vorteile: Er ist einfach und ungewöhnlich leicht zu lernen.[29] Cellarius grenzt diesen Walzer vom Walzer im Dreivierteltakt durch den Gleitschritt ab: »Man muß zu jedem Takt einen Schritt machen, das heißt, man muß mit einem Fuß gleiten und den anderen nachziehen. Der Walzer im Zweivierteltakt unterscheidet sich vom Walzer im Dreivierteltakt dadurch, daß nicht ein Kreis beschrieben wird, sondern daß man ihn gerade tanzt und nur beim Gleitschritt eine Drehung vollzieht. Es ist wichtig, diese unterschiedliche Bewegung zu unterstreichen, um das Wesen der beiden Walzerarten richtig einzuschätzen.«[30]

Cellarius findet in England viele Schüler, die einen Walzer seines Namens populär machen, wie eine kürzlich durchgeführte Untersuchung über eine Kleinstadt in Nordengland bezeugt. Patricia A. Mitchinson veröffentlicht Auszüge aus dem *Harrogate Advertiser* vom 15. Juli 1848: »Sie werden sich bestimmt freuen zu erfahren, daß Nicholas Henderson, dessen Name mit der Einführung des

Cellarius und anderer schöner Walzer in den vornehmen Kreisen der Hauptstadt verbunden ist, sich in Harrogate aufhält. Er wird die gesamte Saison hier verbringen. Dies dürfte vor allem jene Mitbürger interessieren, die seine neuesten Importe kennenlernen wollen.« Mitchinson veröffentlicht außerdem einen Artikel vom 29. Juli 1848, in dem Henderson wirbt. Er bietet an, gegen eine Guinee in drei Stunden Polka, Schottisch-Walzer und den Walzer im Zweivierteltakt zu lehren. Sowohl Schulen als auch Familien haben Zugang zu seinen Kursen.[31]

Während der Regierungszeit von Victoria und Edward ist der Walzer stets Bestandteil der Quadrillen. Von den Quadrillen haben zweifellos die Lanciers größte Berühmtheit erlangt. Sie entstanden in England und setzten sich ab 1850 auch in Paris durch. Bei dieser Tanzart nehmen sich die Paare in Augenschein, grüßen und defilieren parallel.[32] Bei den meisten Figuren spielt der Walzer eine »entscheidende« Rolle (Franks). Zwischen 1840 und 1850 werden in den Anweisungen zu dieser Tanzart »vier Takte Walzer« zum Abschluß des Tanzes vorgeschrieben.

ANMERKUNGEN

1 P. J. S. Richardson, *op. cit.*, S. 31.
2 C. Mc D. Wallace et al., *op. cit.*, S. 18.
3 P. J. S. Richardson, *op. cit.*, S. 34.
4 Doch Eduard Reeser spricht von einer Walzerpartitur von 1790: »Four Favorite Waltzes for 1791« in E. Reesen, *op. cit.*, S. 28.
5 G. Yates, *The Ball*: or a Glance at Almack's, London 1829.
6 »Die Bälle von 1815 und 1820«, in *The Graphic*, 24. Juni 1899.
7 Siehe »The Young Lady at the Piano«, in C. Mc D. Wallace, *op. cit.*, S. 17.
8 A. H. Franks, *op. cit.*, S. 130.
9 P. J. S. Richardson, *op. cit.*, S. 63.
10 Lord Byron, unter dem Pseudonym Horace Hornem, »*Waltz: an Apostrophic Hymn.*«
11 Zitiert von C. Mc D. Wallace, *op. cit.*, S. 20.
12 J. Gronow, *Reminscences and Recollections*, London.
13 P. J. S. Richardson, *op. cit.*, S. 64.

14 J. Austen, *Emma*, 1816, Frankfurt/M. 1979.
15 Zitiert von A. H. Franks, *op. cit.*, S. 129.
16 »A description of the correct method of waltzing«, in T. Wilson, *A Companion to the Ball Room*, containing a Choice Collection of the most Original and Admired Country Dance [...] and Waltz Tunes [...], London 1816.
17 Von Thomas Wilson siehe insbesondere: *The Treasures of Terpsichore* sowie *An Analysis of Country Dance*, 2. Auflage, illustriert von J. Berryman, W. Calvert, London 1811. Die britischen Tanzhistoriker scheinen nicht bemerkt zu haben, daß Wilson in das Ballordnungs-Modell, das er vorschlägt, einen Walzer mit aufgenommen hat. In seiner Werbung bietet er 1811 an, für 4 Pfund und 4 Schilling den »Brunswick Waltz« zu lehren.
18 Thomas Wilson: »The truly fashionable species of dancing, that from the graceful and pleasing Beauty of its Movement, has obtained an ascendancy over every other Department of that Polite Branch of Education [...]. That waltzing is a species of dancing totally different in its composition, and as an amusement, of a totally different tendency to that which has been until lately most erroneously impressed on the mind of society in general, as an enemy to true morals and as endangering virtue«, *op. cit.* S. 17.
19 G. Yates, *op. cit.*.
20 P. J. S. Richardson, *op. cit.*, S. 65.
21 A. H. Franks, *op. cit.*, S. 57.
22 B. Quirey, in *The Ballroom Dancing*, Mai 1961.
23 P. J. S. Richardson, *op. cit.*, S. 77.
24 Zitiert von A. H. Franks.
25 G. Desrat, *op. cit.*, S. 374 f.
26 P. J. S. Richardson, *op. cit.*, S. 79.
27 »Er wurde begierig gelesen«, schreibt Richardson.
28 Cellarius, *op. cit.*, S. 42.
29 Das bietet nur Vorteile. Ein englisches Handbuch (der *Warne's*), das anonym 1860 erschien, stellt fest, daß der Walzer im Zweivierteltakt derart erfolgreich war, daß man noch nie so viele schlechte Tänzer erlebt hat.
30 Cellarius, *op. cit.*, S. 43.
31 P. A. Mitchinson, »Regional evidence for dance with particular reference to a Yorkshire spa town, Harrogate«, in J. Adshead, J. Layson, *Dance History*, London 1983, Neuauflage 1986, S. 104.
32 Sogar noch 1950 wurde in Frankreich auf einigen Volksfesten die Quadrille der Lanciers getanzt. In der Version von 1900 dominiert der Sechsachteltakt.

DRITTER TEIL
DIE ETABLIERUNG DES WALZERS

Die neuen Tanzlehrer

> »*Ein schlechter Walzertänzer sorgt für Unannehmlichkeiten. Er tritt seiner Dame auf die Füße, kommt aus dem Takt, verliert die Balance, bringt die Partnerin in Verlegenheit... Derjenige jedoch, der den Walzer perfekt beherrscht, umflattert die Dame wie ein Schmetterling; er wirbelt sie herum wie ein Kreisel und macht mit der Tanzenden, die von ihm abhängig ist, was er will [...].*«
> L'HERMITTE DE LONDRES, La Valse, BIBLIOTHÈQUE DE L'OPÉRA, A II, 1821

Wie die Volte ist auch der Walzer ein ungewöhnlich einfacher Tanz. Der Grundschritt ist leicht zu erlernen. Das Novum besteht im festen Griff, dem »close hold«, wie die Engländer sagen. Das Paar, das sich umarmt und dadurch körperliche Nähe schafft, steht im Widerspruch zu dem, was die von den Wertvorstellungen der Kirche geprägte gesellschaftliche Etikette zu akzeptieren bereit ist. Die schnelle Drehung verursacht Byron zufolge Schwindel, selbst wenn sie noch nicht das Tempo von Johann Strauß Sohn erreicht. Die, wenn auch nur teilweise, Einbuße der Selbstkontrolle läßt den Walzer der »Trance« gleichen, die Jean Bodin als »satanisch« bezeichnete. Die Gefahr, daß das Paar die Balance verliert, bedeutet eine Bedrohung für die gesamte Tanzgesellschaft, da die Paare dann miteinander kollidieren. In diesem manchmal chaotischen Gedränge wirkt die Intimität des Paares stabilisierend. Die »Walzomanie« entsteht aus dieser gemeinsam empfundenen Verantwortung, das Individuelle, das Interindividuelle, das Kollektive und das Organisatorische in Harmonie zu bringen.

Der Widerstand der Tanzlehrer

Während der ganzen ersten Hälfte des 19. Jahrhunderts setzt sich der Walzer anfangs mittels Überlieferung durch. Da sich die französische Führungsschicht dem Tanz widersetzt, kann er nur interindividuell verbreitet werden, wie dies in Frankreich oder Österreich bei den Volksfesten der Fall ist. 1840 tanzt man in allen Vorstadtkneipen nur noch Walzer. Endlich hat er in der Gesellschaft Fuß gefaßt, auch wenn die Tanzlehrer sich weigern, ihn zu unterrichten. Da sie hauptsächlich von den herrschenden sozialen Schichten bezahlt werden, lehnen sie den Walzer zuerst ab, wenngleich er in Frankreich schon von talentierten Tänzern an der Oper getanzt wird.[1]

Im Grunde beruht der Tanzunterricht auf einem »angenommenen Wissen« der Tanzlehrer. Ihre Kompetenz (und ihre Einkünfte) gründen auf der technischen Schwierigkeit des Tanzes und ihrer Fähigkeit, das gesellschaftlich Gewünschte weiterzugeben. Nachdem der Walzer sich durchgesetzt hat, und die Tanzlehrer durch ihren Widerstand Gefahr laufen, arbeitslos zu werden, versuchen sie, ihn zu integrieren, indem sie ihn kontrollieren. Sie komplizieren einen einfachen Grundschritt, indem sie Figuren dort einbauen, wo das Paar ganz selbstversunken ist. Die Tanzlehrer ersinnen gemeinsame Bewegungen, um bei Abendgesellschaften und Bällen die Tänzer zu kontrollieren.

Seit 1767 verteidigt der Tanzlehrer Chavanne in seinen *Principes du menuet* die Idee, der Walzer habe nichts mit »dem guten Tanz« zu tun, und erkennt damit die Existenz des Walzers in Frankreich an. Der Tanzlehrerverband wird im übrigen von vielen unterstützt. So äußert zum Beispiel der Schriftsteller Vigée: »Ich kann mir gut vorstellen, daß die Mütter gern Walzer tanzen, aber nicht, daß sie es ihren Töchtern gestatten.«[2] Im 19. Jahrhundert wird viel über den »schlechten Tanz« oder ganz allgemein den Salontanz geschrieben. Dadurch entsteht zur Zeit des Wiener Kongresses folgendes Urteil: »Wer ein Gefühl für Rhythmus hat, wird

auf dem ersten besten Tanzsaal sogleich die ganz übertriebene Geschwindigkeit der Polonaisen und Walzer fühlen... Ich weiß nicht, warum dieser Geist der Übereilung und Überspannung in Tanz und Musik so allgemein wird. Jenes wilde Umherschleudern und wilde Springen liegt unstreitig gar nicht im Charakter des Walzers, sondern in dem unserer Herren und Damen.«[3]

Auch Klingenbeck stellt fest, daß die alten deutschen Tanzmeister Gegner des Walzers sind, und zitiert verächtliche Bemerkungen über den Walzer aus der *Grammaire de la danse*: Sie, die damals den »guten Ton« und »Anstandslehre«, natürlich einschließlich »Unterweisung in den neuesten gesellschaftlichen Tänzen« gepachtet hatten, erhoben das französische Menuett zur »Königin der Tänze«, was allerdings verständlich wird, wenn man die zu jener Zeit vorherrschende Bevorzugung alles Ausländischen und Manierierten bedenkt. »O gute Zeit, wann kommst du wieder!« rangen die »maîtres de danse« die Hände, als sie die so liebevoll exakt studierten Menuetts immer mehr aus dem Tanzsaal verschwinden sahen. Ihr Wehklagen über den Verfall der guten Sitten konnte diesen neuen Impuls der Walzerverbreitung natürlich nicht aufhalten. Wenn auch die fortschrittlicheren unter den Tanzmeistern selbst bereits manchmal gegen die beengenden Schnürungen in den Damenmoden warnend den Finger erhoben, so wollten sie doch noch nicht recht einsehen, daß allmählich auch die Zeit der einseitigen Tanzformen vorüber war.[4]

Doch seit 1840 ist ein Umdenken im Gang: Man erlebt eine Hinwendung der Tanzlehrer zu den »neuen Tänzen«. Die ablehnende, feindselige Haltung wird nun wieder von moralisch argumentierenden Chronisten eingenommen. Ein Beispiel hierfür ist das Werk des Vicomte Brieux de Saint-Laurent, das fünfmal neu aufgelegt wurde.[5]

Die Abwehr

Im Kapitel über England haben wir die Versuche der Abwehr beschrieben. Wilson lehrt zur Walzermusik einen Tanz, der nicht dem bekannten geschlossenen Paartanz entspricht. Er versucht, die wilde Spontaneität der Tanzenden in gesittetere, kontrollierbare Formen umzuwandeln.

Diese Methode funktioniert auch in Deutschland. So findet man in *Terpsichore* von 1838 neben dem üblichen Bedauern, daß »man nur noch Walzer tanzt«, folgende Ratschläge eines Tanzmeisters: »Soll der Tanz Vergnügen bereiten und der Gesundheit nicht schaden, darf er nicht länger als zwanzig Minuten dauern, höchstens eine halbe Stunde, und sein Rhythmus darf auch nicht zu schnell sein.«[6]

Mit der Sorge um die Gesundheit hatten es die damaligen Tanzmeister überhaupt sehr wichtig, so daß sie in jedem – ihrer Gemessenheit natürlich verpönten – Hopser eine gesundheitsgefährdende Erschütterung befürchteten. Noch drängender war ihnen aber die Sorge um das »Gebildetsein« und so wenden sie sich immer wieder an die Damen um Unterstützung – »denn wenn dies Ihnen nicht recht wäre, so würden Sie die Herren ersuchen, das Tempo der Musik nicht zu schnell spielen zu lassen. Sie würden dieselben bedeuten, daß Ihre zarten Körper die gewaltsame Art zu tanzen nicht vertragen können. Sie würden ihnen bemerklich machen, daß es für ein gebildetes Mädchen nicht schicklich sey, sich so schnell herumziehen zu lassen«, denn die gesundheitsruinierenden Tänze sind leider »an der Tagesordnung und haben schon manchem blühenden Mädchen die Schwindsucht, die Auszehrung oder einen schnellen Tod zuzogen«. Gar so harmlos dürfte das damalige Walzertanzvergnügen ja tatsächlich nicht gewesen sein, denn es gab wirklich des öfteren schwere gesundheitliche Schädigungen und sogar Todesfälle als Folgen der allzu langatmigen Walzerketten, die schließlich auch – laut alten Tanzkarten – eine volle Ruhestunde als Pause notwendig machten.[7]

Der vornehme Verband der Tanzlehrer kann die Ungezwungen-

heit des Walzers in den Salons nicht zulassen. Deshalb will er Figuren aus dem Menuett oder der Quadrille hinzufügen. Die Beschreibung des *Wechselwalzers* von Länger vermittelt eine genaue Vorstellung dieses Walzer-Derivats. Der Tanzmeister erklärt, die Musik sei dieselbe wie beim Walzer, jedoch langsamer. Ein Herr fordert zwei Damen dazu auf. Eine Dame stellt er in die Mitte des Saales, sich gerade gegenüber, die zweite Dame bleibt ihm zur rechten Seite stehen. Neben den Vortänzer kommt der zweite Herr, welcher sich mit seiner Dame ebenso anstellt, so der dritte, vierte, fünfte Tänzer und so fort, dieses Anstellen geschieht im Kreise. Es werden daher, wenn zum Beispiel 24 Personen angetreten sind, 8 Damen im Kreise in der Mitte des Saales und im äußeren Kreise 16 Personen stehen. Der Vortänzer fängt mit seiner Dame an, zugleich der zweite Tänzer mit seiner Dame, jedoch dem Vortänzer voraus, so daß der zweite jedesmal vor dem Vortänzer hertanzt. Beide Paare walzen einmal im Saale herum. Dann stellt jeder Herr die Dame, mit welcher er walzte, in die Mitte und nimmt dafür seine zweite Dame, welche derselbe aufforderte, und tanzt ebenfalls einmal im Saale mit ihr herum, bis jeder wieder auf seinem Platze steht, wo der Tanz anfing, behält jedoch seine gewechselte Dame neben sich stehen. Nun folgt Paar 3 und 4, jedoch 4 dem Paare 3 voraus, wie bei Paar 1 und 2 – und beide verfahren auf dieselbe Weise wie Paar 1 und 2. Nach der Wechslung folgt Paar 5 und 6 und so fort. So hängt es nun von der Willkür des Vortänzers ab, diesen Tanz so lange dauern zu lassen, als es ihm gefällt.«[8] Diese Technik ist einfach: Man zwingt die Tanzenden, zur Walzermusik und unter der Bezeichnung Walzer eine Art Kontratanz zu tanzen.

Die Polkamanie

In Frankreich herrscht im Tanzlehrerverband die gleiche Grundeinstellung. Der erste, der sich aufgeschlossen zeigt und begreift, welche Vorteile (vor allem finanzieller Art) eine Veränderung zeiti-

gen könnte, ist Cellarius um 1840. Damals war die Geschichte des Walzers eng mit der Erfindung der Polka verknüpft. Die öffentlichen Pariser Bälle sind keine gesellschaftlichen Ereignisse mehr. »Der Tanz enttäuschte: Der Walzer hatte keinen Schwung mehr, und dieser Gegenmarsch in den Salons, der die Bezeichnung Tanz nicht länger verdiente, hatte die Füße der Tanzenden beschwert und die Anmut der Damen geschmälert. In Paris tanzte man nicht mehr, sondern hüpfte lediglich griesgrämig herum.«[9]

Im Winter 1843/44 setzt sich in Frankreich ein neuer Tanz durch: die Polka. Die Polka, die vermutlich bäuerlichen Ursprungs ist, wurde in Böhmen getanzt (der Name kommt aus dem tschechischen *pülka*, Hälfte). Neruda, ein Tanzlehrer aus Prag, wird zuerst in Baden auf sie aufmerksam, wo sie Aufsehen erregt. Dann bringt Cellarius sie nach Paris.[10] Die Polka ist, was den Schritt anbetrifft, ebenso simpel wie der Walzer. In verschiedener Hinsicht wirkt sie wie eine Vereinfachung des Walzers: Man wechselt vom Dreiviertel- zum Zweivierteltakt, bleibt als Paar zusammen, die Musik ist stärker betont und die Drehung des Paares ruckartiger als beim Walzer. Wie sich die Polka durchgesetzt hat, ist ein Geheimnis in der Geschichte des Tanzes. Ganz Paris möchte plötzlich Polka tanzen. Man spricht von »Epidemie« oder »Besessenheit«. Die Polka setzt sich zuerst im Theater durch: im Palais-Royal, in Variétés, wo Eugène Coralli und Maria Vollet sie tanzen, im Vaudeville, wo Félix und Madame Doche Polka tanzen, in der Oper, der Gaieté, im Gymnase, im Théâtre Comte, im Concert Vivienne. Sie erobert das »beste Publikum«. Im April 1844 wird die Polka in der belgischen Botschaft getanzt. Anfangs enthält sie auch Figuren. So beginnt zum Beispiel der Herr, indem er die Hand der Dame hält und ihr den Rücken zukehrt oder ihr das Gesicht zuwendet. Die Polka ist leicht zu erlernen, was wesentlich zu ihrem Erfolg beiträgt. In dieser Atmosphäre entwickeln sich neue Talente, denn der Tanz wird spontan gelernt. Es genügt ein guter Walzer- oder Polkatänzer, um auf einer einzigen Abendgesellschaft eine Dame berühmt zu machen. So berichtet Gustave Bournin, der eine Biografie über Elise Sergent, genannt die Pomaré

verfaßte: »Elise wohnte in der Rue de Ponthieu beim Jardin Mabille. Da sie noch nie getanzt hatte, ging sie unbelastet auf den Ball und entwickelte sich zu einer begnadeten Polkatänzerin.«[11]

Rose Pompon macht dieselbe Erfahrung, als sie mit einer Freundin zum ersten Mal auf einen Ball geht. Als sie die Polka tanzen sieht, spürt sie, daß sie vom »gleichen Genie besessen« ist.[12] Auch Céleste Mogador ist begeistert; sie berichtet von ihrer »Bekehrung«: »Ich hatte noch nie getanzt; ich hätte es gerne versucht, aber die Angst, lächerlich zu wirken, hielt mich zurück. Aber dann wagte ich es doch. Man forderte mich zu einer Quadrille auf […]. Ich war einverstanden. Mein Herr war sehr galant und wollte, daß ich Walzer mit ihm tanze. Ich stimmte zu. Da er sehr geduldig war, lernte ich noch am selben Abend tanzen.«[13]

Gasnault bezweifelt, daß die Memoiren von Céleste Mogador der Wahrheit entsprechen, denn er glaubt, diese »Walzer- oder Polkastars« wollten a posteriori verbergen, daß sie in irgendwelchen Vorortkneipen tanzen gelernt hätten und daß ihr Bericht folglich sehr geschönt sei.[14] Das zeugt vom Mißtrauen der Historiker, die spontane Berichte anzweifeln.[15] Mir scheinen diese Aussagen glaubwürdig, da ich es selbst oft erlebt habe. Der Walzer und die Polka sind einfach zu erlernen. Es genügt, gut geführt zu werden, und »im Nu hat man das Geheimnis gelüftet«, wie Madame de Girardin bemerkt. Man muß sich nur voll auf den Tanz einlassen. Der allgemeine Trancezustand erleichtert den Einstieg. Sicherlich mag die Technik manchmal Probleme mit sich bringen, aber nur bei denjenigen, die sich der Trance »widersetzen«.[16]

Aber manche stürzen sich auch ohne Einführung ins Tanzvergnügen. Nur wenige können die Tänzer auf der Bühne nachahmen, die 1844 eine Polka vorführen. Die Wagemutigen verursachen zuerst großen Aufruhr, wie ein Kneipenbesitzer berichtet: »Man informierte mich, daß man in meinem Lokal Polka tanze. Da ich viel Übles über diesen Tanz gehört hatte, konnte ich nicht glauben, daß man sich dies bei mir erlaubte. Und es war kein Ball mehr, sondern ein Chaos, bei dem Flaschen und Gläser flogen. Die Familienväter sag-

ten, es sei eine Schande, und alle Gäste zogen sich zurück, so daß ich an diesem Abend mehr als fünfzig Taler einbüßte.«[17]

Die Polka dient also als Vorwand für die Herbeiführung eines neuen kollektiven Taumels. Mehrere englische Autoren bemerken zutreffend, daß sich Frankreich in einer Zeit der Unruhe befindet. Es ist die Zeit zwischen der Revolution von 1830 und der von 1848. Die gesellschaftliche Energie, die sich in den Revolutionen manifestiert, will sich auch auf dem Tanzparkett entfalten. Die Polka ist also Ausdruck eines gewissen allgemeinen Überschwangs, der schwer zu kanalisieren ist.[18]

Dann gibt es noch jene, die sich dem Tanz verweigern. Viele zögern, den Polkaschritt zu wagen, und so entsteht eine Generation von selbsternannten Polka-Tanzlehrern. Allerdings schlägt ihr Unterricht nicht an. Man versucht, »echte« Tanzlehrer ausfindig zu machen, die die Geheimnisse der Polka vermitteln können. Laborde und Coralli, Mitglieder des Ballettkorps der Oper, stellen sich zur Verfügung. Auch Cellarius, dessen Herkunft rätselhaft bleibt. Aber diese geheimnisvolle Aura ist für ihn von Vorteil. Er läßt das Gerücht ausstreuen, er sei Exil-Pole und Urheber der echten Polka.[19] In der Rue Vivienne werden die Salons von Cellarius zum Mittelpunkt einer neuen Tanzpädagogik.

Madame de Girardin weiß darüber eine Geschichte zu berichten, die sich im Februar 1844 zuträgt. Die Herzogin von B. hat einen neunzehnjährigen Sohn, auf den sie mit Recht stolz ist, nur kann er leider nicht Polka tanzen. Man rät der Mutter, ihn bei Cellarius anzumelden. Madame de Girardin erzählt: »Im Unterricht dieses Lehrers, der die Kunst Terpsichores vermittelt, vollführen die Priesterinnen dieser Muse anmutige Schritte; deswegen genießt dieser würdige Lehrer im Gegensatz zu denen an der Universität kein uneingeschränktes Vertrauen. Madame de B. denkt voller Entsetzen an die Gefahren, denen ihr Sohn ausgesetzt sein könnte. Sie will nicht, daß er weiter zu Cellarius geht, bittet diesen aber, zu ihr ins Haus zu kommen und alles mitzubringen, was er für den Tanzunterricht benötigt. Der Tanzmeister kommt am nächsten Tag zur vereinbarten

Zeit. Er bringt acht Tänzerinnen aus der Oper mit. Frau von B. macht wohl oder übel gute Miene zum bösen Spiel, nimmt sich aber vor, ein wachsames Auge auf die Damen zu werfen. Wie üblich nimmt sie neben dem Kamin Platz und strickt. Ihr Sohn tanzt einmal mit einer großen Blonden, dann mit einer kleinen Brünetten im Walzerschritt an ihr vorbei. Es gibt keine Situation, die die Anwesenheit der strikkenden Mutter gerechtfertigt hätte.«[20]

Diese Anekdote zeigt nicht nur, welchen Platz Cellarius als »Hauslehrer« einnahm, sondern auch welche Begriffsverwirrung damals herrschte. Es ist nicht so, daß die Polka dem Walzer den Rang abgelaufen hätte, ganz im Gegenteil. Beide Tänze verstärken sich gegenseitig. Auch wenn Cellarius sich vor allem als »Polka-Prophet« einen Ruf macht, sind in seinem Unterricht auch alle neuen Tänze (Walzer, Polka, Mazurka, Redowa, Cotillon) vertreten. Aber der Walzer bleibt der wichtigste Tanz. Ein sogenannter Mazurka-Walzer macht ihn in ganz Europa berühmt.

Die Ära Cellarius

Cellarius gelang es, die Polka zu einem Streitobjekt zu machen. Es entstanden mehrere Schulen. »In der Geschichte der künstlerischen Auseinandersetzungen sind die Namen der Schüler von Cellarius und Laborde genauso berühmt wie die der Schüler von Gluck und Piccini.«[21] Außerdem ließ er sich auf seinem Weg nicht beirren, unternahm Reisen nach England und brachte 1847 ein großes Werk heraus, das von Gavarni illustriert wurde. Das Buch war schnell vergriffen, und die zweite Auflage (1849) enthielt ein Vorwort von Lamartine. Die Bücher machen ihn zu einer pädagogischen Autorität, und so entstehen immer mehr Werke über die Bälle und neuen Tänze.«[22]

Durch *La danse des salons* erwirbt sich Cellarius einen internationalen Ruf. In dem Werk spricht er von einer »weltweiten Renaissance des Tanzes«. Da natürlich vor ihm auf den Bällen und in

den Salons vermeintlich nur Chaos herrschte, schafft sich Cellarius auf der Basis einer bestimmten Vorstellung von Ordnung und Organisation pädagogische Macht. Seine treu ergebenen Schüler betrachten ihn als »Meister«. Daher öffnet sich sein Unterricht der Forschung. Cellarius verankert Walzer, Polka und Mazurka in den bürgerlichen Salons und verhilft ihnen zu Ansehen, er macht diese einfachen Tänze zu einer speziellen Kunstform und gestaltet sie ein wenig komplexer. Um sein Handbuch zu erweitern, zählt er dreiundachtzig Figuren für Walzer, Polka und Mazurka auf, die er in den Cotillon aufnimmt. Vermutlich hat er sich diese Figuren zusammen mit seinen Schülern ausgedacht.

Cellarius hat einen neuen Typus des Tanzlehrers geschaffen: den Salon-Tanzlehrer. Bisher mußte man, um Tanzlehrer zu werden, an der Oper getanzt haben. Cellarius führt den Bruch zwischen dem Tanz an der Oper und dem im Salon herbei und erhebt den Salontanz zur eigenen Disziplin. Nach wie vor läßt er die Quadrille tanzen, damit die Tanzenden zwischen zwei Walzern oder Polkas Atem schöpfen können. Über die Trennung von Oper und Salontanz schreibt er im Kapitel »Tänze der Welt und des Theaters«: »Es gibt in Frankreich und im Ausland viele Bücher über das Tanzen; sie würden eine ganze Bibliothek füllen. Aber die meisten dieser Abhandlungen beschäftigen sich fast ausschließlich mit dem Bühnentanz, dem Ballett, der Choreographie. Nur selten findet man einen Abschnitt über den Salontanz, dessen Geschichte über die Jahrhunderte bestimmt sehr aufschlußreich wäre.«

Cellarius kommt zu folgender Schlußfolgerung: »Lange Zeit und auch heute noch hat man die Gesellschaftstänze und die Bühnentänze nicht deutlich voneinander abgegrenzt. Man hat die Kontratänze, die Quadrillen und die von Privatpersonen praktizierten Tanzarten als eine Abwandlung angesehen, als eine verkleinerte Form des Balletts oder der von den professionellen Tänzern getanzten Schritte. Die Gesellschaftstänze haben diese Verwirrung befördert. Es gibt wohl kaum welche, die nur auf einen Salon beschränkt gewesen wären. Heute, das sage ich ganz unverblümt,

und das ist auch eines der Grundprinzipien dieses Buchs, kann der Salontanz, so wie er seit einigen Jahren praktiziert wird, als unabhängig vom Bühnentanz angesehen werden. Er hat sein eigenes Tempo und seine eigenen Schritte und ist nicht so beschaffen, daß er unbedingt Beifall erregt.«[23]

Mit Ausnahme von Thoinot Arbeau, der gewissenhaft die volkstümlichen Tänze seiner Zeit notierte, aber leider nicht Schule machte, gab es zu keiner Zeit einen Ethnographen des volkstümlichen Tanzes oder des Salontanzes. Cellarius unterstreicht den endgültigen Bruch mit der Bühne: »Es ist eindeutig zu erkennen, daß die eleganteste Walzertänzerin oder der eleganteste Walzertänzer nicht einfach vom Salon auf die Bühne wechseln können, ohne an Ansehen zu verlieren. Genauso verhält es sich mit den Bühnentänzen und den professionellen Tänzern, die ohne spezielle Unterrichtung privat tanzen wollen. Sie würden die Tänze übertreiben, sie verfälschen. Ich möchte hier keineswegs den Bühnentanz diskriminieren, keineswegs die göttliche Kunst der Taglioni, Essler und Grisi geringschätzen, wohl aber betonen, daß das alte Sprichwort »Wer am meisten kann, kann am wenigsten« im Bereich des Tanzes nicht wörtlich genommen werden sollte.«[24]

Salontanz versus Bühnentanz

Hier möchte ich von einer persönlichen Erfahrung berichten. 1987 organisierte das Collège international de philosophie in Villeneuve-lès-Avignon ein Kolloquium über »Tanz und Philosophie«, zu dem ich eingeladen wurde, um meine Auffassungen über den Walzer vorzutragen. Anwesend sind professionelle Tänzer, Philosophen, Journalisten und Tanzkritiker. Mein Exposé wird mit Interesse aufgenommen, und am Ende der Diskussion schlage ich die Organisation eines Tanzabends vor, der am nächsten Tag in einem prächtigen Ballsaal des 13. Jahrhunderts stattfinden soll. Ich habe meine Kassetten dabei. Ein kleines Büffet wird arrangiert. Die

Teilnehmer des Kolloquiums erscheinen zahlreich, denn es ist ein ungewöhnliches Ereignis, daß in einem Kloster des 12. Jahrhunderts Walzer, Paso doble und Tango getanzt werden sollen. Um zum Gelingen des Abends beizutragen, habe ich mich entschlossen, den Philosophen gegenüber besonders zuvorkommend zu sein, da ich vermute, daß sie nicht tanzen können. Doch es ist eine ganz andere Personengruppe, die mir Überraschungen bereitet: Ich habe die größte Mühe, bestimmte Tänzerinnen und Choreographen zum Walzertanzen zu bringen. Ich erinnere mich gut an einen fünfzehnminütigen Walzer von Waldteufel der zum Höllentanz gerät. Nach einigen Takten stelle ich fest, daß meine Dame, eine sehr angesehene Tanzlehrerin aus den USA, völlig unfähig ist, mit mir im Tanz zu harmonieren. Sie findet den Rhythmus nicht, kann sich den Schritten nicht anpassen. Ich muß mein möglichstes tun, um dies zu »kompensieren« und die Inkompetenz meiner Partnerin zu kaschieren, die sie zweifellos mir unterschöbe, wenn unsere Disharmonie auffiele. Meine Aufgabe erweist sich als sehr schwierig. Meine Partnerin ist etwa zwanzig Kilo schwerer als ich und fest davon überzeugt, sie könne Walzer tanzen und müsse mich führen. Niemand käme je auf die Idee, daß die »Bühnentänzer« (wie sie Cellarius nennt) diese kleinen Salontänze nicht beherrschen. Ich habe festgestellt, daß es viel einfacher sein kann, einem Philosophen, der »weiß, daß er nichts weiß«, den Walzer beizubringen, als einem modernen Ballettänzer, der »nicht weiß, daß er nichts weiß«. Aber man darf natürlich nicht verallgemeinern. Einige Tänzer haben sich an diesem Abend gut gehalten. Der Übergang vom »Bühnentanz« zum »Salontanz« erfolgt nicht automatisch. Meine Erfahrung untermauert die Behauptung von Cellarius: Bühnentanz und Salontanz müssen getrennt werden.

Cellarius umreißt die soziologische Bedeutung dieser Trennung: »Es stellt sich die Frage, ob es nur eine Modeerscheinung ist, daß die gewohnten Tänze durch neue Tänze ersetzt werden. Deren Hauptmerkmale sind Hingabe, Natürlichkeit und freie Bewegungen, allesamt Eigenschaften, die jemand von Welt besitzt.«[25]

Und nachdem Cellarius erklärt hat, daß er, um Walzer und Polka zu lernen, erst einmal »vergessen« mußte, was er als Technik des Bühnentanzes gelernt hatte, fährt er fort: »Ich mußte aus meinen Schritten und Haltungen das bannen, was zu theatralisch war, oft die angelernte Anmut durch Schlichtheit ersetzen, als Vorbild nicht mehr die großen Bühnenkünstler wählen, sondern die Tänzer und Walzertänzer der französischen und ausländischen Salons. Von ihnen lernte ich die Tänze, die sie oft instinktiv und nach eigenem Geschmack tanzten.«[26] Man darf also jetzt nicht mehr von einem Wissen ausgehen, das jahrhundertelang von den Tanzakademien vermittelt wurde, sondern muß seinem Instinkt folgen, um so gut wie möglich Walzer zu tanzen. Dieses »Bekenntnis« wird zu einer Zeit abgelegt, in der der Sozialwissenschaftler Frédéric Le Play Europa bereist, um die Lebensart der »europäischen Arbeiter« zu erforschen. Er hat dabei eine monographische Methode erfunden, die immer noch aktuell ist.[27]

Eine neue Pädagogik

Dieser Untersuchung zufolge zeichnet sich ein Wandel in den bisher vorherrschenden pädagogischen Verfahren ab. Cellarius erklärt dies so: »Der Wandel des Tanzcharakters mußte sich zwangsläufig auch auf den Tanzunterricht auswirken. Einst spielte hier die Routine eine große Rolle; es genügte, daß die Schüler bestimmte traditionelle Schritte und Übungen erlernten, für die die Tanzakademien alle Kosten trugen und die im allgemeinen wenig Phantasie seitens des Lehrers erforderten. Da heute der Tanzlehrer die Schüler speziell für die Salons unterweisen muß, verlangt dies mehr Engagement von ihm. Er muß sich vor allem auf seine Urteilsfähigkeit verlassen, um die Übungen der Schüler auf deren Konstitution abzustimmen, nach Bedarf die Ausübung des einen oder anderen Tanzes zu ändern und schließlich anstelle einer banalen Methode Natürlichkeit und guten Geschmack den Vorrang zu lassen.«[28]

Diese Bemerkungen zeigen, daß der von Cellarius vollzogene Bruch die traditionelle pädagogische Einstellung der Tanzlehrer einschließt. Früher versuchte der Tanzlehrer, dem Schüler ein modellhaftes Verhalten beizubringen. Nun geht er vom Schüler aus, beobachtet ihn und hilft ihm dabei, seine Fähigkeiten so zu nutzen, daß er die Struktur des jeweiligen Tanzes erfaßt. Was Cellarius beschreibt, ist »die Geburt der Klinik« auf dem Gebiet des Tanzes. Cellarius organisiert über das individuelle Erlernen hinaus das Interindividuelle und das Gruppengefühl. Die Analyse seines Bezugs zur sozialen Gruppe beruht auf der Bereitschaft, Tanzen zu lernen, was die »Instinkt-Tänzer« hervorbringt, die Giraudet ein halbes Jahrhundert später als »Routine-Tänzer« bezeichnen sollte.

Die Zeitgenossen bewunderten die vielen Kaleschen, die vor Cellarius' Haus hielten »und überdies die 30 000 Francs, die ihm die Polka einbrachte.«[29] Cellarius verdankt nämlich seinen Erfolg zwei Eigenschaften, die er vorzüglich zu nutzen wußte: der Anwendung instinktiver (vermutlich »populärer«) Praktiken und der »klinischen« und »individuell abgestimmten« Pädagogik.

Aus der Perspektive der »Sozialisierung des Walzers« erfinden diese großen Lehrer des neuen Tanzes einen neuen Unterrichtstyp: Kurse, die anfangs eingerichtet wurden, um einen neuen Tanz zu lehren – die Polka –, werden jetzt umfangreicher. Das Programm beinhaltet auch den Walzer, einen Tanz, der seit der Revolution unaufhörlich getanzt wird, der sich jedoch erst gegen die Ablehnung des Hochadels durchsetzen mußte. Mit Cellarius und seinen Kollegen und Konkurrenten wird der Walzer jetzt den wohlhabenden Gesellschaftsschichten technisch, professionell und effizient beigebracht. Allen Dodworth, der große amerikanische Pädagoge, der zwischen 1835 und 1885 eine Akademie für den Salontanz unterhielt, drückt dies so aus: »Mit der Einführung des Walzers bricht im Tanzunterricht eine Revolution aus. Davor wollte der Tanzmeister Manieren und das ›savoir vivre‹ vermitteln. Danach erwartet man vor allem, daß er ein guter Walzertänzer ist und seinem Schüler hilft, Tanzen zu lernen und nichts anderes.«[30]

Die Tanzschulen

Die veränderte Einstellung von Cellarius und seinen Kollegen ermöglicht ein schnelles Erlernen von Tänzen wie Walzer oder Polka. In einem Umfeld, in dem alle tanzen, erfolgt die Übermittlung der Tanztechnik des Walzers oder der Polka in ein bis zwei Lektionen. Nun erhebt sich das Problem der Institutionalisierung des Berufs des »Salon-Tanzlehrers«. Wenn es so leicht ist und es so schnell geht, den Walzer zu erlernen – wie kann dann dieser Berufsstand überleben? Wie kann man neue Kunden gewinnen, um die Einkünfte zu verbessern? Die Verbreitung der Polka liefert ein Modell.

Es genügt, regelmäßig neue Tänze anzubieten. 1844/45 versucht man es mit der Mazurka, doch dieser polnische Tanz ist sehr schwierig. Die Franzosen begreifen ihn nicht. Damit ein Tanz ein Erfolg wird, muß er einfach sein, sonst verlieren die Lernwilligen den Mut. Man deklariert also Abwandlungen des Walzers und der Polka als »neue Tänze«, die man mit exotischen Namen aus Osteuropa oder England versieht. Zum Beispiel 1846 die Redowa, 1849 die Villeika, 1850 die Krakowiak oder die Varsovienne, 1851 den Schottischen Tanz. Dieser Tanz, der zwischen Walzer- und Polkaschritten wechselt, ist sehr einfach und angenehm, er wird heute noch in Salons oder auf ländlichen Festen getanzt. Ist dieser Tanz schottischen Ursprungs? Wenn ja, würde das bedeuten, daß der Walzer seit der Zeit, als Königin Elisabeth I. Volte tanzte, weiterhin in Schottland gepflegt wurde. Wenn nicht, dann belegt man einen Tanz, der direkt vom Walzer abstammt, mit einem exotischen Namen und gestaltet ihn etwas schwieriger, um die Rolle des Initiators, die der Tanzlehrer wahren muß, zu rechtfertigen.

Das Paradoxe an Cellarius ist, daß er eine neue soziale Position einführt und zugunsten der Einfachheit mit dem Bühnentanz bricht, und daß er, als ihm dieser Bruch eine Vorzugsstellung als Lehrer einbringt, zum Manierismus der »Tanzmeister« zurückkehrt. 1856 wird Cellarius zum Ehrenpräsidenten der Pariser Gesellschaft der Tanzlehrer gewählt. Die ganze Kunst seiner Nachfol-

ger[31] besteht darin, diesen Widerspruch auszubalancieren: Der Tanz muß leicht zu lernen sein, damit jedermann ihn begreift, aber gleichzeitig muß die Schlichtheit in komplexe Formen gekleidet werden.

Dieser komplexeren Präsentation dient die Veröffentlichung von Handbüchern über das Tanzen. Selbst die guten Tänzer verstehen die Abhandlungen kaum. Wie soll man durch die Lektüre der Instruktionen einer Abhandlung über den Salontanz Walzer lernen? Doch mit einer Partnerin, die bereits Walzer tanzen kann und die etwas pädagogisches Geschick besitzt, lernt man ihn in einigen Minuten.

Aber damit kommen wir zur Pädagogik im allgemeinen. Versteht man nicht darunter die Kunst, einfache Dinge zu komplizieren? Warum muß der Lehrer immer eine große Apparatur um sich aufbauen, um den Zugang zur Tanzkunst zu verwehren? Wenn man verfolgt, was aus dem Lesen- und Schreibenlernen geworden ist, läßt sich dieselbe Täuschung feststellen. Vor Beginn der Schulpflicht erlernt man diese Techniken noch ziemlich spontan. Je mehr das Erlernen jedoch als »grundlegend« betrachtet wird – wie der Walzer im 19. Jahrhundert, so das Lesen und Schreiben heute –, desto mehr läuft man Gefahr, in die Falle zu geraten, die der »Experte« darstellt, von dem man glaubt, er könne sein Wissen vermitteln. Die Macht des Lehrers beruht auf der Ideologie, daß es schwierig ist, dieses Wissen zu integrieren, und folglich auf einem bestimmten strategischen Umgang mit dem Scheitern. Das Scheitern in der Schule trägt zur Definition der Lehrerrolle bei. Das gleiche gilt im 19. Jahrhundert für den Tanzunterricht.

ANMERKUNGEN

1 Wir haben gesehen, daß Vestris II und Trénis 1805 Walzer tanzen.
2 Zitiert von P. Nettl, *op. cit.*, S. 253.
3 *Enzyklopädie der Leibesübungen*, zitiert von H. E. Jacob, *op. cit.*, S. 47f.

4 F. Klingenbeck, 1952, *op. cit.*, S. 62f.
5 B. de Saint-Laurent, Quelques mots contre les danses modernes, Paris 1856, 3. Auflage 1863; 5. Auflage 1868, ders., La danse et les bals, Paris 1863.
6 C. Länger, *Terpsichore, ein Taschenbuch der neuesten gesellschaftlichen Tänze*, Würzburg 1838.
7 F. Klingenbeck, 1952, *op. cit.*, S. 63.
8 *Ibid.*, S. 64.
9 *Almanach de la polka*, Paris 1845, S. 79.
10 J. Boulenger, *op. cit.*, S. 49.
11 G. Malbert (Pseudonym von Bournin), *Voyage autor de Pomaré, reine de Mabille, princesse du Ranelagh… par la grâce de la polka*, Paris 1844.
12 E. Bonze, *Les souvenirs de Rose Pompon*, Paris 1887, S. 19.
13 E. Venard, *Mémoires de Céleste Mogador: adieux au monde*, Paris 1854, Band 2, S. 27f.
14 E. Gasnault, *op. cit.*, S. 209.
15 Diesbezüglich siehe meine Geschichtsauffassung R. Hess, in *op. cit.*, S. 178–207.
16 Im Juli 1989, bei den Dreharbeiten zu *La leçon de valse* von Monique Sicard, einem Film, in dem ich eine Tanzstunde im Walzertanzen geben muß, engagiere ich Personen, die noch nie Walzer getanzt haben. Die Dreharbeiten erfordern – aufgrund irgendwelcher Ton- und Beleuchtungseffekte müssen mehrere Szenen nochmals gedreht werden –, daß jede Sequenz der Lektion drei- bis viermal wiederholt wird. In dem Augenblick, als die Paare für sich tanzen, drehen sie sich, gegen die Erwartung der Drehbuchautorin, die möchte, daß sie Fehler machen, ohne wirklich Fehler zu machen. Die Kamera von François Pailleux richtet sich auf Patrick und Lora, ein junges italienisches Paar, das erst morgens nach langer Autofahrt von Mailand in Limoges eingetroffen ist. Die Tatsache, daß die Kamera auf das Paar gerichtet ist, genügt, daß dieses den Walzer sofort lernt.
17 *Gazette des tribunaux*, 4. Juli 1844, zitiert von E. Gasnault, *op. cit.*, S. 188.
18 A. H. Franks, *op. cit.*, S. 133.
19 Insbesondere durch die Veröffentlichung eines Werks zweier seiner Schüler: A. Vitu, P. Farnèse, *Physiologie de la polka, d'après Cellarius* (Abbildung der Polka), Paris 1844, in 32. Dieses Buch zieht ein weiteres nach sich, um die Methode von E. Coralli, dem Konkurrenten von Cellarius, zu verteidigen: Perrot, Robert, *La polka enseigné sans maître, son origine, son développement et son influence dans le monde, d'après Eugène Coralli de l'Académie royale* (mit 20 Vignetten von Geoffroy), Paris 1845.
20 Zitiert von J. Boulenger, *op. cit.*, S. 50.
21 F. de Ménil, *op. cit.*, S. 210.
22 Außer Brunets hervorragendem Buch über den Walzer, Paris 1832 ist zu erwähnen: E. J. de Champeaux, *Physiologie des bals de Paris et environ*, Paris 1845; E. Coralli, *La polka sans maître*, mit 20 Zeichnungen, in-32 Paris 1845; Huart et Cham, *Paris au bal*, Paris 1845; Nick-Palkmal, *Les polkeuses*, Paris in-12, 1845; Pomaré (Spitzname von E. Sergent), *Les bals et les polkantes du temps*, in-12, Paris 1847; A. P. d'Anglemont, *Voyage à travers Paris, le bal le Prado*, Paris, in-32, 1846;

A. Privat d'Anglemont, *La Closerie des lilas: quadrille en prose*, Paris 1848; T. Staines, *Les oiseaux de nuit et les polkeuses des scènes publiques et plusieurs autres polkeurs*, Paris 1845; A. Vitu, P. Farsène, *Almanach de la polka*, Paris 1845; A. Vitu, *Paris l'été: le Jardin Mabille*, Paris 1847.
23 Cellarius, *op. cit.*, 2. Auflage 1849, S. 12.
24 *Ibid*, S. 14.
25 *Ibid.*, S. 13.
26 *Ibid*, S. 14.
27 F. Le Play, *La méthode sociale*, Neuauflage Paris 1889.
28 Cellarius, *op. cit.*, S. 15.
29 F. Gasnault, *op. cit.*, S. 189.
30 A. Dodworth, *Dancing and its Relation to Education and Social Life*, zitiert von A. H. Franks, *op. cit.*, S. 156f.
31 Dazu gehören sein Neffe und sein Sohn. Der erste, der bei der Oper angestellt und Mitglied der Akademie der Tanzlehrer in Paris ist, gibt ab 1856 zusammen mit seiner Frau Tanzunterricht. Der zweite lehrt 1899 in Paris (6, rue de la Paix) und im Casino von Aix-les-Bains.

Die Adelung des Walzers durch die Musik: die Familie Strauß

> *Denn Gattungen der Musik neu einzuführen,*
> *muß man scheuen, als wage man dabei alles;*
> *weil nirgends die Gesetze der Musik geändert*
> *werden, als nur zugleich mit den wichtigsten*
> *bürgerlichen Ordnungen.*
> PLATON, Politeia 3.

Strauß hofft, er werde sich nach der Rückkehr von seiner langen Europatournee, die ihn geschwächt hat, schnell wieder erholen. Kaiser Ferdinand, der Strauß seinen Erfolg in London ein wenig übelgenommen hatte, ernannte indessen Philipp Fahrbach, einen dreiundzwanzigjährigen Musiker aus dem Orchester Strauß, zum Organisator der kaiserlichen Bälle und beauftragte Lanner, die Musik zu seiner Krönung als König der Lombardei (1838) zu komponieren. Strauß bezahlt also seinen Erfolg in Europa mit der Einbuße seines guten Rufs in Wien. Er will seine Stellung festigen, indem er einen Ball in der russischen Botschaft dirigiert. Doch nach der Pause bricht er zusammen. Seine Genesung dauert vier Monate. In dieser Zeit zeigen sich in Wien neue Talente, auch in der eigenen Familie des Musikers. Eines Tages hört Johann Strauß seinen Sohn, der eigentlich Geschäftsmann werden soll, Geige spielen. Er ist darüber sehr ungehalten, doch Mutter Anna hat den Sohn in Abwesenheit des Vaters zur Musik ermuntert. Johann Strauß Sohn, den sie liebevoll »Schani« nennt, hat bei einem Musiker seines Vaters Stunden genommen, genau wie seine Brüder Joseph und Eduard. Dadurch rächt sich Anna an ihrem untreuen Ehemann, dem seine Geliebte Emilie Trampbusch vier Kinder schenkt. Anna wirft der Modistin vor, sie verschleudere das gesamte Vermögen ihres Mannes.

Sohn gegen Vater

Auch wenn es Johann Strauß Vater gelingt, dem Walzer die große Musik[1] zu öffnen, bleibt er stets stark von seiner einfachen Herkunft geprägt. Seine Söhne erleben ein ganz anderes musikalisches Umfeld. Der Walzer hat 1840 nicht mehr den Stellenwert wie 1815. Anna tut ihr möglichstes, damit ihre Söhne eine gute musikalische Ausbildung erhalten – und das heimlich und gegen den Willen des Vaters. Sie setzt all ihre Ersparnisse ein, um ihrem ältesten Sohn die Laufbahn eines Virtuosen zu eröffnen. Sie läßt ihn beim Repetitor des Opernballetts Geigenstunden nehmen, bei Hoffman, der Koryphäe am Wiener Konservatorium, Komposition erlernen und ihn von Joseph Drexler, einem Komponisten von Kirchenmusik, im Orgelspiel unterweisen. Dieser versucht, seinen Schüler für die sakrale Musik zu begeistern, aber der achtzehnjährige »Schani« läßt sich dafür nicht gewinnen. Er komponiert jedoch eine vierstimmige Kantate für Chor und Orchester, die von seinem Lehrmeister höchst wohlwollend beurteilt und beim Sonntagsgottesdienst in der Kirche von Préau aufgeführt wird.

Anna Strauß sähe es gern, wenn ihr Ältester Walzer komponierte und seinen Vater in der Gunst der Wiener überträfe. Johann spielt auf Drexlers Orgel immer öfter Walzer, was dem Meister mißfällt. Johann hat seit dem sechsten Lebensjahr Walzer komponiert, die seine Mutter aufgezeichnet hat.[2]

1844 überstürzen sich die Ereignisse. Anna und Johann Strauß Vater lassen sich scheiden. Anna besitzt nur wenig Geld. Ihr Sohn möchte sein eigenes Orchester gründen, um seine Mutter unterstützen zu können, er ist inzwischen neunzehn Jahre alt. Aber sein Vater ist dagegen. Da der junge Mann noch minderjährig ist, benötigt er eine Genehmigung der Gemeinde. Er legt eine Mappe mit seiner Kantate vor und verpflichtet sich, die großen Meister der Oper, der Symphoniemusik sowie der Tanzmusik zu spielen. Nachdem er mit Drexlers Unterstützung die Genehmigung erhalten hat, gründet er sofort sein Orchester und bereitet sein erstes

Konzert vor. Er schreibt seinem Vater, um ihm zu erklären, daß er Musik mache, um seine Mutter zu unterstützen. Doch Wien schätzt künstlerische Rivalität, es wird offenbar, daß hier ein junger Mann einen Rivalen auf dem Gipfel seiner Laufbahn herausfordert. Johann Strauß ist jetzt vierzig Jahre alt und hat in ganz Europa einen guten Namen.

Interessiert verfolgt die Presse die Orchestergründung des jungen Strauß, und so wird sein erstes Konzert am 15. Oktober 1844 zu einem großen Ereignis. Es findet im »Casino« Dommayer, gegenüber dem Park von Schönbrunn, statt. Der Vater hatte immer noch Zweifel, ob sein Sohn es tatsächlich wagen würde, und versuchte ihm zu schaden, indem er öffentlich verkündete, daß er dort, wo man seinen Sohn zuließe, nie wieder auftreten werde. Johann Strauß Sohn hat zur Eröffnung vier Walzer, zwei Polkas und zwei Quadrillen vorbereitet. Der Tanzabend, der durch Plakate angekündigt wird, ruft zahlreiche Reaktionen hervor: Neben dem Namen Johann Strauß steht ganz klein »junior«. Einige Wiener werfen dem Sohn vor, er nutze den Namen des Vaters aus. Aber es ist auch allgemein bekannt, daß der Vater seine Familie im Stich gelassen hat. Tausende von Wienern nehmen an dem Ereignis teil. Die Verleger von Vater und Sohn haben jeweils Leute engagiert, die pfeifen beziehungsweise klatschen sollen. Die Menge der Zuhörer ist so groß, daß kein Platz zum Tanzen bleibt.

Man hat sich versammelt, um ein volkstümliches Konzert zu erleben. Der Abend wird eingeleitet mit »La muette de Portici« von Auber, dann folgt der Walzer »Die Gunstwerber«, eine Komposition des Sohnes. Das Publikum gerät außer sich. Der Walzer muß viermal wiederholt werden. Nach der Polka und der Quadrille sind die Gegner zum Schweigen gebracht. Das letzte Stück, »Der allegorische Walzer«, wird zu einem regelrechten Triumph. Er wird neunzehnmal wiederholt. Nie hatte der Vater solchen Erfolg verbuchen können. Zum Abschluß des Abends spielt das Orchester den berühmtesten Walzer von Johann Strauß Vater: die »Lorelei-Rhein-Klänge«.

Der ganze Saal ist ergriffen, und die Kritiken am nächsten Tag sind rundum positiv: »Man hatte den Eindruck, einen Gesang zu hören, der aus allen Fenstern eines dreistöckigen Hauses drang. Man fand bei ihm alles, was das Genie des Vaters ausmacht: den gleichen Zauber, das verhaltene Piano, das plötzliche Fortissimo, Bässe, die den Rhythmus bestimmten, verführerisch klingende Blasinstrumente und vor allem die vibrierende Melodie, die von den Geigen getragen wurde.«

Nach diesem Konzert scheint für die Wiener die Nachfolge der ersten Generation von Walzerkomponisten gesichert zu sein. Lanner ist im Jahr zuvor verstorben. Die schöpferische Rivalität, die für das Wien um 1830 charakteristisch ist, findet nun innerhalb der Familie Strauß statt.

Die Revolution von 1848

In der Zeit bis 1848 fällt es den Österreichern immer schwerer, spontane Lebensfreude zu bekunden. Wien hat sich von der Krise von 1811 nie mehr erholt. Der Mittelstand verarmt, die Zahl der Arbeiter wächst. Diese verfolgen aufmerksam das Geschehen in Europa. Als im Februar 1848 der Bürgerkönig Louis-Philippe abdankt, gerät auch die Macht der Habsburger ins Wanken. Im März bricht die Revolution aus.

Zuerst ist es mehr eine nationale als eine soziale Revolution. Das Emblem des Doppeladlers gilt nicht mehr für alle Völker des Kaiserreichs. Die Ungarn verlangen Unabhängigkeit, ebenso die Polen, Tschechen und andere Völker. Ein Aufstand, der am 3. März in Ungarn ausbricht, greift schnell nach Wien über. Metternichs allgegenwärtiger Polizeistaat ist den Österreichern unerträglich geworden. Der Kanzler ist über diese Entwicklung entsetzt, zuerst flieht er nach Deutschland, als dann die Revolution nach Baden vordringt, sucht er Zuflucht in London. Sieben Monate lang ist Wien ohne Führung. Karl Marx kommt nach Wien, aber seine The-

sen aus dem *Kommunistischen Manifest* finden beim gerade gegründeten Österreichischen Arbeiterverband keinen großen Anklang.

Das Jahr 1848 bedeutet eine Wende in der Walzergeschichte, denn die Wiener Komponisten ergreifen für das eine oder andere Lager Partei. Der Walzer wird dem Marsch geopfert. Johann Strauß Vater komponiert eines seiner größten Stücke: den »Radetzkymarsch«, den er dem General der habsburgischen Armee widmet, der an der italienischen Front siegreich ist. Während der Revolution freut sich das Volk über die auswärtigen Siege einer Armee, die es zu Hause bekämpft. Als Johann Strauß diesen Marsch komponiert – die Österreicher spielen ihn noch heute jedes Jahr am 1. Januar mit einem Stolz, den nur die Ignoranz über seine Entstehung rechtfertigen kann –, beabsichtigt er keineswegs, eine reaktionäre politische Position einzunehmen. Er unterstützt die Habsburger, weil sein Sohn mit den Aufständischen sympathisiert. Für ihn ist es ein Generationsproblem. Aber das Blatt wendet sich, denn in Wien wird man nur schlecht mit der Unterdrückung fertig, die auf die Niederlage der Aufrührer folgt. Johann Strauß Vater unterstützt die Niederschlagung der Revolution. Sein Sohn dagegen, der an einem bewaffneten Überfall auf das Konsulat in Bukarest teilgenommen hat, als er dort eine Tournee absolvierte, und der einige Stücke komponiert hat, um die soziale Bewegung zu unterstützen[3], steht auf seiten der Revolutionäre. Das bringt ihm die Sympathie des Volkes ein, hat jedoch zur Folge, daß er von der Regierung isoliert wird.

Aus musikalischer Sicht setzt der »Radetzkymarsch« eine Tradition der Militärmusik fort, die in Wien bereits etabliert ist. Diese Musik, die bestimmt weniger kriegerisch als die preußische Militärmusik ist, gehört zum Musikleben Wiens. Johann Strauß Vater ist seit 1843 Chefdirigent des ersten Stadtregiments. Vor ihm hatte schon Beethoven diese Funktion ausgeübt, und Lanner bekleidete diesen Posten im zweiten Regiment. Nach seinem Tod wird Johann Strauß Sohn sein Nachfolger. Zu diesem Zeitpunkt gibt es in Wien neben dem Walzer im Dreivierteltakt den Marsch

im Zweivierteltakt. Da Wien für seine Marschmusik bekannt war, beauftragte die englische Königin Victoria einen Wiener, die Musik für die englisch-indischen Regimenter in Kalkutta zu komponieren.

Der »Radetzkymarsch« enttäuscht die Erwartungen der Wiener Jugend, die Strauß Vater ablehnt. Diesen kränkt die Zurückweisung, die sich auch in Drohbriefen ausdrückt. Er entschließt sich, auf Tournee zu gehen. Doch sein Ruf, ein Reaktionär zu sein, eilt ihm voraus. In Prag wird er von den Studenten ausgepfiffen, die, wie alle Tschechen, erbitterte Gegner der Habsburger sind. Auch sein Konzert am Tag darauf wird ein Mißerfolg. Nach seiner Rückkehr geht er in Deutschland auf Tournee. In München wird er gefeiert, in Württemberg und Baden jedoch stößt er auf Ablehnung und Feindseligkeit. In Heidelberg errichten die Studenten eine Barrikade, damit Strauß' Orchester die Straße nicht passieren kann. Sein Konzert wird ein Fiasko. In Frankfurt schreien die Zuschauer »Berlioz, Berlioz« und verlangen »La marche de Rakoczy«, den Berlioz soeben für die ungarischen Revolutionshelden komponiert hat. Strauß kann dieses Stück nicht spielen, da ihm die Noten fehlen – die Politik hat ihm geschadet.

Johann Strauß Vater hofft, in England wieder Ruhe zu finden, dort komponieren und seine Musik spielen zu können. Sein erster Besuch gilt Fürst Metternich. Doch auch in London wird er als Legitimist geschmäht, und als er im Buckingham-Palast empfangen wird, beschimpfen ihn die Liberalen. Das englische Bürgertum sympathisiert mit den deutschen Republikanern und zeigt offen sein Interesse an den ungarischen Revolutionären. Auch in London erhält er Drohbriefe. Dies belastet ihn sehr, denn er fühlt sich nicht als »Stütze eines Mörderregimes«, wie es in den Briefen steht.

Wie viele unpolitische Menschen versteht Strauß nach seiner Rückkehr nach Wien das politische Umfeld nicht, in dem er sich bewegt. Er komponiert einen neuen Marsch zu Ehren von Jellachich, dem kroatischen General, der sich gebrüstet hat, »mit sei-

ner Säbelspitze die Ergebung der Republikaner zu erzwingen«. Noch heute erinnert man sich in Österreich mit Abscheu daran. Mehrere österreichische Autoren glauben, Strauß habe damals nicht mehr gewußt, was er tat, denn Radetzky sei ein Soldat gewesen, Jellachich aber ein Schlächter. Am 15. Juli dirigiert Strauß ein letztes Mal sein Orchester. Am 25. September 1849 stirbt er im Alter von fünfundvierzig Jahren, körperlich und geistig erschöpft, an Scharlach. Emilie Trampbusch ergreift die Flucht, und Anna kümmert sich um die Bestattung. Am 27. September 1849 vergessen die Wiener Johann Strauß' politische Haltung und geben ihm zu Tausenden das letzte Geleit, er wird neben Lanner beigesetzt. Mit seinem Tod geht ein großer Abschnitt in der Walzergeschichte zu Ende.

Strauß hat es verstanden, den Walzer aus den Vororten von Wien heraus auf das Niveau der »großen Musik« zu heben und in den traditionellen europäischen Milieus zu etablieren. Vielleicht hat die Tatsache, daß bei Strauß' Tod die Geschichte seiner Musik mit der politischen Reaktion assoziiert wurde, die Meinung einiger Zeitgenossen über den Walzer beeinflußt. Zum Glück war dies nicht die vorherrschende Meinung in Europa, und der Walzer im Dreivierteltakt hatte noch eine große Zukunft vor sich.

Johann Strauß Sohn

Als sein Vater stirbt, ist Johann Strauß Sohn fünfundzwanzig Jahre alt und beherrscht sein Handwerk schon recht gut. Im Gegensatz zu seinem Vater muß er sein Reich nicht erst begründen, sondern es lediglich ausbauen und verwalten. Deshalb findet man bei ihm mehr Ruhe und Sicherheit, die er aus der Tatsache schöpft, Erbe zu sein. Er sei ein »Geborener«, sagt Jacob von ihm.[4]

Nach dem Tod des Vaters häufen sich die Anzeichen, daß Johann Strauß junior das väterliche Erbe antreten möchte. An dem Tag, als er den Antrag stellt, ein Denkmal zu Ehren seines Vaters

errichten zu dürfen, spielt er den »Radetzkymarsch«. Nachdem es ihm gelungen ist, die Musiker und Wiener zu gewinnen, die bisher dem »alten« Strauß treu gewesen waren, beschließt er, sich mit dem Hof zu versöhnen.

Der neue Kaiser Franz Joseph ist fast genauso alt wie Strauß, doch er vertritt eine starre Politik, die um jeden Preis am Bestehenden festhalten möchte. Auch wenn sich Johann Strauß schon um die Anhänger seines Vaters bemüht, steht er weiterhin im Ruch des Revolutionärs. 1848 hat er mehrere Studentenmärsche komponiert und die Marseillaise noch gespielt, als der Aufstand bereits von Jellachich niedergeschlagen worden ist. Als er am 6. Dezember 1848 von der Polizei dazu befragt wurde, zog er sich aus der Affäre, indem er erklärte, er wähle seine Stücke wegen ihrer musikalischen Qualität und nicht wegen ihres politischen Gehalts. Als Strauß die Versöhnung mit dem Hof sucht, ist er sich bewußt, ebenso wie Victor Hugo, der mal Bonapartist, Liberaler, Republikaner und Sozialist war, daß er sich dadurch selbst untreu wird. Er komponiert für den Kaiser den Marsch »Viribus Unitis«, und dieser reagiert positiv. Aber der Marsch im Zweivierteltakt ist nach dem Tod von Johann Strauß Vater überholt. Man kehrt wieder zum Tanz im Dreivierteltakt zurück, und der Walzer erkämpft sich erneut seinen Platz in Wien. Am 26. April 1854, zwei Tage, nachdem der Kaiser Elisabeth von Bayern[5] geheiratet hat, spielt Strauß bei Hof. Eine Erzherzogin äußert den Wunsch, die »Annen-Polka« von Strauß zu tanzen, die dieser aber noch nicht offiziell herausgebracht hat. Philipp Fahrbach muß den ehemaligen Revolutionär auffordern, sein Werk dennoch zu dirigieren.[6]

Johann Strauß Sohn besitzt eine ungeheure musikalische Schöpferkraft, notiert aber leider nur einen Teil seiner Einfälle. Es heißt von ihm, er besitze eine »Melodienkiste«, aus der er sich bei Bedarf bediene. Er selbst sieht seine Berufung in erster Linie darin, Tanzmelodien zu komponieren. Die Wiener tanzen, und die Besitzer der Ballsäle geben bei ihm Walzer um Walzer in Auftrag. Gewiß hätte er auch klassische Musik komponieren können, aber

bis zu seinem vierundvierzigsten Lebensjahr macht er nur Tanzmusik, denn das Publikum interessiert sich ausschließlich für den Walzer. Um die Erwartungen des Publikums mit seinem Bestreben, anspruchsvollere Musik zu komponieren, zu vereinbaren, muß er versuchen, den Walzer zu veredeln. Um das Dilemma des Musikers besser begreifen zu können, darf nicht unerwähnt bleiben, daß die Familie Strauß niemals selbst getanzt hat.[7] Wohl kann man zugleich Geiger, Orchesterchef und Komponist sein, genauso Autor und Verleger, doch Musiker und Tänzer? Für einen Musiker beschränkt sich die Kunst nicht allein darauf, die Leute zu seiner Musik tanzen zu sehen; er möchte etwas Umfassenderes schaffen. Für ihn sind der Ball oder der Konzertsaal Einrichtungen, mittels derer er sich ausdrücken kann.[8]

Für die Tanzenden gibt es über den Ballsaal hinaus den Tanzunterricht, Werke über Tanztechnik oder Tanzgeschichte. Auf dem Ball treffen zwei Welten aufeinander, die sich außerhalb des Tanzes ausschließen.

Emile Faguet erklärt, wie die Musik ganz selbstverständlich mit dem Tanz vereint werden kann: »Beide Kunstrichtungen durchdringen sich gegenseitig, können sich infolgedessen sogar vereinen, so daß aus beiden eine neue, vielschichtige Kunst entsteht. Aber sobald sich zwei Kunstrichtungen vereinen, muß eine von ihnen die Initiative ergreifen und sich die andere unterordnen. Das ist eine unerläßliche Voraussetzung. Es geht darum, die Vielfalt und das Durcheinander der Natur in eine bestimmte harmonische Einheit zu bringen. Einheit in der Vielfalt lautet die Devise. Von den beiden vereinten Kunstrichtungen ist also die eine der Willkür der anderen ausgesetzt und dient nur deren Zwecken. Der Tanz, ein harmonischer Ausdruck schöner, beweglicher Linien und sich drehender Gruppen, ermöglicht die Umsetzung der Musik in sichtbare Bewegungen. Die Musik nutzt die Bewegungen des Tanzes für sich.«[9] Als Faguet dies schrieb, dachte er nicht an Strauß, aber seine Bemerkungen treffen haargenau auf das zu, was sich in Wien in der zweiten Hälfte des Jahrhunderts ereignet.

Ab 1850 folgt ein Ball dem anderen. Ganz Wien tanzt. Außer offiziellen Festen finden Bälle aller möglichen Vereinigungen statt. Noch heute gibt es die Bälle der Schriftsteller, Ärzte, Juristen, Polen, Ingenieure, der Ober und der Wäscherinnen. Jede Gesellschaftsschicht veranstaltet ihren Jahresball, und für all diese Anlässe komponiert Strauß neue Stücke. So schreibt er beim Verlassen eines Balls »Accelerationen«, ein Stück, das schon für den nächsten Ball bestimmt ist.[10] Er führt ein anstrengendes Leben. Sein Orchester spielt allabendlich bei Schwender, einem Deutschen aus Karlsruhe, der ein Ballhaus gebaut hat, das zehntausend Personen pro Abend fassen kann. Sein »Vergnügungstempel« besitzt einen Park, der bei gutem Wetter genutzt wird: »Die neue Welt«, eine Anlage mit Gärten, Blumenbeeten, Brunnen, einem Orangenhain und einem Springbrunnen inmitten von Kamelien, stellt sogar Schloß Schönbrunn in den Schatten.

Joseph und Eduard Strauß

Johann Strauß arbeitet wie schon sein Vater, bis zur Erschöpfung. Mit achtundzwanzig erleidet er einen Herzanfall, der ihn zu einer langen Pause zwingt. Da er für eine Familie sorgen muß und seine Einkünfte ausschließlich aus dem Orchester bezieht, muß dieses über Wasser gehalten werden. Deshalb bittet er seinen Bruder Joseph, an seiner Stelle die Leitung zu übernehmen. Dieser wollte eigentlich Ingenieur werden und machte 1850 sein Diplom. Im folgenden Jahr baute er einen großen Staudamm und ließ sich später verschiedene Erfindungen patentieren, darunter die erste mechanische Straßenkehrmaschine, die für die Stadt Wien serienmäßig hergestellt wurde. Joseph hat also eine sichere Zukunft vor sich, und daher stürzt ihn Johanns Vorschlag, der von Mutter Anna unterstützt wird, in Gewissenskonflikte. Er weiß, wenn er sich auf die Musikwelt einläßt, gibt es kein Entrinnen mehr. Nach langem Zögern, und nachdem Johann ihm versichert hat, er sei der Begab-

teste der Familie Strauß, willigt er schließlich ein. Er befaßt sich intensiv mit Musik, vertieft sich in die Musiktheorie und nimmt Geigenstunden. Er beschließt, mit Taktstock zu dirigieren, er haßt es, sich in Pose zu setzen. Seine Schüchternheit kommt beim Publikum gut an, sie ist so ganz anders als Johanns theatralischer Stil. Am 23. Juli 1853 vollzieht er den letzten Schritt, der ihn zum vollwertigen Mitglied der Musikerfamilie Strauß macht: Er komponiert seinen ersten Walzer, dem in seiner kurzen Laufbahn noch über zweihundert weitere folgen werden.

Johanns Plan, 1853 nach seiner Kur das Orchester wieder selbst zu übernehmen, läßt sich nicht verwirklichen, denn nun hat Joseph seinen Platz eingenommen, und er macht seine Sache gut. Johann beschließt also, zu komponieren und auf Reisen zu gehen. 1854 reist er nach Rußland und erlebt in St. Petersburg viele amouröse, musikalische und polizeiliche Abenteuer. Der Zar liebt seine Musik, was Johann Strauß fördert und ihn berühmt macht. Er lernt Olga Smirnitzki kennen, eine junge Adelige, mit der er eine enge Freundschaft eingeht, besonders in intellektueller Hinsicht. Obwohl er nicht gerne liest, schreibt er ihr Briefe auf französisch, der vom russischen Adel bevorzugten Sprache. Ihre leidenschaftliche Beziehung, die sie geheimzuhalten versuchen, wird jedoch von beider Familien boykottiert. Anna möchte nicht, daß sich ihr Sohn in Rußland verheiratet, und auch Olgas Eltern widersetzen sich Johanns Heiratsantrag. Als er wieder in Wien ist, läßt seine Leidenschaft für Olga nach. Seine Aufenthalte in Pawlowsk (er verbringt jedes Frühjahr dort) hinterlassen kaum Spuren in seiner Musik. In Rußland existiert praktisch noch keine nationale Musik; Alexander Borodin, Balakirev, Mussorgski, Rimski-Korsakow sind noch nicht als Musiker in Erscheinung getreten. Polen hat Chopin und Ungarn Liszt, aber in Rußland gibt es keine Musiker, die Johann beeinflussen könnten.

In Johanns Abwesenheit tut sich Joseph schwer damit, das Orchester ganz allein zu leiten. 1859 bittet er daher seinen Bruder Eduard um Unterstützung. Als dieser am 5. Februar 1859 seine

Premierenvorstellung gibt, erweist sich, daß das Orchester in drei Teile aufgespalten ist. Jeder Strauß-Bruder dirigiert einen Teil. Die Ballabfolge ist recht interessant. Zwar dominiert immer noch der Walzer, doch es kommen auch andere Tänze zur Aufführung: vierzehn Walzer, zehn Quadrillen, neun Polkas à la française, acht Polka-Mazurkas und ein Galopp zum Abschluß, der von den drei Orchestern gemeinsam gespielt wird. Zu dieser Zeit muß man schon Experte sein, um zu wissen, welches Mitglied der Familie Strauß welchen Walzer komponiert hat, denn auf den Plakaten werden die Vornamen nicht mehr aufgeführt. 1870, als Joseph bei einem Konzert in Warschau nach einem Sturz stirbt, übernimmt Eduard das Orchester allein und leitet es bis 1901. Auch er begibt sich auf Tourneen. Seine bedeutendste führt ihn 1894 nach England. Dort wird er von Königin Victoria empfangen, die ihm bekundet, sie erkenne in ihm Johann Strauß Vater wieder. Sie bittet ihn, die Stükke zu spielen, die sein Vater vor sechsundfünfzig Jahren bei ihrer Krönung gespielt hatte.

Der Walzer wird klassisch

Durch die Hilfe seiner Brüder kann Johann sich hauptsächlich aufs Komponieren verlegen. Wie sein Vater bemüht er sich, aus der Walzermusik eine große Musik zu machen. Bis 1850 ist der Strauß-Walzer ein »Kaleidoskop«, wie ein zeitgenössischer Kritiker äußerte. Er stellt eine lockere Abfolge von Themen dar. Hinsichtlich der Harmonie erweisen sich weitere Neuerungen als notwendig, um dem von Liszt beeinflußten Geschmack standhalten zu können. Johann Strauß II. versucht, den Stil weiter zu verfeinern und den Walzer der klassischen Musik anzunähern.

Doch dieses Bestreben widerspricht den Wünschen des Tanzpublikums. Bereits die Synkope von Johann Strauß Vater konnte sich nur schwer durchsetzen. Dieser Rhythmus verlangte Konzentration, um das Tempo halten zu können. Jeder Walzertänzer hat

wohl schon diese Erfahrung gemacht, daß ein Walzer von Johann Strauß Vater die Anpassung der Schritte an die Bewegung der Bässe verlangt, die den Dreivierteltakt vorgeben, während die Melodie den Rhythmus gibt. Eine Erschwerung der Harmonie ist keine Lösung. Das Publikum verlangt nach längeren Walzern, und Johann versucht, die Melodien in längere Sätze aufzunehmen.

Während bei Johann Strauß Vater das Thema selten zwölf oder sechzehn Takte übersteigt, mischt der Sohn aufpeitschende mit sanften Melodien. So kann er den Walzer auf ein höheres musikalisches Niveau stellen.[11] Die vom Vater erfundenen Introduktionen nehmen beim Sohn neue Ausmaße an. Im »Kaiserwalzer« fragt man sich, wo der Tanz bleibt. Viele Walzerliebhaber fühlen sich durch die neue Feierlichkeit erdrückt und verzichten aufs Tanzen. Der Walzer hat nichts Wildes mehr, bietet keine Entrückung, sondern ist zum heiligen Ritus geworden. Das Publikum hat größte Mühe, nach dieser Musik zu tanzen. Strauß erntet zwar den Beifall der Musikkritiker, verliert aber die Sympathie des Tanzpublikums.

Die weitere musikalische Entwicklung von Johann Strauß II. wird wesentlich durch seine Gattin beeinflußt, die Sängerin Jetty Treffz, eine langjährige Geliebte des Barons Moritz Todesco, einem Freund Johanns, mit dem sie auch zwei Kinder hat. Als Katholikin durfte Jetty den Juden Todesco nicht heiraten, da Mischehen in Wien damals verboten waren. Jetty sang bereits mit fünfzehn Jahren an der Dresdner Oper und lernte in Leipzig Mendelssohn kennen, der ihr mehrere Lieder widmete. Bei einem Auftritt in Wien huldigte ihr Berlioz, und auch in London erntete sie begeisterte Kritiken. Sie ist zehn Jahre älter als Johann und gehört einer höheren Gesellschaftsschicht an als er. Sie ist selbstsicher und beherrscht die »große Musik« perfekt. Todesco begünstigt ihre neue Beziehung, und zur Heirat schenkt er Jetty die Aussteuer. Anstelle von Anna verwaltet sie jetzt Johanns Vermögen. Da sie nun wohlhabend sind, überredet sie Johann, die Orchesterleitung niederzulegen und sich ganz dem Komponieren zu widmen.

Ab 1865 komponiert Strauß ausschließlich, was sich deutlich

auf seine Musik auswirkt. Hanslick, ein bekannter Kritiker, spricht von »Walzern, die zum Requiem werden«. Strauß sieht im Walzer jetzt eine »absolute Musik ohne direkten Nutzen«.

»An der schönen blauen Donau«

Die »schöne blaue Donau« ist das Symbol für Johann Strauß' Entwicklung auf dem Gebiet des Walzers. Herbeck, der Leiter des Wiener Kirchenchors, der sein Repertoire erweitern möchte, das sich bisher auf gefühlvolle oder patriotische Weisen beschränkte, bittet Strauß, einen Walzer für Chor und Orchester zu schreiben. Johann Strauß komponiert also diese bekannte Melodie, allerdings in reiner Chorversion. Der Zuhörer begreift sofort die »Anti-Tanz-Dimension« dieser Melodie, der Tänzer dagegen hat das Nachsehen. Der Text ist albern, aber die Norddeutschen lieben ihn und machen sich darin über die Österreicher lustig. Er handelt vom kommenden Karneval, der die Österreicher ihren Kummer und ihren ohnmächtigen Zorn nach der fatalen Niederlage der Habsburger gegen Bismarck vergessen machen soll. Die Niederlage von Sadowa hatte große symbolische Bedeutung, denn sie leitete den Niedergang des Kaiserreichs ein.

Der Konzertwalzer »An der schönen blauen Donau« wird erstmals bei einem Fest gesungen, auf dem Geld für die Kriegsopfer gesammelt werden soll. Doch der Walzer erntet bloß mäßigen Beifall und wird nur einmal wiederholt. Für Strauß hat dies keine Bedeutung, denn am Vortag wurde seinen »Telegrammen« fanatisch applaudiert. Fünf Tage später findet die Premiere von »Künstlerleben« statt, der ebenfalls bejubelt wird. Erst dank der Resonanz auf der Weltausstellung in Paris (1867) wird die »schöne blaue Donau« zum größten Erfolg in der Musikgeschichte.

ANMERKUNGEN

1 Siehe die Kommentare von Berlioz, zitiert weiter oben.
2 Weiteres darüber bei H. E. Jacob, *op. cit.*, S. 122.
3 Die Partituren und Deckblätter dieser Stücke wurden in der repressiven Phase der Bewegung durch die Behörden zerstört. Sie sind nur noch durch ihre Titel bekannt: »Freiheitslieder-Walzer«, »Revolutions-Marsch« und »Studenten-Marsch«.
4 H. E. Jacob, *op. cit.*, S. 155.
5 Eine komplexe Persönlichkeit, die Romy Schneider in dem Film *Sissi* großartig dargestellt hat.
6 H. Fantel, *op. cit.*, S. 129.
7 Laut M. Carner, *op. cit.*
8 In Paris ist die Osmose zwischen Tanz und Musik keineswegs mit der Wiener Integration zu vergleichen. Man unterscheidet hier deutlich zwischen Walzer- und Konzertmusik. Die Komponisten glänzen auf dem einen oder anderen Gebiet. In Wien beherrscht die Familie Strauß mit dem Walzer ein Gebiet, das alle anderen Musikbereiche in sich aufnimmt.
9 E. Faguet, *Drame ancien, drame moderne*, Paris 1898, S. 71.
10 Einige Walzer haben seltsame Titel: »Vibrationen-Walzer« für die Ingenieure, »Kontroversen-Walzer« oder »5 Paragraphen aus dem Walzer-Codex« für die Juristen, »Erhöhte Pulse« oder »Paroxysmen-Walzer« für die Ärzte.
11 Wie H. E. Jacob zeigt, *op. cit.*, S. 169.

Der Walzer – ein universeller Tanz

> »Die Reisen bedeuten für die Sozialwissenschaft, was die Beobachtung von Tatsachen für die Naturwissenschaften bedeutet.«
>
> FRÉDÉRIC LE PLAY, La Méthode sociale, Paris 1989

Um 1860 reicht der Einfluß der Familie Strauß schon weit über Österreich hinaus. Die Tourneen von Johann Strauß Vater nach Berlin, Paris und London, seine Anerkennung durch Berlioz und die internationalen Kritiker haben Wiens Stellung als Hochburg des Walzers in Europa gefestigt. Das soll nicht heißen, daß es nicht auch anderswo Walzerkomponisten gegeben hätte, doch die Pariser Komponisten zum Beispiel bleiben stets Handwerker. Sie sind nicht zugleich Musiker und Komponisten wie die Familie Strauß. Sie komponieren Walzer, die nur den Tanzbegeisterten gefallen wollen, nicht auch den Orchestern. Wer denkt heute noch an Orchesterchefs und Komponisten wie Jullien, Tolbecque, Auber oder Métra? Da die französische Musikwissenschaft weniger weit entwickelt ist als die Wiens, hat der moderne Franzose sein Erbe im Bereich der Tanzmusik vergessen.

Doch auch im Tanzbereich möchte Napoleon III. mit den anderen europäischen Höfen konkurrieren können. Das Ansehen des französischen Hofs setzt voraus, daß man über Orchester verfügt, die dasselbe Niveau wie die der anderen europäischen Hauptstädte besitzen. Das französische Kaiserreich hat vor allem Jacques Offenbach und Emile Waldteufel aufzuweisen, auch wenn sie als Komponisten nicht so stark in Erscheinung getreten sind wie die Wiener. Napoleon III. legt größten Wert darauf, Komponisten für

Walzermusik heranzuziehen, die es mit den Österreichern aufnehmen können. Jacques Offenbach und Emile Waldteufel überdauern daher musikalisch das Zweite Kaiserreich.

Jacques Offenbach

Jacques Offenbach wäre heute als Komponist von Tanzmusik bestimmt bekannter, wäre nicht sein Talent als Operettenkomponist so ausgeprägt gewesen. 1864 siegt er beim Journalistenball in Wien, bei dem die Organisatoren Offenbachs Walzer »Abendblätter« und Strauß »Morgenblätter« einander gegenüberstellen. Die Strauß-Biographen schreiben, der Wiener Meister habe deswegen die ganze Nacht Tränen vergossen. In bezug auf die Walzergeschichte zeigt dies, daß 1864 die Vorherrschaft des Wiener Walzers keineswegs so gefestigt war, wie es heute den Anschein hat.

Jacques Offenbach, der aus einer jüdischen Familie stammt, wird 1819 in Köln geboren. Mit vierzehn Jahren beginnt er in Paris sein Musikstudium und nimmt gleichzeitig die französische Staatsbürgerschaft an. 1833 leben in Paris mehrere berühmte Deutsche: der Dichter Heinrich Heine und der Komponist Giacomo Meyerbeer. Jacques wird am Konservatorium in die Klasse von Cherubini und Fromental Halévy aufgenommen. Als Johann Strauß Vater mit achtzehn Jahren seinen ersten Triumph in Paris erlebt, komponiert Offenbach bereits Walzer. Er schuf u.a. »Les trois grâces«, »Les amazones«, »Brunes et blondes« – Titel, die den Einfluß von Strauß vermuten lassen. Offenbach hilft außerdem Flotow bei der Orchestrierung seiner Opern. Auch wenn er nach wie vor Walzer komponiert, zieht es ihn zur Operette. In Frankreich wird er zunächst mit *Bouffes Parisiennes* bekannt, dann überall auf der Welt mit *Orpheus in der Unterwelt* (1858) und *Die schöne Helena* (1864). Damals ist er ebenso berühmt wie Strauß, auch was das Komponieren von Tanzmusik betrifft.

Wie Johann Strauß wird Offenbach oft nach Deutschland und

England eingeladen. Der große Unterschied zwischen den beiden liegt in dem Grad ihrer Identitätssuche und dem Bild, das die Nachwelt von ihnen geschaffen hat. Johann Strauß II. bleibt gegenüber der Operette, in der er sich versucht, ambivalent – er ist und bleibt in erster Linie Walzerkomponist. Und Offenbach, der auch Walzer komponiert hat, versucht nicht, sich in dieser Disziplin durchzusetzen. Sie erscheint ihm im Vergleich zur Operette minderwertiger, in die er auch andere Tanzformen einbringen kann (wie z. B. den französischen Cancan, der ganz Europa begeistert). Der leichte Stil Offenbachs erregt im übrigen Wagners Mißbilligung: »Ein Walzer von Strauß ist durch seine Anmut, seinen Esprit und seine musikalische Bedeutung allemal soviel wert wie die meisten Erzeugnisse aus dem Ausland, so wie zum Beispiel die Kirchturmspitze des Stephandoms weitaus schöner ist als die hohlen, künstlichen Säulen des Pariser Boulevards.« Trotz dieses Urteils lieben die Wiener und die Pariser Offenbach und die Operette gleichermaßen.

1870 werfen die Franzosen Offenbach vor, durch seine leichte Musik die Disziplin der Soldaten untergraben und somit »Bismarck den Weg nach Paris geebnet zu haben«. Die Deutschen ihrerseits hassen Offenbach, weil er die französische Staatsbürgerschaft angenommen hat.

»König« Emile

Im zweiten Kaiserreich ist Emile Waldteufel der unbestrittene französische Walzerkönig.[1] Waldteufel spielt am Hof Napoleons III. die Rolle, welche die Familie Strauß am Wiener Hof einnimmt. Er ist Orchesterchef und offizieller Walzerkomponist des Kaisers. In der Walzergeschichte oder überhaupt in der Geschichte des Tanzes wird er selten erwähnt.[2] Sein Werk ist schwer zu fassen. Es in diesem Kapitel vorzustellen ist gerechtfertigt, weil es noch dem Geist des Zweiten Kaiserreichs verhaftet ist, auch wenn es sich erst bis 1915 entfaltet. Ohne Waldteufels Begegnung mit Kaiserin Eu-

génie, die zu ihm sagte: »Werdet der Walzerkomponist, den Frankreich benötigt, um Österreich standhalten zu können«, wäre er wohl kein derart wichtiger Tanzkomponist geworden. Waldteufel wird 1837 als Charles Emile Lévy in Straßburg geboren. Niemand scheint genau zu wissen, wann und weshalb er seinen Namen änderte. Er hoffte womöglich, der »germanische« Name würde es ihm erleichtern, seine Walzermusik bekanntzumachen. Man weiß wenig von ihm. Sein Vater ist Musikprofessor am Konservatorium in Straßburg und schickt seinen Sohn mit elf Jahren aufs Konservatorium in Paris. Seine Familie folgt ihm nach, um ihn zu unterstützen. Doch er muß Zeitungen austragen, um seinen Lebensunterhalt zu verdienen, und da dies nicht ausreicht, muß er schließlich das Konservatorium verlassen. Er arbeitet mit Marmontel und Laurent, später auch mit Rimski-Korsakow, als der russische Komponist nach Paris kommt. Um seinen Lebensunterhalt zu verdienen, schuftet er in einer Klavierfabrik und gibt Klavierstunden. Obwohl er Walzer komponiert, kann er nicht tanzen. Er heiratet Célestine Dufon, eine Sängerin aus Toulouse, die eine Karriere als Opernsängerin anstrebt.

Als er auf einem Ball eine seiner jüngsten Melodien auf dem Klavier spielt, zeigt sich Kaiserin Eugénie begeistert. Sie ernennt ihn zum offiziellen Hofpianisten und 1865 zum Orchesterchef der Hofbälle. Bis zur Katastrophe von 1870 arbeitet er in den Tuilerien und in Compiègne. 1867 meint Emile Zola, als er einen Walzer am Hof Napoleons III. in Compiègne, der Winterresidenz des Zweiten Kaiserreichs, beschreibt: »Waldteufel, der Walzerfabrikant, setzt sich selbst ans Klavier und spielt ein paar Stücke seiner charmanten, mitreißenden Musik. Waldteufel hat eine Wohnung in Compiègne, wo er tagsüber seine Walzer komponiert, um sie abends hier zu spielen.« Seine Hauptaufgabe besteht darin, regelmäßig neue Stücke zu komponieren, um den Adel zu unterhalten. Dafür finanziert ihm Napoleon III. ein kleines Orchester für seine eigenen Veranstaltungen. Die Jahre 1865–1870 sind für Waldteufel die besten, im Gefolge des deutsch-französischen Krieges verliert er

jedoch seine Stellung. Waldteufel dient in der Armee und nimmt 1871 an der Besetzung von Paris gegen die Kommune teil. Ein anderer Walzerkomponist, Jean-Baptiste Clément, kämpft auf der anderen Seite der Barrikaden.

Nach dem Krieg wollen einige Landsleute Waldteufel seinen Erfolg unter Napoleon III. heimzahlen, aber sein Werk spricht für ihn. Das Fegefeuer, das man ihm bereitet, dauert nicht länger als das von Offenbach. Er bekommt sogar erneut ein offizielles Amt als Orchesterchef der Opernbälle und komponiert bald wieder Walzer, doch seine Kompositionen werden nicht veröffentlicht, da die meisten Orchesterchefs sie für zu geziert halten. 1874 beschließt er, selbst die beiden Walzer »Manola« und »Dolores« herauszugeben, und hat damit Erfolg. Zu seinen Bewunderern zählen der Prinz von Wales, der künftige König Eduard VII. von England, und Prinzessin Alexandra. Waldteufel bittet die Prinzessin, ihr seinen neuesten Walzer widmen zu dürfen. Sie ist einverstanden, und so widmet er ihr »Bien aimées«, mit dem Waldteufel in England und auch in anderen europäischen Ländern bekannt wird. 1885 unternimmt er eine Tournee durch Europa, auf der er eigene Kompositionen dirigiert. Im Covent Garden wird er bejubelt, genauso 1889 in Berlin. Insgesamt komponiert er zweihundertfünfzig Tänze, vor allem Walzer, aber auch Polkas und Galopps. Auch die Operette *Teresita*, die 1914 in Wien aufgeführt wird, stammt von ihm.

In technischer Hinsicht ahmt Waldteufel die Familie Strauß nach und versucht, die Walzermusik auf ein höheres Niveau zu bringen. Aber sein Stil unterscheidet sich von dem der Wiener Meister. Peter Gammond weist darauf hin, daß die Werke der Familie Strauß oft mit denen von Waldteufel verglichen worden sind. Aber Johann Strauß Sohn scheint gehaltvollere Musik zu bieten, Waldteufels dagegen ist heiterer. Ich persönlich finde die Walzer von Waldteufel viel leichter zu tanzen als die von Johann Strauß Sohn. Laut Gammond ist die Art, wie Waldteufel den Akzent auf den ersten Takt legt, charakteristisch für die »französische« Walzerart, die man auch bei Offenbach findet (bei J. Strauß wird eher der

zweite Takt betont). Zu diesem Rhythmus wurde er vielleicht durch Berlioz' Ermahnungen inspiriert. Waldteufels Werk wird, wie das vieler französischer Komponisten jener Zeit, stark von Spanien beeinflußt. Sein bekanntester Walzer »España« nimmt Themen aus der Rhapsodie von Chabrier auf.

Wie alle guten Komponisten befolgt Waldteufel das Motto: »Vor der Erfindung steht der Bedarf.« Er komponiert oft »auf Wunsch«, versteht es aber trotzdem, gehaltvolle Werke zu schaffen. Sein Werk ist voller Zauber und Eleganz, eine unerschöpfliche Quelle von Melodien.

Als er am 16. Februar 1915 mit siebzig Jahren in Paris stirbt, ist sein Stern schon weitgehend erloschen. Es entwickeln sich neue Tanzstile (Tango, Musette etc.). Waldteufel hinterläßt eine Fülle unveröffentlichter Manuskripte. Seine bekanntesten Werke sind: »España« (Op. 236, 1887), »Die Schlittschuhläufer« (Op. 183, 1882), »Estudiantina« (Op. 191, 1883), das den spanischen Einfluß zeigt und auf der Basis eines Vokalduos von 1881 komponiert wurde, nach der Musik von Paul Lacome und dem Text von J. de Lau Lusignan (Waldteufel hatte es zuerst für Klavier umgesetzt), und »Acclamations« (Op. 223). Peter Gammond glaubt, daß Waldteufel, da seine Walzer gut zu tanzen sind, eines Tages wieder neu entdeckt werden wird. Dies dürfte spätestens dann der Fall sein, wenn der Walzer als Gesellschaftstanz ein Comeback erlebt, was nicht ausgeschlossen ist, weil die Jugend vielleicht eines Tages der amerikanischen Musik im Zweivierteltakt überdrüssig ist. Die Geschichte jedenfalls hat gezeigt, daß sich der Tanz im Dreivierteltakt immer wieder behaupten konnte.

Das Internationale Walzerfest in Paris

Die Weltausstellung 1867 in Paris soll alle Großen und allen Glanz der Welt um den bereits wackeligen Thron Napoleons III. versammeln. Die Ausstellung, die auf dem Marsfeld stattfindet, bietet

jedem Land Gelegenheit, sich zu präsentieren. Alle geladenen Nationen bemühen sich, ihre wirtschaftliche und politische Macht nicht nur auf dem Ausstellungsgelände, sondern auch in der Stadt Paris und vor allem in den Botschaften zu demonstrieren. Während auf dem Wiener Kongreß von 1815 die diplomatischen Aktivitäten durch den Walzer und das gesellschaftliche Leben fast an den Rand gedrängt wurden, dienen bei der Pariser Weltausstellung der Walzer und das gesellschaftliche Leben eher der Verschleierung des diplomatischen Geschäfts.

Ebenso wie 1815 vollzieht sich eine Umstrukturierung der Staatengemeinschaft. Nach der Schlacht von Königgrätz bemüht sich Österreich darum, seine internationale Stellung wieder zu festigen. Fürst Metternich, »liberaler Sohn eines reaktionären Vaters«,[3] versucht, nach zwei verlorenen Kriegen wieder neue Bündnisse zu schmieden. Seine Gemahlin, Fürstin Pauline, Freundin von Eugénie, unterstützt ihn nach Kräften. Der im Mai 1867 von der österreichischen Botschaft angesetzte Empfang muß also alle anderen Botschaftsbälle ausstechen. Fürstin Pauline läßt mit Hilfe des Leiters für öffentliche Bauten der Stadt Paris einen riesigen Tanzsaal mit weiß-goldenen Wänden errichten, der mit zehntausend Rosen, geschmückt wird. Österreich hat ihr ein Budget von einhundertfünfundsechzigtausend Francs bewilligt, eine für damalige Verhältnisse riesige Summe.

Metternich bittet Strauß, der sich gerade in Paris aufhält, das Tanzorchester zu dirigieren. Da es sich jedoch nicht um sein eigenes Orchester handelt und Strauß der hiesige Rhythmus der Tänze wenig vertraut ist, wirken seine Walzer ein wenig zu schnell. In Paris tanzt man den Walzer lieber nach einem langsameren Rhythmus, die Quadrille dagegen schneller als in Österreich. Die Fürstin Metternich fordert Strauß auf, sein Tempo zu verlangsamen. Dabei wird wieder der unterschiedliche Stil zwischen Strauß Vater und Sohn erkennbar: Der Vater hielt engen Kontakt zu den Tanzenden. Johann Strauß II. dagegen fehlt das Gefühl für den Kontext, das die guten Tanzmusikformationen auszeichnete. Der Vater erkann-

te instinktiv, was die Leute wollten, egal ob in Paris oder in Wien. Er ist völlig nach außen ausgerichtet, der Sohn dagegen zielt mehr nach innen.

Graf Osmond, der Strauß nach Paris eingeladen hat, sucht einen Tanzsaal für sein Orchester. Aufgrund der Vielzahl von Bällen und Festen erweist sich die Aufgabe als schwierig. Schließlich gelingt es ihm, einen Saal innerhalb des Ausstellungsgeländes anzumieten. Strauß probt dort einen Vormittag lang mit seinem Orchester, bis er vom Herausgeber des *Figaro*, Jean-Hippolyte Cartier de Villemessant, bemerkt wird. Dieser wundert sich, daß ein Österreicher ein Berliner Orchester dirigiert. Als guter Journalist lauert er stets auf »Knüller«. Ein Artikel, »in dem es nicht um Selbstmord oder um einen Prozeß geht, taugt nichts«, bleut er seinen Mitarbeitern immer wieder ein. *Le Figaro* ist ein literarisches und politisches Blatt, das jetzt täglich erscheint (vorher nur zweimal wöchentlich). Von Metternich wurde Villemessant über die Strategie Österreichs informiert: Es sucht die Versöhnung mit Frankreich, um die schrecklichen Ereignisse der Schlacht von Königgrätz vergessen zu machen. *Le Figaro*, der Napoleon III. recht feindselig gegenübersteht, begünstigt eine Aussöhnung zwischen Frankreich, Österreich und Süddeutschland. Der preußische Industrielle Krupp präsentiert bei der Weltausstellung eine riesige Kanone, was vielen Franzosen als Beweis dafür dient, daß eine militärische Bedrohung durch Deutschland tatsächlich vorhanden ist. Einige klarsichtige Autoren – zum Beispiel der Soziologe Frédéric Le Play, Generalkommissar der Ausstellung – sind sogar davon überzeugt, daß von jenseits des Rheins Krieg drohe. Deshalb ist Villemessant entschlossen, Johann Strauß mit einer Pressekampagne zu helfen.

Die Journalisten des *Figaro* begreifen den Zweck einer derartigen Kampagne nicht ganz, doch sie führen die Befehle des Chefs aus. Anfang Juni quillt der *Figaro* über von Annoncen, Kritiken und Artikeln zum Ruhme von Johann Strauß. Villemessant vereinbart ein Treffen mit dem Komponisten. Er stellt sich Strauß als linkischen Menschen vor, mit dem man nur schwer ins Gespräch

kommt, doch zu seiner Überraschung erweist sich Strauß als gewandt und elegant und zeigt, daß er perfekt französisch spricht. Der Sprachunterricht, den er zusammen mit Olga begonnen und bei seinen Aufenthalten in St. Petersburg fortgesetzt hatte, zahlt sich jetzt aus. Villemessant ist davon überzeugt, sich für den richtigen Mann eingesetzt zu haben. Acht Tage später spendet »ganz Paris«, das heißt auf dieser Weltausstellung »die ganze Welt«, dem musikalischen Botschafter Österreichs Beifall. Auch Ivan Turgenjew, Gustave Flaubert, Ambroise Thomas, der Sohn von Alexandre Dumas, Théphile Gautier und Henri Rochefort sind anwesend.

Strauß' Kunst hat sich zu einem »zarten Gespinst entwickelt, voller Heiterkeit, verhaltenem Lachen, einer leidenschaftlichen Musik, die sich wie ein Wasserfall entfaltet. Zum Klang seiner Geige tanzen der Hof und die Kaserne, Stadt und Land, die Lederstiefel in Rußland und die Holzschuhe, die Feen und die Soubretten. Es ist eine Musik, die Geist und Beine mit sich reißt – eine universelle Musik. Die Walzer von Johann Strauß werden bereits in Amerika, Australien und China getanzt, sogar hinter der Großen Mauer.«[4]

Dies zeigt, daß auf der Weltausstellung die Rivalität zwischen Frankreich und Österreich in bezug auf den Walzer nahezu überwunden ist. Die Anerkennung, die Strauß in Paris findet, ist um so bemerkenswerter, da die Stadt musikalisch noch von Offenbach beherrscht wird. *Die Großherzogin von Gerolstein*, eine Satire auf den Hof und den preußischen Militarismus, wird zu einem Triumph. Strauß' Erfolg gründet auch darauf, daß er Österreich, das Opfer von Königgrätz, personifiziert. Haben die Franzosen bereits eine Vorahnung dessen, was drei Jahre später passieren wird?

Strauß möchte sich gegenüber dem *Figaro* für die Pressekampagne erkenntlich zeigen und lädt das Redaktionsteam in den Cercle international ein. Während des Essens bietet das Orchester ein Programm. Nach der »Polka des Figaro«, die er Villemessant gewidmet hat, spielt er »An der schönen blauen Donau«. Noch nie hat er diesen Walzer außerhalb Wiens gespielt. Die Anwesenden sind begeistert, was Strauß eher verwundert. Am Tag darauf verfaßt

Jules Barbier den französischen Text zu diesem Walzer, der ungleich poetischer ist als der deutsche. Ganz Frankreich summt nun »An der schönen blauen Donau«:

»Du tiefblauer Fluß im Sonnenschein
in deinem kristallklaren Wasser so rein
Gleitet dahin das Segel im Wind
Wie der Stern am Himmel geschwind.«

Zwischen Frankreich und Österreich entsteht freundliches Einverständnis, und Metternich glaubt, daß er das Spiel gewonnen hat. Auch Strauß hat einen Sieg errungen. Aufgrund der günstigen Umstände faßt der Botschafter den Plan, den österreichischen Kaiser nach Paris kommen zu lassen. Strauß, dessen »blaue Donau« die Weltausstellung erobert hat, fährt von Paris nach London, wohin ihn Besucher der Weltausstellung eingeladen haben. Sein Wiener Verleger wird mit Bestellungen überschüttet. Im allgemeinen legt er zehntausend Exemplare von einem Walzer auf, was einer Druckplatte entspricht. Für die »blaue Donau« sind es jedoch hundert Platten.

Aber im Juli erweist sich der politische Optimismus, der bis dahin in Paris und Wien geherrscht hat, als unangebracht. Das französisch-österreichische Einvernehmen gerät in Gefahr, denn am 19. Juni wird Kaiser Maximilian von mexikanischen Soldaten ermordet. Der Bruder von Franz Joseph läßt sich nur auf Drängen Napoleons III., der ihm seine militärische Hilfe zusicherte, dazu überreden, den mexikanischen Thron zu besteigen. Aus finanziellen Gründen zieht Napoleon dann seine Zusage zurück. Maximilian wird gefangengesetzt und hingerichtet. Als diese Nachricht am 30. Juni in Paris eintrifft, überschlagen sich die Ereignisse. Alle für den Abend geplanten Feste werden abgesagt. Der Walzer interessiert nicht mehr. Die Pariser Börse bricht ein, und alles in Mexiko investierte Geld ist auf einen Schlag verloren.

In Wien herrscht allgemeine Entrüstung. Kaiserin Sophie, die

Schwester Maximilians, ist zum Bruch mit Napoleon entschlossen. Metternich muß sein ganzes diplomatisches Geschick einsetzen, um das Schlimmste abzuwenden. Am 18. August befinden sich Napoleon und Eugénie anläßlich des Geburtstags von Franz Joseph in Salzburg, aber es wird nicht getanzt, denn die Trauer verbietet prunkvolle Feste.

ANMERKUNGEN

1 Meine Informationen über Waldteufel entnehme ich dem Text »*Waltzes and Polkas*« von Peter Gammond, der die Platte »Emile Waldteufel« eingeführt hat, die von Emi-La Voix herausgegeben wurde.
2 Sein Name ist bei Nettl, *The Story of Dance Music*, nicht aufgeführt, was verwunderlich ist. Ist das auf eine anti-französische Haltung zurückzuführen, oder liegt es einfach daran, daß es die Franzosen, im Gegensatz zu den Engländern, Deutschen und Österreichern, seit einem Jahrhundert nichts daransetzten, ihr musikalisches Erbe zu bewahren? Ich sympathisiere mit der zweiten Hypothese, da viele meiner Pariser Zeitgenossen auf dem Gebiet der Geschichte des Tanzes und der Musik völlig ignorant sind (einschließlich der Musiker).
3 H. E. Jacob, *op. cit.*, S. 205.
4 Artikel von Victor Toussot in *Le Figaro*, Juni 1867.

Strauß' Triumph

> »Von 1860 bis zu seinem Tod gelingt es Strauß, ganz Europa in der Walzomanie gefangen zu halten. Er ist der größte Botschafter seines Landes. Seine Musik verkörpert voll und ganz den Geist der Habsburgermonarchie. ›Kaiser Franz Joseph fing erst nach Strauß' Tod zu regieren an‹, hieß es.«
>
> MOSCO CARNER, The Waltz, London, New York 1948, S. 48
>
> »Das eigentliche Streben meines Lebens,
> Ist der Speck aus guter Konsistenz.«
>
> Zsupan, der Schweinezüchter, im Zigeunerbaron, 1885

Viele Wiener Walzerliebhaber kritisierten an Johann Strauß II., daß er die symphonische Musik der Tanzmusik vorzog. Seine »großen Walzer« entstanden ausnahmslos in seiner letzten Lebensphase (1864–1899). Diese Walzer zeichnen sich durch Introduktionen im Zweivierteltakt aus, die sich bis ins erste Drittel des Stücks erstrecken: siebzehn Seiten – einundneunzig Takte – der Partitur »Wein, Weib und Gesang« (1869), elf Seiten von »Geschichten aus dem Wienerwald« (1866), zehn Seiten aus »Kaiserwalzer« (1889).

»Wein, Weib und Gesang« (Op. 333) ist Johann Herbeck gewidmet, dem Leiter des Wiener Kirchenchors, von dem der Anstoß zur »blauen Donau« stammte. Das Werk für Chor und Orchester besteht aus vier Walzermelodien, eingerahmt von Introduktion und Coda. Die Introduktion ist gewissermaßen ein eigenständiges Stück, das die Tanzorchester meistens »überspringen«. Das ganze Stück ist eine Art symphonische Meditation über Luthers Wittenberger Thesen:

»Wer nicht trinken, lieben, singen will,
Ist für immer ein armer Tropf.«

Wagner hielt diesen für den besten Walzer und dirigierte ihn anläßlich seines 63. Geburtstags im Jahr 1876 selbst. Brahms setzt ihn 1888 für das Klavier um.

Strauß in den Vereinigten Staaten

Als Ulysses S. Grant Präsident der Vereinigten Staaten wird (1869–1877), hat das Land gerade den Sezessionskrieg hinter sich. Angesichts der europäischen Selbstzerstörung sind die Vereinigten Staaten dabei, sich an die Spitze der Weltwirtschaft zu setzen. Die Umstände sind also günstig, um die Hundertjahrfeier der amerikanischen Unabhängigkeit (1876) in großem Rahmen zu feiern.

Der Walzer ist zu dieser Zeit in den Vereinigten Staaten schon wohlbekannt. Da mein Buch nur von der europäischen Entwicklung handelt, möchte ich nicht näher auf die Vereinigten Staaten eingehen. Doch auch die Amerikaner waren, ebenso wie die Engländer, über den Walzer geteilter Meinung. Dieser Tanz gelangte im richtigen Augenblick nach Amerika. Um 1817 findet man dort nur Anhänger, zwanzig Jahre später auch Gegner des Walzers. Zwei Beispiele sollen die unterschiedlichen Standpunkte untermauern. Zunächst der positive, den ein Auszug aus dem *Boston Weekly Magazine* vom 30. August 1817 aufzeigt:

»Man erhebt sich, dreht sich, wiegt sich, schwingt,
Stößt, keucht, jongliert und drückt sich
Das ist komisch, aber auch vergnüglich
Bis jede Dame unverblümt zum Ausdruck bringt
(neben dem, was sie zeigt):
Reserviertheit ist nicht ihr Hauptfehler
Denn es geht hier um den Walzer, Leser!«

In einem Handbuch über gute Manieren von 1833 warnt man dagegen die jungen Mädchen vor diesem Tanz, der keine Würde besitze und den man öffentlich wie privat meiden soll: »Nur unverheiratete Frauen können bei privaten Bällen, sofern sie von Verwandten eingeladen wurden, einen Walzer wagen. Es ist unbedingt notwendig, ihn mit Anstand und Würde zu tanzen.«[1]

Auch der amerikanische Walzer brachte seine Komponisten hervor. Noch heute liebt man Gottschalk, dessen Walzer, wie die

kubanischen Rhythmen, an den Ragtime gemahnen. Dieser kreolische Pianist, geboren 1819, studierte in Paris, wo er von Liszt und Chopin geprägt wurde. 1853 begann seine Karriere in Amerika.[2]

Strauß' Reise in die Vereinigten Staaten sollte für ihn ein Abenteuer werden. Um die Hundertjahrfeier der Unabhängigkeit des jungen Staates zu begehen, hatte der neue Präsident die berühmtesten Künstler der Welt eingeladen. Die Initiative zur Unabhängigkeitsfeier ging von Boston aus, der Hauptstadt von Massachusetts, die 1772 den Aufstand gegen die englischen Kolonisatoren probte, indem die Bürger eine Schiffsladung Tee ins Meer warfen. Nach 1860 wurde Boston als Geschäftsstadt von New York überflügelt, aber es blieb eindeutig die »kulturellste« Stadt der USA. Zur Hundertjahrfeier der Unabhängigkeit will Boston ein »Friedensfest« veranstalten, bei dem der Musik vorrangige Bedeutung zukommt. Die größten zeitgenössischen Musiker werden eingeladen: Verdi, Bülow und Strauß. Alle drei willigen ein, die vorgesehenen Konzerte zu dirigieren.

Boston beabsichtigt, das größte Konzert aller Zeiten zu veranstalten. Strauß sträubt sich zunächst gegen diese Reise, denn er lebt seit Jahren ziemlich zurückgezogen. Er möchte Wien nicht verlassen, es ist ihm sogar schon ein Graus, seine Familie in die Alpen zu begleiten. Er haßt Reisen und zieht im Wagen die Vorhänge zu, um nicht die Landschaft betrachten zu müssen. Jetty ermuntert ihn jedoch, seine Musik überall dort zu verbreiten, wo er eingeladen ist. Bostons Stadtväter zerstreuen schließlich jedoch seine Bedenken, indem sie ihn mit einer Traumgage von hunderttausend Dollar locken. Außer ihm sind eingeladen: seine Frau, ein Bediensteter, ein Zimmermädchen und sein Neufundländer. Strauß begibt sich voller Vorfreude auf das Dampfschiff *Rhein*, das ihn in die Neue Welt bringen soll. Als einziger wird er nicht seekrank. Er trinkt Cognac und raucht Zigarren und genießt die Walzer, die das Bordorchester spielt.

Zur damaligen Zeit ist New York eine Stadt mit europäischem Flair. Es gibt noch keine Wolkenkratzer, die heute den europäischen Touristen beeindrucken, und es wirkt wie eine Stadt, »die

sich behauptet« (Céline). Strauß beherrscht wohl französisch, aber kaum englisch. Er tut sich deshalb schwer, die Eigenheiten der amerikanischen Gesellschaft und ihre Wertvorstellungen zu erfassen, die David Riesman treffend beschreibt und die sich deutlich von den europäischen unterscheiden.[3]

Als Strauß am 13. Juni 1872 in Amerika landet, ist er erstaunt über die riesigen Reklametafeln, die sich über drei Stockwerke erstrecken und ihn stehend auf der Weltkugel zeigen, den Taktstock wie ein Zepter haltend. Er macht sich darüber lustig. Der Überschwang der jungen Amerikanerinnen, die sich auf ihn stürzen, um ihn um ein Autogramm oder eine Haarlocke zu bitten, ist ihm lästig. Er begreift die Arroganz der Reporter, der Konzertagenten, der Neugierigen nicht, die ihm unverständliche Fragen stellen und nicht mit einer Handbewegung zum Schweigen zu bringen sind wie in Europa.

In Amerika der Aufbaujahre ist lärmende Kameradschaft Ausdruck des herrschenden egalitären Mythos. Strauß schützt sich, indem er sich in seinem Hotelzimmer verschanzt. Am meisten verblüfft ihn der riesige Saal, der hunderttausend Menschen fassen kann. Hier soll er zweitausend Instrumentalisten und zwanzigtausend Chorsänger dirigieren, damit die Walzermelodien zu Ehren des neuen amerikanischen Gigantismus erklingen. Diese Formation, die für Strauß neu ist, da er an Orchester mit dreißig bis sechzig Musikern gewöhnt ist, wird »durch Ambosse, Feuerwehrglocken, riesige Glockenspiele unterstützt, die an Holzrahmen befestigt sind, und durch eine gewaltige Trommel mit achtzehn Fuß Durchmesser.«[4]

Die ungewöhnliche Anlage wurde von P. S. Gilmore ersonnen, dem das Motto »small is beautiful«, nicht bekannt zu sein schien. Der berühmte amerikanische Orchesterchef ist für seine schmissigen Märsche bekannt. Ihm Unmäßigkeit vorzuwerfen, wäre verfehlt. Bereits Berlioz hatte große Ensembles auf die Beine gestellt und mit Hilfe von weiteren Orchesterchefs zahlreiche Musiker und Sänger dirigiert. Ein Kupferstich Daumiers zeigt, daß diese Methode recht erfolgreich war.

Jacob weist darauf hin,[5] daß Strauß hier eine Manifestation des Größenwahns zu sehen bekommt, »da es hier tatsächlich ein Bewußtsein der Größe gibt.« Der Wiener »Star« benötigt zahlreiche Ordnungshüter, um mit seinen Musikern auf die Bühne zu gelangen, ohne erdrückt zu werden. Die Menge reißt sich um Autogramme. Als Strauß wieder in Wien ist, berichtet er einem Freund von seinem Abenteuer:

Auf der Musikertribüne befanden sich zwanzigtausend Sänger, vor ihnen die Orchestermitglieder, und das sollte ich dirigieren! Zur Bewältigung dieser Riesenmassen waren mir hundert Subdirigenten beigegeben, doch konnte ich nur die nächsten erkennen, und trotz vorhergegangener Proben war an eine Kunstleistung, an einen Vortrag gar nicht zu denken. Eine Absage aber hätte ich mit dem Preis meines Lebens bezahlen müssen [...].

Da stand ich auf dem obersten Dirigentenpult – wie wird die Geschichte anfangen, wie wird sie enden? Plötzlich kracht ein Kanonenschuß, ein zarter Wink für uns Zwanzigtausend, daß man wohl beginnen müsse. Die »Blaue Donau« steht auf dem Programm.

Ich gebe das Zeichen, meine hundert Subdirigenten folgen mir, so rasch und gut sie können, und nun geht ein Heidenspektakel los, den ich mein Lebtag nicht vergessen werde. Da wir so ziemlich zu gleicher Zeit angefangen hatten, war meine ganze Aufmerksamkeit nur noch darauf gerichtet, daß wir auch – zu gleicher Zeit aufhörten. Gott sei Dank, ich brachte auch das zu Wege! Es war das Menschenmöglichste. Die hunderttausendköpfige Zuhörerschaft brüllte Beifall [...].

Am nächsten Tage mußte ich vor einer Armee Impresarios die Flucht ergreifen, die mir für eine Tournee durch Amerika ein ganzes Kalifornien versprachen.[6]

So unternimmt Strauß eine kleine improvisierte Tournee, er gibt dreizehn Konzerte in Boston. In dem Saal mit hunderttausend Plätzen ist der Kanonenschuß das Signal für den Beginn des Stücks. Einmal geht die Kanone los, noch bevor alle Musiker Zeit gefunden haben, sich vorzubereiten. Strauß beschreibt das nun

entstehende als »Pandämonium, das ich nie vergessen werde.« Die Zuhörer amüsieren sich über diese plötzliche Verwirrung. Strauß ist ein Star geworden. Da er nicht genug Haare hat, um weitere Haarlocken zu verteilen, überreicht sein Diener seinen Bewunderinnen parfümierte Umschläge, die eine schwarze Locke vom Fell seines Hundes enthalten.

Bevor Strauß Boston verläßt, veranstaltet er noch zwei große Bälle. Er dirigiert auch drei Konzerte in New York, wo er Rahmenbedingungen vorfindet, die besser zu seiner Musik passen. In der Musikakademie hat er siebzig Musiker vor sich. Er läßt »Künstlerleben« spielen und wieder die »schöne blaue Donau«. Das Programm enthält außerdem Stücke von Rossini und Wagner. Die amerikanische Presse jedoch schenkt diesen Veranstaltungen keine Aufmerksamkeit, da sie im Augenblick hauptsächlich mit dem Präsidentschaftswahlkampf beschäftigt ist. Strauß begibt sich Mitte Juli 1872, nach einem Monat in Amerika, an Bord des Dampfschiffs *Donau*, um die Heimreise anzutreten.

Das Abenteuer Operette

Johann Strauß' Hang zur symphonischen Musik bewegt ihn, angespornt von seiner Frau Jetty, sich auf das Abenteuer Operette einzulassen. Das Wiener Publikum liebt das von Offenbach und Franz von Suppé repräsentierte Genre. Von Suppé, der sechs Jahre älter ist als Johann Strauß Sohn, hat großen Erfolg mit seinen Operetten. Er stammt aus Italien und hat in der Mailänder Scala Bellini, Rossini und Donizetti (dessen Neffe er ist) entdeckt und sich später in Wien niedergelassen.

Strauß beginnt also, Operetten zu schreiben. Bei *Indigo*, seinem dritten Versuch, zeigt sich ein stärkerer Einfluß von Offenbach als von Suppé. Noch immer steht er unter dem Eindruck seines Amerika-Aufenthalts, der sich durchaus positiv auswirkte, auch wenn er kein Erfolg war.

Die Fledermaus ist ein Sittengemälde der Pariser Gesellschaft im Jahr 1873. Das Libretto stammt von Meilhac und Halévy. Die Handlung spielt auf einem Ball, ein gutes Thema für Strauß, der hier die Sozialkritik über das Wien zwischen 1850 und 1860 einbringen kann. Doch die Operette findet beim Publikum keinen Anklang. Wien durchläuft gerade eine schwierige Phase. Zwar leidet vor allem Paris unter dem Aufstieg Bismarcks, da es dem siegreichen Preußen fünf Milliarden Mark zahlen muß, dennoch gelingt es Wien nicht, die Pariser Börse zu überflügeln. Trotz der Weltausstellung in Wien 1873 kommt es am 9. Mai zu einem Börsenkrach. In dieser Atmosphäre soll das Publikum der Kritik an Müßiggängern, Genußmenschen und schönen Grisettes Beifall spenden. Die *Fledermaus* kommt zu spät, weil Wien sich bereits in einer neuen Phase seiner Geschichte befindet.

Obwohl Johann Strauß gerne in Wien bleiben würde, um zu komponieren, unternimmt er Reisen, unter anderem nach Baden-Baden, wo er auf Ersuchen von Kaiser Wilhelm I. mehrere Konzerte gibt. Der Kaiser liebt den Walzer und insbesondere die »Geschichten aus dem Wienerwald«, was Strauß einen Orden einbringt. Unter den Zuhörern ist auch Bülow, damals der angesehenste Dirigent von Symphonieorchestern. Wie Strauß ist er ein Anhänger von Wagner, obwohl ihm dieser seine Frau Cosima ausgespannt hat. Durch Bülow lernt Strauß Brahms kennen, mit dem er fortan befreundet bleibt.

In Berlin hat Strauß mit seinen Operetten großen Erfolg. Er komponiert *Cagliostro in Wien* (1875), *Das Spitzentuch der Königin* (1880), *Der lustige Krieg* (1881) und *Eine Nacht in Venedig* (1883), in denen der Wiener Walzer mit der großen Melodie à la Verdi verschmilzt.

Jetty stirbt 1877. Strauß, der ihren Tod nur schwer verkraftet, flüchtet nach Italien. Später heiratet er die junge deutsche Sängerin Angelika Dietrich, aber die Ehe scheitert, und er läßt sich nach fünf Jahren wieder scheiden. Dann lernt er Adele kennen, die er abgöttisch liebt. Um sie heiraten zu können, konvertiert er wegen der

strengen österreichischen Gesetze in bezug auf die Wiederverheiratung von Geschiedenen zum Protestantismus und verzichtet auf seine österreichische Staatsangehörigkeit, um die deutsche anzunehmen. Adele weckt seine Lebenslust. Er schreibt den *Zigeunerbaron*, der 1885 mit großem Beifall aufgenommen wird. 1889 komponiert er den »Kaiserwalzer«, eine Art Abschluß seines Werks, und wie William Ritter meint, »die schönste Blume, die der Zauberbaum der Musik von Strauß Wien geschenkt bekommen hat«.

Die letzten Jahre von Johann Strauß

Wien verliert den Kontakt zu Strauß. Das Kaiserreich zersplittert kulturell, und das Wachstum der Städte schafft Probleme. Zu Strauß' Lebzeiten steigt die Bevölkerungszahl Wiens von dreihunderttausend auf eine Million. Das bedeutet eine Zunahme des Stadtproletariats, das Ende eines noch eher ländlich geprägten Lebens, in dem sich die österreichische Gemütlichkeit entfalten konnte. Die sozialen Probleme verschärfen sich. Die Atmosphäre in Wien erinnert an die in Paris vor der Revolution; man spürt, daß sich etwas zusammenbraut. Als letztes Bollwerk gegen den Zusammenbruch wirkt die Persönlichkeit des Kaisers Franz-Joseph. In diesem Umfeld leiden die künstlerische Entfaltung und das intellektuelle Leben. Bald ist Strauß vergessen.[7] Neue Namen treten in den Vordergrund: Sigmund Freud, Ludwig Wittgenstein, Carl Menger, Hans Kelsen in den Humanwissenschaften, Friedrich und Max Adler, Karl Renner und Otto Bauer in der Politik, Gustav Mahler, Arnold Schönberg, Alban Berg oder Anton von Webern in der Musik, Adolf Loos in der Architektur, Gustav Klimt, Egon Schiele und Oskar Kokoschka in der Malerei, Arthur Schnitzler, Hugo von Hofmannsthal, Karl Kraus, Robert Musil, Hermann Broch in der Literatur. Die meisten von ihnen kennen weder Strauß noch den Walzer. Es ist erstaunlich, daß Freud, wenn er von der Funktion des Rhythmus spricht, den Walzer mit keinem Wort erwähnt.

Ende Mai 1899 stirbt Strauß zu Hause. Wien bereitet ihm ein Begräbnis wie einem Kaiser. »Ich habe als neunjähriger Knabe diesen Leichenzug gesehen. [...] Hunderttausend Menschen standen mit entblößten Köpfen da und zählten die Kränze, die Blumenwagen. Es war, als ob man die Gärten Wiens zum Zentralfriedhof hinausschleppe.«[8]

Ein Wiener Dichter schreibt gewissermaßen als Nachrede:

»Er machte aus seiner Kunst keinen Kelch der Bitterkeit,
Sondern einen des Trostes, eine Quelle der Freude,
Der Meister sang, und alles schien viel fröhlicher.
Heute ist er verstummt, und wir sind ärmer geworden.«[9]

Einige Jahre später beschließt Eduard, alle Archive der Strauß-Familie zu verbrennen. Der letzte der Brüder Strauß stirbt 1916 während des Ersten Weltkriegs, als sich die bürgerliche Gesellschaft des 19. Jahrhunderts, die die Familie Strauß so großartig musikalisch zum Ausdruck zu bringen vermochte, endgültig auflöst.

ANMERKUNGEN

1 Zitat aus *Gentleman and Lady's Book of Politeness*, 1833, in A. H. Franks *Social Dance*, *op. cit.*, S. 156.
2 Über das Leben dieses Komponisten, der es verdiente, bekannter zu sein, informiert Serge Berthier, *Les voyages extraordinaires de Louis Moreau Gottschalk, pianiste et aventurier*, Lausanne 1985
3 D. Riesman, *Die einsame Masse. Eine Untersuchung der Wandlungen des amerikanischen Charakters*, Darmstadt, Berlin, Neuwied 1956.
4 H. Fantel, *op. cit.*, S. 238.
5 H. E. Jacob, *op. cit.*, S. 266.
6 Strauß, zitiert von H. E. Jacob, *op. cit.*, S. 266 f.
7 Das Buch *Vienne au tournant du siècle* von François Latraverse und Walter Moser (Paris 1988) belegt dieses Vergessen, denn darin ist weder der Begriff Walzer noch der Name Strauß erwähnt.
8 H. E. Jacob, *op. cit.*, S. 329 f.
9 Anonym, zitiert von M. Kronberg, *Johann Strauß, König Walzer*, Paris 1938, S. 237.

Die Jahrhundertwende: Revolutionen

»*Während eines Balls:*
Eine Dame (zu ihrem Herrn):
– Mögen Sie, Walzer, mein Herr?
Der Herr (begeistert):
– Oh! Ich bin verrückt danach!
Die Dame (kühl):
– Und warum lernen Sie dann nicht Walzer tanzen?«
Réflexion d'une dame à un monsieur intime, in E. GIROUDET, La danse, Paris 1900, S. 28

»*Beim Walzer muß die Dame um eine Pause bitten, um sich zu erholen. Die Dame sieht ihrem Herrn nicht ins Gesicht, senkt nicht den Blick. Wenn der Herr schüchtern ist, schweigsam, kann die Dame, wenn es sich dabei um ein junges Mädchen handelt, die Unterhaltung beginnen.*«
BARONNE STAFFE, Usages du monde, Paris 1899, S. 207 f.

Im letzten Jahrzehnt des 19. Jahrhunderts durchdringt der Walzer den gesamten Alltag; auch die Presse interessiert sich sehr für ihn. In Paris, in der Provinz, in Europa und überall auf der Welt kann man darüber täglich Berichte lesen, die manchmal recht abgeschmackt sind. Den Presseartikeln zufolge bestimmen der Ball und der Paartanz das gesamte Gesellschaftsleben. Der Walzer hat in den Familien seinen festen Platz; auch die neuen Wissenschaften befassen sich mit ihm. Oft wird Tanz mit »Walzer« gleichgesetzt, auch wenn dieser seine Formen variiert wie beim Cotillon. Der Walzer wechselt mit anderen Rhythmen: mit der Polka und dem Schottisch-Walzer. Aber allmählich entwickelt sich ein eigener Stil. Während in Wien der Walzer nach wie vor als majestätische Institution erscheint, die unlösbar mit der Musik der Strauß-Familie verknüpft ist[1], entwickelt sich dieser Tanz anderswo weiter. Der amerikanische Einfluß bringt den Boston hervor, der Pariser Einfluß erzeugt die französische Musette, der ländliche Einfluß die italienische Musette. Eugène Giraudet, einer der bekanntesten Tanzlehrer jener Zeit sowie Historiker und Sammler, Verfasser vieler Handbücher und Initiator mehrerer Tanzlehrerverbände in

Frankreich und der übrigen Welt, schreibt fünfzehn Jahre lang in *Le Progrès* eine wöchentliche Kolumne über das Tanzen, in der er sich auch mit der Atmosphäre während der Jahrhundertwende befaßt.[2]

Die Bälle florieren

Die Bälle häufen sich: ob öffentliche Bälle, Gesellschaftsbälle, Privatbälle – der Walzer steht auf dem Programm. Der Stadtrat von Paris diskutiert 1897 über das Budget der Stadtbälle. Stadtrat Fournière gibt zu bedenken, »daß der Tanz eine Belustigung darstellt, die einer hochentwickelten Zivilisation unwürdig ist.« Er schlägt also schlichtweg die Abschaffung der Stadtbälle vor[3], kann sich jedoch nicht durchsetzen. Nach langer Beratung darüber, ob der Stadtrat die beiden großen Bälle, die die Stadt gewöhnlich jedes Jahr veranstaltet, weiterhin durchführen soll, wird beschlossen, statt dessen etwa zehn Tanzabende zu organisieren, die schlichter gestaltet werden sollen. »Diese Veränderung ist im Grunde gar keine«, bemerkt E. Giraudet. »Es wurde gestern getanzt, und es wird morgen getanzt werden. Man wird sogar noch mehr tanzen als bisher. Es spielt keine Rolle, ob die Beleuchtung schwächer ist, das Orchester weniger hochklassig und der Rahmen bescheidener. Überall, wo getanzt wird, lächeln die Frauen, und das ist das Wesentliche, der Rest ist Beiwerk, das lediglich diejenigen unterhalten soll, die nicht tanzen.«[4]

Im Winter finden in Paris wie in der Provinz viele sogenannte Gesellschaftsbälle statt. Sie werden zumeist von Versicherungsgesellschaften, Musikvereinen, Kaufleuten oder Beamten als Wohltätigkeitsbälle veranstaltet. Das Festkomitee kümmert sich um die Räumlichkeiten, um eine bequeme Garderobe und sorgt für eine Schneiderin, die nicht nur einen Riß nähen kann, sondern auch Handschuhe, Krawatten oder Hemdkragen zum Wechseln anbietet. Das Komitee läßt Einladungen und Eintrittskarten drucken

und besorgt ein Orchester. Bei seiner Arbeit wird es, je nach Größe des Balls, von zwei bis fünfzig Kommissaren unterstützt, die auf den reibungslosen Ablauf achten.[5]

In Paris gibt es 1898/99 dreihundertsechsundsiebzig Ballsäle, darunter fünfundfünfzig große Säle, die in riesigen Gebäuden untergebracht sind. Besonders zu erwähnen sind: das Hôtel Continental, das Bonvalet, das l'Hôtel Moderne, die Terrasse Jouffroy, der Grand Orient, der Vefour, das Arviset, der Palais Royal. Hier werden in dieser Saison tausendzweihundert Bälle im großen Ballsaal abgehalten. Die dreihunderteinundzwanzig übrigen kleineren Säle sind in den Cafés untergebracht, wo man fast zweitausend Bälle registriert. Im Jahr 1900 gibt es außerdem noch acht Dauerbälle, auf denen das ganze Jahr getanzt wird: im Casino de Paris, dem Jardin de Paris, dem Bullier, dem Trianon, dem Moulin Rouge, dem Moulin de la Galette, wo am Sonntag morgen ein Familienball stattfindet und jeden Abend ein öffentlicher Ball, dem Tivoli-Vaux-hall und dem Dourlent in der Avenue de Wagram. Im Jahr 1900 gibt es in Paris siebenundneunzig Tanzgesellschaften, die Bälle veranstalten, bei denen Eintritt zu zahlen ist. Es heißt, bei diesen Gesellschaften herrsche eine »etwas freizügige« Heiterkeit. Die Stammgäste amüsieren sich gut, aber Fremde werden nicht ohne weiteres akzeptiert. Bei solchen Bällen haben die jungen Mädchen keine Scheu, Aufforderungen zum Tanz abzulehnen.[6]

Neben den Hochzeitsbällen und den großen Festbällen gibt es auch Bälle, auf denen sich Phantasie und Originalität frei entfalten können: die weißen Bälle und die Rosen- und Blumenbälle. Der »bal blanc« wird für die jungen Leute veranstaltet. Die jungen Männer im Frack müssen eine Kamelie im Knopfloch tragen; die jungen Mädchen tragen ein weißes Kleid. Beim »bal blanc« in Nizza sind alle Ballgäste weiß gekleidet. Hier gibt es auch »rote« und »blaue« Bälle. Bei den Blumenbällen wählt die Hausherrin eine bestimmte Blume aus, und alle Ballgäste schmücken sich mit dieser Blume, die zur Jahreszeit passen soll: Schlüsselblumen, Hortensien, Iris, Orchideen oder Kamelien ver-

schönern die Bälle durch ihre Farben, ihren Duft und ihre Ausdruckskraft.[7]

Neben dem zwanglosen Tanzabend gibt es den Ball mit oder ohne Cotillon. Bei diesen Tanzabenden, zu denen formell eingeladen wird, spielt ein Orchester, und es wird ein Büffet aufgebaut. Die Hausherrin persönlich kümmert sich darum, daß jede Dame zum Tanz aufgefordert wird, und engagiert je nach Bedarf noch weitere Herren. Zwischen den ersten zehn Tänzen macht man je eine Minute Pause, bei den nächsten zehn je zwei Minuten, dann drei und so weiter. In Paris dauern Polka und Walzer fünf Minuten, die Mazurka und der Schottisch-Walzer vier. Es werden auch Pas de deux und Lanciers getanzt, die zehn Minuten dauern.

Die Herren, die zu dem Ball geladen wurden, müssen zuerst mit der Dame des Hauses, dann mit ihren Töchtern sowie den weiblichen Verwandten und Freundinnen tanzen. Sind sie verheiratet, dürfen sie anschließend mit ihrer Frau tanzen. Wenn die Dame des Hauses nicht tanzt, fordert man eine ihrer Töchter zum ersten Tanz auf. Der Hausherr und die Freunde tanzen nacheinander mit allen anwesenden Damen. Die Herren dürfen nicht zu oft mit derselben Dame tanzen, und eine Dame darf nicht zweimal hintereinander dem gleichen Herrn einen Korb geben.[8]

Daneben gibt es Kinderbälle, auf denen spezielle Musik gespielt wird.[9] Liest man Zeitungsartikel aus dieser Zeit, wird deutlich, wie stark diese Veranstaltungen, ob offiziell oder nicht, das Pariser Gesellschaftsleben um die Jahrhundertwende prägen.[10]

Cotillon und Cotillontänzer

Häufig wird auf einem Ball auch ein Cotillon getanzt. Im 18. Jahrhundert bildete er eine Figur des Kontratanzes. Um 1830 schließt der Cotillon die Drehtänze und vor allem den Walzer mit ein. Dieser bildet nun einen festen Bestandteil der Bälle, wie die Verse von Arsène Houssaye bezeugen:

»...Der Ball begann mit neuen Quadrillen
Gespickt mit Tremolos und Trillern;
Dann wurde Walzer und Polka getanzt, geplaudert, geträumt.

Aber den Cotillon hat keiner versäumt.
Als die Lerche singt, tanzt man den Cotillon noch immer:
Sittsamer Cotillon, erlebst das Morgenlicht im Zimmer.«[11]

Der Cotillon ist außerordentlich beliebt, weil er sogar die sogenannten »Mauerblümchen« amüsiert. Die Zuschauer betrachten die Verbeugungen der hübschen Damen, die anmutige Figuren vollführen. Dabei begeben sich die Damen meist nacheinander in die Mitte des Salons und halten einen Spiegel, eine Haube, eine Maske oder ein Kissen in der Hand; die Herren defilieren an jeder der Damen vorbei, und sie wählt den, der ihr am besten gefällt, und dreht mit ihm ein paar Walzerrunden. Bei der Spiegelfigur lächelt sie in den Spiegel, während er hinter ihr vorbeigeht, wogegen sie den anderen eine Grimasse geschnitten hat. Bei der Figur mit der Haube setzt sie ihm diese auf und bekundet damit allen anderen ihre Ablehnung. Bei der Figur mit dem Kissen hilft sie ihm nicht auf die Beine, nachdem er sich vor ihr niedergekniet hat. »Diese frivolen Spiele sind für den Beobachter eine regelrechte Komödie. Von zwanzig Herren, die sich präsentieren, wird keiner auf gleiche Weise abgelehnt. Es ist leicht zu erkennen, was die Dame zu ihrer Wahl bewegt, und das alles vermittelt das Gefühl, sich in einer mondänen Welt zu bewegen.«[12]

Laut Giraudet »bedeutet, Cotillon zu tanzen, eine echte Wissenschaft und erfordert spezielle Erfahrung; ein gewandter Cotillontänzer ist ein Paradiesvogel, den alle Hausherrinnen umwerben, denn er muß sehr vielseitig sein: Er muß sehr taktvoll sein, weltgewandt, viel Schwung haben und Kniekehlen aus Stahl. Er muß heiter sein, dynamisch, anpassungsfähig, Autorität über die anderen Tänzer besitzen, damit sie ihm gehorchen, und er darf niemanden bevorzugen, kurzum, er muß gerecht und ausgeglichen sein.

Dem Leiter kommt die ernste Aufgabe zu, das Orchester zu führen, die Bewegungen und Figuren zu lenken.«[13]

Auf manchen großen Bällen gibt es zwei Führer, die ausgezeichnete Tänzer sein müssen. Um den Cotillontänzern zu helfen, haben die Tanzlehrer die Figuren notiert. Einige sind klassisch, andere werden improvisiert. Es gibt unglaublich viele Figuren. In seinem *Traité de la danse* widmet Giraudet dem Cotillon fünfundfünfzig Seiten, von dem es seiner Meinung nach dreitausenddreihundertdreiunddreißig Figuren geben soll.[14] Dies beweist den riesigen Erfolg des Cotillons seit 1860. Im Werk von Laborde, der im großen und ganzen mit Giraudet übereinstimmt, werden nur sechzig Figuren aufgeführt.[15] Eine weitere Besonderheit des Cotillon sind die Accessoires. Da es so viele sind, entstehen spezielle Geschäfte, die jedes Jahr einen neuen Katalog in Form eines Tanzhandbuchs herausgeben.[16] Die Organisatorin verteilt die Accessoires an die Herren; die Damen erhalten sie vom Organisator. In Paris, Österreich und Deutschland werden die echten Cotillons oft von einem einzigen Herrn angeführt. Mit den Figuren wechselt er die Partnerin. Er braucht nicht unbedingt selbst zu tanzen. Später überläßt der anführende Cotillontänzer die Führung der Jugend: »Wenn der Cotillon fünfzig Figuren beinhaltet, werden fünfzig Paare aufgestellt, die jeweils ihre Lieblingsfigur ausführen. Man überläßt die Wahl der Tochter des Hauses, die ihren Herrn aussucht und ihn nach Belieben zum ständigen oder vorübergehenden Anführer ernennt.«[17]

Im Cotillon klingt der Walzer stark an. Man beginnt stets mit »einer Walzerdrehung.«[18] Der Walzer dient auch als Bindeglied zwischen den Figuren: »Das anführende Paar bittet das Orchester, einen Walzer zu spielen, und spaziert, gefolgt von den anderen Paaren, durch den Saal. Dann eröffnet der Anführer den Tanz, und alle anderen Paare schließen sich an. Nachdem er einmal durch den Saal getanzt ist, klatscht er in die Hände, sofern er keine Schellentrommel besitzt, und jedes Paar kehrt an seinen Platz zurück. Es ist immer das gleiche Signal, das die Figuren eröffnet oder beendet. Nach dem Walzer stellen sich die Damen Rücken an Rücken in der Mitte

des Saals auf, während sich die Herren bei der Hand fassen und um sie herumtanzen. Wenn der Anführer das Zeichen gibt, halten sie inne, umarmen die Dame, die ihnen gegenübersteht, und der Walzer geht weiter. Die Figur wird wiederholt, wenn der Anführer das Signal gibt, aber dieses Mal stellen sich die Herren Rücken an Rücken, und die Damen tanzen um sie herum, etc.«[19]

Die Presse schreibt über den Cotillon: »Gemäß dem Brauch, der sich seit einigen Jahren eingebürgert hat, organisierte eine Gruppe von liebenswürdigen Junggesellen neulich abends in einem unserer großen Hôtels in Paris einen Cotillon und ein Souper für die Damen, die sie im Lauf des Winters des öfteren eingeladen hatten. Dieser Brauch stammt aus England, wo er stark verbreitet ist. Zwölf Herren waren anwesend: Balzan de la Chapelle, Deschamps, Faider, de Gontaut, Hottinger, de Marsay, de Morogues, de Ravignan, de Saint-Vallier, de Villeneuve-Bargemont. Die jüngsten und schönsten Frauen von Paris nahmen an diesem Fest teil.«[20]

Walzer- und Bostontänzer

Die gute Gesellschaft bevorzugt jetzt einen neuen Walzerstil: den Boston. Dabei handelt es sich um einen langsamen Walzer, der aus den Vereinigten Staaten kommt und laut Curt Sachs gegen 1875 in Europa eingeführt wurde. A. H. Franks ist mit diesem Datum nicht einverstanden. Er und Richardson vertreten die Auffassung, dieser Tanz sei erst 1903 nach London gelangt. In Paris findet man seine Spuren um 1895. Giraudet beschreibt den Boston: »Man schreitet zur Walzermusik im Polkaschritt und vollführt Walzerbewegungen.« Der Boston beeinflußt später alle anderen Tänze, doch der Walzer hält sich weiterhin. »Der gute Walzertänzer kann mühelos auch den Boston tanzen, aber der Bostontänzer wird nie Walzer tanzen können, ohne ihn gelernt zu haben.«[21] Er gibt noch eine andere Version: »Der Boston ist nichts anderes als die alte Promenade, die es beim Walzer immer schon gegeben hat, das heißt, er

besteht aus einigen Walzerdrehungen nach rechts und links und einem Herumwirbeln, das durch einige Schritte nach vorn und nach hinten unterbrochen wird.«[22]

Diese Tanzform erneuert also den Walzer, der nach wie vor im Vordergrund zu stehen scheint, wie es die damalige satirische Presse zum Ausdruck bringt.[23]

Tanz-»Erzieher«

Thomas Wilson unterscheidet, wie wir gesehen haben, 1816 den Walzer von allen anderen früheren Tanzarten, die sich durch Schönheit, Stil, Höflichkeit und Bildung auszeichnen. Der Walzer nämlich will amüsieren, er grenzt an Unmoral und gefährdet folglich die Tugend. Für Giraudet ist er im Jahr 1900 das Kriterium für Erziehung geworden, denn die Tanzlehrer sehen sich als »Erzieher«. Die Dritte Republik führte die Schulpflicht ein. Doch wie verhält diese sich zur Erziehung? »Die schulische Ausbildung, die bis zur Erlangung akademischer Titel reichen kann, ist für manche nützlich, aber eine gefährliche Waffe in der Hand jener, die ungeschickt mit ihr umgehen. Dagegen ist die Erziehung, auch wenn sie übertrieben wird, nützlich und für jedermann unerläßlich.«[24]

Ein Tanzlehrer, der den Studenten der Ecole centrale Tanzunterricht gibt, meint: »Es gibt Abiturienten, die mehrere Sprachen beherrschen und doch keine Ahnung von den Grundbegriffen des Benehmens und der Höflichkeit haben. [...] Der Jugend fehlt die Erziehung. Fast alle haben diese nützliche Seite des Lebens vernachlässigt, um sich mit oft unnützem Wissen anzufüllen, wodurch das Gehirn ermüdet und die Gefahr entsteht, daß Menschen aus einfachen Verhältnissen dem Größenwahn erliegen und nicht mehr erkennen, daß sie für bodenständige Positionen geschaffen sind [...]. Bei den Frauen verdirbt Bildung den Charakter; die Erziehung dagegen bringt gute Hausfrauen und ergebene Ehefrauen hervor. Die wohlerzogene Frau ist nachsichtig, voller Takt und Hilfsbereit-

schaft. Die wichtigtuerischen und eitlen Männer blicken voller Verachtung auf die normalen Sterblichen herab und bilden sich auf ihre Diplome etwas ein. Ganz gleich, ob man reich oder arm ist, wenn man gut erzogen ist, kommt man mit jedem aus.«[25]

Und Giraudet schreibt: »Es gibt keinen besseren Erzieher als den Tanzlehrer, denn er ist weltläufig und kennt die Jugend, er kann die Schwächen seiner Schüler auf einen Blick erfassen. Ein solcher Erzieher hat seinen festen Platz in der Familie und in allen schulischen Einrichtungen.«[26] Im übrigen beschäftigt Giraudet sich, wie auch viele andere, intensiv mit dem Stellenwert des Tanzes bei der Erziehung der Kinder, seiner Funktion im Gesundheitswesen, seiner Bedeutung im gesellschaftlichen Leben. Und er verfaßt zahlreiche Artikel über das gute Benehmen, das Savoir vivre.[27]

Der Walzer in der Schule

Schon vor 1900 wurde in den Pariser Grundschulen Tanzen in den Turnunterricht aufgenommen, damit bei den zukünftigen Generationen ein gesunder Geist in einem gesunden Körper wohne. Der Tanzunterricht wird von Sportlehrern erteilt, auf dem Programm stehen Walzer, Polka, Mazurka und Schottisch-Walzer. Der Tanz soll nicht als Gymnastikübung gesehen werden, sondern als gesellige Kunst.[28]

Der Einsatz des Tanzes zu pädagogischen Zwecken stimuliert auch die Tanzforschung. In dieser Zeit erscheinen zahlreiche Werke über die Geschichte des Tanzes (s. Bibliographie), und auch die Presse beschäftigt sich intensiv mit der Geschichte des Tanzes oder diesbezüglichen Anekdoten.[29] Der Tanz wird sogar Gegenstand medizinischer Überlegungen und der Gesundheitslehre.[30]

Die Tanzlehrer verbünden sich

Diese Einschätzung des Tanzes festigt und fördert die Position der Tanzlehrer. Da es sich hierbei um eine internationale Entwicklung handelt, werden in vielen Ländern Tanzlehrerverbände gegründet. Giraudet versucht, diese Verbände unter einer Dachorganisation zusammenzuschließen und legt 1899 ein »Projekt für eine internationale Akademie der Tanzlehrer« vor. Das ist eine logische Folge der Vereinigungsbestrebungen, die sich seit 1891 in Berlin abzeichneten, doch es gelang nicht, die junge Generation der Tanzlehrer zu integrieren (Giraudet wurde ausgeschlossen). 1893 findet eine Versammlung in Boston statt, später eine in Berlin, an der achtzig Tanzlehrer teilnehmen. Eine weitere geplante Zusammenkunft in Paris (1895 oder 1896) jedoch wird abgesagt. Also ergreift Giraudet die Initiative und beginnt, die Adressen von Tanzlehrern in Europa und der übrigen Welt zu sammeln. Dabei ermittelt er tausendfünfhundertdreiundachtzig Tanzlehrer in Europa, davon sechsundachtzig in Paris[31], hundertsiebenundsechzig in der französischen Provinz, einhundertachtundzwanzig in England, dreiundachtzig in Italien, dreihundertsiebenundzwanzig in Deutschland, einhundertfünfzehn in Österreich-Ungarn, zweihundertdrei in Rußland, einhunderteinundneunzig in Griechenland, fünfundzwanzig in Schweden, achtzig in Holland etc. In Amerika registriert er siebenhundertzwanzig, in Asien zweihundertdreiundzwanzig, in Afrika vierhunderteinundzwanzig und in Ozeanien dreihundertelf. Giraudet selbst verfaßt die Regeln und Statuten der geplanten Akademie. Im Rundfunk wird eine Rede gesendet, die Giraudet bei einer Zusammenkunft gehalten hat, auf der es um die Gründung der Akademie ging. Doch erst nach zehn Jahren haben seine Bemühungen Erfolg.[32]

89 060 000 Runden

Im 20. Jahrhundert ist man an Sportstatistiken gewöhnt. Das Fernsehen berechnet bei der Übertragung von Tennisspielen die Anzahl der Doppelfehler, Asse und der direkten Fehler der beiden Spieler. Diese Vorliebe für die Statistik zeigt sich auch in der Leichtathletik. Zu Beginn des 20. Jahrhunderts beschäftigt sich die Quantophrénie mit dem Tanz. Ein heutiger Walzertänzer kann sich kaum vorstellen, daß man zwischen 1890 und 1900 das Ballerlebnis nach den von den Tanzenden zurückgelegten Metern einstufe. Giraudet und einige andere Tanzlehrer befaßten sich speziell damit. Giraudet stellt umfassende Berechnungen an. Wenn er seine Schüler beobachtet, notiert er, wie viele Runden oder Walzerdrehungen sie absolviert haben und mißt die Dauer des Takts: »Der Walzer, einer der schönsten und schwierigsten Tänze, ist auch der beliebteste. Man kann sich nicht vorstellen, wie in einem Salon die schlichte Bemerkung ›Er ist ein ausgezeichneter Walzertänzer‹ wirkt. Diese Fertigkeit kann man durch häufiges Tanzen erreichen, jedoch nur unter der Anleitung eines ausgezeichneten Tanzlehrers. Das Orchester spielt im allgemeinen achtzig Walzertakte, in der Minute oder zweihundertvierzig Fußtakte. Wenn der Tanz im Durchschnitt fünf Minuten dauert, dreht man sich vierhundertmal im Takt. Da man vierzig Drehungen in der Minute macht, ergibt das in fünf Minuten zweihundert Drehungen. Da jeder Takt eine Fußbewegung bedeutet, ergibt dies insgesamt eintausendzweihundert Fußbewegungen, was eine Wegstrecke von vierhundert Metern ausmacht, wobei das Metronom sechsundsiebzig anzeigt und ein Ticken des Metronoms dem Takt von drei Viertelnoten entspricht. So könnte man es schaffen, nach fünfzig Walzern ein passabler und nach hundert ein ausgezeichneter Walzertänzer zu werden. Wenn man es nach 50 Walzern zu einem guten Tänzer gebracht hat, hat man vier Stunden und zehn Minuten Übung hinter sich, das heißt 10 000 Drehungen, 20 000 Takte und 60 000 Fußbewegungen, was bedeutet, daß man 20 000 Meter zurückgelegt hat.«[33]

Giraudet fügt hinzu, der Begabte könne diese Strecke durch zwei teilen, der Ungeübte dagegen müsse sie mit zwei multiplizieren. Diese Berechnungen gelten für die Polka und andere zeitgenössische Tänze. Doch damit nicht genug. Giraudet tanzt in zwanzig Jahren fünf Stunden Walzer pro Tag, das ergibt 89060000 Drehungen und 178120 Kilometer – mehr als vier Erdumrundungen. Wenn man noch die übrigen Tänze hinzurechnet, hat Giraudet in zwanzig Jahren siebenmal die Erde umkreist.» Eine schöne Strecke«, meint er und fügt hinzu: »Kein Wunder also, daß die Tanzlehrer ihren Weg machen.«[34]

Walzer und Strategie

Der Walzer ist mittlerweile so weit verbreitet, daß er selbst zur Maßeinheit wird. »Der Schall durchläuft 300 Meter pro Sekunde. Da bekannt ist, daß eine Walzerdrehung in zwei Sekunden absolviert wird, kam man auf die Idee, daß im Kriegsfall der Walzer für die Abschätzung der Entfernung feindlicher Truppen von großem Nutzen sein könnte, denn die Soldaten erblicken wohl die Lichtblitze der Schüsse, nehmen das Geräusch aber erst ein paar Sekunden später wahr. Zwei Sekunden für eine Walzerdrehung, das ist der beschleunigte Rhythmus, den die Franzosen pflegen. Da der Walzer ein Tanz im Dreivierteltakt ist, entspricht jeder Takt einer Viertelsekunde. Eine Walzerdrehung, die in zwei Sekunden erfolgt, entspricht also sechs Takten. Um zu ermitteln, wie weit der Feind noch entfernt ist, fängt man sofort, nachdem man den Lichtblitz erblickt hat, mit dem Walzer an und zählt die Takte, bis man das Geräusch der Schüsse vernimmt. Jede Sekunde zwischen dem Lichtblitz und der Detonation entspricht einer Entfernung von dreihundert Metern, einer Drittelsekunde, das heißt ein Walzerschritt kommt hundert Metern gleich. Folglich ergibt die Zahl der Takte oder Schritte multipliziert mit hundert die Entfernung, die man ermitteln möchte. Dieser Vorgang ist sehr einfach. Allerdings

erhält man kein absolut korrektes Ergebnis. Dafür müßte man die Sekunden mit einem Chronometer zählen, das man ja nicht immer mit sich führt. Die Beine dagegen hat man immer zur Verfügung, und es gibt immer weniger Menschen, die nicht Walzer tanzen können.«[35]

Liest man die zeitgenössische Presse, so stellt man ein großes Interesse an dieser Art von Statistik fest, nicht nur in Frankreich, auch in vielen anderen Ländern.[36]

Auch der Einfluß des technischen Fortschritts auf den Gesellschaftstanz darf nicht übersehen werden. Seit 1880 bedient man sich der Photokamera, um die Walzerbewegung zu analysieren, was zum Beispiel *La Gaudriole* satirisch behandelt.[37] In einer späteren Untersuchung wurde die Entwicklung der Walzerzeichnungen oder -photos in den Handbüchern der Tanzlehrer analysiert. Thoinot Arbeau, Pina Bausch, Robert Wilson oder Giraudet – sie alle befassen sich mit der technischen Darstellung des Tanzes. Erst vor kurzem hat Georges Vigarello ein Werk veröffentlicht, das alle Quellen einer solchen Analyse für den Sport aufführt.[38] Ich besitze zwar eine umfangreiche Dokumentation über die technische Entwicklung des Walzers, kann aber hier nicht näher darauf eingehen.

ANMERKUNGEN

1 Obwohl auch Komponisten wie Komzak, Ziehrer, Millöcker, Genée und Zeller ebenfalls sehr schöne Wiener Walzer komponiert haben.
2 Er ist nicht der einzige, der sich damit befaßt. Auch G. Desrat war Professor und Autor. Sein *Dictionnaire* ist heute ein Klassiker. Ich lege besonderen Wert auf die Erwähnung Desrats, da dieser unterdessen in Vergessenheit geraten ist.
3 Aufgrund solcher Initiativen kommen einige zu dem Schluß, der Tanz sei am Aussterben:»La danse se meurt«, *L'Echo de Paris*, Nr. 4909; »La danse en France jugée par un maître à danser« (Desrat), *Journal l'Eclair*, 2. November 1898; »Défense de danser, la danse se meurt«, *Le Petit Bleu de Paris*, 7. Juli 1899.
4 E. Giraudet, *op. cit.*, S. 30.
5 E. Giraudet, *La danse, op. cit.*, S. 79.
6 E. Giraudet, *Traité, op. cit.*, S. 570f.

7 E. Giraudet, *La danse, op. cit.*, S. 72.
8 E. Giraudet, *op. cit.*, S. 73.
9 Bei E. Giraudet, *Traité, op. cit.*, S. 147, ist eine Liste mit 39 Stücken aufgeführt.
10 Zahlreiche zeitgenössische Zeitungsartikel zeigen die Bedeutung der Bälle, zeigen, welche Rolle die Bälle zur damaligen Zeit in der Presse gespielt haben: »Le bal de l'Amienoise«, *Journal d'Amiens, 2.* April 1899; »Au moulin de la Galette«, *Chronique amusante* Nr. 4, 26. Januar 1899; »Au bal en Bretagne, etc.«, *L'Echo de Paris* Nr. 2, 7. Februar 1892; »le bald B. Delannoy«, *L'Echo du lac* Nr. 10, 5. März 1898; »La suppression des bals à l'Hôtel de Ville«, 25. November 1897; »Le bal à l'Elysée sous le président de la République Félix Faure«, *La Famille* Nr. 1022, 7. Mai 1899, »Un grand bal sous la direction de M. E. Giraudet«, *La France prévoyante* Nr. 127; »Une perle au bald« (Zeichnung), *La Gaudriole* Nr. 759, 10. Juli 1898; »Fin de bal« (Text und Zeichnung), *La Gaudriole* Nr. 848; »Les phases d'un bal au Gil Blas«, *Redoute du Gil Blas*, Beilage zur Nr. 1, 1899; »Les excentricités de la danse«, *Gil Blas*, Beilage vom 10. Mai 1891; »Le chahut de ces dames du Moulin; leur école«, *Gil Blas*, Beilage vom 23. Mai 1891; »Bal en famille«, *Le Courrier du Havre* Nr. 19227, 16. Januar 1898; »Fêtes d'inauguration du baron de Ladoucette«, *L'Illustration* Nr. 1234, Band XL VIII vom 20. Oktober 1899; »Le bal de bienfaisance«, *La jeunesse amusante* Nr. 144; »Fête mondaine à Niort«, *Le Journal* Nr. 1583; »Loin du bal«, *Le Journal* (illustrierte Beilage) Nr. 44; Dessins de chahuteurs, *Le Matin illustré*, vom Januar 1899; »Les grandes figures de l'armée du chahut«, *Le Matin*, 15. Februar 1893; »Le costume empire au bal«, *La Mode française* (24. Jahr) Nr. 1, 1. Januar 1899; »La toilette au bal«, *La Mode française* (23. Jahr) Nr. 44, 10. Oktober 1898; »La femme au bald, de 16 à 30 ans«, von M. O. Rice (mit Zeichnungen), *Le Monde comique* Nr. 995; »Le grand bal Delannoy«, *Le Journal de Montmorency* Nr. 420, 13. März 1898; »Une salle de bal« (Zeichnungen), *La Nouvelle Mode* Nr 47, 5. Februar 1898; »Le bal de 3 heures à 8 heures«, *La Nouvelle Mode* Nr. 8, Januar 1898; »Paris qui danse«, *Le Panorama* Nr. 9, 1897, »Bal l'Hôtel Moderne«, *Le Paris*, 14. Dezember 1897; »Allons Marianne, un tour! Non, je n'ai pas le cœur à la danse«, von Pierre Franc (Zeichnungen, Fahnen und öffentliche Bälle), *La Patrie*, 16. Juli 1899; »Les fêtes russes à Toulon, un bal à l'Arsenal«, *Le Petit Journal* Nr. 152; »Ici l'on danse« (Text und Zeichnung), *La Presse*, 17. Februar 1899; »Les danseurs de l'Hôtel de Ville«, *La Presse*, 25. Januar 1898; »Bons conseils: les petites comédies dans un bal«, *La Presse*, 13. Dezember 1898; »Rêves d'une actrice au bal«, *Romans inédits* (Text und Zeichnung) Nr. 130; »Grand bal d'enfants«, von Lagus, *Royan* Nr. 29, 28. August 1897; »Le 70e grand bal«, *Le Soir*, 11. Dezember 1897; »Sortie de bal« von Gil Baer, Zeichnung, *Le Supplément* Nr. 1320, 29. Januar 1898; »Dessin d'un bal nocturne et champêtre organisé par des seigneurs et des bergères au XIXe siècle« von Gil Baer, *Le Supplément* Nr. 1547, 13. Juli 1899; »Le bal des anciens élèves du lycée«, *Le Télégramme de Toulouse*, 25. Februar 1897; »Le maître de danse«, *L'Echo de Paris* Nr. 2, 7. Februar 1892; »Curieux renseignements sur la danse«, *La Fronde*, 17. Juli 1899; »Organisation d'un bal«, von E. Giraudet, *Le*

Musical, 1. März 1899; *L'Echo de la Presse*, Ausgabe vom 19. Februar 1898; »La danse et les danseurs« (viele burleske Stiche von Lucien Metivet), *Le Rire* Nr. 215, 17. Dezember 1898.
11 A. Houssaye, *Les Confessions*, souvenirs d'un demi-siècle.
12 E. Giraudet, *Traité, op. cit.*, S. 85.
13 *Ibid.*, S. 86.
14 Siehe *ibid.*, S. 85–141.
15 Laborde, *Le cotillon*, Paris 1860.
16 E. Giraudet führt in seinem *Traité* 36 Spezialgeschäfte in Paris auf.
17 E. Giraudet, *Traité, op. cit.*, S. 89.
18 Laborde, *op. cit.*
19 E. Giraudet, *Traité, op. cit.*, S. 88.
20 Auszug aus *L'Echo de Paris*, 10. Juli 1899. Zum Cotillon s. auch: »Au bal, le cotillon« (Text und Zeichnung), *La Famille* Nr. 1011, 19. Februar 1899; »Au bal, entre deux valses, le cotillon«, *Le Soleil du Dimanche* (Illustrierte) Nr. 5, 29. Januar 1893.
21 E. Giraudet, *Traité, op. cit.*, S. 47.
22 E. Giraudet, *La danse, op. cit.*, S. 111.
23 Zum Beispiel: »Dix minutes plus tard, ils valsaient« (Text und Zeichnung), *Le Bon journal*, Nr. 1332, 12. Januar 1899; »Invitation à la valse différente, formule, texte et dessins«, *Le Monde comique* Nr. 1002, S. 4; »Dessins de couples dansant«, *La Nouvelle Mode* Nr. 4, 22. Januar 1899; »Valseurs«, *La Nouvelle Mode* Nr. 9, 27. Februar 1898; *Valseurs et valseuses: la danse ingénue* (die Angeberin, der rasante Walzertänzer, die Dame, die sich amüsiert, der junge Mann, der heiraten will, das junge Mädchen, das einen Ehemann sucht, der schüchterne Walzertänzer, der wilde Walzertänzer, die kleine Comtesse, der ungelenke Walzertänzer, die Verliebten), von Létorière, Beilage des *Petit Journal*; »Le valseur, modèle«, *Le Soleil du Dimanche* (Illustrierte) Nr. 5, 29. Januar 1893.
24 E. Giraudet, *Traité, op. cit.*, S. 155.
25 *Ibid.*, S. 156. Siehe dazu auch Baronin Staffe, *op. cit.*
26 *Ibid.*, S. 156.
27 In der damaligen Presse wird das Thema Benehmen satirisch behandelt: »Avantages de l'offre du bras droit aux dames pour la danse« und »L'invitation à la danse«, *L'Avenir de Bernay* 13.–17. Dezember 1898; »Un mari en or, les danseu ses bohèmes«, *La Gaudriole* Nr. 834, 30. März 1899; »La vie parisienne; les petites danseuses«, *Gil Blas*, 12. Juli 1891; »Le Père Mioche à Terpsichore; fille et mère de la civilisation et des mondes« von Jean Richelin, *L'intransigeant illustré*; »La danse et le maintien«, *Mémorial de la librairie française* Nr. 51, 23. Dezember 1897; »Se suicider dans un bal« (Text und Zeichnungen), *Pêle-Mêle* Nr. 10, 5. März 1899; »La danse et les veillées«, *Le Petit Journal* Nr. 12463; »La manière de tourner la tête, les jambes, les genoux, les pieds... l'invitation pour danser«, *La Quinzaine musicale*, 1. August 1899; »Les forçats du snobisme« von E. Giraudet, *La Revue stéphanoise et forézienne*, 10. Oktober 1897.

28 E. Giraudet, *La danse*, S. 36; aber auch: »La danse fait partie de l'éducation«, *Le Petit Journal*, 13. September 1891; »Une injuste prévention, les danseurs hommes d'esprit«, von G. de Lafreté, *La Presse*, April 1899; »Philosophie de la danse« von E. Ledrin, *Journal l'Eclair* Nr. 2473.

29 »La danse, origine, dessins antiques«, *Dictionnaire*; »Quelques mots et anecdotes sur la danse. Louis-Philippe et Louis XIV«, *Les dimanches littéraires*, 30. Juli 1899; »La danse de l'Opéra au Moulin« (Zeichnungen von Raffaelli, Chéret, Rochegrosse, Renouard, etc.), *L'Echo de Paris* Nr. 2, 7. Februar 1892; »Bal en 1830« (Zeichnungen und Artikel), *The Graphic*, 24. Juni 1899; »Les artistes, les bals et le droit des pauvres«, *L'intransigeant*; »Les divertissements d'autrefois«, *La Nouvelle Mode* Nr. 6, 5. Februar 1899; »La danse à travers les âges et les siècles« (Zeichnungen und Text), *Paris illustré*, Nr. 59, Februar 1887; »Album de danses illustrées anciennes et modernes, histoires, théorie, dessins et musique«, Beilage des *Petit Journal*, 1. Januar 1895.

30 »La danse est le meilleur médecin«, *L'Echo de Paris* Nr. 4085; »La danse dans l'hygiène, causerie du docteur Guillermet«, *Mode pratique* Nr. 15, 19. März 1892; »Le vertige et la danse«, *Le Petit Journal* Beilage zur Nr. 395; »Contre la transpiration«, *La Presse*, April 1899. Eine Wissenschaftsmedizin in bezug auf den Tanz entwickelte sich in den folgenden Jahren, wie aus dem *Manuel de danse* von Werner Schuftan, 1928 in Deutschland erschienen, zu ersehen ist.

31 Um einen Vergleich anzustellen: Heute noch gibt es in Paris 18 Einrichtungen, in denen man die Salontänze (hauptsächlich Walzer oder Tango) erlernen und praktizieren kann. Diese Zahl ermittelte ich durch Telefonumfrage im Juni 1989. Als Ausgangspunkt dienten Unterlagen, die 1988 von dem CIDJ (»Danses de salon à Paris« Nr. 62326) herausgegeben wurden.

32 Über die Aktivitäten der Tanzlehrer siehe: »Le congrès universel de la danse de salon«, *Journal l'Eclair*, 20. Februar 1892; »La danse à Berlin«, *Journal l'Eclair*, 14. Juni 1894; »Le prochain congrès«, *Journal l'Eclair* 14. Juni 1894; »Cours de danse« von P. Ginisty (Text und Zeichnungen), *Gil Blas illustré* Nr. 49, 4. Dezember 1892; »Les danses à la mode«, *Le Courrier du Havre* Nr. 19227, 16. Januar 1898; die 8 Ausgaben des *Journal de la danse, des bals et des danseurs*, veröffentlicht von Saint-Ibard, vom Dezember 1882 bis zum April 1883; »Danseurs à prix fixe« von Jacques Yvel, *La Presse*, 26. März 1898; »La danse et le maintien«, Wochenkolumne von E. Giraudet in *Le Progrès* (Vincennes) von Nr. 173 bis Nr. 450.

33 E. Giraudet, *Traité, op. cit.*, S. 418. Vom selben Autor, *La danse, op. cit.*, S. 37 ff.

34 *Ibid.*, S. 420.

35 E. Giraudet, *La danse, op. cit.*, S. 40.

36 Presseartikel, die sich mit Tanzstatistik befassen: *Abeille de la Creuse*, Montluçon, 8. Juli 1899; *Allgemeine Hardellaa*, Amsterdam, 2. Juli 1899; *Le Journal d'Alsace*, Straßburg, 21. Juli 1899; *L'Avenir de la Dordogne*, Périgueux, 20. Juli 1899; *Le Bien public*, Dijon, 9. Juli 1899; *La Charente*, Angoulême, 8. Juli 1899; *Le Constitutionnel*, Paris, 4. Juli 1899; *Le Courrier de la Champagne*, 30. Juli 1899; *L'Echo du lac*, Enghien, Nr. 43, 29. Oktober 1898; *L'Etendard*, Paris, 4. Juli 1899; *L'Europe artiste*,

1899; *L'Evénement*, Paris, 1. Juli 1899; *Gazzetta dei Trati*, Mailand, 6. Juli 1899; *Germania*, Berlin, 6. Juli 1899; *Le Grelot*, Paris, 30. Juli 1899; *Le Havre*, 4. Juli 1899; *L'Indépendance de l'Est*, 13. Juli 1899; *L'Indépendant de Cambray* 1. Juli 1899; *L'Italia*, 5. Juli 1899; *Les Inventions nouvelles*, 15. Juli 1899; *Le Journal de Saint-Denis*, 9. Juli 1899; *La Liberté*, 3. Juli 1899; *La Meuse*, Liège, 30. Juni 1899; *Le Monde élégant*, Nizza, 26. Juli 1899 und 3. August 1899; *Le Journal de Montdidier*, 26. Juli 1899; *La Paix*, Paris 3. Juli 1899; *La Patrie*, Montreal, 29. Juli 1899; *Le Patriote landais*, 12. Juli 1899; *Le Patriote républicain*, Chambers, 13. Juli 1899; *Le Petit Nivernais*, Nevers, 20. Juli 1899; *La Presse*, Juli 1899; *Le Progrès*, Kairo, 6. Juli 1899; *Le Progrès de la Nièvre*, Nevers, 8. August 1899; *Le Progrès du Nord; Le Progrès de l'Oise*, 22. Juli 1899; *La République française*, Paris, 10. Juli 1899; *Le Républicain d'Orléans*, 17. Juli 1899; *Journal de Roanne*, 6. Juli 1899; *Journal de Rouen* Nr. 323; *La Sarthe*, 9. Juli 1899; *La Semaine musicale* Nr. 51, 30. Mai 1897; *Le Sport* Nr. 257, 10. November 1898; *Stamboul*, Türkei, 8. Juli 1899; *Le Stéphanois*, 3. Juli 1899; *Le Temps*, 30. Juni 1899; *L'Union républicaine*, Macon 19. Juli 1899; *Le Vélo illustré*, Juli 1899.

37 »Le photographe de la danseuse« (Text und Zeichnung), in *La Gaudriole* Nr. 850, 25. Mai 1898.

38 G. Vigarello, *Une histoire culturelle du sport, techniques d'hier et d'aujourd'hui*, Paris 1988.

VIERTER TEIL
DIE WECHSELVOLLE GESCHICHTE DER ETABLIERUNG DER PAARGESELLIGKEIT

Der Beginn der theologischen Kritik des Paartanzes

> »Die eigentliche Gefahr des Tanzes liegt sicherlich in der Erotik, die oft damit verbunden ist [...].«
>
> R. BROUILLARD, Artikel »Danse«, in Catholicisme, hier, aujourd'hui, demain, Band 3, 1952, Sammlung 458

Die Tanzhistoriker des 19. und 20. Jahrhunderts waren nicht immer in der Lage, gegenüber der Geschichte des Walzers eine »europäische« Haltung einzunehmen, denn sie wurden durch ihre jeweilige Nationalität geprägt. Da ihnen die nötige Distanz fehlte, entging ihnen, daß sich ganz behutsam aus dem Paartanz im Dreivierteltakt der Walzer entwickelte. Man kann seinen Ursprung in Italien, Frankreich oder auch in Deutschland ansiedeln. Die Entwicklung des Drehtanzes vollzieht sich auf jeden Fall in Europa über einen langen Zeitraum, wobei sich die Länder gegenseitig beeinflussen. Der Walzer ist das Musterbeispiel eines Einzeltanzes, der zur Etablierung einer Paargeselligkeit beiträgt, die für Europa spezifisch ist.

Die Kirche ist gegen den Paartanz

Die Form des Paartanzes, die sich nur allmählich herausbildete, entwickelte sich später zu der vollkommenen Umwälzung, die sich im Walzer vollzieht. Versucht man, eine »europäische« Haltung einzunehmen, sich aus der nationalen Begrenzung und folglich auch aus der nationalen Tanzgeschichte zu lösen, so stellt man fest, daß zwischen dem 12. und 18. Jahrhundert eine Bewegung einsetzte, die in ganz Europa zum Entstehen des Paartanzes führte.

Welche gesellschaftliche Kraft bewirkt die Vereinheitlichung dieser Bewegung? Der Staat ist es nicht, denn im Mittelalter gibt es in Europa keine stabilen staatlichen Einheiten; die Nationalstaaten entstehen erst viel später. Die schier endlosen Kriege zwischen den europäischen Ländern steuern letztlich auf die Schaffung einer nationalen Identität, eines ausgeprägten Nationalismus zu, von dem auch noch jüngste literarische Erzeugnisse auf dem Gebiet der Tanzgeschichte geprägt sind. Die Kirche ist die einzige »starke und universelle« Macht, die in der Lage ist, das europäische politische Unbewußte aufzubauen (unbewußt, weil nur wenige sich der Bedeutung seiner Rolle bewußt sind). In Europa muß sich das tanzende Paar nicht gegen den Staat durchsetzen, sondern gegen die Kirche. Es muß bewiesen werden, daß jegliche Erotik, die die Tanzkunst birgt, eher als »exultatio« (Freude, Glück) anzusehen ist denn als sündhafter Genuß, der die Verdammung der Kirche impliziert.

Seit dem 12. Jahrhundert spielt die Kirche in ganz Europa eine dominierende Rolle, doch ihre moralische Herrschaft ruft Widerstand hervor. Inmitten dieser Auseinandersetzung entsteht ein kulturelles Gebilde, das allen Ländern Europas gemeinsam gehört, auch wenn sich die »Europäer« im 15. oder 16. Jahrhundert dessen nicht bewußt sind. Es ist vielleicht zu einfach, die Kirche als »universellen« Faktor zu betrachten, der versucht, Einfluß auszuüben, indem er die »Sünde« ausrottet. Doch anhand der Untersuchung des Verhältnisses der Kirche zum Paartanz werden wir zeigen, daß ihr »universeller« Diskurs dialektisch betrachtet werden muß und sich dabei Positionen ergeben, die nach Ort und historischem Augenblick variieren.

Pierre Legendre hat den Diskurs der Kirche über den Tanz als Schauspiel empfunden.[1] Wir wollen hier aufzeigen, wie sich der Diskurs der Kirche über den volkstümlichen Tanz, den Salontanz, den Ball, das Tanzpaar entwickelt. Den Rahmen der Ausführungen bildet die kommentierte Lektüre des langen Artikels von T. Ortolan im *Dictionnaire de théologie catholique*, der verfaßt wurde, als

der Walzer bereits etabliert war.² Die späteren Schriften über die Position der Kirche ändern nichts an der Grundhaltung dieses Textes.³

Eine Untersuchung der Entwicklung des französischen Rechts zeigt, daß die zahlreichen Provinzkonzile, die Bälle am Sonntag und an Feiertagen untersagten, damit die Gläubigen nicht ihre Sonntagspflicht versäumten, von den weltlichen Behörden übernommen wurden. Königliche Verfügungen von Orléans (Januar 1560) und Blois (Mai 1579) verbieten an Sonn- und Feiertagen öffentliche Bälle. Das Gesetz vom 20. April 1825 verfügt in Artikel 13, daß jene, die während des Gottesdienstes für Unruhe sorgen, auch außerhalb des Gotteshauses bestraft werden sollen. Dieses Gesetz wird am 11. Oktober 1830 abgeschafft, doch das Gesetz vom 9. Dezember 1905 sieht erneut Strafen für jene vor, »die den Gottesdienst stören«. Auch ein Ball außerhalb der Kirchenmauern kann als Störung angesehen werden. Die Strafverfolgung darf jedoch erst dann einsetzen, wenn die Absicht zur Störung nachgewiesen worden ist. Der Bürgermeister einer Gemeinde kann vom Pfarrer beauftragt werden, Regeln und Vorschriften für die Bälle zu erlassen (Gesetz vom 5. April 1884). Da ihm die Aufsicht über die öffentlichen Bälle obliegt, die in seiner Gemeinde stattfinden, kann er Bälle auf dem Kirchplatz oder im Umkreis der Kirche verbieten.⁴

Das Tanzen ist gar nicht so schlecht

Gegen Ende des 19. Jahrhunderts vertreten die meisten katholischen Theologen die Meinung, daß der Tanz »seinem Wesen nach nicht schlecht sei.«⁵ Er ist nicht sträflicher als die Musik, die Malerei oder die Poesie. Der Tanz will mit seinen Mitteln die Schönheit zum Ausdruck bringen. Nun kann aber eine Kunst, die das Schöne ausdrücken möchte, nicht von vornherein schlecht sein, sondern höchstens dann, wenn sie zur Untergrabung der Moral benutzt wird.

Genau wie durch Poesie und Musik können durch den Tanz

Gefühle ausgedrückt werden, die eine gewisse Intensität erreicht haben.»So vibriert der ganze Körper, um sich der Seele anzupassen. Die gewöhnliche Sprache genügt nicht mehr. Man benötigt eine andere, eine phantasievollere, buntere, lebendigere, idealere Sprache. Die Musik allein kann die Gefühle nicht umsetzen.« Instinktive Bewegungen des Körpers müssen hinzukommen. Der ganze Körper trägt dazu bei, das Gefühl, das die Seele beherrscht, zum Ausdruck zu bringen und versetzt sie dabei in eine besondere Übererregtheit.« Genauso verhält es sich bei den Kindern, die ungezwungen singen und hüpfen. Auf griechisch bedeutet *païxein* sowohl »kindlich sein« als auch »tanzen«.[6] Wie bei Kindern steht der Tanz auch »bei jungen Leuten an erster Stelle.«

Die Kirche, die die Bedeutung des Tanzes bei den Griechen und den Hebräern kennt, bezieht ihre Position aus dem Alten Testament. Die Bibel verdammt den Tanz nicht ohne weiteres, ja, sie billigt ihn sogar, entweder indirekt oder auch offiziell. Der Tanz ist also nicht nur Vergnügen oder Ausdruck starker Freude, sondern auch Ausdruck der Frömmigkeit. Moses verfaßt nach der wundersamen Überquerung des Roten Meers einen Lobgesang, nach dem seine Schwester Mirjam vor den Frauen Israels tanzt.[7] Genauso verhält es sich, als David Goliath tötet. Die Heilige Schrift macht es den Juden nicht zum Vorwurf, den Tanz in den Gottesdienst eingeführt zu haben. Schon die Heiden führten bei der Verehrung ihrer Götter Tänze auf. Doch in diesem Fall tanzen nur die Frauen, die von den Männern oder den jungen Leuten getrennt sind.[8] Der Verfasser des Buches Jesus Sirach (IX, 4) wendet sich jedoch gegen Tänze und warnt vor der Gefahr, die von ihnen ausgehen kann, besonders, wenn sie häufig praktiziert werden. Aus dem Kontext geht hervor, daß eine berufsmäßige Tänzerin gemeint ist. Sie ist kapriziös, flatterhaft, leichtlebig, eine Halbweltdame.»Ne forte incidas in laqueos illius.« (Nahe dich nicht einer fremden Frau, damit du nicht in ihre Netze fällst.) In der Bibel stößt man oft auf diese Art Frauen, die einzig »bestrebt sind, die Seelen zu verderben.«[9]

Eine ähnlich feindselige Haltung gegenüber dem Tanz nehmen

auch einige Kirchenväter ein. So wettert der heilige Peter Chrysologue leidenschaftlich gegen den Tanz. »Saltatricum pestis«, ruft er in einer öffentlichen Rede, die Tänzerinnen seien eine wahre Pest.[10] Die Kirchenväter bekämpfen nicht den Tanz als solchen, sie mißbilligen ihn nur in jener Form, in der er zu ihrer Zeit praktiziert wird. Im 4. und 5. Jahrhundert hat nämlich das »auslaufende Heidentum« der Christenheit laszive und gefährliche Tänze hinterlassen, eine Quelle der Verführung, gegen die es anzukämpfen gilt.[11]

Die feindselige Einstellung der Kirche gegenüber diesen »lasziven« Tänzen stützt sich auf den Begriff »heidnisch«. Vielfach unterstellt man diesen Tänzen empörende Obszönität. Cicero warf in einer seiner Verteidigungsreden Cato vor, Murena wie einen Tänzer behandelt zu haben, was eine grobe Beleidigung darstellte. »Ein Mann, der weder verrückt noch betrunken ist, kommt nie auf den Gedanken zu tanzen.«[12]

Auf den Gemälden, die man in Herculaneum und Pompeji gefunden hat, sind diese lasziven Tänze dargestellt, die damals bei den Römern üblich waren. Die ganz bewußt provozierenden Posen der Tänzerinnen sollen den faszinierten Zuschauer verführen. Diese unzüchtigen Tänze finden bei Festen und Orgien statt. Die Griechen haben versucht, sie im 2. Jahrhundert v. Chr. bei den Juden einzuführen. Am Hof von Herodes wird Tanzen sehr geschätzt. Durch einen dieser Tänze hat Salome, die Tochter von Herodias, Herodes dazu verleitet, ihr den Kopf von Johannes dem Täufer auf einem Silbertablett zu servieren. Vor allem dieser erotische Einzeltanz ist der Kirche ein Dorn im Auge; der Paartanz scheint zu dieser Zeit noch nicht im Blick.

Theologie des Tanzes

Die Ursprünge einer Theologie des Tanzes reichen weit zurück. Heute erscheint es vielleicht verwunderlich, daß die Konzile sich oft mit Tänzen beschäftigt haben. Seit dem Konzil von Laodikaia

(zwischen 343 und 381) gibt es eine christliche Theorie des Tanzes.[13] Der Kanon 53 dieses Konzils besagt: »Die Christen, die an einer Hochzeit teilnehmen, dürfen weder hüpfen noch tanzen, sondern sollen mit Anstand am Mahl teilnehmen, wie es sich für Christen geziemt.«[14] Der Kanon 23 des Konzils von Toledo, das 589 stattfand, wollte aus ganz Spanien den Volksbrauch des Tanzens und des Singens von unzüchtigen Liedern bei Heiligenfesten vor Beginn der Messe verbannen.[15] Der Kanon 51 des Konzils des »in Trullo« (692) untersagte die Bühnentänze unter Androhung der Exkommunikation.[16]

1209, in jener Zeit, in der vermutlich in Europa der Paartanz erstmals in Erscheinung trat, wird in Avignon eine Synode abgehalten. Sie untersagt die obszönen Tänze in den Kirchen an den Vigilien der Heiligenfeste.[17] Eine Synode, die 1212 oder 1213 in Paris stattfindet, fordert die Bischöfe auf, das Tanzen auf Friedhöfen zu unterbinden, auch wenn dies vorher Brauch war. Die Provinzsynode in Rouen (1231) befiehlt den Priestern unter Androhung der Exkommunikation, Tänze in den Kirchen und auf den Friedhöfen, bei Hochzeiten oder Festen zu verbieten. Die Priester sollen ferner dafür sorgen, daß auch anderswo keine Tanzveranstaltungen stattfinden. Der Erzbischof von Bordeaux untersagt 1260 die Tänze, die am Tag der Unschuldigen Kinder in einigen Kirchen seiner Diözese abgehalten werden, da sie häufig Schlägereien und Ärger nach sich ziehen.

De Cahusac und Böhme behaupten, daß der Begriff »Chor« als Teil der Kirche ursprünglich einen Tanzchor bezeichnete.[18] Der Brauch, in den Kirchen zu tanzen, muß sich lange gehalten haben, denn Thoinot Arbeau erwähnt ihn noch 1589.[19] Meist jedoch sind diese Tänze keine rituellen Akte, selbst wenn sie in der Kirche stattfinden, sondern weltliche Vergnügungen, die auf heidnische Bräuche zurückgehen.[20] Gougaud berichtet, es habe zwei Tanzsaisons gegeben: Winter und Frühjahr.[21] Derselbe Autor weist im übrigen daraufhin., daß man im 17. und 18. Jahrhundert in der Bretagne an bestimmten Festen noch in den Kapellen tanzt.[22]

Auch die Theologie zielt in diese Richtung.[23] Kardinal Gousset faßt die Einstellung der Theologen zum Tanz dahingehend zusammen, der Tanz sei »von seinem Wesen her keineswegs unzulässig«. Man kann ihn also nicht von vornherein verurteilen und behaupten, er wäre grundsätzlich schlecht.[24] Auf die Frage: »Ist es eine Sünde, Tänze zu beobachten oder selber auszuüben?« antworten die Salmantizenser, dies sei nur dann Sünde, wenn »wollüstiges« Verlangen anstelle der Freude trete.[25] Dem schließt sich Alphonse de Liguori an: »*Choreae secundum se non sunt malae, nec actus libidinis, sed laetitiae*«.[26] Es bleibt also festzuhalten, daß die Theologie den Tanz nicht von vornherein schlecht beurteilt. Wenn die Gesetze der Schicklichkeit beachtet werden, kann der Tanz keineswegs als »wollüstiges Handeln« angesehen werden. Als Ausdruck der Freude ist er nicht nur erlaubt, sondern sogar erstrebenswert. Zu bestimmen, ob die Freude am Tanz eine Todsünde ist, erfordert schwierige Entschlüsselungsarbeit.

Mit eben dieser Aufgabe wird sich die Kirche vor allem auch in jener Zeitspanne befassen, in der sich der Paartanz herausbildet.

ANMERKUNGEN

1 P. Legendre, *La passion d'être un autre, étude pour la danse*, Paris 1978.
2 T. Ortolan, Artikel »Danse« in: Aman, *Dictionnaire de théologie catholique*, Band 4, Paris 1911, Sammlung 107–134.
3 So R. P. Vuillermet, *Les divertissements et la conscience chrétienne*, 1923; E. Archambault, Le Cormier, *Les distractions de nos enfants*, 1931; C. J. Viollet, Relations entre jeunes gens et jeunes filles, 1947; R. Brouillard, Artikel »Bal« in: *Catholicisme, hier, aujourd'hui, demain*, Paris 1948, Samml. 1182 und 1183.
4 P. Chassagnade-Belmin, Artikel »Bal (droit)«, in: Catholicisme, hier, aujourd'hui, demain, *op. cit.*, Band 1/7, S. 1180.
5 T. Ortolan, *op. cit.*, Samml. 107.
6 Homer, *Odyssée*, VIII, Nr. 261; XXIII, Nr. 147; Hesiod, *Schild des Herakles*, 277; Aristophanes, *Thesmophoriazusen*, 1227.
7 Exodus, XV, 1–21.
8 Exodus, XV, 20; Jud., XI, 34; XXI, 23; XVIII, 6 und folg.; XXIV, 5.

9 Sprüche VII, 10; Jesaja III, 16; siehe auch *Dictionnaire de la Bible*, Bd. 2, Samml. 1285–89, oder *Realencyclopädie für protestantische Theologie und Kirche*, 3. Ausgabe, 1907, Bd. XIX, S. 378–380.
10 Prediger, CXXVII, CLXXIV, P. L., Bd. XII, Samml. 452–654.
11 Siehe Arnobe, *Adversus gentes*, I. VI, P. L., Bd. V, Samml. 1118; S. Ambroise, *De Elia et jejunio*, c. XII; In Ps. XL, 24, P. L., Bd. XIV, Samml. 711 et sv., 1078; S. Jérome, *Epist.*, LX, ad Heliodorum P. L., Bd. XXII, Samml. 601 et sv; Augustinus, *Bekenntnisse*, 1. VI, Bd. XXXII, Samml. 726; *De civitate Dei*, 1. II, c. IV, V: VIII; 1. VII, c. XXI, P. L., Bd. XLI, Samml. 49 et sv, 53 et sv, 210 et sv; *Monumenta Germaniae historica*, Auctores antiquissimi, 13 in-4, Berlin 1877–1898, Bd. I, S. 92, 95–97; Seek, *Geschichte des Untergangs der antiken Welt*, 2 in-8, Berlin, 1897–1901, Bd. II, S. 339, S. 456.
12 Cicero, Pro Murena, XIV. S. auch Sueton, *Domitian*, VIII; Horaz, *Oden*, XXI, 11, 12; XXXII, 1, 2; Cornelius Nepos, XV, 1; Macrobe, *Saturnales*, III, 14; Lucien, *De saltatione*, XXII; Tacitus, *Annalen*, 1, XI.; G. Vuillier, *La danse*, Kap. I, »Les danses antiques, in-4, Paris, Mailand, 1899, S. 1–33.
13 T. Ortolan, *op. cit.*, Samml. 110.
14 Hefele, *Histoire des conciles*, Paris 1907, S. 1023.
15 Mansi, *Concil.* Bd. IX, Samml. 999.
16 Mansi, *op. cit.*, Bd. XI, Samml. 968.
17 Canon 17, Mansi, *op. cit.*, Bd. XXII, Samml. 791–792.
18 De Cahusac, *La danse ancienne et moderne, ou traité historique de la danse*, Den Haag 1754, Bd. I, S. 43; F. M. Böhme, *Geschichte des Tanzes in Deutschland*, Leipzig 1886, Bd. I, S. 15.
19 T. Arbeau, *op. cit.*, S. 3 und S. 4.
20 L. Gougaud, Artikel »Danse«, in Dom F. Cabrol, Dom H. Leclerq, *Dictionnaire d'archéologie chrétienne et de liturgie*, Paris, Bd. 1, S. 253.
21 L. Gougaud, »La danse dans les églises«, in *Revue d'histoire ecclésiastique*, Bd. XV, 1914, S. 19–22.
22 L. Gougaud, »Danses dans les chapelles«, in *Le fureteur breton*, Bd. VIII, 1913, S. 103–104.
23 Siehe Thomas von Aquin, Die Salmantizenser.
24 J. Gousset, *Théologie morale*, VI. Teil, Kap. 1, N 650, 2-in 8, Paris 1877.
25 *Cursus theologiae morale*, VI. Teil, Kap. VIII, S. v. § 2, 6-in fol., Venedig 1728.
26 Saint Alphonse de Liguori, *Traité de théologie morale*, Paris 1845.

Ist der Walzer unmoralisch?

> »*Wenn der Tanz in aller Bescheidenheit und Sittsamkeit ausgeführt wird, kann er das Gleichgewicht der Jugend fördern. Aber ganz leicht kann er auch Anlaß zu gefährlichen Tändelein oder sogar direkten Berührungen oder unziemlichen Erregungen sein [...]*«
>
> P. VITTRANT, Théologie morale, 1941, N. 1099

Eine Walzertheologie hat zur Voraussetzung, daß die Kirche einen Standpunkt hierzu einnimmt und konkret angeben kann, ob der Walzer unmoralisch ist. Auf den folgenden Seiten werde ich zeigen, daß die Kirche das Problem unter dem Gesichtspunkt des Walzers selbst und unter dem subjektiven Aspekt der Tanzenden angeht. Zunächst wollen wir in diesem Kapitel die Art zu tanzen, also die Haltung der Tanzenden beobachten, und zwar vor allem beim Paartanz. Wenn man einen Tanz beurteilen möchte, muß man sich auch mit dem Kontext befassen, also mit der Kleidung der Tanzenden, der Art des Balls, dem Raum und der Tanzdauer.

Das Problem der Klassifizierung

Wie wir im vorherigen Kapitel erfahren haben, will die Theologie den Tanz nicht a priori verdammen. Deshalb müssen Bischöfe, Priester oder Theologen von Fall zu Fall entscheiden, ob ein Tanz Anlaß zur Sünde bietet. Deshalb hat die Kirche keine Liste anständiger und unanständiger Tänze erstellt, was auch sehr schwierig gewesen wäre. Die alten Griechen kannten mehr als zweihundert verschiedene Tanzarten[1], manche andere europäische Völker besit-

zen noch mehr. Der *Dancing-Master* (London 1716) registriet Anfang des 18. Jahrhunderts in England über fünfhundert Tänze. Jede Nation, jede Provinz hatte ihre Lieblingstänze, die manchmal auch die Landesgrenzen überschritten – eine Form der Verständigung ohne Worte. »Nachdem sie in andere Länder gebracht und durch den Zeitgeschmack oder den Einfluß der Umgebung mehr oder weniger verändert worden sind, erleben sie ihren Höhepunkt.« Dann geraten sie wieder in Vergessenheit und weichen anderen Tänzen, »ohne völlig zu verschwinden, oft verschmelzen sie auch mit anderen Tänzen, so daß sich eine Unzahl von Variationen ergibt.« Es ist keineswegs Aufgabe der Theologie, alle Tänze zu beschreiben, denn für ihre Zwecke genügt es, eine Typologie aufzustellen, die es ermöglicht, die Tänze einzuordnen.[2] Wie sieht nun diese Typologie aus?

Theologisch gesehen, gibt es drei völlig verschiedene Tanzarten: die anständigen Tänze, die aufgrund ihrer Obszönität eindeutig schlechten Tänze und die zweifelhaften, gefährlichen Tänze. Genau diese letzten bereiten der Kirche Kopfzerbrechen, da es schwerfällt, sie zu beurteilen. Tänze der ersten Kategorie sind also zulässig. *Honni soit qui mal y pense!* Die zweiten müssen ausnahmslos verboten werden. Denn, wie Ortolan schreibt, »wenn die Tanzart mit unziemlichen Gesten, indiskreten Berührungen, allzu intimen Umarmungen verbunden ist, die in höchstem Maße die körperliche Begierde stimulieren, ist der Tanz nicht mehr als bloßes Vergnügen anzusehen, sondern stellt für die Tanzenden und die Zuschauer eine echte Gefahr und einen Anreiz zur Sünde dar. Diese Tänze dürfen also unter keinen Umständen *(ratione modi saltandi)* erlaubt oder geduldet werden.«[3]

Und was ist mit den vielen übrigen Tänzen? Denn außer naiven Kindertänzen und »obszönen Tänzen verruchter Kreise« gibt es noch zahlreiche Tänze, die nicht eindeutig zuzuordnen sind. Mal tendieren sie zum Spiel und zur Entspannung, dann wieder zur Verderbtheit. Die Kirche vertritt den Standpunkt, daß die Volte, der Ländler, der Walzer und alle übrigen Tänze im Dreivierteltakt

äußerst schwierig zu beurteilen sind. Berührungen, Umarmungen, ein »erregter Bewußtseinszustand«, provoziert durch die schnellen Drehungen, das Aufwühlende des Tanzes und seine Varianten (lange Zeit wurde der Sprung der Volte als subversive Provokation angesehen) – all dies ist charakteristisch für den Drehtanz im Dreivierteltakt.

Die Erfindung des Walzers bereitet den Theologen zusätzliches Kopfzerbrechen, denn es ist besonders schwierig, zu erkennen, wo die Gefahr zu sündigen entstehen könnte. Der heilige Alfons[4] und die Salmantizenser[5] glauben, das Problem beginne beim Berühren der Hand *(apprehendere manum)*. Doch mit der Berührung beginnt auch der Zweifel. Wenn keine Leidenschaft oder böse Absicht dahintersteckt, ist diese Handlung als solche nicht »sündenträchtig«. Aber die Modetänze, die Ende des 19. Jahrhunderts aufkommen, als das tanzende Paar fast eine eigene körperliche Identität schafft, erschweren dem Theologen seine Aufgabe beträchtlich. Zu diesen Tänzen gehören die Volte, dann der Walzer, die Polka, die Mazurka, der Schottisch-Walzer und der Galopp. Bei all diesen Tänzen beschränken sich die Berührungen nicht auf die Hände. Sie sind viel gewagter und gefährlicher.

Diese Tänze »erfordern nämlich nicht nur, daß der Tänzer die Dame bei der Hand nimmt und seine Finger mit den ihrigen verschränkt, sondern sie auch um die Taille faßt, sie in den Arm nimmt und an die Brust drückt. Manchmal bettet die Dame ihren Kopf an seine Schulter. Bei Tänzen mit schnellem Rhythmus[6] wird die Dame mehrere Male vom Herrn hochgehoben, oder sie vollführt Sprünge, indem sie sich auf ihn stützt: und das alles bei schmissiger Musik, in einer Umgebung wohliger Wärme und starken Parfüms, unter funkelnden Lüstern, wo alles wie geschaffen scheint, Augen und Herz zu verführen.«[7]

Ortolan stellt fest, daß diese Kontakte und die daraus erwachsenden Gefahren vor allem bei den Drehtänzen entstehen, insbesondere beim Walzer. Er findet, daß der Walzer überaus faszinierend« ist, »ein bevorzugter Tanz in Deutschland«: »Die Grundre-

gel des Walzers lautet, daß jedes Tanzpaar, das aus einem Herrn und einer Dame besteht, sich um sich selbst dreht und zusammen mit den anderen Paaren einen Kreis beschreibt. Es gibt mehrere Arten von Walzern: jene mit gemäßigterem und jene mit schnellem Tempo.« Des weiteren schildert er Abwandlungen des Walzers wie Polka, Redowa und den »wollüstigen« Schottisch-Walzer. Zur Polka bemerkt er: »Ein Drehtanz im Zweivierteltakt. Während des Tanzes legt der Herr den rechten Arm um die Taille der Dame, deren linker Arm auf seiner Schulter ruht. Gleichzeitig hält er ihre rechte Hand in seiner linken, in Höhe des Gürtels.«

Dazu zitiert Ortolan berühmte Persönlichkeiten, »von denen am wenigsten anzunehmen ist, daß sie unangebrachte Skrupel haben«. Ihm pflichten bei: Victor Hugo, A. de Musset und M. de Saint-Laurent. Der Walzer und die ihm verwandten Tänze stellen »einen wahren Anreiz zur Ausschweifung dar, ein Vorspiel oder die Erinnerung an Momente höchster Wollust« (Saint-Laurent).

Die eigentliche Frage jedoch ist theologischer Art. Wenn der Walzer in den meisten praktischen Fällen verwerflich ist, läßt sich daraus ableiten, er sei von seinem Wesen her verwerflich? Kann ein Mensch, der einen Walzer getanzt hat, ohne weitere Untersuchung der Todsünde geziehen werden? Ortolan hält »eine solch schwerwiegende Behauptung zweifellos für übertrieben.«

Die amplexus *des Walzers*

Auch wenn die *amplexus* des Walzers gefürchtet sind, so sind sie keineswegs als solche »*metaphysice et theorice loquendo*«, eine Todsünde. Dies würde voraussetzen, daß die Tugend des tanzenden Paares gefährdet wäre, weil die Partner Begierde füreinander empfinden.

Die Umstände, unter denen der Tanz stattfindet, können sogar die Gefahr derartiger Begegnungen mindern. Aus theologischer Sicht wäre es wohl das beste, wenn jegliche Gefahr gebannt würde,

man also ganz aufs Tanzen verzichtete.«Hinter diesen *amplexus*, die spielerisch entstanden sind oder aufgrund irgendwelcher Bräuche, die schwer abzulegen sind, darf man als Hauptmotiv nicht stets die Leidenschaft vermuten.«[8]

Der Theologe möchte seinen Standpunkt untermauern und stützt sich deshalb auf die »Fürsten der Theologie«. Hat nicht Thomas von Aquin gesagt, daß »multa si serio fierent gravia peccata essent, quae quidem joco facta, vel nulla, vel levia sunt [...] in talibus ludus excusat a peccato«?[9] Dies heißt kurz und bündig: »Die Absicht zählt.« Und Thomas von Aquin meint über die Spiele zwischen Mann und Frau (»*in tactibus et osculis inter virum et foeminam*«), daß, wenn der Brauch es erfordert und man sich ihm nicht entziehen kann, ohne die anderen vor den Kopf zu stoßen, und wenn keine böse Absicht besteht (»*propter pravam intentionem*«), ist es bis zu einem gewissen Grade erlaubt, an Tanzhandlungen teilzunehmen, die wohl gefährlich, aber nicht sündhaft sind. Die Salmantizenser vertraten dieselbe Meinung. Für sie ist die Berührung zwischen Mann und Frau anständig, wenn dies ohne Obszönität geschieht: »Tactus et oscula et amplexus inter virum et foeminam habita, dummodo non sint nimis turpes, tantum habent malitiam venialem si fiant ex vanitate, aut levitate jocosa, et absque delectatione venerea.«[10]

Die bedeutendsten Theologen sind sich also darin einig, daß die Körperkontakte zwischen Mann und Frau, selbst wenn sie eine gewisse Intensität besitzen (»*oscula, tactus et amplexus*«), im Grunde nicht verwerflich sind. Als Zeichen aufrichtiger Freundschaft oder legitimer Zuneigung sind sie erlaubt. Dazu gehört auch der Walzer, das Walzertanzen ist demnach von seinem Wesen her nicht »wollüstig« und auch keine Todsünde.

Cajetan ist der einzige, der dazu äußerst rigorose Ansichten hat. Wenn man sich aufs Tanzen einließe, so argwöhnt er, ende dies unweigerlich in einer sexuellen Beziehung. Jede Berührung erweckt das sexuelle Verlangen »*ab ipsa natura directe ordinatur ad venerem et ad coitum.*«[11] Ortolan hält dies für einen Trugschluß und

bedauert, daß Cajetan in dieser Hinsicht seinen sonstigen Scharfsinn vermissen läßt. Die Salamantizenser argumentieren, daß Tanzen nicht automatisch in der Wollust ende, wenn die Gefahr auch groß sein mag. Denn die Grenze zwischen reinem Vergnügen und körperlicher Begierde, die eine Todsünde ist, sei fließend.

1897 befaßt sich der Italiener Berardi speziell mit den »Drehtänzen.«[12] Er meint, daß die *amplexus* von Drehtänzen wie dem Walzer nicht tadelnswert seien, auch wenn es für einen jungen Mann und ein junges Mädchen, die sich so innig im Arm halten, gewiß nicht leicht sein mag, ernsthaften Versuchungen zu widerstehen. Sie kommen oft auf unzüchtige Gedanken und entwickeln wollüstige Wünsche. Als Beichtvater, so berichtet er, seien viele Gläubige zu ihm gekommen und hätten ihm ihre »Tanzsünden« gebeichtet und ganz offen gestanden, was sie während des Tanzens bewegte.

Berardi überliefert uns in Latein das Ergebnis dieser Unterhaltungen: »*Fatigatio, tripudium, saltatio, agitatio, distractio, defatigatio, etc., malitiae et libidini aditum praecludunt, aut illam cito evanescere faciunt.*« Demnach hemmen der Wille, sich zu amüsieren, der Wirbel des Tanzes und die Erschöpfung das Aufflammen der Leidenschaft eher, ersticken sie schnell im Keim. Ein weiteres Element, das die Leidenschaft dämpft, ist, laut Berardi, die technische Seite des Tanzes. Für viele ist die technische Beherrschung des Tanzes schwierig und verlangt ihre ungeteilte Aufmerksamkeit. Ein guter Walzertänzer kann nicht korrekt tanzen, ohne sich völlig auf die Technik zu konzentrieren. Dies trifft noch stärker auf die Volte oder die Mazurka zu. Es ist also nicht möglich, sich beim Tanzen lasziven Träumen hinzugeben: »*Qui saltat attendere debet ad bene saltandum*« (wer tanzt, muß sich konzentrieren, um gut zu tanzen). Viele Frauen haben Berardi berichtet, wie verkrampft ihre Hände beim Tanzen waren, weil sie stark auf die technischen Details achten mußten.

Durch die Technik wird die Sünde gebannt

Ortolan unterstreicht diese Auffassung. Für ihn bedeutet die technische Schwierigkeit, daß die Gefahr der Sünde gebannt wird: »Der Tanz, so wie er heute praktiziert wird, ist eine Kunst, die man lernen muß, wenn man sie beherrschen möchte. Nicht alle tun sich leicht damit.«[13] Dann erklärt Ortolan seinen Lesern die technischen Details der Walzerschritte, denen er zwei Seiten widmet und die er mit anderen Tänzen um 1900 vergleicht. Abschließend stellt er fest: »Es ist leicht nachzuvollziehen, daß die Tanzenden ihre gesamte Konzentration benötigen, um alle die komplizierten Regeln des Tanzes so gut wie möglich zu beachten. Da sie zudem den boshaften Blicken der Zuschauer ausgesetzt sind, wird die Gefahr, die durch die Berührungen und Umarmungen entstehen könnte, stark vermindert.«

Diese Bemerkungen sind in technischer Hinsicht sehr bedeutsam. Vielleicht erklären sie, weshalb auf einigen Bällen die Technik zunehmend mißachtet wird.[14] Die Technisierung des Paartanzes war von jeher eine Art Schutzmechanismus, um die untergründige Begierde, die bei diesem engen Körperkontakt zum Ausdruck kommt, unter Kontrolle zu halten. Die destruktive Seite des Walzers in seiner Anfangszeit bestand darin, daß man versuchte, die technische Seite der Drehbewegung des Paares immer mehr zu vereinfachen. Im 19. Jahrhundert jedoch zeichnete sich in der Geschichte der Etablierung des Walzers eine Gegenreform ab, die seine technische Vielschichtigkeit wiederherstellen wollte.[15] Die bunte Vielfalt von Tänzen im 19. Jahrhundert scheint ganz nach dem Geschmack der Kirche gewesen zu sein: Je weniger die Menschen die Tanztechniken beherrschen, desto weniger Spaß haben sie am Tanzen. Tanzen wird also regelrecht zur Arbeit.

Dessous und Dekolleté

Die Moral oder Unmoral eines Tanzes hängt nicht nur von der Form ab, die der Körperkontakt der Tanzenden annimmt oder von ihrer Tanzart. Auch die Kleidung kann Sündhaftigkeit provozieren. Die unzüchtige Kleidung, die Versuchungen auslöst, führt dazu, daß man begehrliche Blicke wirft oder die Sünde der Begierde begeht. Natürlich verurteilt die Kirche ganz energisch die abscheulichen Tänze, »*in quibus nuditas est totalis*«, in denen völlige Nacktheit herrscht, wie im »ballo angelico« und jene, bei denen die Kleidung so anstößig ist, daß sie provozierend wirkt. Hier werden, nach Ortolan, vor allem die Blößen aufs Korn genommen, die sich im vollen Licht entfalten, um die Gunst eines Publikums zu erringen, das von ungesunden Genüssen übersättigt ist, aber trotzdem begierig neue sinnliche Reize erhofft. Im Bereich des Theaters befolgen skrupellose Impresarios den Rat eines Skandalliebhabers aus der Zeit der Régence: »Um Erfolg auf ihrer Bühne zu haben, verlängern Sie das Ballett, und kürzen Sie die Röcke.« Trotz der Zensur wurden auf dem Theater und auf Bällen die Röcke gekürzt.

Hinsichtlich der Rocklänge kann man technische Aspekte anführen. Seit Thoinot Arbeau (1589) ist bekannt, daß das Tanzen der Volte eine Kürzung des Rockes voraussetzt. Der Drehtanz bringt vor allem auf dem Land eine Änderung der Kleidung mit sich. Max von Boehn stellt fest, daß sich zur Zeit der Volte »der Übermut der Jugend doch nicht eindämmen [läßt]; sie macht auch in dem preziösen Spiel ihre Rechte geltend: Es bleibt selbst in den Sälen der feinen Welt bei hohen Sprüngen der Herren und Damen. Sieht man die enge gespannte Kleidung der Herren, die überall abgesteifte der Damen, so begreift man nicht, wie sie es nur fertigbrachten.«[16] Die Herren heben die Damen so hoch wie möglich, und wenn sie heruntergelassen werden, hebt sich oft der Rock. Aus diesem Grund wurde dem Strumpfband am französischen Hof so viel Bedeutung beigemessen. Die Damen begannen »deswegen auf ihre Strumpfbänder Wert zu legen, ja besonders sittsame legten Höschen an, weil man

auch die Oberschenkel sah. Diese Mode eröffnete der Koketterie ein neues Feld, man wählte die Unterbeinkleider von Goldstoff und besetzte sie mit purpurroten Schnüren, an die Strumpfbänder kamen Juwelen, Gold- und Silberspitzen.«[17] Der Volte verdankt man die Erfindung des Damenschlüpfers, denn bei diesem Tanz »springt die Dame oft so hoch, daß meistens ihre Knie entblößt werden.« als die Volte hoffähig wird, werden es auch die Strumpfbänder.

Die katholische Theologie interessiert sich im übrigen wenig für die Rocklänge oder die Dessous. Das Frauenbein scheint die Sinne nicht allzusehr zu verwirren. Wesentlich mehr Interesse bezeugen die Theologen für das Dekolleté der Damen, denn der Busen scheint eher zur Sünde zu verführen als der Schenkel. Bei den meisten Gesellschaftsbällen und Tanzveranstaltungen ist das Dekolleté unerläßlich. »Die Abendgarderobe besteht aus einem dekolletierten Kleid, so verlangt es die aktuelle Mode oder die Tyrannei der Bräuche.«[18]

Die Kirche wünscht die Abschaffung derartiger Bräuche und fordert die amtlichen Würdenträger, die Tanzveranstaltungen besuchen, auf, ihr möglichstes zu tun, damit Abhilfe geschaffen werde. »Aber soll man, da dieser Brauch nun einmal existiert und dem sich bestimmte Personen der Gesellschaft nicht entziehen können, alle Damen verurteilen, die in dieser Toilette zum Ball gehen?« Diese Frage bereitet den Theologen Kopfzerbrechen, denn die Christen sind in diesem Punkt geteilter Meinung.

Einige starre Moralisten verdammen die dekolletierten Damen und lassen keine andere Meinung gelten.[19] Ihrer Auffassung nach kann diese Einstellung weder durch das Modediktat noch durch Gewohnheit entschuldigt werden. Sie behaupten, die dekolletierten Frauen machten sich einer Todsünde schuldig, da jene, die sie betrachten, in starke Versuchung gerieten. Die meisten jedoch sehen im Brauch einen Grund, diese Frauen von Sünde freizusprechen, es sei denn, das Dekolleté ist »übermäßig und tatsächlich provozierend.« Ortolan nimmt Bezug auf viele Autoren, die sich mit dieser Thematik beschäftigt haben.[20]

»Liberale« Theologen meinen, daß der Brauch nichts erlaubt, was vom Wesen her schlecht ist. Aber es geht darum, zu eruieren, ob das Dekolleté bereits in sich schlecht und verwerflich ist, »*quia non sunt partes ad lasciviam vehementer provocantes*«, wie die Salmantizenser sagen. Nicht jedes Dekolleté jedoch impliziert Sünde. Es gilt nur insofern als verwerflich, als es die Keuschheit gefährden kann. Aber, so meint der heilige Alfons, die Gewohnheit, bestimmte Dinge zu sehen, verringere die Begehrlichkeit um ein Vielfaches. Eine Frau könne einen viel größeren Skandal auslösen, wenn sie ihre Arme in einer Umgebung entblößt, in der dies nicht üblich ist. Die Sinnlichkeit werde viel weniger erregt, wenn die Situation bereits wohlbekannt sei; Begierde entstünde immer dann, wenn eine Situation neu sei.

Ballerini verknüpft die Sünde mit dem Entstehen von Phantasmen: »*Quum assueta minus phantasiam excitent*«.[21] Der Körper der Dame hat oft die Phantasie entzündet. Der surrealistische Dichter Ramon Gomez de la Serna erwähnt in »Les seins pendant la valse«, einige Phantasmen:

»Vor allem auf dem Ball wogt der Busen, wenn sich die Dame beim Tanz erhitzt und leichte Berührungen von ihr als harmlos empfunden werden, was leider bei einigen, die in engerem körperlichen Kontakt stehen, nicht mehr der Fall ist.

Bei öffentlichen Bällen ist der Busen richtungweisend, obwohl die Beine sich im Tanz drehen. Doch der Busen zeigt wie ein Kompaß den Weg und fiebert dem Ball entgegen, wie Kinder, die ins Theater gehen und ihren Eltern vorausrennen.

Der Busen, der sich mit seiner Besitzerin zum Ball begibt, vernimmt noch vor den Ohren den Klang der Musik und wiegt sich in der Abendgarderobe nach dem Takt.

Die Erregung des Balls ergreift auch die Brüste, die jetzt von Verlangen erfüllt sind und spüren, wie es den anderen genauso ergeht; sie schwellen an.

Während des Tanzes ruhen die Brüste auf dem Arm des Mannes wie ein Schwanenhals.

Die Männer, die während des Walzers die Dame im Arm halten, denken: ›Ihre Brüste sind ganz nah, sie ruhen auf mir, sie streifen mich. Sie erhitzen sich jetzt, sind ganz prall.‹ Während des Tanzes sind die Brüste durch den Körperkontakt für den Herrn eine Herausforderung.

Während eines eleganten Walzers hat der Herr bei der sanften Berührung der Brüste dekolletierter Damen die Empfindung, als werde er mit der Spitze eines Stiletts berührt.«[22]

Der Theologe Berardi verknüpft die Sünde mit der Erregung der Sinnlichkeit und der Entfachung von Leidenschaft *»ex consuetis non fit libido, nec passio«*. Für die »liberalen« Theologen hängt alles von der Macht der Gewohnheit ab. Lockere und auffällige Garderoben können Männer, die es gewohnt sind, zum Tanzen zu gehen, weder schockieren noch erregen. Aber wie soll man unterscheiden, was zurückhaltende und was provozierende Kleidung ist, was *»moderatam vel immoderatam pectoris denudationem«* (zurückhaltende oder provozierende Enthüllung der Brust) ist? Ortolan stellt fest, daß kein Autor eine klare Trennlinie gezogen habe. Dies erklärt sich dadurch, daß man sich auf einem äußerst unsicheren Terrain bewegt und die Tiefe des Dekolletés vom Brauch abhängt, der sich nach Zeit, Gegend und Milieu unterscheidet.

Im 19. Jahrhundert stellen die katholischen Theologen fest, daß in Italien und in den warmen Ländern mehr Freizügigkeit herrscht als in England und den kühleren Ländern.[23] Ballerini meint, daß eine Bewohnerin des Nordens mit einem weniger ausgeschnittenen Dekolleté mehr Aufsehen erregen und folglich stärker sündige als eine Südländerin, die denselben Ausschnitt trüge. Lehmkuhl ist ebenfalls der Meinung, dies hänge wesentlich vom Umfeld ab. Für Berardi »ist der Brauch an manchen Orten so verwurzelt, so stark und dominierend, daß er nicht nur von tiefer Schuld entbindet, sondern auch von läßlicher Sünde. Man kann eine Frau nicht zwingen, sich auffällig zu benehmen. Man rät ihr, den Ausschnitt mit Spitzen und Bändern zu verzieren, um ihn weniger auffällig erscheinen zu lassen. Wichtig ist das Maßhalten.«

Alle Autoren sind sich darin einig, daß eine Frau, die es wagt, dort »dekolletiert« tanzen zu gehen, wo dies nicht üblich ist, verurteilt zu werden verdient. Denn dies kann nur verwerfliche Leidenschaft erwecken, und in diesem Fall gilt das Axiom »*ex consuetis non fit libido*« nicht, das der Dame als Entschuldigung dienen könnte. Außergewöhnliches erregt stets mehr Aufmerksamkeit und provoziert die Sinnlichkeit viel stärker als Gewöhnliches. Lessius sagt dazu: »*insolita enim magis movent*« (ungewöhnliche Dinge bewegen mehr).[24]

Die Frage der Garderobe steht auch in engem Zusammenhang mit der Fragwürdigkeit des Maskenballs. Viele Theologen finden ihn a priori verdammenswert, da er ständig die Gefahr in sich berge, zur Sünde zu animieren. Für Gousset rührt die »*periculum peccandi*«, die Gefahr zu sündigen, daher, daß die maskierten Tanzenden nicht befürchten müssen, erkannt zu werden und sich Freiheiten herausnehmen, die ihnen unmaskiert nicht gestattet wären.[25] Die Maske kann böse Absichten kaschieren. Berardi unterscheidet zwischen öffentlichen und privaten Maskenbällen. Im Familienkreis ist der Kostümball trotz der manchmal bizarren Kostümierungen ein harmloses Vergnügen.[26]

Ortolan weist darauf hin, daß der öffentliche Maskenball häufig Gelegenheit zu Ausschweifungen biete. Gefahr droht vor allem jenen, die sie bewußt suchen: »Meistens ist nämlich nicht nur das Gesicht unter der Maske versteckt, sondern auch das Dekolleté verhüllt, ja sogar die anmutigste Taille unter einem weiten Dominokostüm verborgen. Das einzig Kokette sind die Schuhe. Anhand eines Seiden- oder Satinschuhs versucht man, das Alter und die Vorzüge der kostümierten Person zu erraten. Eine Dame um die Fünfzig nutzt diese Situation, um den Eindruck zu erwecken, sie sei erst um die Zwanzig. Für sie würde ein normaler Ball, auf dem sie unverkleidet erschiene, keine Gefahr bedeuten. Ein Maskenball hingegen kann bei ihr selbst und ihrem Tanzpartner Illusionen erwecken. Wenn sich daraus für ein paar Stunden eine leidenschaftliche Beziehung ergibt, dann deshalb, weil es beide wollen

und weil weibliche List und männliche Phantasie eine gegenseitige Anziehungskraft bewirken, die unter normalen Umständen weit weniger stark, ja vielleicht sogar überhaupt nicht vorhanden wäre.«[27]

Eine Frage von Ort und Zeit

Die Moral eines Tanzes kann nur unter Berücksichtigung der zeitlichen und örtlichen Umstände beurteilt werden, unter denen er stattfindet. Die Bälle auf dem Land, in den Gasthöfen, den Vororten erscheinen dem Theologen wesentlich gefährlicher als die Salon- und Gesellschaftsbälle. Nach Meinung von Ortolan »öffnet die Gewöhnlichkeit der Dorffeste und der niederen Volksschichten allen Arten der Ausschweifung und Mißbräuchen Tür und Tor wie zum Beispiel schlüpfrigen Reden, unzüchtigen Gesten, gewagten oder provozierenden Haltungen, leidenschaftlichen Umarmungen in der Öffentlichkeit ohne Scham und Vorbehalt.« Der Theologe muß in Betracht ziehen, daß sich die Verderbtheit auch »hinter der sorgfältigsten Erziehung« verbergen kann, doch ist er überzeugt, in den Salons gebe es mehr Anstand und Zurückhaltung, da ein junges Mädchen hier meistens nur in Anwesenheit der Eltern tanzt. Auch wenn diese nicht sehr wachsam sind, scheint allein ihre Gegenwart eine Garantie für Anstand und Sitte zu sein.

Laut Ortolan bewegen sich die Mädchen auf dem Lande viel freier und entziehen sich somit häufiger der Aufsicht ihrer Eltern: »In den gehobenen Gesellschaftsschichten kann ein junges Mädchen nicht allein auf einen Ball gehen oder sich von jemandem begleiten lassen, der nicht zu ihrer nächsten Verwandtschaft gehört, ohne die Ehre zu verlieren. Mädchen aus dem Volke haben seltener Gelegenheit, auf Bälle zu gehen und sind daher viel stärker gefährdet, einen schwerwiegenden Fehler zu begehen.« Ich weiß nicht, aus welcher Gesellschaftsschicht der Autor dieser Zeilen stammt, die solch akribische Analyse beeinhaltet. Ich weiß

auch nicht, ob er aus der Stadt oder vom Land stammt. Aber seiner Meinung nach ist der Unterschied zwischen Stadt und Land sowieso nicht besonders relevant. Aus meinen Beobachtungen auf dem Land in Frankreich und im Ausland (Österreich, Nord- und Süddeutschland, Nord- und Süditalien) habe ich geschlossen, daß die Männer auf dem Land viel »eifersüchtiger« auf ihre Mädchen sind als die in der Stadt. Die Rituale mancher Städte um Salerno sind viel starrer und kontrollierter als in den Pariser Salons.

Genauso verhält es sich mit dem Zeitpunkt des Balls. Nach Meinung der Theologen ist Tanzen bei Tag weniger gefährlich als bei Nacht. Aber die Diskussion über die Zeit schließt auch die Häufigkeit ein. Dort, wo häufiger, etwa jeden Sonn- und Feiertag, getanzt wird, wie zum Beispiel auf dem Land oder in den Kleinstädten, bleiben diese Tanzvergnügungen selten reines Amüsement. Die Bälle bieten »Anlaß zu Intimitäten und Begegnungen zwischen Männern und Frauen, die somit eine Möglichkeit finden, ihre Leidenschaft und ihr Verlangen zu schüren.«[28] Anders verhält es sich natürlich bei Familienfesten, bei Festen anläßlich der Unterzeichnung eines Vertrages, einer Hochzeit oder einer Taufe. Diese Feste sind weniger gefährlich, da sie zeitlich begrenzt sind. Berardi betont die Gefahren während des Karnevals, einer besonders brisanten Zeit, in der der Tanz als Vorwand für schlimme Ausschweifungen dient. Der Karneval, der an die heidnischen Orgien erinnert, bietet vielen Leuten die Gelegenheit, heftig »über die Stränge zu schlagen«.[29]

ANMERKUNGEN

1 Siehe Athénée, *Dipnosophistes*, XIV, S. 630.
2 Siehe T. Ortolan, *op. cit.*, Samml. 116.
3 T. Ortolan, *op. cit.*, Samml. 115.
4 Saint Alphonse, *Théologie morale*, 1. IV, Bd. II, S. 240.
5 *Cursus theologiae moralis*, Bd. VI, S. 107.
6 Dies gilt auch für die Volte, die eher einen langsamen Rhythmus hat.

7   T. Ortolan, *op. cit.*, Samml. 117.
8   T. Ortolan bezieht sich auf den heiligen Alfons, *op. cit.*, Samml. 118.
9   Thomas von Aquin *Summa theologica*, IIa IIae, q. CLXVIII.
10 Salmantizenser, *Cursus theologiae moralis, De sexto et nono decalogi praecepto*, Kap. 2, n. 36., S. 111.
11 Cajetan, Bd. VI, S. 111 f.
12 Berardi, *De recidivis et occasionariis*, 1897, Bd. II, S. 211 f.
13 T. Ortolan, *op. cit.*, Samml. 121.
14 Siehe J. Morienval, Artikel »Bal«, in: *Dictionnaire de sociologie*, III, Samml. 94–106.
15 »Manchmal erhebt die Kirche Protest gegen bestimmte neue Tänze [...] Auch wenn man nicht immer auf sie hört, kann nicht behauptet werden, daß ihre Worte ohne Wirkung seien«, schreibt R. Brouillard, Artikel »Danse«, in: G. Jacquemet, *Catholicisme, hier, aujourd'hui, demain*, 3, 1952, Samml. 458.
16 M. von Boehn, *op. cit.*, S. 76.
17 *Ibid.*
18 T. Ortolan, *op. cit.*, Samml. 113.
19 Roncaglia, Universa moralis theologia, Bd. VI, 2-in folio, Venedig 1753; Concina, *Theologia christiana dogmatico-moralis*, 10 in-4, Rom 1755, Bd. 2, S. 154–157.
20 Navarre, *Manuale confessariorium et paenitentum*, in-4, Venedig 1616, S. 388; Lessius, *De justitia et jure*, Brescia 1696, S. 654; Cajetan et Sylvius, *In Ilam Ilae;* 4 in-fol., Anvers 1667, Bd. III, S. 898; Salmantizenser, 1728; Bonacina, *Tractatus de matrimonio*, 3 in-fol, Venedig 1716, Bd. I, S. 322; Diana, Bd. V, *De scandalo*, 9 in-fol., Lyon 1667, Bd. VII, S. 333; Sanchez, *De Sancto matrimonii sacramento*, Lyon 1637, Bd. III, S. 315; Tamburini, *Explicatio decalogi*, Venedig 1707, Bd. I, S. 206; Saint Alphonse, *Theologia moralis*, Bd. I, S. 343; Marc, *Institutiones morales alphonsianae*, Bd. I, S. 363; Ballerini, *Compendium theologiae moralis*, Bd. I, S. 209; Berardi, *De recidivis et occasionariis*, Rom 1897, Bd. II, S. 218–224; Lehmkuhl, *Theologia moralis*, Freiburg i. Breisgau 1902, Bd. I, S. 384.
21 Ballerini, *Compendium theologiae moralis*, Heft V, *De virtutibus*, c. III, a. 2, § 3, Abschn. II, n. 242–246, 2 in-8, Rom 1893, Bd. I, S. 212.
22 R. Gomez de la Serna, *Seins*, präsentiert von F. Delay, Marseille 1986, Kapitel »Les seins pendant la valse«, S. 55 f.
23 Heute verhält sich dies aufgrund des Touristenstroms wohl eher umgekehrt, vor allem wohl auch durch den Einfluß des Fernsehens.
24 Lessius, *De justitia et jure*, 1. IV, S. 654.
25 Gousset, *Théologie morale*, Bd. I, S. 295.
26 Berardi, *op. cit.*, Bd. II, S. 213.
27 T. Ortolan, *op. cit.*, Samml. 115.
28 T. Ortolan, *op. cit.*, Samml. 123.
29 Berardi, *op. cit.*, Bd. II, Kapitel »De bacchanalibus«, S. 235–238.

Der Walzertänzer und sein Priester

> »*Der brave Pfarrer von Véretz dachte gar nicht daran, den Tanz als Todsünde zu betrachten oder sich an die Behörden zu wenden, um harmlose Vergnügungen zu unterbinden. Denn, so meinte er, die jungen Leute müßten sich ja erst kennenlernen, bevor sie heirateten. Und gab es einen passenderen Treffpunkt als die Tanzveranstaltung, wo sie von Eltern, Freunden und der Öffentlichkeit beobachtet wurden, die die besten Hüter von Schicklichkeit und Anstand waren?*«
>
> PAUL-LOUIS COURIER, »Péition pour des villageois que l'on empêche de danser, 1822«, in ders. Œuvres complètes, Paris 1979, S. 143 f.

Auch wenn der Walzer oft zur Sünde verleiten mag, wird er von den Theologen nicht generell verboten. Das Problem der Sündhaftigkeit hängt wesentlich von demjenigen ab, der den Walzer tanzt, die Persönlichkeit ist also entscheidend. Wenn der Beichtvater dies nicht berücksichtigt und nur die Walzersituation als solche be- und verurteilt, irrt er. Diese persönliche Dimension macht es der Kirche praktisch unmöglich, a priori zu entscheiden, ob ein Tanz schlecht ist oder nicht. Sofern ein Tanz nicht eindeutig obszön ist, ist er nur aufgrund der Gefahr, die er in sich birgt, unzulässig. Auch wenn die »lasziven« Tänze eine drohende Gefahr implizieren, der man sich nicht ohne dringenden Grund aussetzen sollte, sind nicht alle Tänze per se gefährlich. Folglich überläßt die Kirche die Entscheidung dem Gemeindepfarrer, der die Situation besser beurteilen kann.

Eine relative Gefahr

Wie gefährlich ein Tanz ist, hängt also von den Tänzern selbst ab. Für temperamentvolle und labile Mädchen kann der Tanz verhängnisvoll sein, wogegen andere in keiner Weise gefährdet sind. Daraus beziehen die Theologen ihre Einschätzung. Personen, die jedesmal anläßlich eines Tanzes schwer sündigen, muß das Tanzen

untersagt werden. Denn diese Personen werden stets gefährdet sein und erneut sündigen, wenn sich die Gelegenheit dazu bietet. Sie können keine Absolution erhalten, wenn sie nicht auf das Tanzen verzichten. Dagegen kann das, was für die meisten Tänzer als größte Gefahr erscheint – die *amplexus* des Walzer – insbesondere für Menschen, die aufgrund ihres Wesens und ihrer Erziehung weniger beeinflußbar sind, als völlig harmlos gelten.

Wie bereits erwähnt, bewirkt manchmal auch die Häufigkeit der Bälle, daß gefährliche Situationen entstehen. Aber es kann auch vorkommen, daß die Wiederholung die gegenteilige Wirkung erzielt. »Die Gewohnheit stumpft die Sensibilität ab.« Wenn der Walzer zur Gewohnheit wird, stimuliert er weder die Sinne noch die Neugier. Einige Leute sind sogar so blasiert, daß diese Vergnügungsart sie nur noch zum Gähnen bringt – *ex assuetis non fit passio*. Ortolan behauptet, daß es Leute gebe, die nur unter dem »tyrannischen« Druck ihres gesellschaftlichen Umfelds tanzen. Diese Personen pflegten den Tanz nur mit Bedauern, ja mit Abscheu.[1]

Diese Relativität des Tanzgeschehens bewegt Ortolan, Theologen und Priester aufzufordern, bei der Beurteilung der moralischen Seite des Walzers überaus zurückhaltend zu sein. Er »täte unrecht, wenn er den Tanz nur aus seiner eigenen Sicht oder aus der des Milieus, aus dem er stammt, beurteilte.« Man kann die geistige Haltung von Menschen, die mitten im Leben stehen, nicht mit der von »privilegierten Seelen vergleichen, die von Kindheit an wie unter einer Glasglocke gehalten wurden.« Der Grund liegt nicht darin, daß die betreffende Person nicht die Vollkommenheit anstrebt und daß alles an ihr sündhaft wäre. »Sie nimmt weniger Anstoß an bestimmten Worten, bestimmten Annäherungen als jemand, der sich immer hinter Klostermauern verschanzt hat. Soll man daraus schließen, daß das Gewissen eines ›weltlichen‹ Menschen ungenügend entwickelt ist und dieser nicht Gut und Böse unterscheiden kann?«[2]

Ortolan meint, wenn das Bewußtsein weniger offen für die Rei-

ze der Tugend ist, müsse es deshalb nicht völlig fehlgeleitet sein: »Es hat einen eigenen Blickwinkel, aus dem es die Dinge einschätzt. Um die Absichten der Leute und die Motive, die sie antreiben, beurteilen zu können, muß man sich, zumindest für einen Augenblick, mit ihnen identifizieren, sich in sie hineindenken und erraten, was sie empfinden.« Dies setzt allerdings nicht voraus, daß sich der Theologe die Meinung »bestimmter Kreise« aneignen muß, um beurteilen zu können, ob etwas gut oder schlecht ist. Beim Tanz muß man in diesem Zusammenhang unbedingt das subjektive Erleben des Tanzenden berücksichtigen. Man muß ihn also befragen, was in ihm vorgeht, welchen Eindruck er hat, wenn er auf die eine oder andere Weise tanzt. Nur der Tanzende kann darüber Aufschluß geben, denn nur er weiß, was in ihm vorgeht. Man muß dem Bußfertigen glauben, da, wie Charles Borromée aufgezeigt hat, der Tanz eine »relative und individuelle« Angelegenheit ist, also eine Situation, die nicht absolut beurteilt werden kann, da jeder Tanzende sie anders erlebt.[3]

Es muß nicht immer Sünde sein

Allmählich kristallisiert sich eine moralische Identität des Paartänzers, des Walzertänzers heraus. Gousset kompliziert die Analyse durch folgende Bemerkung: »Damit der Walzer unmittelbar Anlaß zur Todsünde gebe, genügt es nicht, daß er jedesmal schlechte Gedanken oder andere Versuchungen hervorrufe, denn man ist ihnen überall ausgesetzt, sowohl allein wie in Gesellschaft«.[4] Gury behauptet, es sei außerordentlich schwer zu beurteilen, ob ein Tanz Gefahren in sich berge, da hierbei viele Faktoren eine Rolle spielten: »*Non facile in theoria statui potest. Quaestio enim intricatissima est, et plerum que a variis circumstantiis pendet.*« Auch wenn allgemein ein großes Risiko besteht, wenn man Walzer oder Polka tanzt, »*periculosissimae habentur chrae quae valse et polka dicuntur*«, muß die Beurteilung individuell erfolgen *(»relativa sunt ad praesentes personas«)*. Der

Autor berichtet, er habe oft Frauen und junge Mädchen getroffen, die sich auf dem Ball nur des Vergehens der Eitelkeit schuldig gemacht hätten. Andere wiederum seien völlig unschuldig.[5]

Wenn der Tanz nicht per se unmoralisch ist, also nicht immer zur Sünde animiert und folglich nicht grundsätzlich unzulässig ist, aber trotzdem eine Gefahr darstellen kann und dann verboten werden muß, sieht sich der Theologe verpflichtet, jeden einzelnen Fall zu beurteilen. Die entscheidende Frage lautet, ob die Tanzenden in der Lage sind, mit der Situation fertig zu werden und sich der möglicherweise auftauchenden Gefahren erfolgreich zu erwehren. In der Praxis freilich ist die Zahl jener, die den Tanz ausnutzen, meist größer als die Gruppe jener, die in ihm nur ein harmloses Vergnügen sehen. Wenn man sich beim Tanzen große Freiheiten erlaubt, ist die Tugend stets gefährdet. Zu bedenken ist ferner, daß aus theologischer Sicht die Sünde ein Produkt des Zufalls ist, auch wenn ziemlich häufig gesündigt wird.

Zufällig heißt nicht allgemein. Man kann also nicht jeden Walzertänzer verurteilen, wie Eschbach vorschlug, der den Walzer als »*per se* unzüchtig« einstufte, was bedeuten würde, daß der Walzer allein durch sein Wesen »jegliche Keuschheit zerstörte.«[6] Selbst wenn Eschbach den Ausdruck »*per se*« moralisch versteht, also ohne die universelle Dimension, die ihm die Philosophie zuspricht, etwa im Sinn von »*communiter*«, »*regulariter*«, »*plerumque*« oder »*ut plurimum*«, wirkt seine Einschätzung doch wie ein allgemeingültiges Verdikt. Doch Ausnahmen sind durchaus möglich. Ortolan hält es deshalb für unstatthaft, den Walzer absolut zu verdammen: »Schon ein Fall unter Tausenden oder Hunderttausenden würde genügen, diesem ›per se‹, das in der Sittenlehre einen anderen Sinn als in der Metaphysik hat, in bezug auf die Drehtänze Walzer, Polka etc. die Bedeutung einer allgemeinen Verurteilung zu verleihen.«

Aufgrund dieser begrenzten Sicht der Kirche, die Moralisten wie Chevalier de Ségur teilen, werden die Menschen in bezug auf die Moral in Gruppen unterteilt. So bemerkt der Chevalier über ein

junges Mädchen: »Sie besitzt ihre Jungfernschaft minus den Walzer.« Es gibt tugendhafte Menschen, deren Tugendhaftigkeit vollkommen ist, und Menschen, die sie verloren haben, und zwischen beiden Gruppen stehen jene, die Walzer getanzt haben. Für diese gilt eine spezielle Moral, in der Gut und Böse nicht mehr die gleiche Bedeutung haben wie für die sittsamen Menschen, die aufs Walzertanzen verzichten.

Jenen Menschen, die jungfräulich oder sittsam bleiben wollen, ist vom Tanz im allgemeinen völlig abzuraten, der Walzer ist ihnen verboten. Zu dieser Gruppe gehören auch die Kleriker, denen das Kirchenrecht das Tanzen untersagt. Das Konzil von Trient jedoch modifiziert später diese Vorschriften.[7] Auch wenn die Kleriker nun an einigen Tänzen teilnehmen dürfen, müssen sie stets mit einem Skandal rechnen und verzichten deshalb lieber darauf. Für die frommen »Laien« bedeutet Tanzen, wenn schon keine Gefahr für ihre Tugendhaftigkeit, zumindest aber eine Gefährdung ihrer Frömmigkeit. Also ist dringend davon abzuraten. Wenn ein frommer Mensch zufällig in eine Tanzveranstaltung gerät, der er sich nicht entziehen kann, muß er versuchen, die Erinnerung daran zu tilgen und sich von der geistigen Trägheit, der natürlichen Folge der geistigen Zerstreuung und der Willensschwäche lösen und sich mit frommen Dingen beschäftigen. Der heilige Franz von Sales schlägt körperliche Übungen vor, um der Seele die innere Ruhe wiederzugeben.[8] Tänze und Bälle findet er »eigentlich unwichtig, aber so wie sie praktiziert werden, sind sie ganz auf das Schlechte angelegt und bedeuten eine große Gefahr für die Seele.« Er rät denjenigen, die einen Ball nicht umgehen können: »Arbeitet darauf hin, daß die Veranstaltung in jeder Hinsicht wohlgeordnet bleibt, damit guter Wille, Bescheidenheit sowie Würde und Anstand gewährleistet bleiben. Und tanzt so wenig wie möglich, damit Euer Herz nicht entflammt.«[9]

Außerdem ist das Tanzen jungen Mädchen untersagt, die zu einer Marienkongregation gehören. Wer einen kirchlichen Beruf ausübt, darf keine Wohltätigkeitsbälle veranstalten, zu denen er

Eltern und Freunde einlädt. Für die Theologen sind diese Bälle nur vom Namen her wohltätig, denn die Summe, die für die Armen übrigbleibt, ist nach Abzug der Ballkosten meist unbeträchtlich. »Diese Vergnügungen verhöhnen das Elend der Armen«, heißt es. Der aufgewendete Eifer ist unvereinbar mit echter Frömmigkeit.[11]

Und gegen wen wird der Bannstrahl geschleudert? In erster Linie gegen die Berufsmusiker, die die nächtlichen, gefährlichen Tänze musikalisch umrahmen, zu denen die jungen Leute strömen, »was auf dem Lande allzu häufig geschieht«. Ihre Verdammung resultiert daraus, daß sie mit Sündern zusammen arbeiten. Anders werden jedoch Musiker beurteilt, die am hellichten Tage bei einem Familienfest spielen. Auch jene, die die Musiker der öffentlichen Bälle finanzieren oder versuchen, den Tanz in Gemeinden einzuführen, wo er bislang nicht praktiziert wird, sind zu verurteilen. Die Organisatoren öffentlicher Bälle und jene, die Räume für solche Veranstaltungen zur Verfügung stellen oder vermieten, müssen mit äußerster Strenge behandelt werden. Lehmkuhl meint, man müsse in jedem Fall prüfen, wie stark die materielle Kooperation und wie hoch die Wahrscheinlichkeit sei, daß es auf einem derartigen Ball zu Verstößen komme.[11]

Zwischen diesen beiden Kategorien von Menschen gibt es die anwachsende Menge jener, die weder Musiker noch Gläubige sind und kein Interesse haben, sich nachts auf den Bällen zu lasziver Tanzmusik zu drehen. Den Gemeindepfarrern und den Beichtvätern obliegt es, sich mit diesem Problem zu befassen, oft übrigens in direkter Zusammenarbeit mit den Behörden.

Die Macht des Klerus

Seit jeher waren sich die Priester uneins über die Position, die sie einnehmen sollten. Zwei widerprüchliche Haltungen ziehen sich durch die gesamte Geschichte des Tanzes und die Kirchenge-

schichte. In einem neueren Werk[12] weist Francis Sparshott darauf hin, daß diese Diskussion bereits zur Zeit der Volte aktuell war. Die Puritaner erkennen im Paartanz ein lasziges Verhalten zwischen den Geschlechtern; die Liberalen dagegen betrachten ihn als Ausdruck kollektiver Freude und als günstige Möglichkeit für junge Männer und Mädchen, sich kennenzulernen. Diese Einstellung vertritt auch 1589 Thoinot Arbeau.

Der Pamphletist Paul-Louis Courier gibt uns einen interessanten Bericht über das Ausmaß dieser Debatte im Jahre 1822 in der Touraine. Die Nachbardörfer Azai und Véretz haben zwei verschiedene Priester: Der eine ist betagt, der andere jung, ihre Ansichten über den Tanz sind unterschiedlich. Der junge Priester von Azai, der frisch aus dem Priesterseminar kommt, beschließt, das Tanzen in seiner Gemeinde zu verbieten. Seit Generationen jedoch pflegt man hier Feste und Tanzveranstaltungen, zu denen viele Besucher sogar von weit her anreisen. Auf Ersuchen des Priesters läßt der Präfekt ein paar Tage vor dem Namensfest Johannes des Täufers unter Trommelwirbel ein Dekret verlesen, das fortan den Tanz auf dem Dorfplatz verbietet. Aber trotz des Erlasses findet das Fest statt, wenn auch ohne den üblichen Schwung: »Man tanzte außerhalb des Dorfes, am Ufer des Cher, auf dem Rasen unter dem Haselgebüsch: Hier ist es ländlicher als zwischen den Marktständen und auch viel stimmungsvoller. Doch nach dem Tanz ziehen wir ein Speckomelett im nächsten Wirtshaus dem Murmeln der Bäche und der Farbenpracht der Wiesen vor. Von diesem Zeitpunkt an sind unsere Sonntage in Azai ziemlich trostlos. Nur noch wenige Fremde kommen, und keiner bleibt länger. Man geht nach Véretz, wo ein großer Zustrom herrscht, da kein Erlaß das Tanzen verboten hat. Der Pfarrer von Véretz ist ein vernünftiger und gebildeter Mann, fast achtzig Jahre alt, aber sehr aufgeschlossen gegenüber der Jugend. Er will sie nicht bekehren und ihr anstelle des Festes die Bullen von Bonifaz und Hildebrand aufnötigen. Am liebsten tanzt man vor seinem Haus und vor ihm. Er denkt nicht daran, diese Vergnügungen zu mißbilligen, die völlig harmlos sind; er nimmt sogar

selber daran teil. Der Pfarrer von Azai dagegen ist ein junger übereifriger Mann, ein Vertreter der sittenstrengen Kirche, begierig, sich zu profilieren. Vom ersten Tage an geht er gegen das Tanzen vor und scheint ein Gelübde abgelegt zu haben, es in seiner Gemeinde abzuschaffen. Dafür bedient er sich verschiedener Mittel, von denen das wirksamste die Autorität des Präfekten darstellt. Wie man weiß, greifen die Kirchendiener bei der Bekehrung der Sünder nicht erst heute auf die Hilfe der weltlichen Obrigkeit zurück. Genauso verhält es sich in den anderen Gemeinden dieses Départements, wo Junge Priester eingesetzt sind. Im einige Meilen entfernten Fondettes [...] hat man ebenfalls durch einen Erlaß des Präfekten das Tanzen verboten.«[13]

Auch die Feste von Fondettes, so berichtet Courier, waren sehr berühmt. Tausende von Bewohnern der umliegenden Dörfer und der zwei Meilen entfernten Stadt Tours strömten dorthin. »Die Weiler in der Nähe von Paris, die Bastillen in der Nähe von Marseille hatten wohl mehr Zulauf, vor allem von Städtern, boten jedoch weniger Vergnügen, weniger ländliche Heiterkeit. Aber seid nicht neidisch, ihr Dorfbälle in Sceaux und Saint-Gervais: Diese Feste mußten eingestellt werden, denn der Pfarrer von Fondettes ist ein junger Mann, der, ebenso wie der Pfarrer von Azai, gerade das Seminar in Tours absolviert hat, eine Institution, deren Schüler, wenn sie erst einmal den Weinberg des Herrn beackern, in erster Linie danach streben, jedes Vergnügen und jede Unterhaltung zu unterbinden und aus einem fröhlichen Dorf ein düsteres Trappistenkloster zu machen.«[14]

Im Seminar von Tours unterrichtet Bruder Isidor, über den Courier sagt: »Der Mönch macht die Pfarrer, und die Pfarrer sorgen für Mönche.« Der Priester von Azai hat außer der Hilfe von Gendarmen noch ein weiteres Druckmittel, um den Tanz aus dem Dorf zu vertreiben – die Beichte. »Sie erteilen den Mädchen erst dann die Absolution, wenn diese versprechen, auf das Tanzen zu verzichten. Nur wenige sind damit einverstanden, auch wenn ihr fünfundzwanzigjähriger Beichtvater noch so viel Autorität über sie be-

sitzt. Das Beichtgeheimnis gibt ihm viele Möglichkeiten, seine Beichtkinder zu überzeugen, aber die Sünderinnen lieben den Tanz. Meistens lieben sie auch einen Tanzpartner, der dann zum Ehemann wird. All das vollzieht sich in aller Öffentlichkeit; all das ist in Ordnung und viel anständiger als diese intimen Unterhaltungen mit diesen schwarzgekleideten jungen Männern.«[15]

Courier erklärt diese Haltung damit, daß die Bevölkerung von Azai sich von der Kirche entfernt und sonntags nicht mehr die Messe besucht. Dagegen lobt er den guten Priester von Véretz, der zu seinen Gläubigen wie ein Vater sei: »Er war sehr gemäßigt und betrachtete seine Gemeindemitglieder wie eine Familie. Er teilte ihre Freuden und Kümmernisse, ihre Leiden und ihre Vergnügungen [...] und sah den jungen Leuten gerne beim Tanz auf dem Dorfplatz zu. Er sagte, es werde selten vor aller Augen gesündigt. Er fand es viel besser, daß sich die jungen Leute hier trafen, anstatt im Wald oder auf den Feldern, wo sie unbeobachtet wären, wenn man unsere Feste abschaffte.«[16]

Hier zeigen sich die unterschiedlichen Einstellungen der Priester. Im einen Fall wird das Paar als Gesellschaftsform akzeptiert; der Priester ermutigt das Paar sogar, sich auf dem Dorffest gesellschaftsfähig zu machen. Im anderen Fall widersetzt er sich dem Paargedanken und verhindert, daß das Paar beim Tanz gesellschaftsfähig wird. Zur selben Zeit jedoch verfolgt in einer anderen Gegend, in la Dombes, Saint Jean-Marie Vianney (1786–1859), der Pfarrer von Ars-sur-Formans, die gleiche strenge Linie wie der Priester von Azai. Gleich nachdem er 1815 in Ars eintrifft, nimmt er den Kampf gegen die Dorffeste in seiner Gemeinde auf. Nach fünfundzwanzigjährigem Kampf trägt er schließlich den Sieg davon.[17] Für ihn ist es eine Frage des Prinzips: Seiner Meinung nach stellt der Ball eine zu starke Beleidigung Gottes dar, als daß man ihn zulassen könnte. Wie der Priester von Azai verweigert er jedem in seiner Gemeinde die Absolution, der am Tanz teilnimmt.

Während des gesamten 19. Jahrhunderts stand die Tanzkritik im Mittelpunkt vieler Diskussionen, nicht nur in den französischen

Dörfern, sondern überall. Die katholische Kirche ist auf der ganzen Welt verbreitet, und die Protestanten schließen sich ihren Auffassungen an.[18]

Noch Mitte des 19. Jahrhunderts sieht die Kirche in den Volksfesten Anlässe, die unziemliches Verhalten fördern. Die sittenstrengen Christen vertreten jedoch damals auch die Meinung, man dürfe die Bälle nicht einfach verdammen, sondern müsse versuchen, sie zu christianisieren. Dies erfordere Mut und Ausdauer, könne aber durchaus erfolgreich sein. Die Direktiven der Bischöfe über die Teilnahme an Volksfesten werden daher immer umfangreicher. 1939 bezieht der Bischof von Dijon Stellung, und 1945 äußert sich der Bischof von Laval zu diesem Thema: »Persönlichkeiten der katholischen Kirche besuchen den Ball und versuchen, hier einen guten Einfluß auszuüben. Aber wie die Jungen sagen, ist es fast unmöglich, den Ball zu moralisieren, wenn eine couragierte Gruppe Jugendlicher über achtzehn Jahre die Initiative ergreift. Ein einzelner hat keine Chance.«[19] Auch später noch steht das Tanzen im Mittelpunkt starker Angriffe, wie der Fall des Bischofs von Quimper zeigt, der 1945 gegen Tanzveranstaltungen wettert.[20]

Bis 1914 bilden der Walzer und der Gesellschaftsball den Mittelpunkt des geselligen Lebens. Jahrzehntelang führten die Theologen theoretische Diskussionen über den Walzer und die Paartänze, denen sich praktische Auseinandersetzungen in den Gemeinden anschlossen. Der Paartanz rechtfertigt also angesichts des Ersten Weltkriegs eine intellektuelle Mobilisierung der katholischen Theologie. In Rom nimmt man den Walzer als Vorwand, um eine Philosophie der Paargeselligkeit zu entwickeln, in der die Erotik tabu ist (dieses Wort wurde damals allerdings noch nicht gebraucht). Eine moralische Sicht, die die Entwicklung einer Paargeselligkeit berücksichtigt, kann sich nur schwer durchsetzen. Da der Walzertanz der Jugendlichen als eine große Gefahr für die Moral angesehen wird, verkennt die Kirche die gesellschaftliche Bedeutung, die diesen Kundgebungen der Freude und des kollektiven »Über-die-Stränge-Schlagens« bei der Ausformung einer sozialen Identität zu-

kommt. Sie ist also zumindest zum Teil für die Unterminierung dieser Paargeselligkeit verantwortlich, die im Geseilschaftstanz und im Leben schlechthin eine individuelle Erotisierung begünstigt, bei der der Körperkontakt mit dem anderen geleugnet wird.

ANMERKUNGEN

1 T. Ortolan, *op. cit.*, Samml. 125.
2 *Ibid.*
3 C. Borromée, *Avvertimenti per li confessori*, § 19, franz. Übers. 1655.
4 J. Gousset, *Théologie morale*, Bd. I, S. 296.
5 Gury, *Casus conscientiae*, Paris 1891, Bd. I, S. 100 f.
6 Eschbach, *Disputationes physiologico-theologicae*, Rom 1901, S. 524.
7 Ferraris, *Prompta bibliotheca*, »clericus«, Rom, 1784–90, Bd. II, S. 202.
8 Saint François de Sales, *Œuvres complètes*, Paris 1862, Bd. I, S. 198.
9 Saint François de Sales, *Introductions à la vie dévote*, Paris 1852, S. 302. Bei der Neuauflage dieses Werks von 1893 siehe III. Teil, Kapitel XXXIII und XXXIV, Bd. III, S. 249–253
10 Siehe T. Ortolan, *op. cit.*, Samml. 131.
11 Lehmkuhl, *Theologia moralis*, Bd. I, S. 385.
12 F. Sparshott, *Off the Ground, First Steps to a Philosophical Consideration of the Dance*, Princeton 1988, S. 21 f.
13 P.-L. Courier, »Pétition pour des villageois que l'on empêche de danser (1822)«, in ders., *Œuvres complètes*, Paris 1979, S. 139–141.
14 *Ibid.*, S. 141.
15 *Ibid.*, S. 142.
16 *Ibid.*, S. 143.
17 Trochu, *La vie du curé d'Ars*, Paris 1931, Kapitel V., S. 176–190.
18 »Le sermon et la danse aux Etats-Unis«, *Journal l'Eclair* Nr. 14, November 1895.
19 Zitiert von G. Jacquement, *op. cit.*, Sammlung 1182 und 1183.
20 *Ibid.*, Samml. 1182.

Der Musette-Walzer

> »*Die Musette ist der kreischenden Geige gewichen,*
> *Die spielt falsch, und sie kommt ehrgeizig geschlichen;*
> *Der Bauer hat zwar seine Manieren*
> *Doch will er nicht länger den Tänzen der Väter parieren*«
> J. BERCHOUX, La danse (1806), S. 56

Die Krise des Walzers um 1900 rührt in erster Linie daher, daß er in seiner Wiener Version mit einer tendenziell dekadenten Gesellschaftsform verbunden wird. Die Aristokratie ist nicht länger die Trägerin neuer Werte. Die Musik der Familie Strauß hat etwas Kriegerisches, Mechanisches (diese Walzer sind meistens in Dur geschrieben), was den neuen kulturellen Werten nicht mehr entspricht. Die vorherrschende Position des Wiener Walzers im Bereich der Tanzmusik wird durch eine komplexe Bewegung in Frage gestellt, die sich durch das Aufkommen des Jazz, Blues, Tango und, in Frankreich wie Italien, auch durch den Musette-Walzer auszeichnet, wie wir später noch sehen werden.

Die Erfindung des Pariser Musette-Walzers

Die Musette ist keine Erfindung der Zeit um 1900, sondern eher eine Wiederentdeckung, eine Aneignung und Integration, eine typische Pariser Vermischung mehrerer kultureller und musikalischer Elemente, die dem Walzer eine neue populäre Dimension verleihen.[1]

In Frankreich entstand die Musette in Paris auf den Volksfesten der Auvergne, die es bereits Anfang des 19. Jahrhunderts gab. Auf diesen Bällen spielt man die Cabrette und die Musette, zwei In-

strumente, die durch das Akkordeon verdrängt werden. Das Akkordeon ist in seiner ersten Ausführung das Lieblingsinstrument der italienischen Einwanderer, die Ende des 19. Jahrhunderts nach Paris kommen. Das Zusammentreffen der Bewohner der Auvergne und der italienischen Auswanderer (vor allem die Begegnung zwischen Bouscatel und Charles Péguri) fördert die Entstehung eines neuen Stils. Das verdrängte Instrument aus der Auvergne gibt dem Ball seinen Namen. Aber die Musette ist nicht das Ergebnis einer Mischung von Stilen, wie das in Wien bei der ländlichen Tanzmusik und der klassischen Musik der Fall war, vielmehr wird eine neue Musik geschaffen. Ihre Anfänge findet man noch im Pariser Chanson. Man muß sich hier die Volkstradition des Walzers vor Augen führen, die im Widerspruch zum bürgerlichen Walzer, dem Musikwalzer am Hof Napoleons steht. Das kritische und poetische Volkslied gibt es schon seit langem. Gute Beispiele hierfür sind »Le bleu des bleuets« oder »Le temps des cerises« von Jean-Baptiste Clément.[2] Dieser sentimentale Walzer, der 1867 komponiert wurde, im gleichen Jahr, in dem Strauß mit seiner »blauen Donau« in Paris Triumphe feiert, bleibt für die Pariser Bevölkerung eng mit der Tradition der Kommune verbunden. Auch wenn der Walzer Anklang beim Großbürgertum gefunden hat, ist er nach wie vor auch beim Volk beliebt. Doch seine Volksversion unterscheidet sich grundlegend von der Salonfassung. Die Familie Strauß, Offenbach und Waldteufel verleihen der Walzermusik Feierlichkeit und Erhabenheit, sie soll künftig der Verherrlichung des Bürgertums dienen. Das Volk von Paris jedoch kann sich nie richtig mit dem Walzer der Akademiemusik anfreunden, aber zugleich möchte es an diesem Rhythmus festhalten, den es sich mühsam angeeignet hat.

Unter den gesungenen Walzern aus dem 19. Jahrhundert, die diese Arbeitertradition repräsentieren, sind »Plaisir d'amour«, »Les petits pavés« und andere Lieder von Paul Delmet erwähnenswert.

Alain Ajax zeigt auf, daß die Musette ein Genre darstellt, das

nicht »außerhalb dessen, was es als solches ausdrückt, erfaßt werden kann«.[3] Die Musette ist nicht universell »erfaßbar«, allenfalls vor dem Hintergrund des Klassenkampfes. Die Volksmusik kann man mit der Kommune assoziieren oder später, zur Zeit der Volksfront, mit der »Bumsmusik« der Fabrikarbeiter. Doch wenn die Musette über das soziale Elend berichtet, drückt sie nur das private Elend der Personen des Liedes aus. Die Verantwortung für dieses Elend trägt die Gesellschaft insgesamt, wie in »Comme un moineau« dargestellt, das von Fréhel verbreitet wurde. Aber dieses Liedgut ist nicht in eine klassenkämpferische Bewegung eingebettet. Der soziale Antagonismus zeigt sich in der Beziehung zwischen Mann und Frau, wie etwa in dem ebenfalls von Fréhel gesungenen Lied »Du gris«. Im Pariser Musette-Lied geht es stets um ein menschliches Drama. Die sozialen Probleme bilden den Rahmen. Diese persönliche Dimension verbindet die Musette mit dem Blues oder dem Tango. Die Frauen, die in der Musette vorkommen, sprechen selbst für sich. So berichtet uns eine Frau von ihren Liebschaften, von ihrem elenden Leben als Prostituierte, ihrem Wunsch nach einem Privatleben, wenigstens eine Nacht allein und in sauberen Laken schlafen zu dürfen.[4] Die Musette ist also eine Musik, die den Walzer wieder aufnimmt, um die gefühlsmäßige Verwicklung auszudrücken. Wenn Edith Piaf ihre Chansons vorträgt, die von Glück und Unglück handeln, erzählt sie uns allein von sich.

Eine städtische Musik

Der Walzer von Johann Strauß Vater ist noch ländlich geprägt; er verändert sich, als Wien zur Metropole wird. Die Musette hat anfangs städtischen Charakter, denn sie entwickelt sich zusammen mit einem neuen Stadtbild, das mit dem 20. Jahrhundert entsteht. Zum ersten Mal in der Menschheitsgeschichte verstehen sich die Menschen als Individuen, die frei sind von jeglicher gesellschaft-

licher Gebundenheit. In der neuen Kultur vollziehen sich die sozialen Kontakte in einer neuen Form der Freiheit: Man lebt nebeneinander, man unterhält Kontakte, aber man identifiziert sich nicht mit anderen. Die Individuen können sich treffen, wann und wo sie wollen.[5] Der Großteil der Bevölkerung lebt um 1900 allerdings noch in Dörfern und auf dem Lande. In der Stadt kann man Wurzeln finden und echte Beziehungen eingehen, doch diese Bindungen zeichnen sich nicht mehr durch die Zwänge der Dorfgemeinschaft von ehedem aus. Die Interessengemeinschaft, die die Grundlage der bäuerlichen Gesellschaft bildeten, existiert nicht mehr. In der Stadt sind die Kontakte, die man eingeht, bewußt und keine Notwendigkeit, um Überleben zu können. In der Stadt trifft man sich auf der Straße, dem Markt und dem Café. Im Café kann man regelmäßig Kontakte pflegen, aber es besteht keine Verpflichtung dazu. Auch die Einkäufe kann man tätigen, wo man will. Die Stadt ist voller Bewegung und Flexibilität und kennt nur einen festen Ort: das Café. Die Stadt ist ein Ort unerschöpflicher sozialer Wirkungsmöglichkeiten.

Eine alternative Kultur

Der Musette-Walzer repräsentiert, ähnlich wie der nordamerikanische Blues und der argentinische Tango, im Verhältnis zum bürgerlichen Tanz eine alternative Kultur. Anfangs sind die Musiker und Tänzer noch Außenseiter. Sie stammen aus dem Pariser Proletariat, das aber nicht militant ist. Sie sprechen nicht über die Arbeit, sondern interessieren sich für Tanz und Musik. Der Musette-Walzer ist Ausdruck einer Autonomie gegenüber der bürgerlichen Kultur, aber auch gegenüber den Organisationen der Arbeiterklasse. Er ist existentiell, doch nicht fordernd. Dieser Stil findet sich bereits bei Bruant, bei dem die Beschreibung des Elends der Arbeiter eher malerisch als anklagend wirkt. Bruant zeigt, wie das Elend die Menschen zu Außenseitern macht, er ist also eindeutig ein Vorläu-

fer der Musette. Emile Vacher spielte auf den ersten Musette-Bällen mit seinem Akkordeon auf. Die ersten Musette-Walzer sind in Dur gehalten. Dann setzt sich das Chromatische durch, und der Ausdruck von Gefühlen gewinnt an Bedeutung. Die Moll-Tonart erlaubt einen gemäßigten Sprung. Der Musette-Walzer wird nicht nur getanzt, man hört ihm auch zu. »Auf bestimmten Musette-Bällen halten die Tanzenden inne, um einer besonders schönen Stelle zu lauschen.«[6] Nach 1920 setzt sich die Moll-Tonart endgültig durch und erlebt zwischen 1940 und 1955 ihren Höhepunkt. In dieser Zeit tritt eine neue Generation von Akkordeonspielern auf den Plan: Joseph Colombo, Emile Carrara, Tony Muréna, Jo Privat, Gus Viseur. Noch stärker als die Java prägt der Walzer in Moll den Stil des Pariser Chansons. Der Walzer ist nicht mehr allein den Bällen vorbehalten, er wird auch auf der Straße getanzt. Alle versammeln sich um den Sänger und den Musiker. So entsteht eine Verbindung zwischen Musette-Walzer und Stadt. Es bildet sich der typische Pariser Stil heraus, der durch Komponisten wie Georges Van Parys, Maurice Jaubert (»A Paris dans chaque faubourg«), Marguerite Monnot, deren Lieder Edith Piaf interpretierte, und Georges Auric (»Moulin rouge«) gepflegt wird. Auch Fréhel, Piaf, Moulaudji, Lemarque und Montand sind Teil dieser Walzerbewegung. Die Melodie und die Worte drücken Leidenschaft, Zärtlichkeit, Melancholie und Freude aus. Diese Chansons verleihen dem Walzer eine neue Dimension. Auch andere Rhythmen wurden in den Musette-Walzer aufgenommen, aber die wichtigsten sind Walzer und Java. Der »Musette-Walzer« stellt ein eigenes Genre dar.

In Frankreich hält sich diese Tradition bis 1960. Zwischen 1945 und 1960 wird die Musette nicht nur in Paris, sondern auch, in den Vororten und in der weiteren Umgebung getanzt. In Paris tanzt man überall: in der Rue de Lappe, bei Bouscat, in der Boule rouge, dem Balajo, dem Petit Balcon, der Passage Thiéré; dem Petit Jardin und der Place Clichy, die Java in der Rue du Faubourg-du-Temple. Auch in der Rue Lepeu, in der Nähe des Gare de Lyon, wird getanzt. Zwischen fünf und sieben Uhr treffen sich die Musiker auf

der Place Pigalle oder der Renaissance, die Verständigung zwischen ihnen ist ziemlich einfach. Zu dieser Zeit spielt sogar Django Reinhardt in einem Musette-Orchester. Man tanzt auch in den zahlreichen Kneipen am Ufer der Marne, wie zum Beispiel das Convert, l'Hermitage, die Gégène, die auch heute noch existieren.[7]

Der Musette-Ball ist nicht mit dem Dorffest zu vergleichen. Hier tanzt man mehr schlecht als recht, fast auf der Stelle, in einem Hinterraum des Bistros. Das Tanzvergnügen konzentriert sich vor allem auf die musikalischen Variationen, was die Bewegungen der Tänzer geschmeidiger macht. Der Walzer wird jetzt auch links herum getanzt. Sein Rhythmus ist weich, nicht abgehackt wie beim Disko-Tanz.[8]

Die Musik des Musette-Walzers

Vielen gilt der Musette-Walzer als eine Möglichkeit des Ausdrucks von Gefühlen, denn er bietet eine Fülle von Variationsmöglichkeiten. Doch welche Strukturelemente prägen ihn? Die Musette besteht aus mehreren Elementen: dem Instrument (Akkordeon), dem Tanzrhythmus (Dreivierteltakt) und der Tonart (Moll).

Das Akkordeon in seiner heutigen chromatischen Form existiert seit 1900. Vorher gab es auf dem Land, vor allem in der Auvergne, diatonische Akkordeons. Sie umfaßten nur sieben Töne der Dur-Tonleiter, ohne verbindende Halbtöne, die die Moll-Tonarten ermöglichen. Die Volksmusik aus der Auvergne, die im 19. Jahrhundert in Paris Einzug hielt, war also, wie der Walzer, in Moll gehalten. Die Beliebtheit der Musette-Walzer und der Lieder, die vom Akkordeon begleitet wurden, brachte manche Fabrikanten auf die Idee, die Arbeit am Fließband durch Musikuntermalung angenehmer zu gestalten, womit diese Walzer Eingang in das volkstümliche Repertoire fanden. Damals konnte das Akkordeon alle anderen Instrumente ersetzen. Die Melodie wird mit der rechten Hand gespielt, der Rhythmus durch die linke vorgegeben. Außerdem kann der Mu-

siker singen und mit seinen Füßen den Rhythmus durch Taktschlagen verstärken. Dadurch kann man den Musiker im ganzen Ballsaal vernehmen, und er kann auch auf der Straße spielen oder einen Sänger begleiten. Da das Akkordeon leicht zu transportieren ist, beginnen viele Musikanten, von Stadt zu Stadt zu ziehen.

Der Musette-Walzer ist auf den Bällen entstanden und untrennbar mit dem Walzer und der Java verbunden. Das Repertoire des Musette-Balls umfaßt auch die Polka, den Tango, den Blues, das Berliner Lied um 1920, den Paso doble, den Foxtrott, einfach alle möglichen Tänze im Zwei-, Drei- oder Vierteltakt. Aber der eigentliche Rhythmus der Musette ist der Dreivierteltakt und vor allem der Walzer und die Java. Raphaëlle Legrand schreibt: »Die systematische Berücksichtigung aller jeweiligen Modetänze seitens der Akkordeonspieler auf Kosten des Walzers läßt den Dreivierteltakt verschwinden und führt damit zum Verlust eines der ursprünglichsten Elemente des Musette-Walzers.«[9]

Wie Legrand erklärt, reicht das Taktzeichen zur Charakterisierung eines Tanzes nicht aus. Die rhythmischen Hervorhebungen innerhalb des Takts sind wichtig. Die Java unterscheidet sich vom Walzer durch die »Prägung« der Rhythmen (schnellere Notenzeichen bei einer bestimmten Bewegung). Die Melodie wirkt jetzt »hüpfend«; der wiegende Rhythmus entsteht aus der Synkope, die auf dem zweiten Taktwert am Ende einer Tonfolge liegt. Die musikalischen Tonfolgen sind alle gleich lang: vier oder acht Takte. Diese Elemente schaffen den Rahmen für den melodischen Ausdruck von Heiterkeit oder Wehmut. Auch die Harmonie spielt eine große Rolle. Wird der Walzer gesungen, ergänzt man den Rhythmus durch den Text. Die Musette stellt ein brillantes Gleichgewicht zwischen Text und Tanzrhythmus her, der stets ihr Grundcharakteristikum bildet. Manchmal erfolgt dieser Ausgleich zwischen den Strophen und dem Refrain, in dem der Tanzrhythmus deutlich hervorgehoben ist, wie etwa in »Domino« von L. Ferrari und J. Plante oder »La ruelle« von Durand Desjeux und Lino Léonardi.

Auch wenn es Musette-Walzer in Dur gibt, ist ihr Stil der Moll-

Tonart verhaftet. Da bei der Musette das Akkordeon das Hauptinstrument ist, gehört sie zur tonalen Musik, die sich seit dem 17. Jahrhundert in ganz Europa verbreitet. Aus dieser Sicht ist der Musette-Walzer eine städtische Musik, die mehr Ähnlichkeit mit der klassischen Musik (z. B. Chopin) als mit den volkstümlichen Walzern auf dem Lande aufweist, die Elemente des Grundtons beibehalten (ein archaisches System, das im Mittelalter und im 16. Jahrhundert gängig war), wodurch Werke in Dur entstehen.

Bedauerlicherweise ist die Musette heute in Frankreich aus der Mode gekommen. Alain Ajax meint dazu, »noch nie sei ein musikalisches Genre von den Historikern und den Musik- und Lied-Kritikern derart ignoriert, ja verachtet worden.«[10] Ajax kritisiert einige Werke, die sie kaum oder überhaupt nicht mehr erwähnen.[11]

Aber der Musette-Walzer stellt eine eigene Kultur dar: Bruant, Damia, Fréhel, Lys Gauty, Edith Piaf, Marguerite Monnot, Michel Emer, Jean Dréjac, Henri Contet, Raymond Asso, Francis Carco, Pierre Mac Orlan, V. Marceau, Lino Léonardi, Monique Morelli, Delyle, F. Lemarque, Mouloudji – sie alle haben seine Geschichte geprägt. Ein halbes Jahrhundert haben sie diese Musik auf allen Volksfesten in der Stadt und im Dorf bekannt gemacht. Auch heute noch bleiben die Passanten stehen, wenn zufällig ein Akkordeonspieler auf einem Pariser Markt einen Musette-Walzer spielt. Im übrigen hat sich die Musette auch in anderen Ländern verbreitet. Nur die Franzosen scheinen vergessen zu haben, daß der Musette-Walzer Teil ihres nationalen Erbes ist.

Die Autorenrechte

In einer Untersuchung über das »erfolgreiche Chanson« gibt Jacques Demorgon[12] interessante Aufschlüsse über den Stellenwert des Musette-Walzers im Verhältnis zu anderen Tänzen. In den Jahren 1946–1966, also vor der Invasion des Rock 'n' Roll, wird der Walzer vom Tango überflügelt, aber trotzdem weiterhin auf Bällen

getanzt. Demorgon beschäftigt sich mit den einhundertzwei erfolgreichsten Titeln, die von der Sacem (Société des auteurs, compositeurs et éditeurs de musique) aus einer Liste von zweitausendzweihundertneunundfünfzig Titeln ermittelt wurden. Hierbei ging es in erster Linie um den finanziellen Erfolg, da die Sacem die Tantiemen errechnet, die Orchester oder Sänger dem Autor des Musikstücks oder Liedes entrichten müssen. Diese Untersuchung erbringt interessante Aufschlüsse über den Stellenwert des Walzers zwischen 1940 und 1945 bis 1968.

Zu diesen Erfolgstiteln, die von oben nach unten zu lesen sind, gehören auch vierzehn Walzer. Demorgon stellte fest, daß auf dieser Liste der Tango an erster Stelle steht (24 Titel von 102), dann kommen der Walzer (14/102) und der langsame Walzer (14/102). Es folgen Paso doble und Bolero (jeweils 13), der Fox (6), die Samba (4), der Marsch (3), der Charleston (2), der Twist (2) und am Ende die Biguine, die Rumba, der Cha-cha-cha, der Letkiss, der Slowfox, von denen jeder einen Punkt erringt. Der Walzer steht demnach in bezug auf die Einnahmen nur an dritter Stelle: Der Tango erbrachte achtundzwanzig Prozent der Einnahmen, der Paso neunzehn Prozent und der Walzer dreizehn Prozent.

Zwischen 1946 und 1966 konnten sich in Frankreich folgende Walzermelodien unter den ersten einhundertzwei Erfolgstiteln des Tanzlieds plazieren:

12. »Die Csárdásfürstin«, von Kálmán (Amerika),
14. »Reine de Musette« von Peyronnin (Frankreich),
18. »Die Lustige Witwe« von Léhar (Frankreich),
29. »Le dénicheur« von Daniderff (Frankreich),
34. »Le retour des hirondelles« von Pagano (Frankreich),
36. »Indifférence« von Colombo (Frankreich),
41. »Les fiancés d'Auvergne« von Verchuren (Frankreich),
48. »Or et argent«, von Lemar (Frankreich),
56. »España« von Chabrier (Frankreich),
73. »Oui, oui, oui« von Giraud (Frankreich),

74. »Ah, le petit vin blanc« von Clerc (Frankreich),
75. »Foule« von Cabral (Argentinien),
79. »Pigalle« von Ulmer (Frankreich),
86. »Moulin rouge« von Auric (Frankreich).

Auf dieser Liste erscheint kein einziger Walzer von Strauß. Dies zeigt, daß in Frankreich noch eine große Kluft zwischen dem Musette-Walzer, wie er sich im 20. Jahrhundert entwickelte, und der Wiener Tradition besteht, in der er als klassische Konzertmusik gilt und nicht als Tanzmusik für einen Ball.

Der Niedergang der Musette

Mit dem Aufkommen der Tänze im Zweivierteltakt, die aus England oder Amerika stammen, zeichnet sich nach 1968 ein Bedeutungsverlust der bis dahin beliebten Tänze ab. Ab 1960 beginnt die Ära des Rock 'n' Roll. Um diese Entwicklung begreifen zu können, muß man sich die Umgestaltung des gesellschaftlichen Lebens ab 1960 vor Augen führen. Die städtischen Siedlungen verdrängen die ländlichen.[13] H. Lefebvre betonte außerdem die Zunahme der Internationalität, zum Beispiel auf wirtschaftlichem und musikalischem Gebiet. Ab 1960 beginnt sich die internationale Vereinheitlichung der Unterhaltungsmusik abzuzeichnen. Von einigen Ausnahmen abgesehen, hört man in Paris, London, New York, Frankfurt, Dakar, Rio und Tokio die gleiche Musik. Der Rückgang des Musette-Walzers erklärt sich nicht nur durch das Aufkommen des Zweivierteltakts und der Dur-Tonart, sondern auch durch die Erfindung von Rhythmusmaschinen wie dem Synthesizer, der einen gleichmäßigen elektronischen Rhythmus erzeugt. Beim Musette-Walzer konnte der Musiker noch variieren, wodurch es dem Sänger ermöglicht wurde, einen eigenen Ausdrucksstil zu entwickeln, indem er den Rhythmus beschleunigte (wie in »La valse à mille temps« von Brel). Außerdem wurde er durch die Dynamik

der Tanzenden beeinflußt. Bei der Disko-Musik ist der Rhythmus immer gleich. Die Musik hat an Fülle verloren, reduziert sich manchmal sogar auf zwei Noten.[14] Da die elektronischen Instrumente zunehmend an Bedeutung gewinnen, werden seltener Bälle veranstaltet, auf denen eine Beziehung zwischen Musikern und Tanzenden entsteht. Die Synthesizer nehmen zwar auch den Walzerrhythmus in ihr Repertoire auf, doch die Nuancen fehlen.

Die Krise der Städte

Eng verbunden mit dieser Entwicklung ist die Krise der Städte, in denen die Geselligkeit verschwindet. Der Automobilverkehr macht die Straßen kaputt. In Paris und anderen Großstädten werden die beliebten Viertel allmählich zerstört, die Bewohner in die Vororte verbannt. Allein die Funktionalität bestimmt nunmehr die Entwicklung in den Städten. Die Cafés der fünfziger Jahre schließen. Die Geselligkeit, aus der sich der Musette-Walzer entwickelt hatte, verschwindet.

Eine auf meine Bitte hin von Demorgon durchgeführte Untersuchung über die Jahre 1983 und 1984 zeigt, daß der Musette-Walzer noch keineswegs ganz von der Bildfläche verschwunden ist und noch hie und da in Frankreich getanzt wird. Demorgon beschäftigt sich in dieser Studie auch mit den zweihundertfünfundzwanzig Spitzentiteln. Der erste Walzer (»Le dénicheur«) erreicht nur den 23. Platz. Weiterhin erscheinen auf der Liste: »Reine de musette« »Ah, le petit vin blanc«, »La valse de Ravel«, »La valse des as«, »Die Csárdásfürstin« und »La foule«, der auf dem zweihundertfünfundzwanzigsten Platz landet. Sieben Walzer unter mehr als zweihundert Tanzliedern, das ist nicht gerade ein umwerfender Erfolg für den Walzer, doch es zeigt immerhin, daß es ihn noch gibt. Man kann zwar, jedenfalls was Frankreich betrifft, nicht gerade behaupten, er sei »unsterblich« (wie der Wiener Klingenbeck behauptete), doch ist er auch heute noch Bestandteil der französischen Kultur.

Stellt die Tatsache, daß der Walzer auf den Tanzlisten immer weiter in die unteren Ränge abrutscht, eine unvermeidliche Entwicklung dar, die schließlich zum völligen Verschwinden dieses Tanzes führen wird? Anläßlich einer Konferenz, die ich auf Bitten von Georges Vigarello im Januar 1989 in der Ecole pratique des hautes études abgehalten habe, gab ich meiner Meinung Ausdruck, daß es soweit nicht kommen werde. Wenn man die Entwicklung der Volte betrachtet, sieht man, daß auch sie Höhen und Tiefen durchgemacht hat. Beim Tanzgeschmack spielt das soziale Umfeld eine große Rolle. Der Tanzstil der heutigen Jugend beruht auf einer völligen Isolierung der Tanzenden, das Tanzpaar gibt es nicht mehr. Ist das unumkehrbar? Das glaube ich nicht. Man kann sich vorstellen, daß äußere Faktoren die Gesellschaft dazu bewegen könnten, die Paargeselligkeit wieder aufzuwerten. Allerdings haben sich die Bedingungen im Vergleich zum 19. und dem Beginn des 20. Jahrhunderts natürlich grundlegend verändert. Dominique Fauquet teilt meine Ansicht: »Wenn man den Walzer neu aufleben läßt, bedeutet dies auch, daß man ihm volle Entfaltungsmöglichkeiten bietet. Genauso wie der Tango ist der Walzer kein Tanz, der aus ständig zu wiederholenden aufeinanderfolgenden Schritten und Figuren besteht, (im Gegensatz zur Quadrille und dem Cancan, der Polka oder dem Bourrée und später den unzähligen Tänzen wie Cha-Cha-Cha, etc.) Sein Grundrhythmus ist ungeheuer flexibel: Natürlich gibt es aus der Sicht des Tanzens einen ›Schritt‹, der zu diesem Rhythmus paßt, aber nur einen einzigen, auch hier ist also Flexibilität oberstes Gebot.«[15] Im Anschluß daran führt der Autor alle musikalischen Quellen des Walzers auf.

Die italienische Musette

Die Musette gibt es nicht nur in Frankreich, sondern auch in Deutschland beim Oktoberfest, wo sie auf ganz besondere Art getanzt wird. Außerdem erfordern die Blechinstrumente in Bayern

eine Dur-Tonart. Eine Form der Musette existiert auch in Österreich, doch die Musette in Moll dominiert vor allem in Italien. Die Italiener waren von jeher sehr tanzfreudig, sowohl auf dem Land als auch in der Stadt. Auch heute noch wird dort der Musette-Walzer getanzt, zum Beispiel auf den Feiern der politischen Parteien. Jeden Sommer halten die großen Parteien Feste in den Dörfern und Städten ab, das Wichtigste dabei sind das Essen und das Tanzen. Die Musette steht in Konkurrenz zum Disko-Tanz, hält sich aber wacker. Auch in Städten wie Bologna und Mailand gibt es riesige Ballsäle, wo der Musette-Walzer getanzt wird.

Es bestehen deutliche Unterschiede zwischen der französischen und der italienischen Musette, in erster Linie in musikalischer Hinsicht. Die italienische Musette hat dem Text nie so viel Bedeutung beigemessen wie zum Beispiel die Pariser. Traditionellerweise handelt die Musette aus Bologna von Liebesgeschichten, doch diese sind leider immer recht banal. Man hält hier nicht beim Tanzen inne, um dem Text zu lauschen, und allein schon dadurch wird der Tanz temperamentvoller.

In technischer Hinsicht rankt sich die italienische Musette, genau wie die französische, um den Walzer, der hier jedoch entschieden langsamer getanzt wird als die immer noch beliebte Mazurka und die fast vergessene Polka. In einer Tanzfolge kann auch die Tarantella vorkommen, die allerdings sehr vereinfacht wurde, aber immer noch sehr beliebt ist. Die Italiener tanzen keine Java, aber die Mazurka dafür um so lebhafter. Zudem haben sie beim Musette-Walzer ihren ganz eigenen Stil. Im Rhythmus des langsamen Walzers – es gibt wohl den schnellen Walzer, aber er scheint nicht so geläufig zu sein – dreht sich das Paar nicht ständig um sich selbst, sondern wechselt vier Takte Gleitschritt im Dreivierteltakt (der dritte Takt ist markiert durch eine Unterbrechung) mit vier Takten Walzerdrehungen. Stilistisch ist eine Ähnlichkeit mit der Mazurka zu erkennen, die auch im Dreivierteltakt, getanzt wird. Die Italiener haben, genau wie die Franzosen, den Tango in die Musette integriert. Aber er scheint weniger beliebt zu sein als der langsame Walzer.

Auf einem italienischen Musette-Ball findet man die Grundelemente der Paargeselligkeit, wie sie sich in den letzten vier bis fünf Jahrhunderten in Europa herausgebildet hat: eine Mischung der Generationen und Geschlechter, der sozialen Klassen, der Stile, Rhythmen und Musikrichtungen. Die Musette wird immer noch auf Privatfesten aller Gesellschaftsklassen getanzt. Auf diesen Festen gibt es häufig auch einen Tanzanimator im Stil des »ehemaligen Kotillonanführers«, der ein Tanzspiel vorschlägt. Man improvisiert einen Tanzwettbewerb, bei dem die jeweiligen Paare durch das Los gewählt werden. Dann tanzen sie abwechselnd miteinander und werden dabei von den Zuschauern beobachtet. Die Gastgeberin verteilt Geschenke (oft kleine Gaben, die sie das ganze Jahr über gesammelt hat). Im August 1989 nahm ich an einem solchen Fest in San Bernardino (Ligurien) teil. Beachtenswert ist die Rolle der Musik: Man kann den Tanz unterbrechen, um einem Musiker (Gitarristen, Geigenspieler, Pianisten oder auch Sänger) zuzuhören. Essen und Trinken haben auf diesen Festen einen besonderen Stellenwert. Jeder Gast ist bemüht, etwas Selbstgemachtes mitzubringen.

Bei all diesen Veranstaltungen spielt der soziale Aspekt eine große Rolle. Alle putzen sich für das Fest besonders heraus. Einige der Gäste tanzen, andere ziehen es vor, die Paare zu beobachten. Wenn ein Paar dreimal hintereinander einen Walzer miteinander tanzt, gibt dies schon Anlaß zu Gerüchten. Diese Bälle haben immer noch starke Anziehungskraft.

ANMERKUNGEN

1 Meine Auffassung der französischen Musette untermauert die Hypothesen der Gruppe »Les rues de Paris«, die Ende 1988 das erste Exemplar der Zeitschrift *Les rues de Paris* herausgegeben hat, worauf ich weiter eingehen werde. Zu diesem Team gehören: Raphaelle Legrand, Alain Ajax, Emmanuelle Huret und Dominique Fauquet.

2 Über Jean-Baptiste Clément, siehe R. Lallemand, *Jean-Baptiste Clément*, Cannes 1955; T. Rémy, *Le temps des cerises, la vie de Jean-Baptiste Clément*, Paris 1968.

3 A. Ajax, »Tant qu'il y aura des rues à Paris«, in *Les rues de Paris*, S. 18.
4 Damia, »Je voudrais dormir une nuit«.
5 In diesem Punkt stimme ich der Analyse von A. Ajax, *op. cit.*, S. 21, völlig zu.
6 A. Ajax, *op. cit.*, S. 25.
7 M. Morelli, und L. Léonardi, Gespräch, in *Les rues de Paris*, Nr. 1, 1984, S. 49 f.
8 Jo Privat gibt Francis Pinguet ein Interview, »Un monde métissé«, in *La Revue musicale*, Nr. 1, 1984.
9 R. Legrand, »Pour une définition musicale du musette«, in *Les rues de Paris* Nr. 1, 1984, S. 11.
10 A. Ajax, »Tant qu'il y aura des rues à Paris, essai sur le contenu du musette et de la chanson de Paris«, in *Les rues de Paris* Nr. 1, 1988, S. 15.
11 Darunter P. Monichon *L'Accordéon*, »Que sais-je?«, Paris 1971, ders., *L'Accordéon*, Lausanne 1985; P. Gervasoni, *L Accordéon, instrument du XXe siècle*, Paris 1987; G. Erismann, *Histoire de la chanson*, Paris 1967; S. Charpentreau, *Livre d'or de la chanson française*, Paris 1971; G. Authelain, *La chanson dans tous ses états*, Paris 1987.
12 J. Demorgon, *La chanson à succès: première systématisation de son étude 1946–1966*, Doktorarbeit in Soziologie, Sorbonne, Paris 1974.
13 Wie H. Lefebvre in *La production de l'espace*, Paris 1974; *Du rural à l'urbain*, Paris 1970; *La révolution urbaine*, Paris 1970; *Espace et politique*, Paris 1973, etc. aufgezeigt hat.
14 Wie Monique Morelli und Lino Léonardi in einem Interview im Februar 1988 für *Les rues de Paris* Nr. 1, S. 52, zu dem Chanson »Qu'est-ce qui fait bouger le cul des Andalouses? C'est l'amour«, das man ständig im Radio hörte, äußerten, basiert es nur auf zwei Noten.
15 D. Fauquet; »La valse à l'envers, sur l'idée d'un renouvellement du musette«, in *Les rues de Paris* Nr. 1, 1988, S. 41.

Der Walzer in der Krise

> »*Jeder Strauß-Walzer enthält etwas Tragisches.*«
> FELIX WEINGARTNER,
> zitiert von Max Kronberg, *Johann Strauß,
> König Walzer*, 1938, S. 208

Der Erste Weltkrieg zeigt die Grenzen der europäischen Gesellschaftskultur auf, die unter anderem auch die Tanzschulen zu fördern suchte. Der Krieg zerstört die Autonomie Europas, denn die Amerikaner greifen in Europa ein. Ihr Einfluß beschränkt sich nicht auf den militärischen Bereich; sie bringen auch ihre Kultur und ihre Wertvorstellungen mit, was im Bereich des Tanzes die Einführung des Jazz bedeutet.

Die Diagnose von McLuhan

Marshall McLuhan ist einer der wenigen Soziologen, die sich bemühten, den großen Umbruch zu begreifen, der sich seit dem Jahr 1900 abzeichnete. Er vergleicht den Jazz mit dem Walzer und erklärt den Rückgang des Walzers durch dessen militärisches Element:

»Das Wort »Jazz« kommt vom französischen Wort *jaser*, plappern. Jazz ist tatsächlich eine Form des Zwiegesprächs zwischen Musikern und auch Tänzern. Daher schien er mit den gleichartigen, sich wiederholenden Rhythmen des eleganten Walzers plötzlich zu brechen. Zur Zeit Napoleons und Lord Byrons, als der Walzer neu war, wurde er begeistert als barbarische Erfüllung des

Rousseauschen Traumes vom edlen Naturmenschen aufgenommen. Wie absurd diese Auffassung heute auch scheinen mag, sie ist in Wirklichkeit doch ein sehr wertvoller Hinweis auf das anbrechende Zeitalter der Maschine. Der unpersönliche Gruppentanz des älteren, am Hofe üblichen Musters wurde aufgegeben, als die Walzertänzer sich persönlich umarmt hielten. Der Walzer ist, wie seine Geschichte zeigt, exakt, mechanisch und militärisch. Um einem Walzer seine volle Bedeutung zu verschaffen, dürfen Uniformen nicht fehlen. »Man hörte des nachts festliche Klänge«, kommentierte Lord Byron den Walzerabend vor Waterloo. Dem achtzehnten Jahrhundert und dem Zeitalter Napoleons erschienen die Bürgerheere als individualistische Befreiung aus dem feudalherrschaftlichen Rahmen der höfischen Hierarchien. Daher die gedankliche Verbindung des Walzers mit den edlen Naturmenschen, die nichts anderes bedeutet, als frei sein von Hochachtung gegenüber Stand und Hierarchie. Die Walzertänzer waren alle einheitlich und gleich in ihrer Bewegungsfreiheit im ganzen Ballsaal. Daß dies der romantischen Vorstellung vom Leben eines edlen Naturmenschen entsprach, erscheint uns heute merkwürdig, aber die Romantiker wußten von wirklichen Wilden genausowenig, wie sie von Fließbändern wußten.

In unserem Zeitalter wurde der aufkommende Jazz und Ragtime auch als Invasion der mit dem Hinterteil wackelnden Eingeborenen angekündigt. Die Empörten wollten gegen den Jazz an die Schönheit des mechanischen und sich wiederholenden Walzers appellieren, der einst als reiner Eingeborenentanz begrüßt worden war. Wenn Jazz als Bruch mit dem Mechanischen auf dem Weg zum Unstetigen, dem Miterlebten, Spontanen und Improvisierten betrachtet wird, kann man ihn auch als Rückkehr zu einer Art mündlicher Dichtungsform verstehen, bei der die Darbietung sowohl Schöpfungsakt wie Gestaltung ist. Es ist ein Gemeinplatz unter Jazzmusikern, daß Jazz auf Schallplatten »so schal wie eine gestrige Zeitung ist«. Jazz ist lebendig, wie das Gespräch; und wie das Gespräch ist er von einem Repertoire an verfügbaren Themen abhän-

gig. Aber Darbietung ist Gestaltung. Eine solche Darbietung gewährleistet optimales Mitmachen der Spieler und Tänzer in gleicher Weise. So formuliert, wird sofort klar, daß Jazz zur Familie der Mosaikstrukturen gehört, die in der westlichen Welt mit den Telefon- und Telegrafenleitungen wieder aufkamen.«[1]

Ist also der Walzer aufgrund seines mechanischen Elements überholt? Auch die Tänzerin Pina Bausch jedenfalls hat vor kurzem in ihrem Ballett »Walzer« den Walzer von Strauß als militärische Mechanik qualifiziert. Sie vertritt anscheinend dieselbe Auffassung wie McLuhan.[2]

Einfühlung versus Universalität

Ich persönlich sehe im Walzer nicht bloß einen Gesellschaftstanz. Kann man hier eine umfassendere Analyse der Krise des Walzers versuchen? Wie wir bereits gesehen haben, entspricht der Musik in Dur-Tonart eine bestimmte Textsorte. Der Text der großen Wiener Walzer beschreit universale Themen: man besingt die Größe des Kaiserreichs, des Landes, der Donau, des Weins, der Frau etc. Das Individuum mit seinen Freuden und Leiden hat in dieser Musik keinen Platz. Regionale Besonderheiten werden nur erwähnt, um sie in einen universalen Kontext zu bringen.

Dagegen zeichnet sich der Blues, anders auch als beispielsweise die Spirituals, durch einen Bruch mit Allgemeinthemen aus. Er handelt von Einsamkeit, aber auch von Reisen, Liebe, Lebensfragen, den Gefühlen von Menschen, die keinen Zwängen unterliegen und frei im Glück und Unglück sind. Man rückt vom Allgemeinen ab, um über die konkreten Probleme, etwa die der Schwarzen zu sprechen. Der Blues ist nicht didaktisch, er spricht durch sich selbst, ist keine Musik einer sozialen Bewegung. Das Erleben ist stets individuell. Dies trifft auch auf den Tango zu, der das majestätische Gebaren des Walzers ablehnt. Aus musikalischer Sicht kommt beim Tango häufiger die Moll- als die Dur-Tonart vor, was

sich ebenfalls in der Implikation äußert: Der Sänger schwärmt nicht von der Größe Argentiniens, sondern berichtet von den Problemen einer Prostituierten.

Im ersten Viertel des 20. Jahrhunderts gibt es also eine Gemeinsamkeit zwischen jenen Tanzformen, die sich gegen den Wiener Walzer behaupten, aber auch gegen die Volksmusik, die die Walzer von Strauß hervorbrachte: der Blues der amerikanischen Schwarzen, der Jazz, der argentinische Tango, verlangen Einfühlung, fordern die Kommunikation zwischen den Menschen und lehnen die allgemeingültigen Themen ab, die anscheinend nur Krieg und Zerstörung hervorbringen. Blues, Tango und die Pariser Musette haben eines gemeinsam: Es ist städtische Musik. Die Pariser Musette schließt sich dieser neuen Bewegung an. Im Verhältnis zum Blues oder zum Tango ist sie originär; sie behält auch den Dreivierteltakt bei, wodurch sie Eingang in die Java und eine neue Walzerform findet.[3] Zwar überlebt die Tradition des Gesellschaftswalzers, doch ist sie nicht mehr lebendig. Überall in Europa vollzieht sich der Niedergang des Bürgertums und der majestätische Wiener Walzer dient einer in Auflösung befindlichen Welt nur noch als bloße Kulisse.

Der sowjetische Walzer

Um dies zu untermauern, möchte ich Malaparte anführen. Sein *Ball im Kreml* ist ein Sittengemälde, das den Niedergang des Gesellschaftswalzers demonstriert. Es mag paradox anmuten, sich mit diesem Schriftsteller und Journalisten der extremen Rechten auf eine Entdeckungsreise in den Kreml begeben zu wollen, wo der Walzer unter Stalin Zuflucht suchte. Die Revolution ist schon fast vergessen. Nicht das sowjetische Proletariat tanzt 1929 Walzer, sondern die »sowjetischen Oberschicht«, die Malaparte als »Männer und Frauen von Welt« bezeichnet, den »marxistischen Hof von Moskau«, der die Lebensart der vornehmen Gesellschaft Europas wiederaufleben läßt. Die Angst, die damals ganz Moskau be-

herrscht, hält diese Gesellschaft nicht davon ab, ihre Feste zu feiern, Günstlinge auszuwählen und Palastrevolutionen anzuzetteln. Malaparte, der anläßlich seiner Reise nach Moskau diese Feste miterlebt und Majakowski kennenlernt, der einige Zeit später Selbstmord begeht, beschreibt diesen marxistischen Adel von 1929, den Stalin 1936 ausrottet, in Proustscher Manier. In seinem Bericht ist alles authentisch: die Männer, die Ereignisse, die Schauplätze. Die Personen sind nicht der Phantasie des Autors entsprungen, sondern naturgetreu wiedergegeben, jede mit richtigem Namen, ihrem Gesicht, ihren Worten und Gesten. Stalin, Karakhan, die berühmten *beauties* des marxistischen Adels, die Bs., die Ls., die Gs. mit ihren Liebschaften, Intrigen und Skandalen – Florinski, der Protokollchef im Volkskommissariat für auswärtige Angelegenheiten, Madame Kamenew, Trotzkis Schwester mit ihrer Angst und Resignation. Malaparte zeichnet nicht nur Personen, sondern das Bild einer ganzen Gesellschaft.

Die sozialen Beziehungen dieser kommunistischen Aristokratie, die den zaristische Adel abgelöst hat, werden vom Ball und dem Walzer beherrscht. Malaparte zufolge »glich sie in vielerlei Hinsicht dem Adel des Ancien régime, der zur Zeit des Direktoriums aus der französischen Revolution hervorging.«[4] Er zeigt uns die sowjetische Gesellschaft, indem er Gespräche auf einem Ball wiedergibt:

»Als das Orchester den Walzer ›Ich küsse Ihre Hand‹ (die Wiener Walzer waren bei den Bällen der englischen Botschaft ebenso unerläßlich wie in der deutschen die Lieder von Cole Porter und Noel Coward) beendet hatte, begab sich Frau Lunatcharskaja, die Gattin des Volkskommissars für öffentliche Bildung, in die Mitte des Saals.

»Wo mag nur Alexis Karakhan sein?« fragte sie und sah sich um. Und, indem sie ihre linke Hand auf meine Schulter legte und mit der anderen ihre schwarzen, duftig frisierten Haare an der Schläfe ordnete, fügte sie hinzu: ›Finden Sie nicht auch, daß die Seminowa etwas zu stark die Kzesinkaja nachäfft?‹«

Die Kzesinkaja war die letzte große Tänzerin der Zarenzeit, gleichzeitig auch die Geliebte von Nikolaus II., wenn man den Gerüchten Glauben schenken will.
»Warum denn?«
»Sie ist heute abend auch zu spät dran. Sie glaubt, es sei schick, sich zu verspäten.«

Malaparte notiert, bevor er die Darstellung des Dialogs fortführt: »Das Orchester spielte jetzt Wiener Blut, und die Lunatcharskaja lehnte sich schmachtend auf meinen Arm.«[5] An anderer Stelle analysiert Malaparte diese Gesellschaft, die er mit der französischen Gesellschaft während des Direktoriums vergleicht: »Das, was beim Blutsadel durch die Tradition, die Erziehung und den Stil der Vornehmheit gegeben ist – nämlich die Zurückhaltung, die Schlichtheit, ein natürliches Dekorum, eine gewisse Herablassung im Verhalten, in der Sprache, ja sogar im Lächeln; eine Kälte, die nichts anderes als Hochmut ist, der durch gute Manieren kaschiert wird, eine Selbstachtung, die sich im Verhalten zu den anderen spiegelt; all das, was beim echten Adel also angeboren ist, wirkt bei einem Stand, der erst vor kurzem zu Macht, Ruhm und Privilegien gelangt ist, gezwungen. Beim kommunistischen Adel, bei dem der Stil nicht angeboren ist, sondern gekünstelt wie bei den Parvenus, treten an die Stelle von Zurückhaltung, dem Dekorum und der stolzen Schlichtheit der Manieren der Argwohn und die ideologische Unnachgiebigkeit. Wir in Moskau lobten die einfachen Manieren Stalins, seine Lebensart, seinen nüchternen Stil, aber er gehörte ja nicht zum kommunistischen Adel. Stalin war nach dem 18. Brumaire Bonaparte, er war der Herr, der Diktator, und der kommunistische Adel leistete ihm Widerstand, wie die Parvenus des Direktoriums Bonaparte die Stirn boten. Aber bei all diesen russischen Aristokraten, diesem kommunistischen Adel, spürte man eine Verachtung, die ideologisch bedingt war. Aus sozialer Sicht war der Snobismus die geheime Triebfeder für alle gesellschaftlichen Aktionen dieser sehr mächtigen und bereits korrumpierten Gesellschaft, die noch bis vor kurzem im Elend gelebt hatte, im Argwohn und die sich

plötzlich in den Betten der feinen Damen des zaristischen Adels räkelte, in den vergoldeten Sesseln der hohen Funktionäre Platz nahm, dieselben Funktionen erfüllte wie ehemals der Adel im Zarenreich. Jeder dieser roten Aristokraten versuchte, die schönen Sitten des Westens nachzuahmen: die Frauen die Sitten von Paris, die Männer die von London und einige auch, wenn auch in der Minderheit, jene von Berlin oder New York.«[6]

Zu diesen »schönen Sitten« zählte auch das Tanzen. In Anknüpfung an die Bälle in St. Petersburg, die in der zweiten Hälfte des 19. Jahrhunderts von der Familie Strauß für den Zarenhof arrangiert worden waren, bevorzugte der neue Adel Musik aus Wien. Aber selbst auf diesen Bällen war ersichtlich, daß der Walzer sich überlebt hatte und keinen Funken seiner revolutionären Energie mehr besaß: »Der Wiener Walzer, den das Orchester in diesem Augenblick spielte, war kein Walzer von Strauß: es war einer dieser dürftigen, trockenen, knochigen Wiener Walzer, die das Ende von Dollfuß und Schuschnigg ankündigten. Die ganze Fülle der Wiener Tradition der Habsburger, das ganze romantische Wiener Pathos schmolz, und es enthüllte sich das blanke, glatte Gerippe des Walzers.«[7]

Im Lauf des Balls erfährt Malaparte auf dem Weg zum Büffet von einem litauischen Minister, daß man soeben Kamenew festgenommen hat, einen der ältesten Gefährten Lenins. Der Minister ist schockiert. Malaparte sagt, nachdem er sich umgeblickt hat: »Alle diese Herren und Damen landen noch im Gefängnis.« Jene, die er als »Karrieristen, Parvenus und Nutznießer der Revolution« bezeichnet, sind aschfahl. Sie zeigen deutlich ihre Verblüffung, ihre Angst. Der Saal leert sich, das Orchester spielt gedämpft weiter. Wieder erklingt ein Wiener Walzer. Da taucht Karakhan auf, »bleicher als sonst. Mit hocherhobenem Kopf bleibt er einen Moment stehen, steuert dann langsam auf die Bar zu, nähert sich der Semjonova, die sich auf die Theke stützt, neigt sich zu ihr, um ihr die Hand zu küssen, und zieht sie sanft mit auf die Tanzfläche. Die Egowora legt ihre Hand auf meinen Arm und flüstert mir lächelnd zu: ›Wie reizend sie doch sind‹ […]. Nach und nach begeben sich

auch andere Paare wieder auf die Tanzfläche. Die Lunatcharskaja lächelt unbekümmert in den Armen eines jungen Offiziers der Proletarskaja Diviziat, hebt ihr anmutiges Gesicht zu ihm hoch und bläht die Nasenflügel [...].«[8]

Malaparte stellt also eine Verbindung zwischen Wiener Walzer und Schrecken her – die Stalinsche Säuberungswelle hat begonnen. Einige tausend Kilometer entfernt assoziiert man auch in Deutschland den Walzer mit dem Schrecken. Das Naziregime, das in diesem Tanz eine Inkarnation der »deutschen Seele« sieht, beginnt allmählich, seine Terrorherrschaft zu verschärfen. Goebbels muß noch ein geringfügiges Problem lösen.

Goebbels und Strauß

1938 finden Wissenschaftler, die an einer Biographie über Strauß arbeiten, im Heiratsregister des Stephansdoms in Wien ein Dokument, das enthüllt, daß die Eltern von Franz Strauß zum Katholizismus konvertierte Juden waren. Diese Entdeckung geschieht in einer Situation, in der die Nationalsozialisten ihre Rassegesetze verschärfen. Konkret bedeutet dies, daß Autoren und Komponisten, die als nichtarisch gelten und den »deutschen Geist« unterminieren, ausgeschaltet werden müssen. In bezug auf bereits tote Künstler werden demnach alle Spuren, die an sie erinnern, getilgt (Verbrennung der Partituren, Einschmelzung der Druckplatten mit ihren Werken, Entfernung ihrer Bücher aus den Bibliotheken, etc.).

Auf diese Weise versucht Goebbels, die Erinnerung an Mendelssohn und Mahler auszulöschen. Wie soll man aber bei Strauß begründen, daß dieser Österreicher, der die deutsche Staatsbürgerschaft angenommen hat, den deutschen Geist unterhöhlt? Wenn die Nazis Strauß verurteilten, würden sie den Walzer als »undeutsch« abstempeln. Dabei wäre es doch lächerlich, den Walzer »An der schönen blauen Donau« als ein Werk des internationalen

Judentums zu denunzieren, das Strauß geschrieben hat, um den arischen Geist zu beflecken. Der Kulturminister des Nazireichs findet in diesem Stück vielmehr eine Erhabenheit und Romantik, die mit seiner Vorstellung vom Theater und politischer Dramatisierung weitgehend übereinstimmt. Für ihn ist der Walzer selbstverständlich ein »deutscher Nationaltanz«.

Da nach der Logik des Nazionalsozialismus eine Auslöschung des Namen Strauß nicht möglich ist, muß die Geschichte also umgeschrieben werden. Goebbels beauftragt das Reichssippenamt, dafür zu sorgen, daß der Stammbaum der Familie Strauß von jüdischen Spuren gereinigt wird. Das Heiratsregister wird beschlagnahmt und entsprechend abgeändert.[9] Am 20. Februar 1941 bekommt Strauß einen neuen Stammbaum, beurkundet von den Berliner Behörden. Strauß' Walzer können also weiter ungehindert gespielt werden. Da einige Wissenschaftler die Wahrheit kennen, werden sie ins Wiener Rathaus einbestellt. Ein SS-Offizier erklärt ihnen ausdrücklich, daß sie, wenn sie am Leben bleiben wollten, ihre ideologischen Irrtümer eingestehen müßten.

Vielleicht weiß einer dieser Wissenschaftler, wo sich das von den Nazis beschlagnahmte Originaldokument befindet und hat es 1945 nach der Zusammenbruch des Naziregimes in die Krypta des Stephansdoms zurückgebracht?

Während des Nationalsozialismus sind eine Reihe von deutschen Walzern entstanden, die allerdings ideologisch »abgeschwächt« wurden. In den oberen Nazikreisen wächst indessen ein kleines Mädchen auf, das nicht genau begreift, was um sie herum geschieht. Als Romy Schneider zwischen 1953 und 1957 ihre drei *Sissi*-Filme dreht wird sie durch die im Film dargestellte dekadente Atmosphäre des Nazi-Deutschland für immer abgestempelt. Der Walzer repräsentiert zu dieser Zeit eine europäische Gesellschaft, deren Auflösung bereits in der zweiten Hälfte des 19. Jahrhunderts begonnen hat. Der überwältigende Erfolg der *Sissi*-Filme zeigt, wie stark das Interesse des Publikums am Walzer ist, auch wenn es sich um den Walzer der Fürsten handelt.

Der umstrittene Opernball

Nach 1945 wird in Österreich der Walzer vergöttert. Man tanzt ihn in Wien, so wie man ihn schon 1900 in Paris tanzte. Jährlich finden Hunderte von Bällen statt. Jeder Verband hat seinen eigenen Ball. Auch in den Schenken in der Umgebung Wiens wird weiterhin Walzer getanzt, auf etwas rustikale Art, zum Klang der Geige, wie dies bereits zur Zeit von Johann Strauß Vater üblich war. Von den großen Bällen hebt sich der Opernball ab, dessen Prunk an die glanzvollen Bälle des Kaiserreichs erinnert.

Jedes Jahr werden im Saal der Wiener Oper die Sessel entfernt, um für den größten Ball der Welt, der für seinen Walzer berühmt ist, einen Tanzboden zu legen. In einer feierlichen Zeremonie wird der Ball durch Debütantinnen eröffnet, die eine kleine Krone tragen. Der Stil dieses Balls gemahnt an die Zeit des Wiener Kongresses, über die Graf de La Garde berichtete. Der erste Opernball fand 1877 statt. Heute nehmen prominente Persönlichkeiten aus den verschiedensten gesellschaftlichen Bereichen, aber auch gekrönte Häupter und Staatschefs an diesem Ball teil. Christl Schönfeldt hat eine Chronik dieser Bälle, die immer Mitte Februar stattfinden, verfaßt.[10] Sie besitzt Bildmaterial über den Opernball, das bis 1939 reicht, dann wieder ab 1956, als er wieder eröffnet wird. Ausführlich schildert sie die Vorbereitungen zu diesem Ball, den vierzehntausend Nelken schmücken. *La Dépêche marocaine de Tanger* beschrieb den Ball von 1960: »Was ist der Opernball? Eine lange Reihe von Vorgängen und Dingen. Die Tradition besteht aus folgenden Elementen: den aus Italien importierten Nelken, den ersten Takten eines Strauß-Walzers, dem Frack (Fliege und Lackschuhe) für die Männer und dem weißen Abendkleid der Damen, zweihundert Paare unter einundzwanzig Jahren geben ihr Debüt vor zweitausend Aristokraten, Fabrikanten, Musikern, Diplomaten aus ganz Europa. All das ist der Opernball.«[11]

Christl Schönfeldt erzählt von einem Wutanfall Karajans 1962, der verhindern wollte, daß der Ball in der Oper stattfinde. Aber

eine Verlegung nach Schönbrunn ist nicht möglich: Das Schloß faßt nur tausendfünfhundert Gäste, die Oper dagegen siebentausend – also blieb alles beim alten.

Zwischen 1962 und 1987 verläuft alles ruhig. Aber 1987 kommt es zum Eklat. Die europäische Presse interessiert sich weniger für das Geschehen im Innern des Opernhauses, als für das, was sich davor abspielt, wo die Jugend eine Demonstration gegen den Opernball veranstaltet. 1988 und 1989 wurden diese Demonstrationen immer heftiger. 1987 protestierte man gegen die Teilnahme von Franz Josef Strauß, dem bayerischen Ministerpräsidenten. Fünfhundert Polizisten versperrten den Zugang zum Opernball.[12] Es kam zu Ausschreitungen, über die im Fernsehen ausführlich berichtet wurde. Die Zeitungen schieben die Verantwortung den Wiener Grünen oder Strauß selbst in die Schuhe. Vierzehn Tage lang berichtet die Presse über die Verletzten. Das österreichische Parlament muß sich mit dieser Angelegenheit befassen. Das Magazin *Profil* befragt die Demonstranten, die eine Wiederholung der Demonstration im nächsten Jahr ankündigen.

Tatsächlich findet 1988 erneut eine Demonstration statt, diesmal richtet sie sich gegen Kurt Waldheim und soziale Probleme. Gegen 20 Uhr sammeln sich die linken Demonstranten auf dem Opernplatz. Die linke Presse nimmt die Themen des Vorjahrs wieder auf, noch bevor der Ball stattfindet. Gerald Grassl weist auf die hohen Eintritts- und Getränkepreise hin (70 Schilling für ein Mineralwasser, 4200 Schilling für eine Flasche Champagner) und nennt das obszön.[13]

In diesem Jahr sollte König Hussein aus Jordanien nach Wien kommen. Die Presse bezifferte die Kosten für den Abend[14] und fragt, ob der Ball überhaupt stattfinden werde.[15] Erneut wurden die dreihunderttausend Arbeitslosen in Österreich erwähnt.[16] Die Zahl der Polizisten wurde um mehr als die Hälfte erhöht. Die Demonstration wurde polizeilich verboten, dennoch fanden sich zwei- bis fünftausend Demonstranten ein. Der Ball fand statt, aber erneut

gab es Verletzte.[17] Für Martina Kirfel ist der Opernball nur noch ein Phantom. Er hat nichts mehr mit Tradition zu tun.[18]

1989 soll erneut eine Demonstration stattfinden, aber sie wird verboten. Zweitausend Polizisten sorgen dafür, daß der Ball geschützt wird, doch viele Persönlichkeiten haben abgesagt. Die Zeitung *Kurier* kündigt an, daß die Demonstranten Molotow-Cocktails werfen wollen. Die Demonstration verwandelt sich in eine Straßenschlacht. Es gibt fünfzig Verletzte, und zwölf Luxuslimousinen werden demoliert. In der Presse erscheinen zahlreiche Fotos, die in ganz Europa verbreitet werden.[19]

Für die folgenden Jahre ist mit einer Ausweitung dieser Demonstrationen zu rechnen, die der *Kurier* im übrigen als Ritual bezeichnet.

Spricht man als Walzersoziologe mit den jungen Demonstranten, wie ich es tat, ist man erstaunt. Wenn man sie fragt, ob sie den Walzer als solchen in Frage stellen wollen, verneinen sie dies. Die meisten Demonstranten tanzen selber Walzer, einige sind sogar bekannte Musiker. Nein, sie wollen mit ihren Protesten die Zurschaustellung des Reichtums anprangern. Die jungen Wiener lieben den Walzer, ebenso wie die bösen Pariser Jungs, die die Musette erfunden haben, aber sie lehnen den sozialen Rahmen ab, in dem er stattfindet. Welche Chancen hat der Walzer in Österreich? Wird er erneut strittige Themen aufnehmen? Der französische Musette-Walzer hatte nie irgendwelche sozialen Absichten. Wird sich die Linke in Österreich anders entscheiden? Durch die Demonstrationen anläßlich des Opernballs wurden viele Beobachter zum Nachdenken angeregt. In Wien überdenkt man die Geschichte des Walzers und erinnert sich daran, daß der Walzer Ende des 18. Jahrhunderts das Virus der Revolution verbreitete.[20]

ANMERKUNGEN

1 M. McLuhan, *op. cit.*, S. 305 f.
2 R. Hoghe, *Pina Bausch, Tanztheatergeschichten*, Frankfurt/M. 1986.
3 Meine Hypothesen stimmen auch hier mit denen des Kollektivs von *Les rues de Paris* überein.
4 C. Malaparte, *Le bal du Kremlin*, Paris 1985, S. 12.
5 *Ibid.*, S. 19 f.
6 *Ibid.*, S. 21 f.
7 *Ibid.*, S. 40 f.
8 *Ibid.*, S. 45–47.
9 H. Fantel, *op. cit.*, S. 270.
10 Christl Schönfeldt *Der Wiener Opernball*, Wien, Berlin 1975, S. 192.
11 Zitiert von Ch. Schönfeldt, *op. cit.*, S. 37.
12 *Kurier*, 27. Februar 1987; *Die Presse* vom 28. Februar schreibt von »Anarchisten vor dem Opernhaus«. In den Tagen darauf veröffentlicht diese Zeitung zahlreiche Artikel; *Wiener Zeitung*, 28. Februar und 5. März; *Kronenzeitung*, 28. Februar und 3. März; *in Volksstimme*, 1. März, in der Ausgabe vom 8. März veröffentlicht diese Zeitung einen Leserbrief unter der Überschrift »Der Skandalball«, in dem der Verfasser den Widerspruch aufzeigt, der darin besteht, daß in einem Land mit 250 000 Arbeitslosen für eine Loge 100 000 Schilling für den Opernball bezahlt werden; *Falter* vom 6. März schreibt: »Die Provokation«, *Wochenpresse*, 6. März.
13 G. Grassel, »Die Obszönität des Reichtums«, in *Volksstimme*, 3. Februar 1988.
14 *Die Presse*, 3. Februar 1988, *AZ*, 4. Februar.
15 *Die Presse*, 4. Februar 1988, *Kurier*, 4. Februar.
16 *Volksstimme*, 4. Februar 1988.
17 *Kronenzeitung*, 9., 11. und 13. Februar 1988; *AZ*, 10., 12., 13. Februar; *Volksstimme*, 11., 13., 14. Februar; *Wiener Zeitung*, 11., 13. Februar; *Kurier*, 12., 13. Februar; *Krone (Morgen)*, 12. Februar; *Die Presse*, 13. Februar.
18 M. Kirfel, »Das Phantom der Oper«, in *Falter*, 15. Februar 1988.
19 *Kurier*, 31. Januar, 1., 3., 4., 9., 17. Februar 1989; *Standard*, 1., 3. Februar; diese Zeitung veröffentlicht in ihrer Ausgabe vom 6. Februar ein langes Interview des Polizeichefs mit der Überschrift: »Das wird zu einer schwarzen Institution«; *Kronenzeitung*, 2., 3., 4. Februar 1989; *Neue AZ*, 3., 4., 7. Februar 1989; *Wiener Zeitung*, 4. Febraur 1989; *Die Presse*, 4. Februar 1989; *Volksstimme*, 4., 5., 8., 14. Februar 1989. In Frankreich steht in der *Libération* vom 10. Februar 1989 ein Artikel von Joelle Stolz »Les fourmis viennoises se muent en cigales« (Die Wiener Ameisen verwandeln sich in Zikaden).
20 R. Witzmann, »Ballnach(t)geflüster. Der Walzer war, bevor man begann, ihn zu schweben, ein revolutionärer Tanz«, in *Falter*, Februar 1989.

Neue Horizonte

> »*Der Körper stellt in seiner Gesamtheit ein Symbolsystem dar. Unsere individuelle Erfahrung mit unseren mannigfaltigen Beziehungen zur Umwelt und unserer Kommunikation mit den anderen Akteuren beruht sowohl auf den wichtigen Fähigkeiten des Körpers als auch auf der Zungenfertigkeit. Der Körper ist also nicht der arme Verwandte der Zunge, sondern bei der ständigen Sinngebung, die ein soziales Kollektiv am Leben hält, ein ebenbürtiger Partner.*«
> DAVID LEBRETON, Corps et sociétés, Paris 1985, S. 77

In den vorhergehenden Kapiteln haben wir gesehen, daß Ende des 18. Jahrhunderts und während des ganzen 19. Jahrhunderts die Tänze im Dreivierteltakt, denen der Walzer als Vorbild diente, die Musik und die Salons beeinflußt haben. Jahrhundertelang war der Walzer verboten, sowohl durch die Kirche als auch den Staat, die darin eine Art Pornographie sahen. Als der Walzer in Erscheinung tritt, entwickelt Denis Diderot eine materialistische Philosophie. Hegel entwirft eine Dialektik, die ternär angelegt ist. Zwischen Dreivierteltakt und Dialektik besteht eine Verbindung. Läßt sich zwischen dem Entstehen dieses revolutionären Tanzes, dem Walzer, und der Entwicklung einer neuen dialektischen Philosophie eine Parallele erkennen?

Der Walzer ist in physischer und historischer Hinsicht revolutionär, bedeutet er doch die Konzentration des Paares auf sich selbst. Man dreht sich im Kreise. In technischer Hinsicht ist der Walzer der ausgefeilteste Tanz, der eine schnelle Paardrehung ermöglicht, vor allem nach der Einführung des Lederschuhes und des Parkettbodens. Bereits die Volte in ihrer ländlichen Fassung, die in Holzpantinen auf festgetretener Erde getanzt wurde, hatte Entrückung bewirkt. Die Beschleunigung, die durch den Übergang vom Hüpf- zum Gleitschritt, vom festgetretenen Boden zum Parkett bewirkt wurde, ermöglichte neue Erfahrungen. In historischer Sicht ist der

Walzer revolutionär, da er, um sich durchzusetzen, gegen das Ancien régime ankämpfen mußte. Der Walzer diente auch während der Napoleonischen Kriege als Triebkraft der Revolution. Der Widerstand des englischen Hofs und die Bemühungen Karls X., den Kontratanz wieder einzuführen, zeigen, daß der Walzer im ersten Drittel des 19. Jahrhunderts seine subversive Dimension beibehält. Die Praktik, vom geschlossenen Paartanz zum Gleit-Walzer umzuschwenken, bei dem die Tanzenden, statt sich gegenüberzustehen, parallel dahingleiten, zeigt den Widerstand der englischen Tanzlehrer gegenüber der kulturellen Revolution, die der Walzer repräsentiert. Auch wenn man die revolutionäre Dimension des Walzers nicht übertreiben soll – gelingt es doch der weltlichen und der kirchlichen Macht in Wien ohne weiteres, diesen Tanz zu integrieren – bedeutet der geschlossene Paartanz im Dreivierteltakt einen grundlegenden historischen Umbruch.

Tanz und Philosophie

Kann man die Hypothese aufstellen, daß Hegel die Dialektik deshalb als Grundlage seiner Philosophie betrachtet, weil er in die Logik einen Rhythmus einführen möchte, der seine ganze Epoche bestimmte? 1789 war Hegel neunzehn Jahre alt; in seiner Jugend erlebt er das Aufkommen des Walzers. Der Dreivierteltakt liegt also in der Luft. Kann man behaupten, daß eine ganze Gesellschaft durch den Rhythmus geprägt werden kann? Der Philosoph Henri Lefebvre kam auf die Idee, eine Rhythmusanalyse durchzuführen. Nach langen Umwegen über Philosophie und Soziologie des Alltagslebens stellte dieser marxistische Philosoph die Hypothese auf, es sei sinnvoll, sich die Gesellschaft aufgrund ihrer Rhythmen vorzustellen. Sein Werk *La rythmanalyse* ist nie erschienen. Aber unsere Diskussionen darüber ließen mich meine Hypothesen über die eventuellen Zusammenhänge zwischen Walzer und Dialektik formulieren. Denkt man nicht beim Walzertanzen an Marx' Forde-

rung, Hegels Dialektik vom Kopf wieder auf die Füße zu stellen? Den Beobachter fasziniert der Zusammenhang zwischen dem zeitgleichen Auftauchen der Volte in der Region um Genua und Nizza und der Erfindung der doppelten Buchführung in dieser Gegend. Die Logik der Buchführung ist, ebenso wie die Volte, ternär: Aktiva, Passiva, Saldo.

Eine interkulturelle Erfahrung

Sicher, auch das Menuett ist ein Tanz im Dreivierteltakt. Die Vorstellung, daß der Tanz im Dreivierteltakt einen wesentlichen Bestandteil der europäischen Identität bildet, erscheint mir sehr wichtig. Außer den Divergenzen oder Konflikten, die die Spaltung der europäischen Staaten zur Folge hatte, teilen diese dialektisches Denken und Walzer miteinander. Hingegen ist nicht allen Völkern der Walzer gleich gut zugänglich. Diese Erfahrung konnte ich zwischen Februar und Juni 1979 machen, als ich im Département des sciences de l'éducation (Abteilung Erziehungswissenschaft) an der Universität Vincennes einen Kurs in »Pädagogik, Ethnologie und Soziologie des Walzers« anregte. Es ging darum, den Walzer zu unterrichten, daraus eine konkrete Pädagogik zu entwickeln und über die Transversalität dieses Tanzes nachzudenken: Wie wird er von den verschiedenen Gesellschaftsschichten in den verschiedenen Ländern und Epochen getanzt? Dieser Kurs hatte riesigen Erfolg. Aufgrund der vielen Teilnehmer mußte er sogar in der Stadthalle statt in der Universität abgehalten werden. In zwölf oder dreizehn Sitzungen konnte ich zweihundert Studenten zum Walzertanzen anregen. Die Hälfte der Teilnehmer waren französische oder europäische Studenten und die andere Hälfte maghrebinische oder afrikanische. Dank meiner Anleitung lernten die Europäer sehr schnell Walzer tanzen, aber bei den Afrikanern hatte ich keinen Erfolg. Von den etwa hundert nicht-europäischen Studenten schafften es nur fünf, Walzer zu tanzen.

Diese Erfahrung hat mich zu der Überzeugung geführt, daß der Walzer, oder ganz allgemein der Rhythmus im Dreivierteltakt, etwas typisch Europäisches ist. Wenn dieser Rhythmus außerhalb Europas vorzufinden ist, dann nur deshalb, weil er eingeführt wurde. Echt verankert ist er nur in Europa. Die Veredelung konnte stattfinden, wenn in den Empfangsländern romanische (Lateinamerika, Québec) oder angelsächsische (USA) Volksschichten vorhanden waren. In Ländern, in denen die Grundrhythmen viel stärker waren und keine Ähnlichkeit mit dem Dreivierteltakt hatten, konnte sich der Walzer nicht durchsetzen. Meine Hypothese lautet: Der Rhythmus und das Denken im Dreivierteltakt strukturieren das sogenannte *europäische politische Unbewußte*. Wenn es ein europäisches »Wir« gibt, wie es Maurras in bezug auf die französische Nation, die von Königen und Bischöfen geformt wurde, versteht, ist es in dieser Struktur im Dreivierteltakt zu suchen.

Diese kulturalistische Vorstellung könnte einen rassistischen Beigeschmack hervorrufen. Ich muß jedoch feststellen, daß ungeachtet der technischen und historischen Gegensätzlichkeiten zwischen Franzosen und Deutschen – oder besser, trotz all der Unterschiede zwischen Romanen und Angelsachsen – ihr Gemeinsames, das sie in Gegensatz zur übrigen Welt bringt, eine Frage des Rhythmus und folglich der Struktur, vielleicht sogar des *körperlichen Schemas* ist. Bei dieser rhythmischen Genese gibt es eine Institution des Sozialkörpers. Diese Vorstellung des Dreivierteltakts als Grundlage, als Struktur, als Basisinstitution unserer europäischen Gesellschaft erklärt vielleicht das Fortbestehen dieser Tänze im Dreivierteltakt in unseren Ländern trotz der starken Offensive anderer Rhythmen, die vor allem aus den USA, kommen. Parallel dazu gibt es in Europa noch immer eine Tradition dialektischen Denkens (Lefebvre, Habermas etc.) Der Standardisierung des Zweivierteltakts halten die Philosophen ein *Manifeste différencialiste* entgegen. Doch ist es angesichts der schwierigen Weltlage noch sinnvoll, über seine europäische Identität nachzudenken?

Europa im Taumel

Eine weitere speziell europäische Dimension, des Walzers ist der »Taumel«. Wenn man ausdauernd und ziemlich schnell Walzer tanzt, wird einem schwindlig. Lange war ich der Meinung, das rühre daher, daß das Blut nicht mehr alle Teile des Gehirns gleichmäßig versorgt. Ich glaubte, das Blut werde durch die schnelle Drehbewegung in den hinteren Teil des Gehirns transportiert, und daraus resultiere der Schwindel, der Spaß machen kann, wenn man ihn unter Kontrolle hat. Nachdem ich mich mit Physiologen unterhalten habe, die in der Raumforschung arbeiten, weiß ich, daß das physiologische Problem des Walzertanzenden, genau wie beim Kosmonauten, im Bereich der Ohren liegt. Da sich die Probleme des Kosmonauten und Walzertänzers ähneln, hätten die erwähnten physiologischen Forschungen speziell Beachtung verdient. Da dieses Problem stark technisch gelagert ist, habe ich es nicht in dieses Buch aufgenommen. Unsere Drehart bewirkt, daß der Walzertänzer in einen Zustand der Bewußtseinsveränderung gerät, den Europa seit mindestens acht Jahrhunderten kennt. Diese Dimension der Walzererfahrung erklärt sowohl den Spaß der Walzertänzer als auch den Widerstand der herrschenden Mächte gegen diesen Zustand. Die Besonderheit des Walzers besteht nicht in der Drehbewegung, denn die Derwische machen ja ebenfalls diese Erfahrung, sondern in der Paar-Drehbewegung. Die Revolution des Paartanzes in Europa ist in erster Linie ein Gruppentaumel, dessen Basis das Paar darstellt. Das Paar ist trunken in einer Gemeinschaft, die seinen Taumel teilt.

Die Überwindung des Nationalismus

Ein Jahrhundert lang hat die Frage des nationalen Ursprungs des Walzers die Diskussionen der Tanzhistoriker beherrscht. Ist diese Diskussion heutzutage noch relevant? Ich glaube nicht. Wir haben

in dem vorliegenden Werk eine Reihe von Elementen gesammelt, die etwas mehr Aufschluß über den Ursprung geben. Aber es ist sehr schwierig, diese Dinge aufzuschlüsseln.
Der Tanz dringt schnell und mühelos über die Landesgrenzen. Oft entspricht es nicht der Realität, wenn ein Tanz mit einem nationalen Etikett versehen wird. In Frankreich gibt es unter den Verfassern, die den »deutschen« Ursprung des Walzers gepredigt haben, zwei Richtungen: die einen, wie zum Beispiel die Romantiker, treten für einen deutschen Walzer ein, weil ihr Standpunkt von der Phantasie dominiert wird. Der Walzer soll »deutsch« sein, weil man die Wertvorstellungen der deutschen Romantik teilt, also macht man den Walzer zu einem Element der Romantik. Die anderen, Moralisten wie G. Boullay, sehen in diesem Tanz etwas zu Intimes, als daß es aus Frankreich stammen könnte. Für Frankreich ist dieser Tanz zu intim, zu familiär, also kann er nur aus dem Ausland kommen. Diese Autoren glauben, daß der Walzer während der zahlreichen Kriege »importiert« wurde. Boullay ist der Meinung, dies reiche bis zur Ersten Republik zurück. Genauso verhält es sich mit der Volte, »die die Hexenmeister von Italien nach Frankreich gebracht haben«. Man unterstellt den Italienern, was man nicht als eigenes Produkt akzeptieren kann. Montaigne entdeckt den Paartanz in Deutschland, der zur gleichen Zeit auch in Frankreich eifrig getanzt wird. Der Walzer ist nämlich das Ergebnis einer Vermischung verschiedener regionaler Tänze und unterschiedlicher Rhythmen. Beim Tanz greift man mit Vorliebe auf alte Praktiken zurück, nimmt gern wieder einen Schritt auf, den man schon lange nicht mehr getanzt hat und bereichert auf diese Weise den Tanz um neuere kulturelle Elemente.
Wenn man die Volte, den Weller, den Ländler, den Schleifer, den Dreher, den Deutschen, den Langaus und den Walzer selbst als Varianten des gleichen Tanzes ansieht, dessen Struktur *der geschlossene Paardrehtanz im Dreivierteltakt* ist, geht man über die nationale Diskussion hinaus. Man kann also behaupten, daß der Walzer in seiner Formenvielfalt seit dem 12. Jahrhundert in Europa

existierte. Er ist der erste Paartanz in der Geschichte der Menschheit. Sein Auftreten bedeutet eine wichtige Etappe in der Menschheitsgeschichte. Wir haben gezeigt, daß der Walzer europäisch ist, tief in der europäischen Kultur verankert ist. Er ist der europäische Beitrag zum Tanzerbe der Menschheit. Mit dem Walzer tritt das Tanzpaar in Erscheinung, aber es bildet sich auch eine Gesellschaft, die dem Paar seinen Platz einräumt.

Vor dem Walzer hatte das Paar in der Gesellschaft keinen richtigen Platz. Die Geschichte des Walzers, mit all den zu bewältigenden sozialen Schwierigkeiten, beinhaltet auch die Durchsetzung des Paares in Europa. Jahrtausendelang gab es das Paar weder als Lebensform, noch als grundlegende Wirtschaftseinheit, noch als Geselligkeitsform. Mit der Geschichte des Walzers kristallisiert sich gleichzeitig auch das Paar als soziales Phänomen in Europa heraus. Viele Autoren glaubten, mit dem Walzer sei um 1800 der Gesellschaftstanz in Form des geschlossenen Paartanzes eingeführt worden, so wie wir ihn heute in allen Gesellschaftstänzen (vom Tango bis zum Lambada) kennen. A. H. Franks meint, es sei korrekter, hier von einer »Wiedereinführung« zu sprechen, da der ursprüngliche Gesellschaftstanz schon im 16. Jahrhundert aufkam. Er macht darauf aufmerksam, daß bei der Volte genau dieselbe Paarhaltung festzustellen ist wie beim Walzer.[1] Das vorliegende Buch hat diese Verbindung, diese Kontinuität aufgezeigt. Auch wenn Europa das Verdienst zukommt, diesen geschlossenen Paartanz geschaffen zu haben, geschah dies nicht von heute auf morgen. Bereits die Volte hat die Struktur, die Gesellschaftsform und die Institution des geschlossenen Paartanzes im Dreivierteltakt erkennen lassen, aber in der Folgezeit mußte sie wieder »untertauchen«. Sie wurde nicht öffentlich praktiziert, denn die Zeit war noch nicht reif dafür, die Gesellschaft bedurfte noch weiterer Entwicklung. Der Soziologe Michel Maffesoli analysiert bekannte Phänomen: »In bestimmten Gründerperioden oder Perioden gesellschaftlicher Gärung entsteht häufig der spontane Wunsch, außerhalb der festgefügten Ordnung und frei von Druck leben zu

wollen. Die Spontaneität ermöglicht es, in der Masse das erstrebte Ziel zu erreichen. Man bezeichnet das als dynamische Explosion. Eine solche Spontaneität kann sich dann aber nicht hinter einem subversiven Rückzug verschanzen, einer ironischen Zurückhaltung, deren gesellschaftliche Auswirkung nicht zu unterschätzen ist. Wir verstehen diese Implosion als Energiereserve.«[2]

Die Geschichte des geschlossenen Paardrehtanzes im Dreivierteltakt hat agorische Phasen durchlaufen (es wird auf dem öffentlichen Platz getanzt) und kryptische (wie die Christen der Katakomben müssen sich die Walzertänzer verstecken). Seltsamerweise ist der Kryptismus, dieser »subversive Rückzug«, den M. Maffesoli erwähnt, auf Verfolgungen seitens der Kirche und des Staats zurückzuführen. Im Jahr 1600 war die Gesellschaft noch nicht so weit entwickelt, daß jedes Paar im Haus einen Raum für sich allein hatte. Die soziale Erotisierung des Paars implizierte eine Gesellschaft, die das Paar zu einer soziologischen Gegebenheit machte, die sich verselbständigen konnte. Damals teilten sich in Europa die Familienmitglieder noch einen Raum. Der Adel hatte diesbezüglich ganz andere Möglichkeiten. Die Idee des Paares steht in krassem Widerspruch zu den Vorstellungen in Versailles.

Das Entstehen der Industriegesellschaft treibt die Entwicklung der Städte voran und zeitigt eine dynamische Urbanisierung, die neu geschaffenen Wohnverhältnisse führen zum Zerfall der Großfamilie. In der Revolution von 1789 setzt sich endgültig das Tanzpaar durch, was den Beginn einer neuen Gesellschaftsform bedeutet. Man kann sich der Meinung von Yves Guilcher anschließen, der erklärt, wie sich die Sitten und Ideen entwickelten: »In den bürgerlichen Kreisen des 19. Jahrhunderts ist das Gemeinschaftsleben stark reduziert [...]. Die Sexualität bleibt unterschwellig. Arbeit und Freizeit scheiden sich immer mehr voneinander. Es gibt keine feste Gemeinschaft mehr. Die Einführung des Walzers zu Beginn des Jahrhunderts und später von Polka, Mazurka und Schottisch-Walzer und ihr Erfolg weisen darauf hin, daß die Gesellschaft jetzt bereit ist, das Phänomen Paar und seine

Intimität zu akzeptieren. Dieses entfernt sich und geht wieder aufeinander zu. Dame und Herr befinden sich nicht mehr Seite an Seite oder stehen einander gegenüber. Jetzt halten sie sich in den Armen.[3]

Dagegen widerspreche ich diesem Autor, wenn er, behauptet: »Nicht mehr die Gesellschaft tanzt, sondern die Masse, in der man sich verliert [...]. Der Tanz reduziert das gesellschaftliche Leben auf eine Zweieridylle, auf die ein Blick von außen unangebracht erscheint. Der geschlossene Paartanz stellt etwas Neues dar und erfährt immer mehr allgemeine Anerkennung. Hier entsteht eine Art von Beziehung, die zu anderen Zeiten undenkbar gewesen wäre und es anderswo noch immer ist.«[4] Ich glaube nämlich, daß ich in diesem Werk aufgezeigt habe, daß beim Walzer keine Konzentration auf sich selbst möglich ist. Auch wenn sich das Paar auf den öffentlichen Bällen in seiner Zweierintimität zeigen kann, beruht die gesamte Geselligkeit des 19. Jahrhunderts in der Bewegung der Paare auf der Tanzfläche und auf dem Wechsel der Damen, was an Tänze erinnert, die noch stärkeren Gemeinschaftscharakter haben.[5] Der Erfolg der Quadrillen, des Cotillons und natürlich des Walzers im 19. Jahrhundert zeugt von dem Wunsch, eine Geselligkeit beizubehalten, bei der eine Interaktion zwischen verschiedenen Realitätsebenen besteht: das Inter-Individuelle (das Paar), die Gruppe (die Gesamtheit der Tanzenden), das Organisatorische (Umsetzung in vielfachen Formen). Diese vielen Komponenten habe ich zu zeigen versucht. Die Walzomanie bringt nicht, wie Guilcher meint, eine gesellschaftliche Konzentration auf ein »idyllisches Paar« zum Ausdruck. Sie ist vielmehr Ausdruck allgemeiner Hysterie, in der das Paar als eine wesentliche, aber nicht einmalige Instanz anerkannt wird. Weder im Frankreich von 1790, noch in Deutschland während der Napoleonischen Kriege oder in Wien während des Wiener Kongresses, nicht einmal während der Polkamanie erfolgte ein Rückzug des Paares auf sich selbst.

Der Reiz der Vermischung

Die Hinwendung zum Sexuellen, die der Soziologe Jean Baudrillard in unserer Gesellschaft vor der Schwelle des dritten Jahrtausends beobachtet haben will, hat sich noch nicht vollzogen: »In unserer Kultur hat das Sexuelle der Versuchung widerstanden und hat sich diesen Bereich untertan gemacht. Unsere instrumentale Vision hat alles umgekehrt. Denn in der symbolischen Ordnung existiert zuerst die Verführung, bei der Sex als Zugabe dient.«[6] Jean Baudrillard beschreibt, wie heute der Körper auf seine sexuellen Dimensionen »reduziert« ist. Es gibt keinen Platz mehr für Verführung. Seine Beobachtung bezieht sich auf das Tanzen. In der Blütezeit des Walzers dominiert stets die Verführung über das Sexuelle. Da das Sexuelle zwangsläufig eine Konzentration des Paares auf sich selbst mit sich bringt, spielt die Verführung jetzt eine untergeordnete Rolle. Die Anwesenheit eines Publikums und der Wechsel der Paare schaffen auf dem Tanzabend eine Atmosphäre der Verführung, die nicht nur dual, sondern plural ist.

Aber man muß differenzieren. Im Laufe der Jahrhunderte hat der Walzer verschiedene Formen angenommen, die unterschiedliche Gesellschaftspsychologien zum Ausdruck bringen: Je nach Umfeld hat der Walzer Tanzformen adaptiert, die die Gruppensolidarität, den Austausch und die Begegnungen, die »idyllische Intimität« ermöglichten. Diese Formen sind unterschiedlich; sie treten nacheinander im Leben des Tanzenden und im Gesellschaftsleben in Erscheinung. Sind all diese Walzerformen noch aktuell? Heutzutage verbindet sich für den Pariser die Vorstellung vom Walzer vor allem mit dem Wiener Walzer und der Musette. Der Walzer als von Kirche und Staat bekämpfter Tanz ist völlig in Vergessenheit geraten. Zur Feier des zweihundertsten Jahrestags der Französischen Revolution wurden in Frankreich dreißigtausend Bälle veranstaltet. Man wollte damit wohl kaum an die Traditionen der revolutionären Geselligkeit anknüpfen. Diese Bälle zeigen lediglich, daß der Walzer und der öffentliche Ball nach wie vor wesent-

liche Elemente unserer Gesellschaft sind. Befragt man einen Deutschen, Österreicher, Italiener, Polen, Schweden oder Engländer, stellt man fest, daß sie recht unterschiedliche Vorstellungen vom Walzer haben.

Auch wenn der Walzer im Grunde eine europäische Einrichtung ist, gibt es auch außerhalb Europas Walzerformen, die eifrig praktiziert werden. Wir haben sie nicht erwähnt, da wir uns auf das Entstehen des Paartanzes konzentrieren wollten. Aber der Walzer spielt auch in der Folklore Québecs eine große Rolle und ist ebenso im kreolischen Tanz präsent. Außerhalb Europas hat der Walzer erstaunliche Formen angenommen. So gibt es etwa einen *vermischten Walzer*. In den Kolonien forderten Plantagenbesitzer oft die Tanzlehrer auf, Métropolitains zu tanzen. Dann jedoch, erregt durch die Gesänge und Tänze der Sklaven, zwangen sie diese mit Peitschenschlägen, erst Menuett und dann Walzer zu tanzen. Dann vollzog sich eine Umkehrung in der Kolonialgeschichte. Die Sklaven lernten Walzertanzen und integrierten diesen Tanz in ihre übrigen Tänze. Die Hymne von Guayana zum Beispiel ist ein »Lérol« im Dreivierteltakt, der im Walzerschritt getanzt wird. Eignet dem Walzer, aus seinem ursprünglichen sozialen Raum herausgerissen, immer noch der speziellen Gehalt seiner Anfänge?

In Frankreich war der Sommer 1989 in der Geschichte des Tanzes durch eine Aktion zur Wiedereinführung des Paartanzes gekennzeichnet. Es handelt sich dabei, ähnlich wie damals vor rund hundertfünfzig Jahren bei der Polka, um eine kommerzielle Aktion, die durch moderne Medien (Fernsehen, Radio etc.) unterstützt wurde. Es ging um die Einführung des Lambada.[7] Dieser lateinamerikanische Tanz, der von 1930 datiert, ist das Ergebnis einer komplexen Vermischung mehrerer Tänze. Der rhythmische und sehr erotische Paartanz, der in der Haltung an *Dirty Dancing* gemahnt, wurde aus Brasilien eingeführt, wo er sehr beliebt ist. Auch in Frankreich wird er mit Vergnügen praktiziert: »Im Grunde«, schreibt Dominique Dreyfus, »verkörpert der Lambada die wiedergewonnene Sinnlichkeit. Nach zwanzig Jahren des Einzel-

tanzes gewinnt der Paartanz, der in all seiner Intimität auf den Sexualakt vorbereitet, wieder die Oberhand. Man kann annehmen, daß das Verlangen nach diesem Tanz nicht nur in Brasilien vorhanden ist.«[8]

Wenn diese Diagnose stimmt und die französische Gesellschaft oder sogar die europäische den Drang verspürt, den Paartanz neu zu entdecken, ist es nicht auszuschließen, daß die Zukunft des Walzers mit dem vermischten Tanz verbunden ist. Der Rhythmus im Dreivierteltakt verfügt über riesige Ressourcen, von denen manche noch unerschlossen sind: Die Integration des musikalischen und tänzerischen lateinamerikanischen Beitrags zum Walzer könnte sich als höchst erfolgversprechende Perspektive erweisen. Der Erfolg des Lambada kann vielleicht das Ende oder zumindest die Vorherrschaft der nordamerikanischen Einzeltänze einleiten. Wenn Europa den Walzer wiederaufleben ließe, gelangte es zu einer Quelle seiner Identität. Doch um Erfolg zu haben, müßten auch die vermischten Tänze mit aufgenommen werden.

Plougrescant, Juli 1977 – Paris/Corniglia, August 1989.

ANMERKUNGEN

1 A. H. Franks *op. cit.*, S. 130.
2 M. Maffesoli, *Essais sur la violence*, Paris, S. 144.
3 Y. Guilcher, »Toute forme de danse n'est pas possible à n'importe quelle époque«, in *La recherche en danse* Nr. 4, 1988, S. 33.
4 *Ibid.*, S. 33.
5 Wenn man vom öffentlichen Ball absieht, bei dem es erlaubt ist, immer mit derselben Partnerin zu tanzen (was immer noch der Fall ist!), lehren die Tanzlehrer und beinhalten auch die Bräuche einen ständigen Wechsel der Tanzpartnerin.
6 J. Baudrillard, *Über die Verführung*, München 1992, S. 63.
7 In *Libération*, 7. August 1989, werden die Hintergründe für die Einführung dieses Tanzes umfassend beleuchtet.
8 D. Dreyfus, »Mise en boîte«, in *Libération*, 7. August 1989, S. 31.
9 Zitiert von J. Boulenger, *De la walse au tango*, 1920, und dem *Dictionnaire alphabétique et analytique de la langue française*, Paris 1964, Band 6, S. 933.
10 M. Mourgues, *op. cit.*, S. 165.
11 Artikel »Walzer«, Band 19, Leipzig 1934, S. 782.
12 H. Riemann, *Musiklexikon*, Artikel »Walzer«, S. 1061.

ANHANG

Anmerkung zum Ursprung der Begriffe »valse« und »walzer«

Zu einer Zeit, da die Volte in Frankreich immer noch hoffähig ist, taucht im Französischen der Begriff »valse« auf: »Die Hinkenden und die Gichtigen marschieren unwillkürlich los, aber nichts zwingt sie, den Walzer oder die fünf Schritte zu tanzen«, schreibt 1627 der Dichter Honorat de Bueil, Seigneur de Racan (1589–1670), ein Freund von Malherbe, in einem Brief an Jean Chapelain (1595–1674), einem Gründungsmitglied der Académie Française.[9] Es scheint schwierig zu sein, dem Larousse zu folgen, der eine Verbindung zu dem deutschen Terminus »Walzer« vermutet, der erst viel später auftaucht. Während der Revolution findet man in Frankreich manchmal den Begriff »waltzer«, der für »walse oder valse« benutzt wird.[10] In dem französischen Begriff »waltzer« oder dem englischen »waltz« könnte das »t« an das der Volte erinnern. B. Weigl vertritt die Ansicht, daß der englische Begriff »waltz« etymologisch nicht auf die Volte zurückgeführt werden kann; er sieht in dem Verb »walzen« den wahren Ursprung des Wortes.

In Deutschland taucht der Begriff »Walzer« erst 1754 auf. Im 17. und 18. Jahrhundert bezeichnet der Begriff »Dreher« den Paardrehtanz im Dreivierteltakt. Nach dem *Großen Brockhaus*[11] stammt der Terminus »Dreher« aus dem Mittelalter. Die Aufzeichnung von Felix von Kurz, einem Wiener Clown mit dem Spitznamen Bernardon (»Der auf das neue begeisterte und belebte Bernardon«, in *Stehgreifkomödie*, 1754) scheint die älteste Erwähnung des Begriffs »Walzer« zu sein. Die Bezeichnung verbreitete sich dann mit dem Tanz: Goethe benutzt in seinem Gedicht »Hochzeitslied« das Verb »walzen« für Tanzen. 1760 findet sich der Begriff in einem Tanzverbot für Drehtänze: »Verbot gegen walzende Tänze«. Auf althochdeutsch bedeutet »walzen«, »herumirren, bummeln«. Ein anderer Sinn besagt drehen, einrollen, gleiten. Anfang des 19. Jahr-

hunderts werden in Deutschland die Bezeichnungen »Deutscher«, »Teutscher«, »Ländler«, der Begriff »Landerli« kommt in einer Flötentablatur aus Kremsmünster, 17. Jahrhundert, vor; »Ländler« in einer Tablatur in Leipzig aus dem Jahr 1681 sowie bei Schmelzer (1623–1680 und Fux, 1660–1741), »Weller«, »Schleifer«, »Langaus« und »Walzer« werden ebenfalls verwendet. Mit »Schmertz und Ernst« von P. Hafner (1763–1764) findet der Walzer Eingang in die Oper. Laut Riemann[12] lädt Kaiser Franz Joseph II. von Österreich dreitausend Wiener Bürger zu einem Hofball ein. Er läßt unerwähnt, ob auf diesem Ball Walzer getanzt wurde. Der »Ländler« wird langsamer gespielt als der »Walzer«. 1802 erscheinen die zwölf Walzer (Op. 36) von Steibelt. Der Tscheche Vincenz Mascheck, der sich durch seine erste Klavierbearbeitung von Mozarts *Figaros Hochzeit* einen Namen gemacht hat, veröffentlichte 1803 eine Reihe von Tänzen. Der Kritiker einer damaligen Musikzeitung schreibt, dies sei eine gute Sache, die Mascheck glaubte seinen »Ländlern« hinzufügen zu müssen: »langsamer zu spielen als die Deutschtänze.«

In Italien findet man zuerst den Begriff »valzero«, dann »valzer«, ein Terminus, der noch heute gebräuchlich ist. Auf holländisch heißt Walzer »wals«.

Biographische Anmerkungen zu den erwähnten Autoren, Komponisten und Tänzern

AUBER, Esprit. Französischer Musiker, 1782 in Caen geboren und 1871 in Paris gestorben. Er genoß internationales Ansehen. Sein Werk, das seit 1806 durch Cherubini bekannt wurde, umfaßt einen großen Teil der Geschichte des Walzers des 19. Jahrhunderts. Wagner bewunderte insbesondere seine »Muette de Portici« (1828). Er war Mitglied des »Institut« (1829) und wurde 1857 Leiter der »Chapelle impériale«.

BRAHMS, Johannes. Deutscher Pianist und Komponist, geboren 1833 in Hamburg und 1897 in Wien gestorben. Er wurde durch seinen Vater, der in volkstümlichen Orchestern Kontrabaß spielte, an die Musik herangeführt, und spielte seit seinem fünfzehnten Lebensjahr. 1853 traf er Schumann. Er wurde Chorleiter in Hamburg (1859) und ließ sich dann in Wien nieder (1862). Sein Werk ist romantisch, seine Walzer sind typisch deutsch, im Stil wie in ihrem Wesen.

CELLARIUS. Berühmter Pariser Tanzlehrer, der in der Rue Vivienne trainierte. Er war international bekannt. 1847 veröffentlichte er ein Buch, das 1849 mit einem Vorwort von Lamartine erneut herausgegeben wurde, *La danse des salons*, das der Autor als »Handbuch des modernen Walzertänzers« vorstellte. Ein Mazurka-Walzer trägt den Namen von Cellarius. 1844 führte er in Paris die Polka ein.

DESRAT. Berühmte französische Tanzlehrerfamilie, die im 19. Jahrhundert führend war. Der 1850 geborene Sohn Georges Desrat schrieb zahlreiche Lehrbücher und ein *Dictionnaire de la danse*, das immer noch neu herausgegeben wird.

GRETRY, André, Ernest Modeste. 1741 in Lüttich geboren und 1813 gestorben. Nach seiner Ausbildung in Lüttich ging er nach Rom (1759), wo er sieben Jahre lang blieb. Dann zog er nach Genf und schließlich nach Paris (1768), wo er sich endgültig niederließ. Grétry komponierte zwischen 1768 und 1791 pro Jahr zwei komische Opern. Er war vor der Revolution der modernste Musiker und blieb es auch danach. Er schrieb *Mémoires ou essai sur la musique* (3 Bände, 1789, 1796 und 1797) und komponierte 1784 einen Walzer »Air pour valser«, den er in *Colinette à la cour* einfügte.

LABORDE. Pariser Tanzlehrer mit einem sehr eindrucksvollen Salon in der Rue de la Victoire 30. In den Jahren 1844–1848 war er Rivale von Cellarius. 1860 veröffentlichte er das erste Werk über den Cotillon, in dem der Walzer breiten Raum einnahm.

LANNER, Joseph. Österreichischer Komponist und Dirigent, 1801 in Wien geboren und 1843 in Oberdöbling gestorben. Er schrieb zweihundert Walzer, die wahre musikalische Gedichte sind, beispielsweise »Die Werber« und »Die Schönbrunner«.

LEHAR, Franz. 1870 in Komaino geboren und 1948 in Bad Ischl gestorben. Ausbildung am Prager Konservatorium. Österreichisch-ungarischer Komponist, der häufig mit den Mitgliedern der Familie Strauß zusammen war. Der Erfolg stellte sich bei ihm jedoch erst um die Jahrhundertwende ein. Seine schwungvollen Walzer baut er in seine Wiener Operetten ein, zu denen *Die lustige Witwe* (1905), *Zigeunerliebe* (1910) und *Das Land des Lächelns* (1927) gehören.

MESSAGER, André (1853–1929). Französischer Komponist, Dirigent und Musikkritiker. Er leitete Orchester in Brüssel, Paris (Komische Oper) und London (Covent Garden), bevor er wieder nach Paris zurückkam. Im Anschluß an Offenbach schrieb er sehr hübsche Walzer, die er in seine Operetten einbaute.

MÉTRA, Olivier. Französischer Komponist und Dirigent, geboren 1830 in Reims und 1889 in Paris gestorben. Durch seine Walzer erlangte er mehr Berühmtheit als durch seine achtzehn Operetten. Er dirigierte bei den Bällen des Théâtre de la Monnaie in Brüssel und bei denen der Pariser Oper. Die »Valse des roses« stammt von ihm.

MUSARD, Philippe (Paris 1793 – Auteuil 1859). Pariser Komponist und Dirigent, der bei den Variétés begann und dann 1834 die Leitung des Orchesters beim Opernball übernahm. Dort schaffte er den Kontratanz ab und führte statt dessen ausschließlich Walzer, Polonaisen, Mazurkas und Galopps ein. Der Ball, der vorher Verluste einbrachte, warf nun Gewinn ab. Für sein »Concert Musard«, eine auf Tanzmusik spezialisierte Einrichtung, schrieb er hundertfünfzig Quadrillen und Walzer nach volkstümlichen Melodien oder Opernmotiven.

NETTL, Paul. Tschechischer Abstammung, 1889 geboren und 1972 gestorben. Musikwissenschaftler mit den Schwerpunkten Tanzmusik und Wiener Musik. Bis 1939 lehrte er an der Universität Prag, dann in den USA (Princeton, ab 1946–1959 in Bloomington, Indiana). Er veröffentlichte zahlreiche Artikel und Bücher, zunächst in Deutsch und später in Englisch.

OFFENBACH, Jacques. 1819 in Köln geboren und 1880 in Paris gestorben. Cellist, dann ab 1850 Dirigent am »Théâtre-Français«. 1855 gründete er die »Bouffes-Parisiens«. In seinen Werken spiegelt sich die Lebensfreude des Second Empire wider. Er komponierte zahlreiche Walzer. Seine Operetten sind noch immer auf der ganzen Welt beliebt.

SACHS, Curt. 1881 in Berlin geboren und 1959 in New York gestorben. Als Musikwissenschaftler und Organologe lehrte er von 1919–1933 an der Universität Berlin Musikgeschichte. In Berlin wurde

er Direktor des Museums für Musikinstrumente. 1933 verließ er Deutschland. 1934 gründete er in Paris die Plattensammlung der »Anthologie sonore«. Ab 1937 lehrt er dann bis zu seinem Tod in New York. Als Autor der Werke *Real-Lexikon der Musikinstrumente* (1913), *Musik des Altertums* (1924) und *Eine Weltgeschichte des Tanzes* (1933) wurde er in den dreißiger Jahren bekannt, er ist der Begründer einer deutschen Theorie der Geschichte des Walzers, daß in Frankreich nur bruchstückhaft bekannt geworden ist. Schließlich veröffentlichte er in New York *The History of Musical Instruments* (1940). Eine von K. Hahn verfaßte Rezension aller seiner Arbeiten ist 1959 in den *Acta musicologica* Nr. 29 erschienen.

SCHUMANN, Robert (1810–1856). Von der Romantik geprägter deutscher Komponist. Seine Walzer machen nur einen winzigen Teil seines Werkes aus. Sie sind sowohl im Stil als auch in ihrem Wesen typisch deutsch.

STRAUß. Wiener Familie, die die gesamte Walzermusik im 19. Jahrhundert entscheidend geprägt hat. Die Mitglieder dieser Familie bearbeiteten den Walzer, der vormals ein volkstümlicher Gassenhauer war, in musikalischer Hinsicht, brachten ihn neu heraus und verbreiteten ihn in der ganzen Welt, insbesondere auf Tourneen durch Europa und Amerika. Der Vater, Johann I. (1804–1849), erhielt den Beinamen »Walzerkönig«. Er verfaßte zweihundertfünfzig Walzer und sonstige Tänze und hatte großen Erfolg als Komponist und Dirigent. Von ihm stammt der »Radetzky-Marsch« (1848). Er hatte zehn Kinder, sechs von Anna Strauß und vier von Emilie Trampbusch. Nur die Söhne von Anna waren als Musiker erfolgreich. Von Johann II., dem Ältesten (1825–1899), der vierhundertachtzig Stücke komponiert hat, stammen die musikalisch vollkommensten Walzer (»An der schönen blauen Donau«, »Kaiserwalzer«, »Künstlerleben«, »G'schichten aus dem Wiener Wald«, »Lieben, trinken, singen«, »Wiener Blut«, »Frühlingsstimmen«). Joseph (1827–1870) und Eduard (1835–1916) dirigierten nacheinander

oder abwechselnd das von Johann Strauß Sohn geschaffene Orchester, das sich 1849 mit dem Orchester des Vaters vereinigte. Zu diesem Orchester gehörten bis zu zweihundert Musiker.

THOINOT ARBEAU, Anagramm von Jean Tabourot. Domherr in Langres und Kapellmeister von Heinrich III. Von ihm stammt das bedeutendste Werk über den Tanz des 16. Jahrhunderts. Er beschrieb erstmalig minuziös alle Tänze seiner Zeit, insbesondere die Volte. Er bewies ein hervorragendes Verständnis für den Paartanz.

TRENIS. Choreograph, großer Kenner der Quadrille und Walzertänzer im Premier Empire. Wenn er tanzte, rissen sich die Leute darum, ihn zu bewundern, man stieg deshalb sogar während des Balles auf die Stühle (Boulenger). Er starb geistig umnachtet im Krankenhaus Bicêtre.

WALDTEUFEL, genannt Charles Emile Lévy. Geboren 1837 in Straßburg und 1915 in Paris gestorben. Französischer »Walzerkönig« in der Zeit Napoleons III. Er komponierte mehr als zweihundertfünfzig Walzer, unter anderem »Pluie d'or«, »Je t'aime«, »Mon rêve«, »Le pas des patineurs«.

Bibliographie

Ich fand es interessant, einige Werke anzugeben, allzu spezielle Veröffentlichungen habe ich hier nicht mehr aufgeführt, da sie bereits im Text vorkommen.

BL – Nachzuschlagen in der British Library
BO – Nachzuschlagen in der Bibliothèque de l'Opéra
MSW – Nachzuschlagen in der Musiksammlung Wien
pa – Sammlung des Autors

Adshead, J., Layson, J., *Dance History*, London 1986.
Alerme, *De la danse, considérée sous le rapport de l'éducation physique*, Paris 1830.
Ambach, M., *Vom Tantzen*, Frankfurt 1543.
Arbeau, T., *Orchésographie et traité en forme de dialogue, par lequel toutes personnes peuvent facilement apprendre et pratiquer l'honneste excercie des dances*, Langres 1589, dt. Fassung 1978.
Beaumont, C. W., A bibliography of Dancing, London 1929, BL
Bense, J., *Les danses en vogue*, Paris 1978.
Bie, O., *Der Tanz*, Berlin 1906.
Bie, O., *Tanzmusik*, Berlin o. J.
Blasis, C., *Manuel complet de la danse*, Paris 1980.
Bluhme, F., »Studien zur Vorgeschichte des Tanzes der Orchestersuite des Tanzes«, in: *Alemannia* Nr. 8. 1890.
Böhme, F. M., *Geschichte des Tanzes in Deutschland*, 2 Bde, Leipzig 1886.
Boehn, von, M., *Der Tanz*, Berlin 1925.
Bolte, J., »Zur Geschichte des Tanzes«, in: *Alemannia* Nr. 18. 1890.
Bonnet, J., *Histoire générale de la danse sacrée et profane, ses progrès, et ses révolutions depuis son origine jusqu'a présent*, Paris 1724.
Boschot, A., *La jeunesse d'un romantique. Hector Berlioz 1831–1842*, Paris 1906.

Boulenger, J., *De la walse au tango*, Paris 1920. BL, BO.
Boullay, G., *Réforme de la danse de salon*, Paris 1855.
Bouteron, M., *Danse et musique romantique*, Paris 1927.
Bragaglia, A. G., *Danze popolare italiane*.
Brant, S., *Das Narrenschiff*, Basel 1494.
Brantôme (P. de Bourdeille, Seigneur de), *Vie des dames galantes*, Leiden 1666–1667
Braun, R., Gugerli, D., *Macht des Tanzes, Tanz der Mächtigen, Hoffeste und Herrschaftszeremoniell 1550–1914*, München 1993.
Brieux Saint-Laurent (Vicomte de), *Quelques mots sur les danses modernes*, Paris 1868.
Brion, M., *La vie quotidienne a Vienne à l'époque de Mozart et Schubert*, Paris 1962.
Brodszky, F., *Wenn Johann Strauss ein Tagebuch geführt hätte*, Budapest 1967.
Brohm, J.-M., *Sociologique politique du sport*, Paris 1976.
Browne, A., *The Home Waltz Teacher*, Leicester 1947.
Cahuzac, de, L., *La danse ancienne et moderne*, Den Haag 1724.
Carner, M., *The Waltz*, London, New York 1947.
Carner, M., »Walzer«, in: *Die Musik in Geschichte und Gegenwart*, Kassel, Paris, London, New York 1968, Bd. 14.
Castil-Blaze, *L'académie de musique*, Paris 1847–1856.
Castle, V., *Modern Dancing*, New York 1914.
Cellarius, *La danse de salons*, Paris 1847.
Chambers, E. K., *The Mediaeval Stage*, Oxford 1903.
Charbonnel, R., *La danse*, Paris o.J.
Chujoy, A., *The Dance Encyclopedia*, New York 1949, Kap. XV. MSW
Clément, E., *Les danses de salons*, Paris 1881.
Cohen, S. J., *Dance as a Thèatre Art*, London 1974.
Copeland, R., Cohen, M., *What is dance?*, New York 1983.
Cornazano, A., *The Book on the Art of Dancing*, London 1981.
Czech, S., *Franz Lehar*, Berlin 1940.
Czerwinski, A., *Geschichte der Tanzkunst*, Leipzig 1862.

Czerwinski, A., *Die Tänze des XVI. Jahrhunderts und die alte französische Tanzschule vor Einführung des Menuett*, Danzig 1878.
Czerwinski, A., *Brevier der Tanzkunst*, Leipzig 1879.
Davies, John, Sir, Orchestra: a Poem of Dancing, London 1596.
De l'Aulnaye, *De la saltation théâtrale*, Paris 1790.
Decsey, E., *Johann Strauss*, Stuttgart, Berlin 1922.
Decsey, E., *Franz Lehar*, München, Berlin, 1930.
Decsey, E., *Johann Strauss, ein Wiener Buch*, Wien 1948.
Decsey, E., »So voll Fröhlichkeit«, in: *Österreichische Musikzeitschrift*, Mai 1949.
Delius, *Tanz und Erotik. Gedanken zur Persönlichkeitsentwicklung der Frau*, München 1926.
Delveaux, A., *Les plaisirs de Paris*, Paris 1867.
De Soria, *Manuel du maintien et de la danse*, Paris 1894.
Desrat, G., *Méthode de la danse complète. Musique de Desgranges, Strauss, Wallenstein*, etc., Paris 1863.
Desrat, G., *Traité de la danse*, Paris 1884.
Desrat, G., *Dictionnaire de la danse historique, pratique et bibliographique depuis l'origine de la danse jusqu'à nos jours*, Paris 1895, Reprint Genua 1980.
Dolmetsch, M., *Dances of England and France (1450 to 1600)*, London 1949.
Eisenberg, L., Johann Strauss (Jr.), Leipzig 1894.
Endler, F., *Das Walzer-Buch. J. Strauss, die Wiener Aufforderung zum Tanz*, Wien 1975. MSW
Engelmann, C. F., *Die Kunst zu walsen*, Nordhausen 1824.
Ewen, D., *Tales from the Vienna Woods. The Story of Johann Strauss*, New York 1933.
Faguet, E., *Drame ancien, drame moderne*, Paris 1898.
Fantel, H., *Les Strauß, rois de la valse*, Paris 1973.
Félice, de, P., *L'enchantement des danses et la magie du verbe*, Paris 1957.
Fertiault, *Histoire anecdotique et pittoresque de la danse*, Paris 1854.
Fetherston, C., *A Dialogue agaynst Light, Lewde, and Lasciuious Dancing*, London 1582.

Fétis, A. J., *Dictionnaire de musique*, Paris 1860.
Feuillet, R. A., *Choréographie, ou l'art écrire la danse par caractères, figures et signes démonstratifs*, Paris 1700.
Fonta, L., *Introduction à l'Orchésographie de Thoinot Arbeau*, Paris 1888.
Franks, A. H., *Social Dance, a Short History*, London 1963.
Fürstenberg, Fl. D. von, *Tanzteufel*, 1567.
Galloway, T., *The Music of the Waltz and its Creators*, London 1930.
Gasnault, F., *Guinguettes et lorettes, bals publics à Paris au XIX. siècle*, Paris 1986.
Gawlikoski, P., *Guide complet de la danse*, Paris 1858, Neuauflage 1874.
Geiringer, K., *Johannes Brahms*, Wien 1935
Giraudet, Eugène, *Traité de danse*, Paris 1890. Die 7. Auflage enthält einen Anhang von 100 Seiten von Partituren von Walzern, Polkas, Schottisch-Walzern, Quadrillen und Galopps französischer Komponisten.
Giraudet, E., *La danse, la tenue, le maintien, l'hygiène et l'éducation, Paris 1900*.
Giraudet, E., *Traité de danse, grammaire de la danse et du bon ton à travers le monde et les siècles, depuis le singe jusqu'à nos jours*, Paris 1900.
Giraudet, E., *Encyclopédie de la danse de salons, bals de sociétés et ballets dans chaque état*, Paris 1909.
Graham, K. E., *How to Fox Trot (Quick Step, Tango, Waltz)*, London 1933. BL.
Grasberger, F., *Die Wiener Philharmoniker bei Johann Strauss*, Wien 1963.
Grove's *Dictionary of Music and Musicians*, New York, 3. Auflage, 1935, Artikel »Waltz«, von W. Barclay Squire, ebenda. Artikel »Waltz« von Mosco Carner, 1954.
Grun, B., *Kulturgeschichte der Operette*, München 1961.
Guenthar, H., *Vom Schamanentanz zum Rumba. Die Geschichte des Gesellschaftstanzes*, Stuttgart 1959.

Gysi, F., *Richard Strauss*, Potsdam 1934.

Hancox, E., *Let's Dance. The Waltz and the Quickstep* (ill.), Manchester 1948, BL.

Hanna, J. L. *Dance, Sex and Gender*, Chicago 1987.

Hanslick, E., *Musikalisches Skizzenbuch. Neue Kritiken und Schilderungen*, Berlin 1896.

Haygarth, M., *The Victorian Waltz*, London 1949. BL.

Heartz, D., »Volte«, *Die Musik in Geschichte und Gegenwart*, Kassel, Basel, Paris, London, New York 1968.

Helmke, E. D., *Neue Tanz- und Bildungsschule*, Leipzig 1829.

Henseler, A., *Jacob Offenbach*, Berlin 1930.

Herrmann, W., *Der Walzer, Bd. 8 der Musikalischen Formen in historischen Reihen*, Berlin 1931.

Hess, R., »Valse et dialectique«, in: *Quel corps?* Nr. 23–24, Paris 1983, S. 39–45; dt. Übers. *Walzer und Dialektik*, von Gerald Prein.

Hildesley, R. E. A., *Pocket Chart of the Waltz and Reverse*, London 1905, 16, BL.

Hildesley, R. E. A., *Full Instructions for Dancing the Boston Waltz, Two-Step and Galop*, London 1909, BL.

Hoerburger, F., *Volkstanzkunde*, 1964.

Hornem, H., (Lord Byron), »Waltz: an apostrophic hymn«, London 1821.

Houssaye, A., *Les confessions. Souvenirs d'un demi-siècle*, Paris 1885.

Institut de France, *Dictionnaire de l'Académie des Beaux-Arts»*, Danse«, 6 in-4, Paris, 1896, Bd. 5, S. 86–90.

Jacob, H. E., *Johann Strauss und das neunzehnte Jahrhundert: die Geschichte einer musikalischen Weltherrschaft*. Amsterdam 1937.

Jäger-Sunstenau, H., *Johann Strauss, der Walzerkönig und seine Dynastie*, Wien 1965.

Jaspert, W., *Johann Strauss: sein Leben, sein Werk, seine Zeit*, Leipzig 1924.

Jones, A. A. M., *A Description of the Welsh Waltz*, London 1929, BL.

Journal des arts, des sciences et des lettres et de l'exposition universelle, Paris 1867.

Journal des Luxus und der Moden, Jahrgänge 1792–1797.
Junk, V., *Handbuch des Tanzes*, Stuttgart 1930.
Kattfuss, J. H., *Taschenbuch für Freunde und Freundinnen des Tanzes*, Leipzig 1800–1802.
Kaiserspergs, *Nachgeschrieben von Frater Paulin*, Straßburg 1517.
Katz, R., »The Egalitarian Waltz«, 1973, Reprint in: R. Copeland and M. Cohen, Hrsg., *What is Dance?*, New York 1983.
Katz, R., »Waltz Interlude«, in: *The Imperial Style: Fashions of the Habsburg Era*, New York 1980. S. 65–74, MSW.
Keller, O., *Die Operette*, Leipzig 1926.
Klingenbeck, F., *Unsterblicher Walzer, die Geschichte des deutschen Nationaltanzes*, Wien 1943.
Klingenbeck, F., *Das Walzerbuch. Historisches und Bezauberndes vom Wiener Walzer*, Wien 1952 (es handelt sich um die veränderte Neuauflage des Buches von 1943.)
Knosp, G., *Johann Strauss. La vie, une valse*, Brüssel 1951.
Kobald, K., *Franz Schubert und seine Zeit*, Zürich, Leipzig, Wien 1935.
Kracauer, S., *Jacques Offenbach und das Paris seiner Zeit*, Amsterdam 1937; Neuausgabe: *Pariser Leben. Jacques Offenbach und das Paris seiner Zeit, eine Gesellschaftsbiographie*, München 1962.
Kroll, E., *Carl Maria von Weber*, Potsdam 1934.
Kronberg, M., *Johann Strauss, König Walzer*, 1938.
Laborde, *Le cotillion avec théorie et dessins*, mit 60 Figuren, Paris 1860.
Lach, R., *Zur Geschichte des Gesellschaftstanzes im 18. Jahrhundert*, Wien 1920.
Lange, F., *Der Wiener Walzer*, Wien 1917.
Lange, F., *Josef Lanner und Johann Strauss, Vater: ihre Zeit, ihre Leben und ihre Werke*, Leipzig 1919.
Länger, C., *Terpsichore, ein Taschenbuch der neuesten gesellschaftlichen Tänze*, Würzburg 1838.
Laube, H., *Reise durch das Biedermeier*, Hamburg 1965.
Leichtentritt, H., *Friedrich Chopin*, Berlin 1920.

Loewy, S., *Johann Strauss, der Spielmann von der blauen Donau*, Leipzig 1924.
Lussan-Borel, *Traité de danse, avec musique*; Walzer u. Boston, Paris o.J.
Lux, J. A., *Der unsterbliche Walzer*, München.
Magniel, P. D., *A Bibliography of Dancing*, New York 1936, BL.
Magny, *Principes de chorégraphie*, Paris 1765.
Mainey, F. J., *World's Festival of Dancing*, Filey 1949, enthält »ViDona Waltz« von A. Gray und V. White, BL.
Mejlich, E., *Iogann Styraus, Iz istorii venskogo valsa*, Leningrad 1975, MSW.
Mendelssohn, I., »Zur Entwicklung des Walzers«, in: *Studien zur Musikwissenschaft*, Bd. 13, 1926.
Ménil, de, F., *Histoire de la danse à travers les âges*, Paris o.J., Reprint Genf 1980.
Mersenne, M., *Harmonie universelle*, Paris 1836.
Miomandre, de, F., *Danse*, Paris 1935.
Mlejnek, K., *O Valciku a jeho tvurcich*, Prag 1960, MSW.
Montaigne, de, M., *Essais*, Zürich 1992.
Münster, von, J., *Ein gottseliger Tractat von dem ungottseligen Tantz, Hanau 1594*.
Nettesheim, von, A., *De incertitudine et vanitate scientiarum declamatio invectiva*, 1527.
Nettl, P., *Histoire de la danse et de la musique de ballet*, Paris 1966.
Nettl, P., *The Story of Dance Music*, London 1947, Reprint Greenwood 1969 und 1977.
Nettl, P., »Tanz und Tanzmusik«, in: Adler, *Handbuch der Musikgeschichte*, Berlin, 2. Auflage 1930, Bd. 2, S. 973 ff.
Nettl., P., »Zur Vorgeschichte der süd-deutschen Tänze«, in: *Bulletin de la Société union musicologique*, Bd. 3, 1923.
Neuer Tanz und Ball-Kalender für das Jahr 1801, Berlin 1800.
Neuwald-Grasse, A., *Die Beziehungen von Johann Strauss, Vater, und seinen Söhnen zu Russland*. Wien 1917.
Nick, E., *Vom Wiener Walzer zur Wiener Operette* (Zeichn. v. Gerd Werner.), Hamburg 1954, MSW.

Niecks, F., »Concerning the Waltz«, in: *Zeitschrift der Internationalen Musikgesellschaft*, Bd. 6, 1904.

Niecks, F., »Historical and Aesthetical Sketch of the Waltz«, in: *Monthly Musical Record*, 1917.

Nicolson, H., *The Congress of Vienna*, New York 1946.

Norman, F. H., *Complete Dance Instructor and Celebrated ABC Waltz Charts*, Montreal 1905, BL.

Noverre, J.-G., *Lettres sur les arts et sur la danse en particulier*, Paris 1807. Neuauflage Paris 1952.

Orel, A., »Wiener Tanzmusik und Operette«, in: Adler, *Handbuch der Musikgeschichte*, Berlin, 2. Auflage, 1930, Bd. 2, S. 984 ff.

Paradin, G., *Le blason des dances, »où se voient les malheurs et ruines venant des dances dont jamais homme ne revient plus sage, ni femme plus pudique«*, Beaujeu 1566. Bd. 1, in-16. Neuaufgelegt von Firmin-Didot bei Techner, 1 Bd. in-32, 1830. Castil-Blaze und Père Ménétrier haben sich sehr darauf gestützt.

Pastene, J., *Three-Quarter Time: The Life and Music of the Strauss Family of Vienna*, New York 1951.

Pauli, C., *Eléments de la danse*, Leipzig 1756.

Petermann, K., *Tanzbibliographie*, Leipzig 1966–1967.

Pougin, *Dictionnaire historique du théâtre et des arts qui s'y rattachent*, voir »Danse«, Paris 1885.

Praetorius, J., *Blocksberg-Verrichtungen*, 1668.

Praetorius, M., *Syntagma Musicum*, Vol. III. Wolfenbüttel 1619.

Prochaska, R. Freiherr von, *Johann Strauss*, Berlin 1900.

Reeser, E., *De Geschiedenis van de Wals*, Amsterdam o. J., BL.

Reich, W., *Johann Strauss aus Briefen und Erinnerungen*, Zürich 1950.

Reimers, G. u. L., *Wienervalsen och familjen Strauss*, Stockholm 1975, BL, MSW.

Richardson, P. J. S., *Bibliographical Descriptions of Forty Rare Books relating to the Art of Dancing in the Collection of P. J. Richardson*, London 1954, BL.

Richardson, P. J. S., *The Social Dances of the Nineteenth Century*, London 1960, BO.

Rieger, E., »Offenbach und seine Wiener Schule«, in: *Theater und Kultur,* Nr.4, 1920.
Riemann, H., *Musiklexikon,* Berlin 1882.
Ritter, W., *Les dernières œuvres de Johann Strauss,* Magasin littéraire et scientifique, Paris 1892.
Roland-Manuel, *Maurice Ravel et son œuvre dramatique,* Paris 1928.
Roland-Manuel, *Maurice Ravel,* Paris 1938.
Roller, F. A., *Systematisches Lehrbuch der bildenden Tanzkunst,* Weimar 1843.
Rust, F., *Dance in Society,* London 1969.
S..., »Ueber Tanzmusik und ihren Werth«, in: *Allgemeine musikalische Zeitung,* Bd. XII, Juni 1810.
Sachs, C., *Eine Weltgeschichte des Tanzes,* Hildesheim, New York 1976.
Saint-Laurent, Vicomte B. de, *Quelques mots sur les danses modernes,* Paris 1862.
Salazar, A., *La danza y el ballet,* Fondo de cultura economica, Mexico City 1949.
Scharp, C., Oppé, A., *The Dance,* London 1924.
Schenk, E., *Der Langaus,* Budapest 1962.
Scherber, F., »Die Entwicklung der Walzerform bei Johann Strauss (Jr.)«, in: *Der Merkur,* Nr. 11, 1919.
Scherber, F., »Wiener Walzer«, in: *Eine Sammlung Alt-Wiener Tanzmusik,* 1924, MSW.
Schnitzer, I., *Meister Johann: Bunte Geschichten aus der Johann Strauss-Zeit,* Wien 1920.
Schönfeldt, C., *Wiener Walzer,* Wien 1970, MSW, pa.
Schönherr, M., *Das Jahrhundert des Walzers,* London, Wien, Zürich 1954, MSW.
Schönherr, M., »An der schönen blauen Donau«, Marginalien zur 100. Wiederkehr des Tages der Uraufführung, in: *Oesterreichische Musikzeitschrift,* Januar 1967.
Schönherr, M., *Johann Strauss Vater. Ein Werkeverzeichnis,* Wien 1954.
Schönherr, M., *Ästhetik des Walzers,* mit einem Register zu den Publikationen d. OMZ »Modelle der Walzerkomposition« u. »Äs-

thetik des Walzers« (mit Abb. u. Noten), Wien 1976, S. 273–286 und S. 57–120, MSW.

Schreyrer, L., *Johann Strauss's (Sr.) musikalische Wanderung durch das Leben*, Wien 1851.

Schubert, F. L., *Die Tanzmusik dargestellt in ihrer historischen Entwicklung*, Leipzig 1867.

Schuftan, W., *Manuel de danse*, Paris 1938.

Scott, E., *Art of Waltzing*, London 1885, BL.

Scott, E., *Waltz at a Glance*, London 1888, BL.

Scott, E., *Dancing in all Ages*, London 1899, pa.

Sigmond, C., *La vie parisienne au XIXe siècle*, Paris 1901.

Sorell, W., »Waltz«, in: *Encyclopedia Americana*, Nr. 28, S. 314–315, 1977.

Spangenberg, C., *Ehespiegel oder LXX Brautpredigten*, Straßburg 1578.

Specht, R., *Johann Strauss (Jr.)*, Berlin 1909.

Specht, R., *Richard Strauss und sein Werk*, Leipzig, Wien 1921.

Spencer, P., *Society and the Dance, the Social Anthropology of Process and Performance*, (Hrsg.) New York 1985.

Skikowski, J., *Geschichte des Tanzes*, Berlin 1926.

Sradal, O., *Ewiger Walzer*, Wien 1974, MSW, pa.

Stenger, A., *Studien zur Geschichte des Klavierwalzers* (mit Notenbeispielen) Frankfurt/M., Bern 1978, MSW.

Steuer, M., »Tanzmusik im 19. Jahrhundert«, in: *Die Musik*, 2. Werk, Bd. 4, 1903.

Strauss, E., *Erinnerungen*, Leipzig, Wien 1906.

Stubbes, P., »The Anatomy of Abuses«, zit. in: *Illustrations of early English Literature*, (Hrsg.) Colie, Bd. 1, S. 151 ff.

Sykes, P., *How to dance? Slow fox-trot, Waltz, blues Waltz*, 1934.

Teetgen, A. B., *The Waltz King of Old Vienna*, New York 1940.

Tournez, P., de, *The Art of Waltzing and the Etiquette of the Ball*, Montreal 1908, BL.

Traité contre les danses et les mauvaises chansons, 1769, anonym.

Trollope, F., *Vienna and the Austrians*, London 1838.

Ullrich, H., *Vom Wesen und Werden des Wiener Walzers. Ein Stück Wiener Kulturgeschichte*, Wien 1961, MSW.
Ungewitter, O., *Die Tanzmusik in ihrem Einflusse auf die moderne Musik und in ihrer kulturhistorischen Entwicklung*, Leipzig 1868.
Vaeaenaenen, J., *Beobachtungen über Verbreitung und Art der finnischen Volkswalzermelodien, eine Musikwissenschaftl. Studie vom J. V.* (mit Notenbeispielen) Helsinki 1945, MSW.
Vetter, W., *Franz Schubert*, Potsdam 1934.
Vlad, R., *Di storia del Valzer*, Dossier in: *Musica* Nr. 25, Florenz, Giunti Barèra (Hrsg.), Januar 1989, S. 23–62.
Voiart, E., *Essay sur la danse antique et moderne*, Paris 1823.
Vollet, E. H., »Danse« in: *La grande encyclopédie* (1887–1902), Bd. 13, S. 869 über die Volte, S. 877 und 878 über den Walzer, S. 885 über die kirchengeschichtliche Seite des Tanzes mit den Verboten, 1892, BL.
Volta« in: *Enciclopedia universal ilustrada europeo-americana*, Bilbao, Madrid, Bd. LXIX, S. 1000, BL.
Vosz, R., *Der Tanz und seine Geschichte*, Berlin 1869.
Vuiller, G., *La danse*, in-4, Paris, Mailand 1899.
Wallace, C. McD, u. a., *Dance, a very Social History*, New York 1986.
Warnod, A., *Les bals de Paris*, Paris 1922, pa.
Weigel, H., *Die Flucht vor der Größe: Beiträge zur Selbsterkenntnis Österreichs*, Wien 1960. Das rigoroseste Werk über die Psychologie von Strauß.
Weigel, H., *Das kleine Walzerbuch* (illustr.), Salzburg 1965, MSW, BO.
Weigel, H., »Im Dreivierteltakt durch den Wiener Walzer«, in: *Parnass*, Jg. 2, 1982, H 5, S. 16–23, MSW.
Weigel, H., *Das Walzerbuch*, MSW.
Weigl, B., *Die Geschichte des Walzers. Nebst einem Anhang über die moderne Operette*, Langensalza 1910.
Wiesenthal, G., *Der Aufstieg*, Berlin 1919.
Wilson, T., *The Treasures of Terpsichore*, London 1809.
Wilson, T., *An Analysis of Country Dance*, 2. Auflage illustriert von J. Berryman, London 1811.

Wilson, T., »A Description of the Correct Method of Waltzing«, in: *A Companion to the Ball Room, containing a choice Collection of the most Original and Admired Country Dance* (...) *and Waltz Tunes* (...), London 1816, BO.

Witzmann, R., *Der Länder in Wien. Ein Beitrag zur Entwicklungsgeschichte des Wiener Walzers bis in die Zeit des Wiener Kongresses*, (illust.), Wien 1976, MSW.

Witzmann, R., »Ballnach(t)geflüster. Der Walzer war, bevor man begann, ihn zu schweben, ein revolutionärer Tanz«, in: *Falter*, Febr. 1989, pa.

Wolf, S. J., *Beweis dass das Walzen eine Hauptquelle der Schwäche des Körpers und des Geistes unserer Generationen sey*, Halle 1799.

Wood, M., *Historical Dances*, C. W. Beaumont for the Imperial Society of Teachers of Dancing, London 1952.

Yates, G., *The Ball: or a Glance at Almack's*, London 1829.

Zangen, C. von, *Etwas über das Walzen*, Wetzlar 1782.

Zorn, F. A., *Grammatik der Tanzkunst*, Leipzig 1888. F. Klingenbeck zitiert 1943 einen weiteren Band dieses Werks (Verlag von Eduard Bloch in Berlin), erwähnt aber kein Datum.

Zuccolo, *La Pazzia del ballo*, Padua 1549.

Danksagung

Zu den Personen, die mir bei der Verwirklichung dieses Buches geholfen haben und denen ich danken möchte, gehören an erster Stelle die Einwohner von Poilcourt-Sidney (Ardennen), des Dorfes, in dem ich bereits im Alter von sechs Jahren bei den Kirchweih- und Erntedankfesten der fünfziger Jahre Walzer tanzen lernte. Dann Gisèle Baudrion, der ich verdanke, ab 1966 Salzburg und Österreich kennengelernt zu haben, als beim europäischen Tanzfestival unsere Gruppe aus der Champagne überaus herzlich aufgenommen wurde. Mein Dank gilt ferner Herrn und Frau Ricardo aus Reims, meinen Tanzlehrern, sowie meiner Schwester Odile, die bei vielen Abenden und Studienaufenthalten an meiner Seite war. Ich bedanke mich bei allen meinen Tanzdamen. Sie teilten mit mir die größte Freude, die Menschen einander schenken können.

Überdies möchte ich mich bei Heike und Gerald Prein aus Dortmund bedanken, die meine Nachforschungen unterstützt haben; bei meinem Bruder Benoit, der Musiker und Walzerkomponist ist; bei Lucette Colin, die mich bei meinen Recherchen begleitete und unterstützte; bei Marco Brunamonti, Dirigent und Professor am Mailänder Konservatorium; bei Franz und Martin Herzhoff aus Köln, für die Volksmusik begeisterte Musiker, die mich bei meinen ersten Arbeiten anspornten und mir die europäische Dimension eröffneten. Ich danke den zweihundert Studenten der Universität Paris VIII-Vincennes, die begeistert an meiner ersten Vorlesung über die Ethnologie und Soziologie des Walzers im Jahre 1979 teilnahmen. Außerdem bedanke ich mich bei Ewald Brass vom deutsch-französischen Jugendwerk, von dem ich die Mittel erhielt, um seit 1980 zahlreiche internationale Tanztreffen zu veranstalten. Bedanken möchte ich mich auch bei Michel Cullin, Pro-

fessor an der Universität Wien, der es mir während seiner Tätigkeit als Direktor des Institut français der österreichischen Hauptstadt ermöglichte, meine Recherchen in der Musiksammlung durchzuführen; bei den Patres der Bibliothek Les Fontaines in Chantilly, wo man mühelos Zugang zu den seltensten Büchern bekommt; bei meiner Schwester Geneviève, deren Wahlheimat Wien ist, und von der ich viele Dinge erfahren habe; bei Lorenzo Giaparizze und Diana de Vigili, die mich nach Mailand einluden; bei Michaël und Bridget Smith, bei denen ich in London zu Gast sein durfte, als meine Recherchen diese Reise notwendig machten; bei Freddy Le Saux und den Freunden des Schlosses von Ligoure (Limousin), die mich seit 1981 bei meinen Studienaufenthalten über den Tanz beherbergten.

Ferner bedanke ich mich bei Anne-Marie Métailié, die mich 1981, als wir in Burgund zusammen Walzer tanzten, aufforderte, dieses Werk zu schreiben, und die mich immer wieder ermutigte, daran weiterzuarbeiten; bei Michel Authier; bei Britt Marie Barth, einer Walzertänzerin aus Schweden, die am Institut supérieur de pédagogie in Paris unterrichtet; bei Guy Berger, Professor an der Universität Paris VIII; bei Michel Bernard, Professor für Theaterwissenschaften in Avignon und später an der Universität Paris VIII; bei Ingrid Bresnik aus Wien; bei Jean-Marie Brohm, Professor an der Universität Caen; bei dem Tenor Joseph Cevello aus Los Angeles, der am Wiener Konservatorium unterrichtet; bei Gilberte Cournand, die lange die Seele der Buchhandlung »La danse« in der Rue de Beaune in Paris war; bei Christine Lamazières von France-Inter; bei Cornélia Larrouy; bei Jacques Demorgon, Privatdozent in Reims; bei Henri Lefebvre, meinem Lehrer für Taktanalyse; bei Georges Lapassade, Serge Moscovici und Gaby Weigand aus Würzburg, die meine Hypothesen ernst nahmen und mich ermutigten, sie weiterzuentwickeln; bei Christian Pociello, Professor an der Universität Paris IX; bei Claude Pujade-Renaud, Professor an der Universität Paris VIII; bei François Raffinot, Choreograph; bei Anne Sautereau, Bouquiniste am Quai Malaquais und Spezialistin

auf dem Gebiet des Tanzes; bei Jean-Claude Serre, dem Leiter des Lehrganges für Tanz an der Universität Paris IV; bei Jean und Monique Sicard (CNRS = Französisches Zentrum für wissenschaftliche Forschung); bei Denis Taffanel, Tänzer; bei Georges Vigarello, Professor an der Sorbonne; bei Françoise Petitot und Françoise Duroux vom internationalen Institut für Philosophie und bei Thylda Moubayed, Tanzlehrerin in Beirut. Sie gaben mir oft Gelegenheit, von diesem Buch zu träumen und zu reden, noch bevor ich es schrieb.

In psychologischer Hinsicht verdanke ich Thoinot Arbeau sehr viel. Da ich wie er aus der Champagne stamme, wollte ich an den vierhundertsten Jahrestag seiner *Orchésographie* erinnern – eines heiteren Werkes und zweifellos eines der größten Bücher, die je über den Tanz geschrieben wurden.

In technischer Hinsicht danke ich all denen, die mir beim Lesen und Übersetzen einiger fremdsprachlicher Texte behilflich waren: Marina Rauber, Andreas Müller und Christine Delory bei den deutschen Texten, Elisabeth Drogosz bei den polnischen, meine Tochter Hélène Hess bei den provenzalischen und vor allem Lorenzo Giaparizze bei den italienischen Texten. Schließlich danke ich Pascal Dibie, Nelly Zeitlin, Maria Simao, Stéphane Bouyer und Gaby Weigand, die mich bei der endgültigen Gestaltung meines Manuskripts unterstützt haben.

Air d'vne volte. *Mouuements que les Danceurs doibuent faire en dançant la volte.*

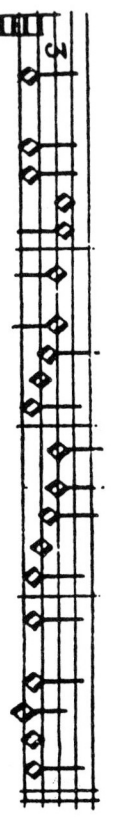

Petit pas en faultant fur le gaulche pour faire pied en l'air droict.
Plus grand pas du droict.
Sault majeur.
Pofture en pieds ioincts.
Petit pas en faultant fur le gaulche pour faire pied en l'air droict.
Plus grand pas du droict.
Sault majeur.
Pofture en pieds ioincts.
Petit pas en faultant fur le gaulche pour faire pied en l'air droict.
Plus grand pas du droict.
Sault majeur.
Pofture en pieds ioincts.
Petit pas en faultant fur le gaulche pour faire pied en l'air droict.
Plus grand pas du droict.
Sault majeur.
Pofture en pieds ioincts.

R.

1 *Volte*,
aus: Orchésographie von Thoinot Arbeau (1519–1595)

2 *Ländlicher Tanz*, Kupferstich ca. 1535,
von Johann Theodoor de Bry (Daten unbekannt)

3 *Hochzeitstanz*, Kupferstich 1538,
von Heinrich Aldegrever (ca. 1502–1555)

4 *Elisabeth I von England tanzt eine Volte mit dem Earl von Leicester,*
   Holzschnitt eines unbekannten Künstlers

5 *»Tanz am englischen Hof«,*
   Gemälde eines unbekannten Künstlers

6 »*La Carmagnole*«, Sansculotten tanzen um den Baum der Freiheit, unbekannter Künstler, Ende des XVIII. Jahrhunderts

7 »*Waltzer au mouchoir*«, englische Karikatur,
Kupferstich, ca. 1793

8 »La sauteuse«,
aus: Le bon genre, Paris 1806

9 + 10   »*La Trénis*« (Contredanse), aus: Le bon genre, Paris 1805.

11 »*Le Château rouge*«,
Lithographie von Antonie Morlon, Paris 1868 (Daten unbekannt)

12 *Walzer*,
 nach einem Gemälde von Victor Gilbert, 1840

13 *Hofball*,
Aquarell von Wilhelm Gause (1853–1916)

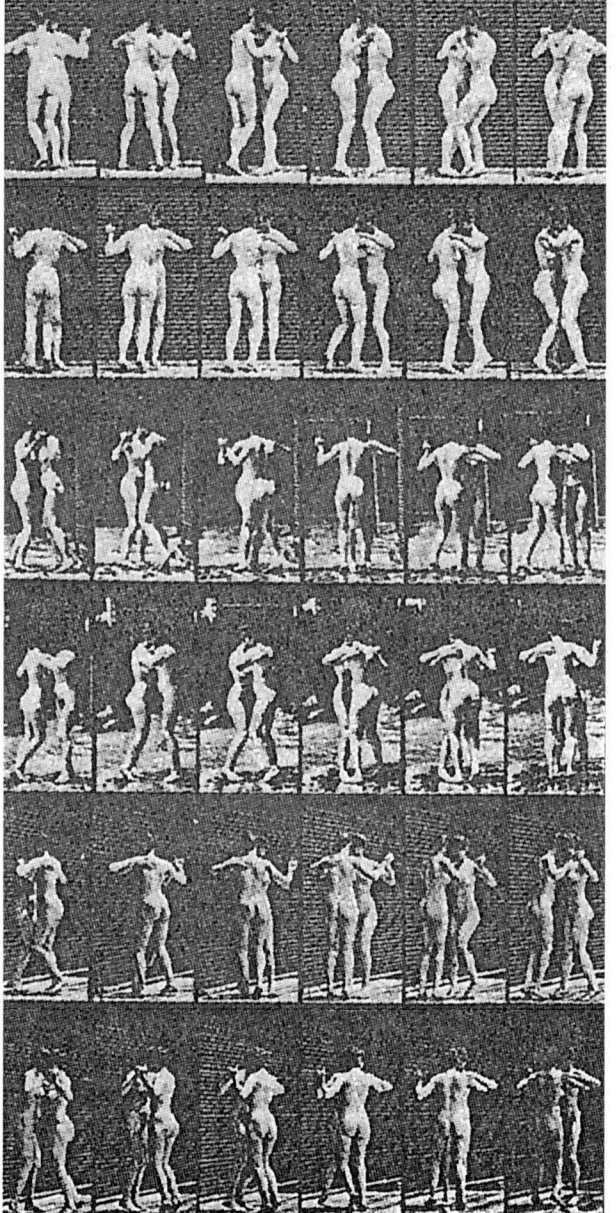

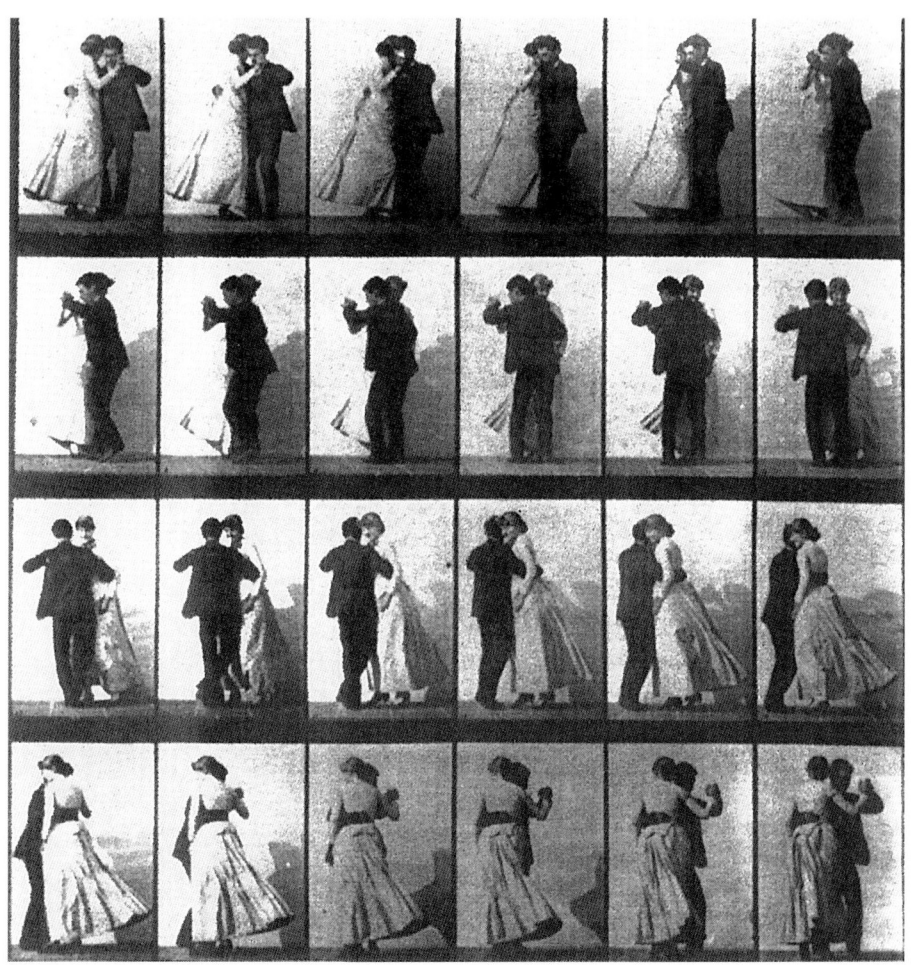

14 + 15 *Bewegungsstudien und Bewegungsanalysen des Walzers*, Fotografien aus: Animal Locomotion, 1887, von Eadweard Muybridge (1830–1904)

Phot. Paul Boyer. Pl. 1
VALSE MODERN STYLE
Mlle LOUISE MANTE   Mlle BLANCHE MANTE

Phot. Paul Boyer. Pl. 2
VALSE MODERN STYLE
Mlle LOUISE MANTE   Mlle BLANCHE MANTE

Phot. Paul Boyer. Pl. 3
VALSE MODERN STYLE
Mlle BLANCHE MANTE   Mlle LOUISE MANTE

Phot. Paul Boyer. Pl. 5
VALSE MODERN STYLE
Mlle BLANCHE MANTE   Mlle LOUISE MANTE

16 *Valse Modern Style*,
    Postkarten Jahrhundertwende

17 Titelblatt der Zeitschrift »*Dansons Magazine*«, herausgegeben von Remi Hess.

18 »*An der schönen blauen Donau*«,
Titelblatt, Auflage für Pianoforte, Walzer von Johann Strauß, op. 314.

eva

Bernd Neumann
Uwe Johnson
*Mit zwölf Portraits
von Diether Ritzert*
ISBN 3-434-50051-0

Ernst Loewy
Zwischen den Stühlen
Essays und Autobiographisches aus 50 Jahren
ISBN 3-434-50055-3

Caroline Fetscher
Die Tropen als Text
*Albert Schweitzers
„Zwischen Wasser und
Urwald"*
ISBN 3-434-50019-7

Ernst H. Gombrich
Aby Warburg
*Eine intellektuelle
Biographie*
ISBN 3-434-00708-3

Maya Schärer
Octavio Paz
Metaphern der Freiheit
ISBN 3-434-50002-2

Gisela von Wysocki
Peter Altenberg
*Bilder und Geschichten
des befreiten Lebens*
ISBN 3-434-50049-9

Oliver Sturm
**Der letzte Satz
der letzten Seite
ein letztes Mal**
Der alte Beckett
ISBN 3-434-50045-6

Ursula Ruppel
Der Tod und Canetti
Essay
ISBN 3-434-50052-9

Gaston Salvatore
**Wolfgang Neuss –
ein faltenreiches Kind**
Biographie
ISBN 3-434-50073-1

Um Thomas Mann
*Der Briefwechsel
Käte Hamburger –
Klaus Schröter*
ISBN 3-434-50039-1

Jean-Claude Bringuier/
Jean Piaget
**Im allgemeinen werde ich
falsch verstanden**
Unterhaltungen
ISBN 3-434-50088-X

Arnoldo Liberman
Gustav Mahler
Annäherung in vier Sätzen
ISBN 3-434-50006-5

Wolfram Burisch
Das Elend des Exils
*Theodor Geiger
und die Soziologie*
ISBN 3-434-50057-X

Lebensgeschichten

Europäische Verlagsanstalt
Parkallee 2
20144 Hamburg
Telefon 040/45 01 94-0
Fax 040/45 01 94-50